L'Europe des 27

Siège d'une institution de l'Union européenne

Dates d'entrée dans l'Union européenne

- **1957** États fondateurs : l'Europe des Six
- **1973** L'Europe des Neuf
- **1981** L'Europe des Dix
- **1986** L'Europe des Douze
- **1995** L'Europe des Quinze
- **2004** L'Europe des Vingt-cinq
- **2007** L'Europe des Vingt-sept
- **2013** L'Europe des Vingt-huit

Négociations d'adhésion en cours

* Le Royaume-Uni ne fait plus partie de l'UE depuis le 31 janvier 2020.

MON COACH

4e

Français
Pierre-Alain Chiffre

Mathématiques
Olivier Revil

Histoire – Géographie
Julien Frugère

Enseignement moral et civique
Dominique Delmas

Physique – Chimie
Claire Maumy
Hélène Richoux

SVT
Joëlle Cognie

Anglais
Martin O'Sullivan

Conseils du coach
Marie-Pierre Saulze

Carnet coaching
Karine Hebert
Clémence Roux

Cet ouvrage est conforme à la nouvelle orthographe
www.orthographe-recommandee.info

FSC MIXTE Papier issu de sources responsables FSC® C022030 www.fsc.org

Nathan est un éditeur qui s'engage pour la préservation de l'environnement et qui utilise du papier fabriqué à partir de bois provenant de forêts gérées de manière responsable.

Nathan

Sommaire

FRANÇAIS

GRAMMAIRE

CONJUGAISON

ORTHOGRAPHE

VOCABULAIRE

EXPRESSION

MATHÉMATIQUES

NOMBRES ET CALCULS

CALCUL LITTÉRAL

ORGANISATON ET GESTION DE DONNÉES

ESPACE ET GÉOMÉTRIE

ALGORITHMIQUE ET PROGRAMMATION

 ISBN : 978-209-193373-3

HISTOIRE - GÉOGRAPHIE - EMC

HISTOIRE

GÉOGRAPHIE

ENSEIGNEMENT MORAL ET CIVIQUE

PHYSIQUE - CHIMIE

CHIMIE

PHYSIQUE

SVT

ANGLAIS

Corrigés des exercices et des bilans » p. 260

1 Types et formes de phrases

GRAMMAIRE

JE RETIENS

Les trois types de phrases

- **La phrase déclarative sert à constater, raconter ou donner une opinion.** Elle se termine par un point :
  Les lecteurs ont apprécié cet article.
- **La phrase interrogative pose une question** et se termine par un point d'interrogation :
  Les lecteurs ont-ils apprécié cet article ?
- **La phrase impérative donne un ordre, un conseil ou exprime un souhait, une interdiction** et se termine par un point ou un point d'exclamation :
  Achète ce journal.

Les trois formes de phrases

- **Forme affirmative :** *J'ai lu cet article de journal.*
- **Forme négative :** *Je **n**'ai **pas** lu cet article de journal.*
- **Forme exclamative :** *Cet article est passionnant !* La phrase exclamative exprime une émotion, un sentiment fort ou un jugement, et se termine par un point d'exclamation.

COMMENT FAIRE

Marquer la négation

- **Pour marquer la négation**, on utilise généralement les éléments :

ne... pas	*ne... plus*	*ne... jamais*
ne... rien	*ne... personne*	*ne... aucun*
ni... ni	*personne... ne*	*aucun... ne...*

- **Ces éléments entourent le verbe** :
  Ce matin, j'ai acheté le journal. *Ce matin, je **n**'ai **pas** acheté le journal.*

Astuce **Une phrase impérative a un verbe à l'impératif, au subjonctif ou à l'infinitif.** Elle peut se terminer par un point ou par un point d'exclamation.
Achète ce journal. *Ne pas oublier d'acheter le journal !*
Qu'il vienne immédiatement !

LE CONSEIL DU COACH

Formuler ses propres exemples

Vous avez décidé d'approfondir votre travail en français ou de prendre de l'avance sur vos cours... Félicitations ! En variant vos supports de travail, en classe comme à la maison, vous allez vous entrainer et sans doute mieux comprendre les notions du programme. Pour bien vous approprier cette leçon, essayez d'inventer vos propres exemples.

S'ENTRAINER

1 ✪ **Précisez le type de phrase et rétablissez la ponctuation.**

a. Ce journal parait chaque jour ☐

b. Quelles sont les revues que tu lis chaque semaine ☐

c. Lisez cet article pour jeudi prochain ☐

d. Cette revue évoque de manière détaillée le réchauffement climatique de la planète ☐

e. Ne critiquez pas cet article ☐

2 ✪✪ **Cochez la bonne réponse.**

a. Ce journaliste n'a toujours pas terminé la rédaction de son article.

☐ phrase affirmative ☐ phrase négative

b. Il faudrait publier cette information dans le prochain numéro de la revue.

☐ phrase déclarative ☐ phrase interrogative

c. Cette information est vraiment surprenante !

☐ phrase exclamative ☐ phrase impérative

d. Que pensez-vous de ce nouveau journal ?

☐ phrase impérative ☐ phrase interrogative

3 ✪✪ **Transformez ces phrases en phrases de forme négative.**

a. Le développement d'Internet risque de faire disparaitre la presse traditionnelle.

....

....

b. On lit toujours beaucoup de journaux.

....

....

c. Les élèves de ce collège écrivent un journal.

....

....

4 ✪✪✪ **Récrivez ces phrases en les modifiant selon les consignes proposées.**

a. Cet article scientifique paraitra-t-il demain ?

→ Phrase de type déclaratif :

....

....

b. Il est toujours abonné à ce magazine de sport.

→ Phrase de type interrogatif :

....

....

c. Achètes-tu ce nouveau magazine ?

→ Phrase de type impératif :

....

....

d. J'ai publié des articles intéressants.

→ Phrase de forme exclamative et négative :

....

....

DICTÉE

Les cellules des aliments, comme tout organisme vivant, sont en activité permanente. Elles libèrent des protéines qui dégradent progressivement l'aliment jusqu'à son pourrissement. La conservation par le froid (réfrigération, congélation) permet de ralentir son activité cellulaire et d'éviter le développement de bactéries dangereuses pour la santé.

Corrigés p. 260

AVEZ-VOUS RÉUSSI ? ◯ ◯ ◯

2 Phrase simple et phrase complexe

GRAMMAIRE

JE RETIENS

Phrase simple et phrase complexe

- **Une phrase simple a un seul verbe conjugué.** Le Colonel Chabert ***est*** *un roman de Balzac.*
- **Une phrase complexe a plusieurs verbes conjugués.** *J'**ai lu** ce roman : il **est** très intéressant.*

Les propositions

- **Une phrase simple ne contient qu'une seule proposition**, appelée **proposition indépendante**.
  J'ai étudié cette année en cours de français Le Colonel Chabert.
- **Une phrase complexe comporte au moins deux propositions.** Dans une phrase complexe, il y a généralement autant de propositions que de verbes conjugués.
  [J'ai étudié cette année en cours de français Le Colonel Chabert*] [dont tu m'avais parlé].*
  Proposition 1 — Proposition 2
- On peut trouver **trois types (natures) de propositions** :

Types (natures) de propositions	Caractéristiques	Exemples
Proposition indépendante	Ne dépend d'aucune autre proposition.	*Ce héros de Balzac est très célèbre.*
Proposition principale	Commande une proposition subordonnée.	***Prête-moi ce roman*** *qui raconte l'histoire du colonel Chabert.*
Proposition subordonnée	Dépend d'une proposition principale.	*Prête-moi ce roman **qui raconte l'histoire du colonel Chabert**.*

- **Les propositions indépendantes peuvent être** :
  - **juxtaposées** ; séparées par une virgule, un point-virgule ou deux-points ;
    J'ai vu l'adaptation cinématographique du Colonel Chabert *: elle est très réussie.*
  - **coordonnées** ; reliées par une conjonction de coordination (*mais*, *ou*, *et*, *donc*, *or*, *ni*, *car*).
    J'ai vu l'adaptation cinématographique du Colonel Chabert ***mais*** *je préfère le roman.*

COMMENT FAIRE

Identifier des propositions subordonnées

Une proposition subordonnée est le plus souvent **introduite par un mot subordonnant.**

*[J'ai lu ce roman de Balzac] [**que** tu m'avais conseillé].*

Proposition principale — *Proposition subordonnée* → *dépend de la proposition principale* → *est introduite par un mot subordonnant*

Astuce Certaines phrases simples ne contiennent pas de verbe conjugué. On les appelle **phrases non verbales.** Ces phrases sont généralement de type interrogatif, impératif ou de forme exclamative.
Vraiment passionnant ce roman de Balzac !

S'ENTRAINER

1 ✪ Cochez les phrases complexes.

a. ☐ L'intrigue du *Colonel Chabert* se déroule au XIXe siècle.

b. ☐ Le héros a fait les guerres napoléoniennes mais a survécu.

c. ☐ Le héros que l'on avait cru mort veut retrouver son identité et ses droits.

d. ☐ Il est défendu par Maitre Derville, qui accepte de l'aider à retrouver ses droits.

e. ☐ Le colonel Chabert est un personnage émouvant.

2 ✪✪ Dans ces phrases complexes, délimitez entre crochets les propositions.

a. L'histoire du *Colonel Chabert* commence en 1817 lorsque le héros revient à Paris.

b. Le héros a été sauvé de la mort à la bataille d'Eylau par une famille de paysans : cette famille l'a soigné.

c. Guéri, le héros décide de regagner Paris mais son retour est compliqué et ce voyage prend dix ans.

3 ✪✪ Indiquez dans ces phrases complexes si les propositions indépendantes sont juxtaposées ou coordonnées.

a. Le héros était riche avant sa disparition à la bataille d'Eylau : ses biens étaient nombreux.

....

....

b. Après la bataille d'Eylau, le héros a vécu dans la pauvreté car on le croyait mort.

....

....

c. Le héros avait beaucoup changé à son retour à Paris mais Maitre Derville lui accorda sa confiance.

....

....

Corrigés p. 260

4 ✪✪✪ Mettez entre crochets les propositions puis indiquez leur type (nature).

a. L'épouse du colonel Chabert s'était remariée car elle croyait son premier époux mort.

....

b. Elle refuse de reconnaitre son premier mari et elle le traite d'imposteur.

....

c. Maitre Derville met tout en œuvre pour aider le héros parce qu'il croit en son honnêteté.

....

d. Il déploie toute son énergie pour défendre les intérêts du héros qui lui semblent légitimes.

....

5 ✪✪✪ Écrivez une phrase complexe comportant une subordonnée.

a. Il a lu ce roman de Balzac, je crois.

....

....

b. Ce roman a été publié en 1844. Il parle d'un héros des guerres napoléoniennes.

....

....

MINI-CONTRÔLE

Soulignez les phrases simples et délimitez entre crochets la ou les phrases complexes. Précisez le type (la nature) des propositions contenues dans la ou les phrases complexes.

Le vieux soldat était sec et maigre. Son front, volontairement caché sous les cheveux de sa perruque lisse, lui donnait quelque chose de mystérieux. Ses yeux paraissaient recouverts d'une taie transparente. [...] Les bords du chapeau qui couvraient le front du vieillard projetaient un sillon noir sur le haut du visage.

Honoré de Balzac,
Le Colonel Chabert, 1832-1844.

AVEZ-VOUS RÉUSSI ? ○ ○ ○

3 Les classes de mots variables

GRAMMAIRE

JE RETIENS

Les mots variables connaissent des changements de genre, de nombre, de personne, de mode et de temps.

Classes de mots	Exemples
Les noms communs	*Maupassant a écrit des* ***ouvrages*** *réalistes et fantastiques.*
Les déterminants :	
articles définis/indéfinis	***Les/Des*** *ouvrages*
démonstratifs	***Ces*** *ouvrages*
possessifs	***Mes, tes, ses*** *ouvrages*
interrogatifs	***Quels*** *ouvrages as-tu préférés ?*
exclamatifs	***Quels*** *beaux ouvrages !*
numéraux	*Mes* ***vingt*** *ouvrages préférés*
indéfinis	***Certains/Plusieurs/Différents*** *ouvrages*
Les adjectifs	*Maupassant est un* ***grand*** *écrivain.*
Les pronoms :	
personnels sujets/objets	***Il*** *a lu cet ouvrage. Il* ***l'****a lu.*
démonstratifs	*Il aime* ***celui-ci****.*
possessifs	*As-tu lu* ***le sien*** *?*
relatifs	*Le livre* ***que*** *tu as lu.*
interrogatifs	***Lequel*** *as-tu préféré ?*
indéfinis	*Ce livre est connu de* ***tous****.*
Les verbes	*Maupassant* ***a décrit*** *la société du XIXe siècle.*

COMMENT FAIRE

Distinguer un pronom personnel objet et un article

- **Les pronoms personnels objets *le, la, les* précèdent un verbe.**
  Ces romans, je ***les*** *lis avec beaucoup de plaisir.*
- **Les articles *le, la, les* précèdent un nom.**
  Les *personnages de Maupassant sont souvent des paysans.*

Astuce **Les déterminants indéfinis** sont particulièrement variés et indiquent soit **la quantité** (*aucun, nul, tous, chaque, quelques, plusieurs…*), soit **l'identité** (*même, tel, autre…*).

Tous les ouvrages de Maupassant sont célèbres. (**Tous** en gras)

J'ai lu ***le même*** *ouvrage que toi.*

S'ENTRAINER

1 ✪ **Indiquez la classe précise de chaque déterminant.**

a. **Quels** (.........................) textes de Maupassant as-tu étudiés **cette** (.........................) année ?

b. **Les** (.........................) contes de Maupassant sont **des** (.............................) récits qui donnent **une** (.........................) image de la société.

c. Dans **tous** (..) **ses** (....................................) contes, Maupassant fait preuve de talent.

2 ✪✪ **Soulignez les pronoms et classez-les selon leur classe grammaticale.**

a. *Le Horla* est un conte qui est très connu.

b. As-tu préféré lire ce conte-ci ou celui-là ?

c. Que penser de ce conte ?

d. J'ai acheté une nouvelle édition du *Horla*. La mienne est plus complète que ton édition.

Pronom personnel : ....

Pronom démonstratif : ....

Pronom possessif : ....

Pronom relatif : ....

Pronom interrogatif : ....

3 ✪✪ **Entourez les pronoms personnels sujets et encadrez les pronoms personnels objets.**

a. Cette nouvelle, je l'ai lue quatre fois.

b. *Le Horla* et *La Nuit* sont deux contes fantastiques qui nous ont beaucoup intéressés.

c. Vous devriez acheter cette nouvelle édition des contes de Maupassant. Elle est très bien réalisée.

d. L'histoire, ils la connaissent déjà tous.

4 ✪✪ **Les mots en gras sont-ils des déterminants ou des pronoms ? Cochez la bonne réponse.**

a. Les contes de Maupassant sont **tous** très réussis.

☐ déterminant indéfini ☐ pronom indéfini

Corrigés p. 260

LE CONSEIL DU COACH Vous bloquez ? Faites-vous aider par un camarade, vos parents, un professeur.

b. Je n'ai lu **aucune** nouvelle de Maupassant.

☐ déterminant indéfini ☐ pronom indéfini

c. Ce recueil de nouvelles de Maupassant est varié : **plusieurs** situent l'action en Normandie.

☐ déterminant indéfini ☐ pronom indéfini

5 ✪✪✪ **Entourez les déterminants indéfinis et dites s'ils indiquent la quantité ou l'identité.**

a. Maupassant a envoyé des lettres à tous les écrivains importants de son époque.

....

b. La correspondance de Maupassant avec d'autres écrivains permet de comprendre sa vocation littéraire.

....

c. Cette correspondance nous fait également découvrir tel ou tel aspect méconnu de la personnalité de l'écrivain.

....

DICTÉE

Pour la première fois, je sentis qu'il allait arriver quelque chose d'étrange, de nouveau. Il me sembla qu'il faisait froid, que l'air s'épaississait, que la nuit, que ma nuit bien-aimée, devenait lourde sur mon cœur. L'avenue était déserte, maintenant. Seuls, deux sergents de ville se promenaient [...]. Je n'avais jamais vu Paris aussi mort, aussi désert. Je tirai ma montre. Il était deux heures.

Maupassant, *La Nuit*, 1887.

AVEZ-VOUS RÉUSSI ? ◯ ◯ ◯

4 Les classes de mots invariables

GRAMMAIRE

JE RETIENS

Les mots invariables

Ils ne varient ni en genre, ni en nombre, ni en personne, ni en mode, ni en temps.

Classes de mots	Exemples
Les prépositions *à*, *de*, *sans*, *avec*, *vers*, *dans*, *par*, *en*…	*George Sand est née **à** Paris **en** 1804.*
Les conjonctions de coordination : *mais*, *ou*, *et*, *donc*, *or*, *ni*, *car*	*George Sand évoque souvent le Berry dans ses romans **car** elle y possédait un château.*
Les conjonctions de subordination *que*, *parce que*, *quand*…	***Quand** on lit* La Mare au diable, *on aime ce récit.*
Les adverbes	*Cet écrivain fit **souvent** scandale.*

Les adverbes

- **Ils complètent ou modifient le sens d'un autre mot** (verbe, adjectif, autre adverbe, préposition, proposition ou phrase).

François le Champi *est un roman* ***très*** *réussi.*
(**très** : adverbe modifiant un adjectif)

- **Les adverbes ont une signification** : ils expriment le **lieu** (*là*, *derrière*…), le **temps** (*aussitôt*, *demain*…), la **manière** (*volontiers*, *brusquement*…), le **degré** (*très*, *le moins*…), la **négation** (*ne*, *ne… pas*…), une **opinion** (*oui*, *peut-être*…), une **interrogation** (*comment ?*, *quoi ?* …), une **exclamation** (*comme*, *que*…), une **liaison** entre deux phrases ou deux propositions (*cependant*, *c'est pourquoi*…).

Le Meunier d'Angibault *a été publié en 1845 :* ***pourtant*** *on lit toujours ce livre.*
(**pourtant** : adverbe de liaison)

COMMENT FAIRE

Distinguer un adverbe d'une préposition

- *Derrière*, *devant*, *au-dessus*, *en face*, *au fond*, *à gauche*, *à côté*… peuvent être adverbes ou prépositions. À la différence de l'adverbe, **la préposition est toujours suivie d'un complément qu'elle régit** (nom, groupe nominal, pronom, infinitif).

J'ai posé ce livre ***à côté****.* (**à côté** : adverbe)
J'ai posé ce livre ***à côté*** *de mon bureau.* (**à côté** : préposition)

Astuce Les adverbes de manière se forment souvent avec le suffixe ***-ment*** que l'on ajoute généralement à l'adjectif au féminin.

J'ai ***fortement*** *apprécié ce roman de George Sand.*
(*fort* → *forte* → *fortement*)

LE CONSEIL DU COACH

Rester zen

La multitude des types de mots invariables peut effrayer. Prenez le temps de pratiquer la respiration ventrale pour faire retomber la pression (voir Carnet p. 17). Commencez ensuite par les premiers exercices, ce sont les plus faciles, et cela vous permettra de voir si vous avez compris les bases de la leçon.

S'ENTRAINER

1 ✪ Soulignez les mots invariables.

a. *La Mare au diable* est un roman dédié par George Sand à Chopin.
b. Ce livre raconte l'histoire de Germain et de Marie.
c. George Sand a souvent dit qu'elle avait écrit ce petit roman en peu de jours.
d. Ce roman est assurément l'un des plus célèbres de l'écrivain.

2 ✪ Indiquez la classe grammaticale des mots en gras.

a. **Dans** (........................) *La Petite Fadette*, on découvre les jumeaux Landry et Sylvinet.
b. Ces deux frères vivent à la campagne **car** (........................) leur père possède une ferme.
c. Ils se séparent à quatorze ans **parce qu'** (........................) ils doivent subvenir aux besoins de leur famille.
d. Les parents de Landry ne voulaient **absolument** (....................) pas consentir à ce mariage **quand** (....................) ils apprirent la nouvelle.

3 ✪✪ Distinguez les prépositions des adverbes : cochez la bonne réponse.

a. Je suis en train de lire *La Mare au diable* ; je lirai *François le Champi* **après**.
☐ préposition ☐ adverbe
b. George Sand est un pseudonyme pris par l'auteur **après** 1831.
☐ préposition ☐ adverbe
c. L'écrivain a souvent vécu **loin de** Paris.
☐ préposition ☐ adverbe
d. George Sand a plusieurs fois voyagé **loin**.
☐ préposition ☐ adverbe

4 ✪✪✪ Reliez par une flèche l'adverbe en gras au mot sur lequel il porte et précisez la classe grammaticale de ce mot.

a. À la fin de sa vie, l'écrivain demeurait **plus** fréquemment à Nohant qu'à Paris.

....

b. Georges Sand ne souhaitait **plus** mener une existence tumultueuse.

....

c. Elle y reçut des artistes **très** célèbres.

....

5 ✪✪✪ Indiquez la signification de chaque adverbe en gras.

a. George Sand n'arrêta **jamais** d'écrire jusqu'à sa mort.

....

b. **Vraiment** George Sand aura marqué son époque !

....

c. On peut se demander **pourquoi** certaines de ses œuvres sont tombées dans l'oubli.

....

DICTÉE

Comme ils ne savaient pas du tout de quelle direction ils étaient partis, ils ne savaient pas celle qu'ils suivaient ; si bien qu'ils remontèrent encore une fois tout le bois, se retrouvèrent, de nouveau, en face de la lande, déserte, revinrent sur leurs pas, et, après avoir tourné et marché longtemps, ils aperçurent de la clarté à travers les branches.

George Sand, *La Mare au diable*, 1848.

Corrigés p. 260

AVEZ-VOUS RÉUSSI ? ◯ ◯ ◯

5 Les fonctions

GRAMMAIRE

JE RETIENS

Fonctions essentielles

Sujet, COD, COI, attribut du sujet, complément d'agent ne peuvent être supprimés ou déplacés sans que la phrase perde son sens ou que le sens soit modifié.

Fonctions	Caractéristiques	Exemples
Sujet	– Est le plus souvent placé avant le verbe. – Fait varier le verbe en genre et en nombre.	***Ce roman*** *s'intitule* Les Misérables. ***Les romans de Hugo*** *sont nombreux.*
Attribut du sujet	– Donne des renseignements sur le sujet par l'intermédiaire d'un verbe. – Apparait généralement après les verbes d'état : *être*, *paraitre*, *devenir*, *demeurer*, etc.	*Javert passe pour* ***un policier redoutable****.*
Complément d'objet direct COD	– Est construit directement sans préposition. – Est généralement placé après le verbe, sauf dans le cas d'un pronom personnel ou relatif.	*J'apprécie* ***ce roman****.* *Je* ***l'****apprécie.*
Complément d'objet indirect COI	– Est construit indirectement avec une préposition (fréquemment *à* et *de*). – Est généralement placé après le verbe. Quand il s'agit d'un pronom personnel, il est parfois placé avant le verbe, sans préposition.	*Hugo parle* ***du bagne****.* *Hugo* ***en*** *parle.*
Complément d'agent	– Apparait après un verbe au passif. – Est précédé des prépositions *par* ou *de*.	*Cosette a été recueillie* ***par Jean Valjean*** *après la mort de Fantine.*

Fonctions non essentielles

Les compléments circonstanciels sont généralement supprimables et déplaçables : ils indiquent les circonstances d'une action en précisant notamment le lieu, le temps, la manière, le moyen, la cause, la conséquence, le but.

Il a aimé ce roman ***au point de le relire trois fois****.*
complément circonstanciel de conséquence

COMMENT FAIRE

Ne pas confondre sujet inversé et COD

- Le sujet inversé répond toujours aux questions *qui est-ce qui ?*, *qu'est-ce qui ?*

Dans la bibliothèque se trouve ***un ouvrage*** *de Victor Hugo.*
sujet inversé → répond à la question ***qu'est-ce qui*** *« se trouve » ?*

J'ai acheté ***plusieurs ouvrages*** *de Victor Hugo.*
COD de « acheter »

Astuce Un **complément circonstanciel** répond toujours à une question : *où ?* (lieu), *quand ?* (temps), *comment ?* (manière), *pourquoi ?* (cause)…

Il marche ***vite****.* (manière : comment ?) *Je meurs* ***de faim****.* (cause : pourquoi ?)

S'ENTRAINER

1 ✪ **Relevez les sujets et précisez le verbe qu'ils commandent.**

a. Jean Valjean et Cosette sont les deux personnages les plus connus des *Misérables*.

....

....

b. Cosette dut travailler durement chez des aubergistes, les Thénardier, car sa mère était trop pauvre pour l'élever.

....

....

c. Jean Valjean, qui incarne l'honnêteté, promet à Fantine qu'il s'occupera de Cosette et qu'il veillera à son éducation.

....

....

....

2 ✪ **Soulignez les attributs du sujet.**

a. Petite, Cosette était maigre et laide.

b. Jean Valjean parut immédiatement digne de confiance à monseigneur Myriel.

c. Javert était considéré comme un policier implacable.

3 ✪✪ **Relevez les compléments circonstanciels et donnez leur valeur précise.**

a. Jean Valjean a été condamné au bagne pour avoir volé un pain dans une boulangerie.

....

....

b. Javert est un personnage trop négatif pour être apprécié des lecteurs.

....

....

c. Avec ses personnages, Hugo a toujours veillé à créer des caractères affirmés pour plaire au lecteur.

....

....

LE CONSEIL DU COACH

Avez-vous pensé à relire vos fiches si vous en avez fait ? Si ce n'est pas le cas, c'est peut-être une méthode que vous devriez essayer pour mieux mémoriser.

4 ✪✪ **Classez les compléments d'objet.**

a. Les Thénardier eurent plusieurs enfants.

b. Gavroche vivait dans la rue car ses parents ne l'aimaient pas et ne pensaient pas à lui.

c. Des passants émus par le sort de Gavroche lui avaient donné les vêtements qu'il portait.

COD : ....

....

COI : ....

....

5 ✪✪✪ **Rayez la phrase qui n'a pas de complément d'agent puis transposez à l'actif les deux autres phrases.**

a. Jean Valjean est venu en aide à Fantine par compassion.

b. Il est longtemps poursuivi par Javert.

c. *Les Misérables* ont été adaptés au cinéma par plusieurs réalisateurs.

....

....

MINI-CONTRÔLE

Sur une feuille à part, relevez deux sujets et deux COD de classe grammaticale différente, un COI et un attribut du sujet. Pour chacun, indiquez sa classe grammaticale.

> Quelque temps après, M. Madeleine fut nommé maire. La première fois que Javert vit M. Madeleine revêtu de l'écharpe qui lui donnait toute autorité sur la ville, il éprouva cette sorte de frémissement qu'éprouverait un dogue qui flairerait un loup [...].
>
> Victor Hugo, *Les Misérables*, 1862.

Corrigés p. 261

AVEZ-VOUS RÉUSSI ? ○ ○ ○

6 Le groupe nominal et ses expansions

GRAMMAIRE

JE RETIENS

Le groupe nominal a pour noyau un nom. Il est :
- **minimal** lorsqu'il est seulement formé d'un déterminant et d'un nom ;
- **étendu** lorsque des expansions l'enrichissent.

	Classes grammaticales du déterminant	Exemples
Le groupe nominal minimal [= déterminant + nom noyau]	un article	Les Trois Mousquetaires *sont* ***un roman***.
	un déterminant démonstratif	***Ce roman*** *fut publié en 1844.*
	un déterminant possessif	*Dumas a situé* ***son roman*** *sous le règne de Louis XIII.*
	un déterminant indéfini	***Tout ce roman*** *est exaltant.*
	un déterminant numéral	*D'Artagnan rencontre à Paris* ***trois mousquetaires***.
	un déterminant interrogatif	***Quel mousquetaire*** *préfères-tu ?*
Le groupe nominal étendu [= déterminant + nom noyau + expansion(s)]	**Classes grammaticales et fonctions des expansions**	**Exemples**
	un adjectif épithète un adjectif, un nom ou un groupe nominal en apposition	*D'Artagnan est* ***un petit noble***. *D'Artagnan,* ***jeune Gascon***, *rencontre la reine.*
	un nom, un groupe nominal, un pronom, un infinitif, compléments du nom	***Le courage de d'Artagnan*** *est devenu légendaire.*
	une proposition subordonnée relative	***D'Artagnan, qui est courageux***, *arrive à Paris.*

COMMENT FAIRE

Reconnaitre une apposition et un complément du nom

- **L'apposition est généralement séparée du nom qu'elle enrichit par des virgules.** Elle peut être intervertie avec le nom sur lequel elle porte.
  Milady, ***femme redoutable***, *sert Richelieu.* → ***Femme redoutable***, *Milady sert Richelieu.*
- **Le complément du nom est généralement relié au nom noyau par une préposition** (*de, sans, avec...*).
  La cruauté ***de Milady*** *est célèbre.*

Astuce

- L'adjectif peut être précédé d'un adverbe qui fait varier :
  - **son degré de comparaison :**
    D'Artagnan est ***plus courageux*** *que les autres mousquetaires* → **Comparatif** de supériorité
    D'Artagnan est ***aussi courageux*** *que les autres mousquetaires* → **Comparatif** d'égalité
    Jussac est ***moins courageux*** *que d'Artagnan* → **Comparatif** d'infériorité
    D'Artagnan est ***le plus courageux*** *des mousquetaires* → **Superlatif relatif** de supériorité
  - **son degré d'intensité :**
    D'Artagnan est ***très courageux***. → **Superlatif absolu** de supériorité

S'ENTRAINER

1 ✪ **Soulignez les groupes nominaux, puis entourez chaque nom noyau.**

a. Alexandre Dumas est l'auteur de plusieurs romans historiques.

b. La reine de France est protégée par les mousquetaires des manœuvres de Richelieu.

c. D'Artagnan ne réussit pas à sauver Constance Bonacieux, dont il est épris, de la vengeance de la cruelle Milady.

2 ✪ **Entourez les adjectifs épithètes et précisez par une flèche de quel nom ils constituent l'expansion.**

a. Le jeune d'Artagnan est comparé à don Quichotte.

b. D'Artagnan a le visage long, le nez crochu ; ses pommettes sont saillantes.

c. Dans son violent combat contre Jussac, d'Artagnan, qui est valeureux, fait preuve d'un grand courage.

3 ✪✪ **Les expansions en gras sont-elles des compléments du nom ? Justifiez vos réponses.**

a. Richelieu, **homme très perfide**, est secrètement amoureux de la reine.

....

....

b. Constance, **belle et honnête**, ne peut échapper à la cruauté **de Milady**.

....

....

c. Louis XIII, **roi faible**, est sous l'emprise **de son Premier ministre**.

....

....

4 ✪✪ **Encadrez les groupes nominaux minimaux puis enrichissez-les par une des expansions proposées suivant l'indication entre parenthèses :** ***ministre de Louis XIII – de cape et d'épée – mouvementées*****.**

a. Ce roman (*complément du nom*) .... fut immédiatement un succès.

b. Pour écrire ces aventures (*adjectif épithète*) ...., Dumas fit des recherches.

c. Les mousquetaires ne cessent de s'opposer au cardinal de Richelieu (*apposition*) ....

5 ✪✪✪ **Récrivez ces phrases en modifiant les expansions des groupes nominaux selon la classe grammaticale proposée.**

a. D'Artagnan, qui ne manquait pas de courage, ne reculait pas devant le danger.
→ *Adjectif en apposition*

....

....

b. D'Artagnan dut s'opposer à la perfide Milady.
→ *Proposition subordonnée relative*

....

....

c. Athos, Porthos et Aramis, qui étaient très braves, devinrent amis avec d'Artagnan.
→ *Adjectif épithète*

....

....

DICTÉE

Tandis que Porthos appelait au secours de toute la puissance de sa voix, Aramis courut à la table pour prendre un verre d'eau ; mais il s'arrêta en voyant l'horrible altération du visage d'Athos, qui, debout devant la table, les cheveux hérissés, [...] semblait en proie au doute le plus horrible.

Alexandre Dumas, *Les Trois Mousquetaires*, 1844.

Corrigés p. 261

AVEZ-VOUS RÉUSSI ? ○ ○ ○

7 La subordonnée relative et les subordonnées complétives

GRAMMAIRE

JE RETIENS

La subordonnée relative

• **La proposition subordonnée relative constitue une expansion du nom. Elle peut donc être supprimée.** Elle complète un nom, un groupe nominal ou un pronom, appelés antécédents. Sa fonction est complément de l'antécédent.

*Les écrivains **[qui ont vécu au XIXe siècle]** ont souvent écrit des nouvelles.*

• **La proposition subordonnée relative est toujours introduite par un pronom relatif :**

– **simple** : *qui, que, quoi, dont, où* → *Le livre [**dont** tu parles] est réussi.*

– **composé** : *lequel, laquelle, duquel...* → *Le livre [**auquel** tu penses] est réussi.*

• Le mode verbal employé dans une relative est principalement l'indicatif.

Les subordonnées complétives

La proposition subordonnée conjonctive introduite par la conjonction de subordination *que* et la proposition subordonnée interrogative indirecte sont des subordonnées complétives : elles ont le plus souvent la fonction de COD et **ne peuvent être supprimées.**

• **La proposition conjonctive** introduite par *que* dépend soit d'un verbe de déclaration ou d'opinion (*penser, croire*...), soit d'un verbe de volonté ou de sentiment (*vouloir, aimer*...).

Son mode verbal est :

– l'indicatif après les verbes de déclaration, d'opinion ou de perception :

Dans La Vénus d'Ille, *les personnages pensent [que la statue **est** maléfique].*

– le subjonctif après :

• un verbe de volonté ou de sentiment : *Tous **souhaitent** [que le narrateur **voie** la statue].*

• une principale négative ou interrogative : *Il **n**'est **pas** sûr [que la statue **soit** mauvaise].*

• **La proposition subordonnée interrogative indirecte** est introduite par *si* ou par un mot interrogatif (*quand, comment*...). Elle dépend d'un verbe qui exprime une interrogation.

*Le lecteur souhaite **savoir** [**si** la statue est réellement coupable].*

COMMENT FAIRE

Distinguer le pronom relatif *que* de la conjonction de subordination *que*

Le pronom relatif est précédé de son antécédent, la conjonction de subordination suit le verbe de la principale.

*La nouvelle **que** tu lis est très connue.* — **que** : pronom relatif

*Je pense **que** tu as lu cette nouvelle.* — **que** : conjonction de subordination

Astuce Le pronom relatif composé prend toujours le genre et le nombre de son antécédent.

*Cette nouvelle **à laquelle** tu penses est une des plus réussies de Maupassant.*

Antécédent « nouvelle », féminin singulier

LE CONSEIL DU COACH

Penser positivement

Cette leçon est dense mais faites-vous confiance, l'important est de penser positivement. Ce qu'il faut retenir d'essentiel dans cette leçon, c'est que les subordonnées complétives ne peuvent être ni supprimées, ni déplacées sinon la phrase n'a plus de sens. Donc gardez bien en tête cette idée pour faire les exercices.

S'ENTRAINER

1 ✪ **Soulignez les subordonnées et précisez s'il s'agit de conjonctives introduites par *que* ou d'interrogatives indirectes.**

a. Dans *La Venus d'Ille*, le narrateur ne croit pas que le mariage d'Alphonse et sa fiancée soit un mariage heureux.

....

b. Le narrateur se demande pourquoi il est mal à l'aise en découvrant la statue.

....

c. Il semble évident que le jeune marié a été victime d'un assassinat.

....

2 ✪✪ **Transformez chaque couple de phrases simples en une phrase complexe en remplaçant le nom en gras par un pronom relatif.**

a. J'ai acheté ce recueil de contes. **Ce recueil** était épuisé depuis plusieurs années.

....

....

b. Cette nouvelle est une des plus sombres dans l'œuvre de Maupassant. Tu fais allusion à **cette nouvelle**.

....

....

c. Ce conte s'intitule *Sur l'eau*. Tu nous parles de **ce conte**.

....

....

3 ✪✪ **Transformez les questions directes suivantes en propositions interrogatives indirectes précédées par la principale : « On se demande en lisant *La Vénus d'Ille* ».**

a. La statue est-elle la meurtrière ?

....

....

b. Pourquoi l'enquête a-t-elle échoué ?

....

....

4 ✪✪✪ **Mettez le verbe entre parenthèses à l'indicatif ou au subjonctif. Justifiez vos choix.**

a. Mérimée souhaite que les évènements (*faire naitre*) .... l'inquiétude.

....

b. On peut croire que cette statue (*avoir*) .... un véritable pouvoir maléfique.

....

c. Est-il possible d'imaginer que la statue (*avoir tué*) .... le jeune homme ?

....

MINI-CONTRÔLE

Sur une feuille à part, soulignez les subordonnées : indiquez leur nature et donnez leur fonction.

Depuis mon départ, je n'ai point appris que quelque jour nouveau soit venu éclairer cette mystérieuse catastrophe. [...] Mon ami vient de m'écrire de Perpignan que la statue n'existe plus. Après la mort de son mari, le premier soin de madame de Peyrehorade fut de la faire fondre en cloche.

Prosper Mérimée, *La Vénus d'Ille*, 1837.

Corrigés p. 261

AVEZ-VOUS RÉUSSI ?

8 Les compléments circonstanciels

GRAMMAIRE

JE RETIENS

- **Les compléments circonstanciels expriment notamment le lieu, le temps, la manière, le moyen, la cause, la conséquence et le but.**

Compléments circonstanciels	Caractéristiques	Exemples
Le complément circonstanciel **de lieu**	Répond aux questions *Où ? Par où ? Jusqu'où ?…*	*Il part* ***à Venise****.*
Le complément circonstanciel **de temps**	*Répond* aux questions *Quand ? Depuis quand ? Jusqu'à quand ?…*	*Je lui ai parlé* ***ce matin****.*
Le complément circonstanciel **de manière**	Répond aux questions *Comment ? De quelle manière ?…*	*Il parle* ***avec douceur****.*
Le complément circonstanciel **de moyen**	Répond aux questions *Avec quoi ? Au moyen de quoi ?…*	*Il écrit* ***avec un stylo****.*
Le complément circonstanciel **de cause**	Répond aux questions *Pourquoi ? Pour quelle raison ?…*	*Nous tremblons* ***de froid****.*
Le complément circonstanciel **de conséquence**	Indique la conséquence, le résultat d'une action	*Elle est trop occupée* ***pour venir****.*
Le complément circonstanciel **de but**	Répond aux questions *Pour quoi ? Dans quel but ?…*	*Je travaille* ***pour l'obtention de mon examen****.*

- **Les compléments circonstanciels sont déplaçables** et **supprimables.**
  J'ai fait un trou dans le mur ***avec cette perceuse****.*
  → ***Avec cette perceuse****, j'ai fait un trou dans le mur. J'ai fait un trou dans le mur.*

- **Les compléments circonstanciels peuvent appartenir à différentes classes grammaticales** : nom ou groupe nominal, pronom, verbe à l'infinitif précédé d'une préposition, d'un adverbe, d'une proposition subordonnée conjonctive.

COMMENT FAIRE

Identifier les propositions conjonctives ayant la fonction de complément circonstanciel

- Une proposition subordonnée conjonctive circonstancielle est **toujours** introduite par une conjonction de subordination.

Subordonnées	Conjonctions de subordination
Temps	*quand, lorsque, pendant que, tandis que, dès que, avant que, après que…*
Cause	*parce que, puisque, comme, étant donné que…*
Conséquence	*de sorte que, si bien que, de façon que, si… que, tant… que, tel… que…*
But	*pour que, afin que, de peur que, de crainte que…*

Astuce Il n'existe pas de subordonnées conjonctives exprimant le lieu, la manière ou le moyen.

LE CONSEIL DU COACH

Apprendre avec une carte mentale

Si vous êtes découragé(e) par le nombre de compléments circonstanciels, dessinez un schéma pour avoir une vue d'ensemble (voir Carnet p. 5). Ce travail vous permettra d'organiser vos connaissances avant de débuter les exercices.

S'ENTRAINER

1 ✪ Indiquez la fonction des compléments circonstanciels en gras en cochant la bonne réponse.

a. **Avant de mourir**, Molière écrivit *Le Malade imaginaire*.

☐ cause ☐ temps

b. La ville de Pompéi a été détruite **à cause d'une éruption volcanique**.

☐ but ☐ cause

c. L'inondation fut vraiment violente **au point de tout ravager**.

☐ conséquence ☐ manière

d. Il a acheté un appartement **dans un bel immeuble**.

☐ moyen ☐ lieu

e. Il a mélangé les ingrédients du gâteau **avec une fourchette**.

☐ manière ☐ moyen

2 ✪✪ Indiquez la classe grammaticale des éléments en gras.

a. Je dois partir **afin de ne pas arriver en retard**.

....

b. Il est **toujours** énervé.

....

c. **Avant cela**, il n'y avait jamais eu de problème.

....

d. Viens **quand tu le voudras**.

....

e. Il révise **sérieusement**.

....

3 ✪✪✪ Isolez entre crochets les subordonnées conjonctives et précisez la valeur circonstancielle qu'elles expriment.

a. Je reste chez moi quand il fait mauvais.

....

b. Il était malade si bien qu'il n'a pas pu sortir.

....

c. J'ai contacté un artisan pour qu'il rénove ma maison.

....

d. Il ne sort pas parce qu'il pleut.

....

4 ✪✪✪ Soulignez chaque complément circonstanciel, précisez s'il s'agit d'un complément circonstanciel de temps, de cause ou de manière, puis exprimez la même idée par un complément circonstanciel équivalent mais d'une classe grammaticale différente.

a. Quand j'ai appris ton départ, j'ai été très triste.

....

b. Il travaille avec calme.

....

c. À force de se coucher tard, il est fatigué.

....

DICTÉE

Une éruption volcanique se produit quand le magma est assez dense pour percer le bouchon de la cheminée. Un volcan est donc une fissure d'où sort le magma. Certains volcans sont endormis. Mais s'ils se manifestent rarement, il faut néanmoins les surveiller pour faire face à toute éruption éventuelle et en limiter les conséquences.

Corrigés p. 262

AVEZ-VOUS RÉUSSI ?

9 La cohérence textuelle : les mots de liaison

GRAMMAIRE

JE RETIENS

Un texte est cohérent lorsque les évènements, les informations ou les idées qu'il contient s'enchainent logiquement. **Les connecteurs sont des mots de liaison qui assurent la cohérence d'un texte :** ils relient des phrases, des propositions ou des paragraphes.

Trois types de connecteurs

– **les connecteurs spatiaux** situent les choses, les personnes, les évènements dans l'espace (*dans la rue, sur le côté, à droite, en bas, ici, là*...) ;

*L'intrigue d'*Eugénie Grandet *se situe à Saumur.* ***Dans cette ville*** *vit le père Grandet.*

– **les connecteurs temporels** situent une action dans le temps et précisent l'enchainement des faits dans le récit (*hier, puis, ensuite, quand, la veille*...) ;

Balzac a écrit Eugénie Grandet ***puis*** *il a rédigé* Le Père Goriot.

– **les connecteurs logiques** précisent l'enchainement logique des idées, des évènements : ils expriment la cause (*car, en effet, parce que*...), la conséquence (*donc, si bien que*...), l'opposition (*mais, or, bien que*...), le but (*pour que, afin que, pour*...) ou l'addition (*et, de plus, aussi*...).

Balzac est un grand romancier ; ***c'est pourquoi*** *on étudie ses œuvres au collège.*

La classe grammaticale d'un connecteur

• Un connecteur peut être un nom, un groupe nominal, un pronom ou un infinitif précédé d'une préposition, d'un adverbe, d'une conjonction de coordination, d'une conjonction de subordination.

Balzac est l'auteur de La Comédie humaine. ***Avant d'écrire****, il a exercé d'autres métiers.*

infinitif prépositionnel

COMMENT FAIRE

Utiliser les connecteurs temporels dans un récit

Dans un récit, les connecteurs de temps peuvent indiquer de manière générale la date, le moment (le 14 Juillet, le matin...).

Balzac est né ***en 1799****.* ***En 1850****, il meurt couvert de dettes.*

Ils peuvent situer les faits les uns par rapport aux autres et indiquer :
– la succession chronologique des faits (*d'abord, ensuite, puis, enfin*...) ;
– la simultanéité des faits (*tandis que, au même moment, en même temps*...) ;
– l'antériorité d'un fait par rapport à un autre (*quelques jours auparavant, la veille*...) ;
– la postériorité d'un fait par rapport à un autre (*le lendemain, deux heures plus tard*...).

Dans Eugénie Grandet*, le neveu de Grandet arrive* ***tandis que*** *l'on joue aux cartes.*

simultanéité

Astuce Les connecteurs sont le plus souvent employés **en tête** de proposition, de phrase ou de paragraphe.

S'ENTRAINER

1 ✪ **Soulignez les connecteurs. Précisez pour chacun s'il est spatial (SPA), temporel (TEMP) ou logique (LOG).**

a. Mlle Grandet s'ennuyait à Saumur. Pendant ce temps, Charles voyageait en Inde. ....

b. En mourant, M. Grandet légua toute sa fortune à sa fille. Elle devint donc une héritière convoitée ....

c. La maison de Grandet était sans luxe. Dans ce lieu, la vie était austère. ....

2 ✪✪ **Encadrez les connecteurs, puis indiquez leur classe grammaticale.**

a. Grandet vit à Saumur. Dans cette petite ville, la vie était alors très monotone.

....

b. Balzac connait bien la Touraine car il est né à Tours.

....

c. Les romans de Balzac sont réalistes : c'est pourquoi ses œuvres évoquent des lieux réels.

....

3 ✪✪ **Complétez chaque phrase avec l'un des connecteurs suivants :** ***mais – si bien que – car*****. Quelles relations logiques apportent ces connecteurs ?**

a. Grandet était toujours vêtu de la même manière, ... son avarice éclatait au grand jour.

Relation logique : ....

b. Personne n'osait affronter le regard de Grandet .... ses yeux étaient inquiétants.

Relation logique : ....

c. Mlle Grandet était certes malheureuse .... elle respectait son père et n'osait lui désobéir.

Relation logique : ....

Corrigés p. 262

4 ✪✪✪ **Entourez les connecteurs de temps et dites comment ils situent les faits (succession, date précise, antériorité...).**

Un mercredi, de grand matin, vers le milieu du printemps de l'année 16, c'était sa façon de parler, au moment où le chevalier passait sa robe de chambre en vieux damas vert à fleurs, il entendit, malgré son coton dans l'oreille, le pas léger d'une jeune fille qui montait l'escalier. Bientôt trois coups furent discrètement frappés à sa porte ; puis sans attendre la réponse, une belle personne se glissa comme une anguille chez le vieux garçon.

Honoré de Balzac, *La Vieille Fille*, 1837.

....

5 ✪✪✪ **Soulignez les connecteurs, précisez s'ils sont temporels, spatiaux ou logiques. Quel est leur rôle dans le texte ?**

Cette double maison appartenait à monsieur Pillerault, un octogénaire qui en laissait la gestion à monsieur et madame Cibot, ses portiers depuis vingt-six ans. Or, comme on ne donne pas des émoluments assez forts à un portier [...], le sieur Cibot [...] était tailleur, comme beaucoup de portiers. Avec le temps, Cibot avait cessé de travailler pour les maîtres tailleurs ; car par suite de la confiance que lui accordait la petite bourgeoisie du quartier, il jouissait du privilège inattaqué de faire des raccommodages [...] dans un périmètre de trois rues.

Honoré de Balzac, *Le Cousin Pons*, 1847.

....

....

....

DICTÉE

Monsieur Grandet dit à son neveu :
– Il faut vous coucher. Il est trop tard pour parler des affaires qui vous amènent ici, nous prendrons demain un moment convenable. Ici, nous déjeunons à huit heures. À midi, nous mangeons un fruit, un rien de pain sur le pouce, et nous buvons un verre de vin blanc ; puis nous dînons, comme les Parisiens, à cinq heures.

Honoré de Balzac, *Eugénie Grandet*, 1833.

AVEZ-VOUS RÉUSSI ?

10 La cohérence textuelle : les reprises nominales et pronominales

GRAMMAIRE

JE RETIENS

Tout comme les connecteurs temporels, spatiaux et logiques, **les reprises nominales et les reprises pronominales assurent la cohérence du texte.**

Les reprises nominales

Elles peuvent être :

- **fidèles** : un nom est repris à l'identique ; le déterminant peut néanmoins changer ;
  Il y a un auteur du XIXe siècle que j'aime vraiment. ***Cet auteur*** *s'appelle Flaubert.*
- **infidèles** : un nom est repris par un synonyme, une périphrase ou un terme générique.
  écrivain / auteur (synonyme) — *Flaubert / l'auteur de* Trois contes (périphrase) — *Flaubert / Cet artiste* (terme générique)

Les reprises pronominales

Ce sont des pronoms :

- **personnels** : il / elle....
- **démonstratifs** : celui-ci / celui-là...
- **possessifs** : le mien / la tienne...
- **indéfinis** : tous / plusieurs...
- **interrogatifs** : qui ? lequel ?...

J'ai lu plusieurs romans de Flaubert. ***Ils*** *sont tous passionnants.*
pronom personnel reprenant le groupe nominal *plusieurs romans de Flaubert*

COMMENT FAIRE

Utiliser les reprises nominales

- Les reprises nominales, même quand elles sont **fidèles**, permettent de conserver la cohérence tout en évitant les répétitions.
  Voici un livre de Flaubert que je voudrais te prêter : j'ai lu ***ce livre*** *d'une traite.*
  changement de déterminant car on a déjà parlé du livre de Flaubert
- Les reprises nominales, quand elles sont **infidèles**, évitent une répétition. Elles apportent en plus des renseignements complémentaires et / ou un jugement de valeur.
  Flaubert est ***un romancier*** *: on étudie au collège des œuvres de* ***ce célèbre artiste****.*
  reprise qui apporte une nuance méliorative

Astuce Lorsque les reprises nominales apportent un **jugement de valeur**, ce jugement est **mélioratif** (positif, favorable) ou **péjoratif** (négatif, défavorable).

S'ENTRAINER

1 ✪ **Entourez les termes qui reprennent les mots en italique.**

a. Dans l'une des nouvelles de Flaubert, on découvre *Félicité*. Elle est au service de madame Aubain.

b. Félicité vit à *Pont-l'Évêque*. Cette petite ville est très calme.

c. *Les romans* de Flaubert sont réalistes. Ses œuvres évoquent des lieux réels.

2 ✪ **Encadrez en bleu les reprises nominales, en rouge les reprises pronominales. Reliez par une flèche chaque reprise au terme repris.**

a. Flaubert publie *Madame Bovary* en 1857. Il publiera *Salammbô* en 1862.

b. *Madame Bovary* est un roman. L'action de ce roman se déroule en Normandie.

c. Ce roman a pour héroïne madame Bovary. Cette femme fait le malheur de ceux qui l'aiment.

d. Emma Bovary se marie avec un médecin de campagne. Elle croit avoir trouvé le bonheur.

3 ✪✪ **Reprenez les mots en gras par les pronoms demandés.**

a. **Emma Bovary** a une fille. .... (*pronom personnel*) ne s'occupe pas beaucoup de cette enfant.

b. Madame Bovary tombe sous le charme d'**un riche paysan.** .... (*pronom démonstratif*) est un personnage peu sympathique.

c. Prête-moi **ton exemplaire** de *Madame Bovary*. Je ne sais pas où j'ai mis .... (*pronom possessif*).

LE CONSEIL DU COACH

Vous avez du mal à vous concentrer ? Y a-t-il du bruit, de la musique ? N'hésitez pas à changer de pièce pour être au calme.

4 ✪✪ **Reprenez les mots en gras par des reprises fidèles en variant le déterminant.**

a. As-tu lu **le roman** de Flaubert dont je te parle ? .... est très intéressant.

b. J'adore **les héroïnes** chez Flaubert.

.... sont toujours des personnages étonnants.

5 ✪✪✪ **Évitez la répétition des expressions en gras en utilisant des reprises infidèles.**

a. ***L'Éducation sentimentale*** est très célèbre. ***L'Éducation sentimentale*** parait en 1869.

....

b. **Emma Bovary** est un personnage surprenant. **Emma Bovary** ne laisse pas les lecteurs indifférents.

....

c. **Flaubert** est très connu de son vivant. **Flaubert** a été admiré de ses contemporains.

....

MINI-CONTRÔLE

Sur une feuille à part, relevez la (les) reprise(s) des mots en gras. Qu'apporte(nt) pour le sens la (les) reprise(s) de Madame Aubain ?

Pendant un demi-siècle, les bourgeoises de Pont-l'Évêque envièrent à **madame Aubain** sa **servante Félicité**.

Pour cent francs par an, elle faisait la cuisine et le ménage, cousait, lavait, repassait, savait brider un cheval, engraisser les volailles, battre le beurre, et resta fidèle à sa maîtresse, – qui cependant n'était pas une personne agréable.

Flaubert, *Un cœur simple*, 1877.

Corrigés p. 262

AVEZ-VOUS RÉUSSI ?

11 Énoncés et situation d'énonciation

GRAMMAIRE

JE RETIENS

L'énoncé ancré dans la situation d'énonciation

Il se réfère à la situation de celui qui parle, c'est-à-dire au moment où il est prononcé. Il n'est donc compréhensible que si l'on connait cette situation. Ses caractéristiques sont :

– des pronoms personnels et déterminants possessifs des 1re et 2e personnes : *je, tu, nous, vous, me, moi, te, toi, mon, ton...* ;

– des pronoms et déterminants démonstratifs : *celui-ci, celle-là, ce...* ;

– la présence d'indices de lieu et de temps liés à la situation du locuteur : *ici, là, à ma droite, maintenant, aujourd'hui, hier, demain, la semaine prochaine...* ;

– l'utilisation du présent, du passé composé, du futur simple ou du futur antérieur.

LE COMTE – *Saluez votre marraine et demandez sa protection.*
LA COMTESSE – *Puisqu'on ne peut vous garder seulement aujourd'hui, partez, jeune homme.*

Beaumarchais, *Le Mariage de Figaro*, I,10, 1784.

L'énoncé coupé de la situation d'énonciation

Il n'est pas lié au moment où le narrateur le formule. Il se comprend en dehors de toute référence à la situation d'énonciation. Ses caractéristiques sont :

– des pronoms personnels et déterminants possessifs de la 3e personne : *il, elle, ils, elles, lui, eux, son, sa, leur, leurs...* ;

– la présence d'indices de lieu et de temps sans référence à la situation d'énonciation : *ce jour-là, la veille, le lendemain, la semaine suivante...* ;

– l'utilisation du passé simple, de l'imparfait, du plus-que-parfait, du futur du passé (conditionnel), du présent de narration.

Jeanne*, ayant fini ses malles, s'approch**a** de la fenêtre, mais la pluie ne cess**ait** pas. [...]* ***Jeanne****, sortie* ***la veille*** *du couvent, [...] craign**ait** que son père hésit**ât** à partir [...].*

Guy de Maupassant, *Une vie*, 1883.

COMMENT FAIRE

Utiliser énoncé ancré et énoncé coupé

- **L'énoncé ancré dans la situation d'énonciation** est principalement utilisé à l'oral, dans les lettres, les préfaces, la presse, les paroles rapportées directement dans un récit, le dialogue de théâtre...
- **L'énoncé coupé de la situation d'énonciation** est surtout utilisé dans le récit à la 3e personne et au passé.

Astuce Pour repérer rapidement si un énoncé est ancré ou non dans la situation d'énonciation, il convient de regarder prioritairement les pronoms et les temps verbaux employés.

LE CONSEIL DU COACH

Reformuler la leçon

Apprendre une leçon de manière active, c'est la reformuler avec ses propres mots. Reformuler vous permet de vérifier si vous avez bien compris les informations. Pour vous, qu'est-ce qui fait la différence entre les deux types d'énoncés ? Illustrez d'un exemple chaque type d'énoncé.

S'ENTRAINER

1 ✪ **Soulignez les éléments qui permettent de comprendre que l'énoncé est ancré dans la situation d'énonciation.**

LE COMTE – Heureusement le Docteur est ici. Quel bruit entends-je ?
LA COMTESSE – Du bruit ?
LE COMTE – On a fait tomber un meuble.
LA COMTESSE – Je... Je n'ai rien entendu, pour moi.
LE COMTE – Il faut que vous soyez furieusement préoccupée.

Beaumarchais, *Le Mariage de Figaro*, 1784.

2 ✪ **Relevez les indices qui permettent d'affirmer que l'énoncé suivant est coupé de la situation d'énonciation.**

Il avait connu des jours meilleurs, malgré sa misère et son infirmité.
À l'âge de quinze ans, il avait eu les deux jambes écrasées par une voiture sur la grand'route de Varville. Depuis ce temps-là, il mendiait en se traînant le long des chemins, à travers les cours des fermes, balancé sur des béquilles qui lui avaient fait remonter les épaules à la hauteur des oreilles.

Guy de Maupassant, *Le Gueux*, 1884.

....

....

....

....

....

3 ✪✪ **Isolez entre crochets bleus le passage coupé de la situation d'énonciation, entre crochets rouges le passage ancré dans la situation d'énonciation. Justifiez l'emploi de ces deux types d'énoncés.**

Les deux chaumières étaient côte à côte, au pied d'une colline, proches d'une petite ville de bains. Les deux paysans besognaient dur sur la terre féconde pour élever tous leurs petits. Chaque ménage en avait quatre. [...]
Par un après-midi du mois d'août, une légère voiture s'arrêta brusquement entre les deux chaumières, et une jeune femme, qui conduisait elle-même, dit au monsieur assis à côté d'elle : « Oh ! Regarde, Henri, ce tas d'enfants ! Sont-ils jolis, comme ça, à grouiller dans la poussière ! »

Guy de Maupassant, *Aux champs*, 1882.

Justification : ....

....

....

....

4 ✪✪✪ **Complétez ces énoncés ancrés dans la situation d'énonciation en choisissant les expressions qui conviennent :** ***la veille – demain – hier – le lendemain – aujourd'hui – ce jour-là.***

a. ...., nous irons au cinéma.

b. Nous avons étudié .... une nouvelle de Maupassant.

c. Nous célébrons .... le bicentenaire de sa naissance.

DICTÉE

Mme Oreille était économe. Elle savait la valeur d'un sou et possédait un arsenal de principes sévères sur la multiplication de l'argent. [...] M. Oreille n'obtenait sa monnaie qu'avec une extrême difficulté. Ils étaient à leur aise, pourtant, et sans enfants ; mais Mme Oreille éprouvait une vraie douleur à voir les pièces blanches sortir de chez elle.

Guy de Maupassant, *Le Parapluie*, 1884.

Corrigés p. 263

AVEZ-VOUS RÉUSSI ?

12 Les paroles rapportées

GRAMMAIRE

JE RETIENS

Les paroles rapportées directement

Elles sont reproduites telles qu'elles ont été prononcées.

– Elles sont encadrées ou précédées par des guillemets, deux-points, tirets pour le dialogue.

– Elles sont introduites par un verbe de parole qui indique celui qui parle.

– Les temps verbaux sont organisés autour :
- du présent, du passé composé et du futur ;
- de marques des 1re et 2e personnes (*je, tu, mon, ton...*) ;
- d'adverbes de temps et de lieu (*aujourd'hui, hier, demain, ici...*).

– Elles présentent des marques d'oralité (exclamations, niveau de langue familier...).

*« **Ah** ! Voici ma mère ! » s'écria le vicomte.*

Les paroles rapportées indirectement

Elles sont intégrées au récit sous la forme de subordonnées conjonctives introduites par *que*, d'interrogatives indirectes ou d'une préposition suivie d'un infinitif.

– Elles dépendent d'un verbe de parole.

– Les marques de personnes changent (*je, tu* → *il, elle ; nous, vous* → *ils, elles*).

– Les adverbes de temps et de lieu sont modifiés (*la veille, le lendemain, là...*).

– Les marques d'oralité (interjections, apostrophes, points d'exclamation, niveau de langue familier) disparaissent.

*Le vicomte **s'écria** [**que sa mère arrivait**].*

COMMENT FAIRE

Choisir le temps verbal de paroles rapportées indirectement

Si le verbe de parole est au présent, le verbe de la subordonnée est :
– **au présent** pour marquer la simultanéité des actions des deux propositions ;
– **au passé composé** pour marquer l'antériorité de l'action de la subordonnée ;
– **au futur** pour marquer la postériorité de l'action de la subordonnée.

*Je pense que **tu liras** ce roman d'Alexandre Dumas.*

Si le verbe de parole est au passé, le verbe de la subordonnée est :
– **à l'imparfait** pour marquer la simultanéité des actions des deux propositions ;
– **au plus-que-parfait** pour marquer l'antériorité de l'action de la subordonnée ;
– **au futur antérieur** pour marquer la postériorité de l'action de la subordonnée.

*Je pensais que **tu avais lu** ce roman d'Alexandre Dumas.*

Astuce Au discours direct, le niveau de langue employé varie selon les circonstances.

« Tu as lu ce roman ? »	*« Est-ce que tu as lu ce roman ? »*	*« As-tu lu ce roman ? »*
↓ familier	↓ courant	↓ soutenu

S'ENTRAINER

1 ✪ **Soulignez en bleu les paroles rapportées directement, en rouge les paroles rapportées indirectement.**

a. Au château d'If, Edmond Dantès demandait souvent à l'abbé Faria pourquoi il avait été emprisonné.

b. L'abbé Faria lui répétait qu'il avait été la victime d'un complot et qu'il devait se venger.

c. Quand le comte de Morcerf découvrit la véritable identité du comte de Monte-Cristo, il ne put pousser qu'un cri : « Edmond Dantès ! »

2 ✪✪ **Recopiez les phrases suivantes en rétablissant la ponctuation.**

a. Durant son emprisonnement, Edmond Dantès se demandait aurai-je la possibilité de me venger

....

....

....

b. Il existe une seule possibilité de s'échapper du château d'If expliqua l'abbé Faria à Edmond Dantès

....

....

....

c. Il faudra profiter de ma mort disait l'abbé Faria et déjouer alors la vigilance des gardiens

....

....

3 ✪✪✪ **Transposez les phrases suivantes au discours indirect.**

a. À la mort de l'abbé Faria, Dantès peut dire : « Demain, je serai libre et je fuirai d'ici ! »

....

....

....

....

LE CONSEIL DU COACH Ne vous laissez pas distraire ! Poursuivez vos exercices. Une courte pause de 5 minutes avant le mini-contrôle, pourquoi pas ?

b. Monte-Cristo, quand il revoit Mercédès de Morcerf, n'ose lui demander : « Te souviens-tu de moi ? »

....

....

....

....

4 ✪✪✪ **Conjuguez le verbe entre parenthèses au temps qui convient.**

a. Durant son emprisonnement, Edmond Dantès ne savait pas s'il (*avoir*) .... la possibilité de prouver son innocence.

b. Jusqu'à la fin du roman, le lecteur se demande si le comte de Monte-Cristo (*accomplir*) .... l'ensemble de son plan.

c. L'abbé Faria comprit dès qu'il vit Dantès que cet homme (*être*) .... innocent.

MINI-CONTRÔLE

Sur une feuille à part, recopiez ce dialogue en rétablissant la ponctuation manquante.

Alors elle rompit le silence pour s'écrier

Vous êtes des lâches, vous êtes des misérables assassins, vous vous mettez à dix pour égorger une femme : prenez garde, si je ne suis point secourue, je serai vengée.

Vous n'êtes pas une femme dit froidement Athos vous n'appartenez pas à l'espèce humaine, vous êtes un démon échappé de l'enfer et que nous allons y faire entrer.

Alexandre Dumas, *Les Trois Mousquetaires*, 1844.

Corrigés p. 263

AVEZ-VOUS RÉUSSI ?

13 L'analyse du verbe

CONJUGAISON

JE RETIENS

Le système verbal compte six modes

- **Quatre modes personnels :** l'indicatif, le subjonctif, le conditionnel et l'impératif.
- **Deux modes impersonnels :** l'infinitif et le participe.

Il existe des temps simples et des temps composés

- **Les temps simples** sont constitués par le radical du verbe auquel on a ajouté une terminaison verbale.
- **Les temps composés** sont constitués de l'auxiliaire *avoir* ou *être* et du participe passé du verbe.

Accomplissement et durée d'une action

- Toute action exprimée par un verbe a un début, un déroulement et une fin.

– **L'action peut être présentée comme achevée, accomplie** :
Il a arrêté de faire du sport. = Il ne fait plus de sport. → Action accomplie

– **L'action peut être présentée comme inaccomplie et donc en cours de déroulement** :
Il est interdit de stationner. → Interdiction toujours en cours → Action inaccomplie

- Une action présentée en cours de déroulement peut avoir une durée variable :

– une durée non délimitée dans le temps → Action non bornée dans le temps ;
– une durée délimitée dans le temps → Action bornée dans le temps.

Il travaillait depuis une heure quand on sonna.
travaillait : action non bornée dans le temps — sonna : action bornée dans le temps

COMMENT FAIRE

Repérer la valeur de l'imparfait et du passé simple dans un récit au passé

Le passé simple exprime une action bornée, délimitée dans le temps.
C'est pourquoi, dans un récit au passé, il présente :
– des actions qui se sont déroulées à un moment précis et une seule fois :
Tout à coup, le téléphone ***sonna****.*
– des actions qui se succèdent : *Le téléphone* ***sonna****, il* ***répondit****.*

L'imparfait exprime une action non bornée, non délimitée dans le temps.
C'est pourquoi, dans un récit au passé, il présente :
– des actions en cours de déroulement : *Il* ***dormait*** *quand son frère arriva.*
– des descriptions : *Le soleil* ***brillait****, l'air* ***était*** *chaud.*
– des actions qui se répètent : *Tous les soirs, il* ***regardait*** *la télévision.*

Astuce Les temps composés marquent une action accomplie.

S'ENTRAINER

1 ✪✪ **Recopiez toutes les formes verbales et précisez leur mode.**

a. La nouvelle de Mérimée *Colomba* connut dès sa parution un vif succès.

....

b. Le frère de Colomba, ayant été blessé par les deux frères Barricini, sera sauvé par sa sœur.

....

....

c. Colomba souhaite que les assassins de son père soient punis.

....

....

d. Elle voudrait contraindre son frère à l'aider dans sa vengeance.

....

....

2 ✪✪ **À quels temps sont conjugués les verbes en gras ? Cochez la bonne réponse.**

a. Dans *Mateo Falcone*, Gianetto **cherche** à échapper à la police en s'enfuyant par le maquis.

☐ présent ☐ passé composé

b. Fortunato, en trahissant l'honneur de sa famille, **est devenu** méprisable pour son père.

☐ présent ☐ passé composé

c. Il **souhaitait** que nous venions le voir.

☐ présent ☐ imparfait

3 ✪✪✪ **Soulignez les verbes et indiquez si l'action est accomplie ou inaccomplie.**

a. Hier, j'ai rencontré mon voisin.

....

Corrigés p. 263

LE CONSEIL DU COACH

Avant de changer de niveau d'exercice, pensez à faire quelques étirements.

b. J'aime bien ce livre.

....

c. Il a chanté à la fête du village.

....

d. Il termine ses devoirs.

....

4 ✪✪✪ **Soulignez les verbes au passé et justifiez leur emploi.**

a. La neige recouvrait le sol, les arbres n'avaient plus de feuilles.

....

b. Les joueurs sortirent du vestiaire, arrivèrent sur le terrain puis le match commença.

....

c. Un cri retentit brusquement.

....

d. Alors qu'il faisait beau, un orage éclata.

....

e. Tous les jours, il se levait à 6 heures.

....

DICTÉE

Un certain jour d'automne, Mateo sortit de bonne heure avec sa femme pour aller visiter un de ses troupeaux [...]. Il était absent depuis quelques heures et le petit Fortunato était étendu au soleil [...] quand il fut soudainement interrompu dans ses méditations par l'explosion d'une arme à feu. Il se leva et se tourna du côté de la plaine d'où partait ce bruit.

Prosper Mérimée, *Mateo Falcone*, 1829.

AVEZ-VOUS RÉUSSI ? ◯ ◯ ◯

14 La forme impersonnelle et la forme passive

CONJUGAISON

JE RETIENS

La forme impersonnelle

• **Certains verbes sont employés à la forme impersonnelle :**

– ces verbes sont **conjugués à la 3e personne du singulier** ;

– ils sont **accompagnés du pronom « il »** qui ne représente aucun élément et n'a donc aucun contenu : il devient un simple outil grammatical entrainant l'accord du verbe.

Il est parti en vacances.	*Il manque trois élèves ce matin.*
« il » a un sens = Pierre	« il » n'est pourvu d'aucun sens
→ construction personnelle	→ verbe à la forme impersonnelle

• **On distingue deux catégories de verbes à la forme impersonnelle.**

– Certains verbes n'existent qu'à la 3e personne du singulier. Ces verbes expriment notamment des phénomènes météorologiques ou l'obligation. *Il pleut / Il faut*

– D'autres verbes, normalement personnels, c'est-à-dire variables en personne, peuvent être construits impersonnellement.

Il court *depuis plusieurs jours des rumeurs sur l'annulation de ce concert.*

La forme passive

• Une phrase à la forme passive comporte un verbe à la voix passive.

• **Le verbe est à la voix passive quand le sujet subit l'action exprimée par le verbe.**

• **Le verbe est souvent accompagné d'un complément d'agent qui indique qui fait l'action.**

Dans Mateo Falcone, *le bandit Gianetto est caché par le jeune Fortunato.*

complément d'agent

• **À la voix passive, le verbe est toujours formé de l'auxiliaire *être* suivi du participe passé.** Le temps et la forme verbale sont indiqués par le temps de l'auxiliaire.

Les nouvelles de Mérimée furent lues dès leur parution avec beaucoup d'intérêt.

passé simple de l'auxiliaire *être* → passé simple de la voix passive

COMMENT FAIRE

Transposer une phrase à la forme passive

Quand on transpose une phrase de la forme active à la forme passive :

– le sujet devient, à la forme passive, le complément d'agent ;

– le complément d'objet direct devient, à la forme passive, le sujet.

Dans cette nouvelle, ***Fortunato*** *trahit* ***la confiance de Mateo Falcone****.*

Phrase à la forme active — sujet — complément d'objet direct

Dans cette nouvelle, ***la confiance de Mateo Falcone*** *est trahie* ***par Fortunato****.*

Phrase à la forme passive — sujet — complément d'agent

Astuce Les verbes qui sont conjugués aux temps composés à l'aide de l'auxiliaire *être* n'ont pas de voix passive. C'est le cas de : *aller, venir, arriver, partir…*

LE CONSEIL DU COACH

Réactiver ses connaissances

Si vous avez déjà abordé cette leçon en classe, essayez tout d'abord de vous souvenir de ce que vous avez appris. Quelles activités avez-vous réalisées en classe ? Quels exemples avez-vous retenus ?... Il s'agit pour vous de récupérer le plus d'informations possible pour être efficace et rapide.

S'ENTRAINER

1 ✪ Soulignez les phrases comportant un verbe à la forme impersonnelle, puis recopiez les verbes employés à la forme impersonnelle.

a. Mon frère est absent : il sera de retour la semaine prochaine.

....

b. Il est tombé depuis plusieurs semaines des quantités d'eau importantes.

....

c. Mon père est fatigué : il reste quelques jours supplémentaires en vacances.

....

d. Il est nécessaire de prendre rapidement une décision.

....

e. Il reste encore quelques embouteillages aux abords des grandes villes.

....

2 ✪ Indiquez si la forme verbale est à la voix active ou à la voix passive.

a. Il **a lu** cette nouvelle de Mérimée. ....

b. *Colomba* et *Mateo Falcone* **sont** très **documentés** sur la Corse. ....

c. Mérimée **a été inspiré** par des faits réels pour écrire *Colomba*. ....

d. Colomba **venge** sans aucune pitié la mort de son père. ....

3 ✪✪ Soulignez le complément d'agent dans les phrases suivantes.

a. Fortunato était aimé de son père.

b. Fortunato est poussé par le bandit Gianetto à mentir à la police.

c. La mort de monsieur Della Rebbia sera vengée par sa fille Colomba.

4 ✪✪✪ Transposez les phrases suivantes à la forme active ou passive.

a. Les nouvelles de Mérimée sont encore lues aujourd'hui avec plaisir par les jeunes.

....

....

b. Les deux frères Barricini ont été tués l'un après l'autre par Orso Della Rebbia.

....

....

c. Les lecteurs comparent souvent Colomba aux grandes héroïnes de théâtre.

....

....

DICTÉE

Le lendemain, un peu avant le retour des chasseurs, miss Nevil, revenant d'une promenade au bord de la mer, regagnait l'auberge avec sa femme de chambre, lorsqu'elle remarqua une jeune femme vêtue de noir, montée sur un cheval de petite taille, mais vigoureux, qui entrait dans la ville. Elle était suivie d'une espèce de paysan, à cheval aussi, en veste de drap brun trouée aux coudes, une gourde en bandoulière, un pistolet pendant à la ceinture [...]. Elle paraissait avoir une vingtaine d'années.

Prosper Mérimée, *Colomba*, 1840.

Corrigés p. 264

AVEZ-VOUS RÉUSSI ?

15 L'indicatif

CONJUGAISON

JE RETIENS

Terminaisons des temps simples de l'indicatif

	1er groupe	2e groupe	3e groupe
Présent	*-e, -es, -e,* *-ons, -ez, -ent*	*-is, -is, -it,* *-issons, -issez, -issent*	Différentes terminaisons selon le radical.
Imparfait	*-ais, -ais, -ait, -ions, -iez, -aient*		
Passé simple	*-ai, -as, -a,* *-âmes, -âtes, -èrent*	*-is, -is, -it,* *-îmes, -îtes, -irent*	• *-is, -is, -it, -îmes, -îtes, -irent* • *-us, -us, -ut, -ûmes, -ûtes, -urent* • *-ins, -ins, -int, -înmes, -întes, -inrent*
Futur	*-ai, -as, -a, -ons, -ez, -ont*, toujours précédées d'un *r*		

Formation des temps composés

Les temps composés sont formés avec le participe passé précédé d'un auxiliaire :

Il a écrit. (passé composé)
Il avait écrit. (plus-que-parfait)
Il eut écrit. (passé antérieur)
Il aura écrit. (futur antérieur)

Valeurs du mode indicatif

Le mode indicatif est le mode de la réalité. Ses temps ont différentes valeurs :

– **le présent** exprime un fait qui correspond au moment où l'on s'exprime (présent d'énonciation). Il peut indiquer une vérité générale, une répétition, décrire, remplacer un temps du passé (présent de narration) ;
– **le futur** exprime un fait à venir ;
– **l'imparfait** indique un fait passé inachevé, il décrit, il indique la répétition ;
– **le passé simple** indique des faits passés, achevés, uniques, qui peuvent se succéder ;
– **les temps composés** (passé composé, passé antérieur, plus-que-parfait, futur antérieur) expriment des actions antérieures à celles exprimées par le temps simple correspondant : présent, passé simple, imparfait, futur.

COMMENT FAIRE

Utiliser les bonnes terminaisons des verbes du 3e groupe au présent

- **Les verbes en *-ir*, *-oir*, *-indre*, *-re*, *-soudre*** ont les terminaisons *-s, -s, -t, -ons, -ez, -ent*.
  *je di**s** / je fai**s** / je vien**s** / je voi**s** / je sai**s** / je par**s** / je doi**s** / je crain**s** / je croi**s** / je résou**s***
- **Les verbes en *-dre*** ont les terminaisons *-ds, -ds, -d, -ons, -ez, -ent*.
  *je pren**ds***
- **Quelques verbes** ont les terminaisons *-x, -x, -t* au singulier.
  *je veu**x**, je peu**x***

Astuce Pour savoir si un mode est personnel, on regarde s'il varie en personne (*je, tu*...).

S'ENTRAINER

1 ✪ Conjuguez les verbes au présent.

a. Dans ses nouvelles, Buzzati (*créer*) .... un univers angoissant.

b. Les héros de Buzzati (*vivre*) .... souvent des aventures vraiment surprenantes.

c. Dans la nouvelle *Les Souris*, la famille Corio (*finir*) .... par devenir prisonnière des rats qui (*prendre*) .... le pouvoir.

2 ✪✪ Conjuguez les verbes au passé simple.

a. Le héros du *Veston ensorcelé* (*faire*) .... une rencontre qui (*bouleverser*) .... sa vie.

b. Le veston, qu'il (*acquérir*) .... facilement, (*être*) .... rapidement une source de malheur.

c. Il (*devoir*) .... bruler le veston pour fuir le maléfice.

3 ✪✪ Récrivez au plus-que-parfait les phrases de l'exercice 2.

a. ....

....

b. ....

....

c. ....

....

4 ✪✪✪ Indiquez la valeur des temps de l'indicatif dans les énoncés suivants.

a. Chaque jour, le héros du *Veston ensorcelé* voulait se défaire du veston.

....

b. Le veston ensorcelé avait une coupe parfaite.

....

c. Terrorisé, le héros prit le vêtement, partit dans les Alpes et le brula.

....

5 ✪✪✪ Conjuguez les verbes entre parenthèses à l'imparfait ou au passé simple. Justifiez vos réponses.

a. Le héros (**1.** *posséder*) .... ce vêtement étrange depuis quelque temps quand il (**2.** *décider*) .... de le porter.

1. ....

2. ....

b. Le tailleur Corticella (**1.** *être*) .... un homme poli même si son regard (**2.** *paraitre*) .... inquiétant.

1. ....

2. ....

c. Quand il eut brulé le veston, le héros (**1.** *perdre*) .... sa fortune puis (**2.** *constater*) .... la disparition de sa somptueuse villa.

1. ....

2. ....

MINI-CONTRÔLE

Lisez le texte et répondez aux questions.

J'arrivai en voiture dans une vallée perdue des Alpes. Je laissai mon auto sur un terre-plein herbeux et je me dirigeai droit sur le bois. Il n'y avait pas âme qui vive. Après avoir dépassé le bourg, j'atteignis le gravier de la moraine.

Dino Buzzati, « Le Veston ensorcelé », *Le K*, © Robert Laffont, 1967.

a. Quel est le temps de l'indicatif dominant ?

....

b. Précisez sa valeur : ....

....

Corrigés p. 264

AVEZ-VOUS RÉUSSI ?

16 Les particularités de quelques verbes du 3e groupe au présent de l'indicatif

CONJUGAISON

JE RETIENS

Particularités de quelques verbes du 3e groupe

Verbes à l'infinitif	Particularités	Verbes conjugués
Dire, *faire* et leurs composés.	Deuxième personne du pluriel irrégulière.	*Nous disons, nous faisons, vous di**tes**, vous fai**tes**.*
Cueillir, *ouvrir* et leurs composés, *offrir*, *assaillir*.	Terminaisons identiques aux verbes du premier groupe : *-e*, *-es*, *-e*, *-ons*, *-ez*, *-ent*.	*J'ouvr**e**, tu ouvr**es**, il ouvr**e**, nous ouvr**ons**, vous ouvr**ez**, ils ouvr**ent**.*
Fuir, *s'enfuir*.	- Pas de e à l'infinitif. - Prennent un *y* aux première et deuxième personnes du pluriel.	*Je fuis, tu fuis, nous fu**y**ons, vous fu**y**ez, ils fuient.*
Venir, *tenir*.	Se conjuguent en *-iens*, *-iens*, *-ient*, *-enons*, *-enez*, *-iennent*.	*Je viens, nous venons, ils viennent* *Je tiens, nous tenons, ils tiennent*
Pouvoir, *valoir*, *vouloir*.	Terminaisons *-x*, *-x*, *-t* au singulier.	*Je peu**x**, tu vau**x**, il veu**t**…*
Vaincre, *convaincre*.	Consonne *-c* au singulier.	*Je vaincs, tu vaincs, il vainc, nous vainquons, vous vainquez, ils vainquent.*

Devoir, *recevoir*, *voir*, *savoir* et *prendre*

Je dois, tu dois, il doit, nous devons, vous devez, ils doivent.
Je reçois, tu reçois, il reçoit, nous recevons, vous recevez, ils reçoivent.
Je vois, tu vois, il voit, nous voyons, vous voyez, ils voient.
Je sais, tu sais, il sait, nous savons, vous savez, ils savent.
Je prends, tu prends, il prend, nous prenons, vous prenez, ils prennent.

COMMENT FAIRE

Conjuguer *pouvoir*, *devoir*, *vaincre*, *fuir*, *dire*, *faire*

- Ces verbes sont irréguliers : il faut donc apprendre précisément la conjugaison de chacun d'eux.
- Malgré leurs irrégularités, ces verbes présentent tous, à l'exception de *dire* et *faire*, les terminaisons *-ons*, *-ez* aux première et deuxième personnes du pluriel.
  Nous pouvons, nous devons, nous vainquons, nous fuyons, vous pouvez, vous devez, vous vainquez, vous fuyez.

Astuce Le **verbe *aller*** est un verbe du **3e groupe** dont le radical change.
Je vais, tu vas, il va, nous allons, vous allez, ils vont.

S'ENTRAINER

1 ✪ **Conjuguez au présent de l'indicatif.**

Pouvoir	Vouloir
....	....
....	....
....	....
....	....
....	....
....	....

2 ✪ **Conjuguez au présent de l'indicatif.**

Convaincre	Faire
....	....
....	....
....	....
....	....
....	....
....	....

3 ✪ **Conjuguez au présent de l'indicatif.**

Tressaillir	S'enfuir
....	....
....	....
....	....
....	....
....	....
....	....

4 ✪✪ **Complétez les terminaisons des verbes au présent de l'indicatif.**

a. elle v.. (aller)
b. tu re.. (recevoir)
c. nous fu.. (fuir)
d. vous fai.. (faire)
e. tu offr.. (offrir)
f. vous vo.. (voir)
g. tu vain.. (vaincre)
h. il cueill.. (cueillir)

Corrigés p. 264

LE CONSEIL DU COACH

N'hésitez pas à vous dire plusieurs fois que vous pouvez y arriver et que vous allez y arriver. Il faut penser positivement.

5 ✪✪ **Transposez à la personne équivalente du singulier ou du pluriel les formes verbales suivantes.**

a. je vois ....
b. tu dis ....
c. vous allez ....
d. nous ouvrons ....
e. tu fuis ....
f. vous pouvez ....
g. ils veulent ....
h. vous cueillez ....

6 ✪✪✪ **Conjuguez au présent de l'indicatif.**

a. Il .... (*savoir*) que tu viendras demain.
b. Depuis son départ à l'étranger, je .... (*recevoir*) régulièrement de ses nouvelles.
c. Tu .... (*devoir*) finir tes devoirs avant de sortir t'amuser.
d. Il .... (*aller*) se rendre en Espagne lors de ses prochaines vacances.
e. Ce magnifique tableau .... (*valoir*) cher.
f. Pourquoi vous .... (*s'enfuir*)-vous ?

DICTÉE

– Où est-il donc, ce garçon, est-il descendu ?
– Non, mon ami, répondit madame Grandet.
– Eh bien, que fait-il donc ?
– Il pleure son père, répondit Eugénie.
Grandet regarda sa fille [...].
– Eh bien, où donc est mon neveu ?
– Il dit qu'il ne veut pas manger, répondit Nanon.
Ça n'est pas sain.
– Autant d'économisé, lui répliqua son maître.

Honoré de Balzac, *Eugénie Grandet*, 1833.

AVEZ-VOUS RÉUSSI ? ○ ○ ○

17 Le présent du subjonctif

CONJUGAISON

JE RETIENS

Formation du présent du subjonctif

- **À la forme active**, le présent du subjonctif a toujours les terminaisons : *-e, -es, -e, -ions, -iez, -ent.*
- **Pour les verbes du 1er et du 2e groupe et la plupart des verbes du 3e groupe, on forme le présent du subjonctif à partir de la 1re personne du pluriel du présent de l'indicatif.**

__nous march__|ons → que __nous march__|ions   *__nous part__|ons → que __nous part__|ions*

(nous march|ons : présent de l'indicatif ; que nous march|ions : présent du subjonctif ; nous part|ons : présent de l'indicatif ; que nous part|ions : présent du subjonctif)

- **Les auxiliaires être et avoir ont des formes particulières :**

être : que je sois, que tu sois, qu'il soit, que nous soyons, que vous soyez, qu'ils soient
avoir : que j'aie, que tu aies, qu'il ait, que nous ayons, que vous ayez, qu'ils aient

- **Certains verbes du 3e groupe ont une formation irrégulière :**

aller	*que j'aille, que tu ailles, qu'il aille, que nous allions, que vous alliez, qu'ils aillent*
faire	*que je fasse, que tu fasses, qu'il fasse, que nous fassions, que vous fassiez, qu'ils fassent*
dire	*que je dise, que tu dises, qu'il dise, que nous disions, que vous disiez, qu'ils disent*
prendre	*que je prenne, que tu prennes, qu'il prenne, que nous prenions, que vous preniez, qu'ils prennent*
venir	*que je vienne, que tu viennes, qu'il vienne, que nous venions, que vous veniez, qu'ils viennent*
pouvoir	*que je puisse, que tu puisses, qu'il puisse, que nous puissions, que vous puissiez, qu'ils puissent*
savoir	*que je sache, que tu saches, qu'il sache, que nous sachions, que vous sachiez, qu'ils sachent*
voir	*que je voie, que tu voies, qu'il voie, que nous voyions, que vous voyiez, qu'ils voient*
vouloir	*que je veuille, que tu veuilles, qu'il veuille, que nous voulions, que vous vouliez, qu'ils veuillent*

Valeurs du mode subjonctif

En proposition indépendante ou principale, ce mode exprime l'ordre, la défense, le souhait, la supposition, des sentiments comme l'indignation, le regret, le doute....

Qu'il __vienne__ immédiatement. ordre
Que vos vacances __soient__ belles ! souhait
Qu'il __ose__ venir, lui ! C'est scandaleux ! indignation

COMMENT FAIRE

Distinguer le présent du subjonctif du présent de l'indicatif pour les verbes du 1er groupe

Je sais qu'il __s'entraine__ beaucoup pour les prochains Jeux olympiques.
fait certain → indicatif

Je veux qu'il __s'entraine__ beaucoup pour les prochains Jeux olympiques.
fait envisagé → subjonctif

Astuce À la forme passive, le **présent du subjonctif** se forme à l'aide du présent du subjonctif de l'auxiliaire *être* suivi du participe passé du verbe conjugué.

Je souhaite que tes devoirs __soient terminés__ avant ce soir.

LE CONSEIL DU COACH

Penser positivement

Le mode subjonctif n'est pas évident à assimiler. Vous avez le droit à l'erreur en faisant les exercices. C'est en vous trompant, et en corrigeant ensuite, que vous allez progresser. Vous êtes en train d'apprendre !

S'ENTRAINER

1 ✪ **Entourez les formes verbales au subjonctif.**

a. il disparaisse
b. on ait
c. il parait
d. elle prenne
e. nous sachions
f. on fait
g. on dise
h. il croie

2 ✪✪ **Complétez les phrases en mettant les verbes entre parenthèses au présent du subjonctif.**

a. Qu'il (*faire*) .... ce travail dès que possible.

b. (*Être*)............ un triangle ABC.

c. Que l'on (*finir*)............................ ce travail immédiatement !

d. Qu'il (*savoir*) .... cela ! C'est surprenant.

3 ✪✪ **Soulignez les verbes au subjonctif dans les phrases suivantes. Justifiez leur emploi.**

a. Que toi, tu ne réagisses pas face aux modifications climatiques, c'est surprenant !

....

b. Que l'on prenne enfin des mesures contre le réchauffement climatique et que l'on cesse d'ignorer les dangers qui nous menacent !

....

....

c. Que l'on poursuive activement les recherches sur le réchauffement de la planète et l'on trouvera peut-être une solution pour éviter un désastre écologique.

....

....

4 ✪✪✪ **En vous aidant de la leçon 7, page 16, recopiez les formes au subjonctif et celles à l'indicatif des subordonnées conjonctives. Justifiez leur emploi.**

a. Penses-tu que l'on évite dans les prochaines décennies la disparition de la couche d'ozone ?

....

....

b. On pense que la déforestation entraine un fort ruissellement des eaux.

....

....

c. On redoute que la déforestation n'entraine un fort ruissellement des eaux.

....

....

d. Les autorités ont ordonné que les habitants évacuent la vallée après les fortes inondations.

....

....

MINI-CONTRÔLE

Soulignez les subjonctifs dans le texte suivant.

Une menace réelle pèse sur notre planète si nous ne changeons pas de comportements. Les continents sont tous concernés. Pourvu que l'on réagisse avant que l'équilibre écologique ne soit rompu ! Pour que la prise de conscience soit efficace, on doit souhaiter qu'une campagne de sensibilisation soit vraiment menée dès l'école. Il est plus que temps d'agir car c'est l'avenir de nos enfants qui est en jeu.

Corrigés p. 264

AVEZ-VOUS RÉUSSI ? ○ ○ ○

18 Le présent du conditionnel

CONJUGAISON

JE RETIENS

Formation du présent du conditionnel

- **Le présent du conditionnel à la voix active se forme le plus souvent avec l'infinitif du verbe suivi des terminaisons de l'imparfait :** *-ais, -ais, -ait, -ions, -iez, -aient.*

  Tu chanterais *Nous finirions* *Ils transmettraient*

- **Les auxiliaires *être* et *avoir* ont des formes particulières.**

  – *être : je serais, tu serais, il serait, nous serions, vous seriez, ils seraient*

  – *avoir : j'aurais, tu aurais, il aurait, nous aurions, vous auriez, ils auraient*

- **Certains verbes du 3e groupe ont une formation irrégulière :**

aller	*j'irais, tu irais, il irait, nous irions, vous iriez, ils iraient*
faire	*je ferais, tu ferais, il ferait, nous ferions, vous feriez, ils feraient*
venir	*je viendrais, tu viendrais, il viendrait, nous viendrions, vous viendriez, ils viendraient*
pouvoir	*je pourrais, tu pourrais, il pourrait, nous pourrions, vous pourriez, ils pourraient*
savoir	*je saurais, tu saurais, il saurait, nous saurions, vous sauriez, ils sauraient*
voir	*je verrais, tu verrais, il verrait, nous verrions, vous verriez, ils verraient*
vouloir	*je voudrais, tu voudrais, il voudrait, nous voudrions, vous voudriez, ils voudraient*

Valeurs du conditionnel

– Un fait incertain : *Il n'y **aurait** plus de moustiques dans ces marécages.*

– Une demande polie, un conseil : ***Pourriez**-vous nous communiquer les derniers résultats ?*

– Le résultat d'une condition : *S'il était aimable, on lui **parlerait** volontiers.*

– Une action future venant après une autre action située dans le passé :
*On **a** longtemps **cru** que l'utilisation d'insecticides ne **polluerait** pas la planète.*

COMMENT FAIRE

Former le présent du conditionnel à la voix passive

Le présent du conditionnel à la voix passive se forme avec l'auxiliaire *être* au présent du conditionnel, suivi du participe passé du verbe conjugué.

*Certains moustiques **transmettraient** des maladies.*
→ présent du conditionnel à la voix active du verbe *transmettre*

*Des maladies **seraient transmises** par certains moustiques.*
→ présent du conditionnel à la voix passive :
auxiliaire *être* + participe passé du verbe *transmettre*

Astuce Pour distinguer la 1re personne du singulier au futur de l'indicatif de celle du présent du conditionnel, on peut mettre le verbe à la 3e personne du singulier.

Je sauverai la planète. → *Il sauvera*, futur de l'indicatif

Je sauverais la planète si je le pouvais. → *Il sauverait*, présent du conditionnel

S'ENTRAINER

1 ✪ **Entourez en rouge les formes verbales au présent du conditionnel, en bleu celles au futur de l'indicatif.**

a. nous aurions
b. je dirai
c. nous serons
d. tu verrais
e. on sauvegarderait
f. vous réfléchirez
g. vous feriez
h. je croirais

2 ✪ **Complétez les terminaisons des verbes conjugués au présent du conditionnel.**

a. Avec un peu de calme, je terminer....... ce travail rapidement.

b. On démolir....... ce mur si on en avait l'autorisation.

c. Il partir....... la semaine prochaine.

d. Souhaiter.......-vous que je vienne vous voir ?

3 ✪✪ **Conjuguez les verbes entre parenthèses au présent du conditionnel pour compléter les phrases.**

a. Nous (*devoir*) .... trouver différentes espèces de chenilles dans le jardin.

b. Selon les scientifiques, il (*être*) .... urgent de veiller à la préservation des insectes.

c. J'(*aimer*) .... que l'on découvre de nouvelles sortes d'insectes.

d. (*Avoir*) ....-vous la gentillesse de me prêter votre livre ?

4 ✪✪ **Conjuguez les verbes entre parenthèses au présent du conditionnel pour compléter les phrases.**

a. Tu (*pouvoir*) .... au moins me présenter des excuses.

b. Nous (*vouloir*) .... passer nos prochaines vacances à l'étranger.

c. Que (*faire*) ....-vous à ma place ?

LE CONSEIL DU COACH

Vous perdez confiance ? Relisez les passages sur les pensées négatives (voir Carnet p. 18).

d. Avec de nouvelles lunettes, il (*voir*) .... beaucoup mieux.

e. Si vous en étiez d'accord, je (*venir*) .... à 15 heures.

f. (*Savoir*) ....-il où se trouve le bureau du directeur ?

5 ✪✪✪ **Précisez les valeurs de la forme verbale au conditionnel pour chaque phrase.**

a. Pourrais-tu nous expliquer le mode alimentaire de la mante religieuse ?

....

b. Une invasion d'insectes ravagerait cette région.

....

c. Si tu faisais partie de ce groupe d'études, tu pourrais mieux comprendre pourquoi l'intérêt porté aux insectes a évolué ces dernières années.

....

d. Je pensais qu'il serait nécessaire d'acheter un produit adapté et naturel.

....

e. En étant plus prudent, on éviterait la disparition de certains insectes.

....

DICTÉE

Pesticides et herbicides seraient à l'origine de la disparition de nombreuses espèces d'insectes. Mais ces derniers ne sont pas les seuls à être concernés : grenouilles, crapauds, salamandres, serpents sont aussi très exposés. Ne serait-il pas urgent de réagir face à une telle modification de nos écosystèmes dans lesquels les insectes, notamment, occupent une place essentielle et contribuent à leur équilibre ? Il y va de la survie de la planète.

Corrigés p. 265

AVEZ-VOUS RÉUSSI ?

19 L'impératif

CONJUGAISON

JE RETIENS

Formation de l'impératif

- **L'impératif est un mode personnel.** Il n'a que :
- deux temps : le présent et le passé ;
- trois personnes : 2e personnes du singulier et du pluriel, 1re personne du pluriel.

	présent de l'impératif	passé de l'impératif
2e personne du singulier	– Terminaison **-e** pour les verbes du 1er groupe, quelques verbes en *-ir* du 3e groupe (*ouvrir, offrir*...) et *avoir* : *parl**e**, ouvr**e**, offr**e**, ai**e**...* – Terminaison **-s** pour les autres verbes : *fini**s**, prend**s**, vien**s**, voi**s**...*	Auxiliaire (*avoir* ou *être*) à la 2e personne du singulier du présent de l'impératif, suivi du participe passé : *aie fini...*
1re personne du pluriel	Terminaison **-ons** pour tous les verbes : *parl**ons**, pren**ons**, ven**ons**, voy**ons**...*	Auxiliaire à la 1re personne du pluriel du présent de l'impératif + participe passé : *ayons fini*
2e personne du pluriel	Terminaison **-ez** pour tous les verbes : *parl**ez**, pren**ez**, ven**ez**, voy**ez**...*	Auxiliaire à la 2e personne du pluriel du présent de l'impératif + participe passé : *ayez fini*

- **Les auxiliaires *être*, *avoir* et les verbes *aller*, *faire*, *savoir* et *vouloir* ont des formes particulières.**

Être : sois, soyons, soyez	*Faire : fais, faisons, faites*
Avoir : aie, ayons, ayez	*Savoir : sache, sachons, sachez*
Aller : va, allons, allez	*Vouloir : veuille, voulons, veuillez*

Valeurs de l'impératif

- **L'ordre** ou la défense : *Fais tes devoirs immédiatement ! / Ne réplique pas !*
- **Le conseil** : *Fais cet exercice de mathématiques en suivant cette méthode.*

Attention ! Il faut tenir précisément compte du contexte pour déterminer la valeur exacte de l'impératif :

Parle !
Ordre ou conseil selon le contexte

Ne parle pas !
Défense ou conseil selon le contexte

COMMENT FAIRE

Distinguer présent de l'impératif et présent de l'indicatif

Contrairement au présent de l'indicatif, l'impératif n'a jamais de sujet exprimé.
– présent de l'impératif : *parle, parlons, parlez.*
– présent de l'indicatif : *je parle, nous parlons, vous parlez.*

Astuce Le verbe *pouvoir* n'a pas d'impératif.

LE CONSEIL DU COACH

Se poser des questions

Le thème de la leçon est un sujet que vous avez déjà abordé au collège. C'est peut-être l'occasion de traiter ce thème à l'oral, en vous posant des questions pour chaque paragraphe. Quels sont les temps de l'impératif ? Quelles sont les formes d'*être* et de *vouloir* à l'impératif ?...

S'ENTRAINER

1 ✪ **Entourez les formes verbales à l'impératif.**

a. Venez !
b. terminer
c. en criant
d. mangeons
e. avoir lu
f. Chante !

2 ✪✪ **Complétez les terminaisons de la 2e personne du singulier du présent de l'impératif.**

a. Fai.................. ce travail rapidement !
b. Cueill.................. des fleurs.
c. Vien.................. ici immédiatement.
d. Regard..................-moi dans les yeux !
e. Soi.................. prudent.
f. Par.................. rapidement !

3 ✪✪ **Conjuguez au présent de l'impératif.**

Avoir	Voir
....	....
....	....
....	....

Faire	Vouloir
....	....
....	....
....	....

4 ✪✪✪ **Indiquez le mode employé dans les énoncés proposés : indicatif (IND) ou impératif (IMP).**

a. Viens-tu demain ? ....
b. Tu oublies trop souvent ton travail. ....
c. Courez moins vite. ....
d. Prends soin de toi ! ....

5 ✪✪✪ **Précisez si l'impératif exprime un conseil, un ordre ou une défense.**

a. Apporte-moi mes affaires !

....

b. Ne sortez pas vos cahiers.

....

c. Réfléchis avant de prendre une décision.

....

d. N'ouvre pas la fenêtre.

....

6 ✪✪✪ **Complétez ces phrases qui expriment un ordre ou une défense avec la forme verbale qui convient : sorte – sors – sortir.**

a. Ne .... pas !
b. Qu'elle .... sur le champ !
c. .... le plat du four au bout d'une heure de cuisson.

MINI-CONTRÔLE

Récrivez ces phrases en exprimant une défense à l'aide du présent de l'impératif.

a. Fais attention à ce que je dis.

....

b. Va à la boulangerie à pied.

....

c. Dites-lui la vérité.

....

d. Il faut que tu me téléphones ce soir.

....

Corrigés p. 265

AVEZ-VOUS RÉUSSI ? ○ ○ ○

20 Les accords dans le groupe nominal

ORTHOGRAPHE

JE RETIENS

Accord des déterminants

Ils s'accordent en genre et en nombre avec le nom noyau du groupe nominal :

__le__ poème — article défini masc. singulier
__la__ poésie — article défini fém. singulier
__les__ poème__s__ — article défini masc. pluriel

Accord des déterminants numéraux cardinaux

Ils sont invariables, sauf *vingt* et *cent* qui prennent un *-s* quand ils sont multipliés et ne sont suivis d'aucun autre chiffre :

*J'ai lu vingt poèmes. J'en ai lu **quatre**-vingt**s**. J'en ai lu quatre-vingt-trois.*

Accord des adjectifs épithètes ou apposés

Ils s'accordent généralement en genre et en nombre avec le nom noyau du groupe nominal :

*un **beau** **poème** – une **belle** **poésie** – de **beaux** **poèmes***

– Un adjectif qui caractérise plusieurs noms du même genre prend le genre de ces noms et se met au pluriel :

*Cet écrivain a composé des **poésies** et des **pièces** de théâtre origin**ales**.*

– Un adjectif qui caractérise des noms de genres différents s'accorde au masculin pluriel :

*Cet écrivain a composé des **romans** et des **poésies** origin**aux**.*

Accord des adjectifs de couleur

Ils suivent la règle d'accord des autres adjectifs. Ils restent cependant **invariables s'ils sont composés** (*bleu clair*) **ou formés à partir d'un autre nom** (*marron, orange*...), à l'exception de *rose, fauve, mauve, pourpre, écarlate, incarnat.*

*Ce recueil de poèmes a une couverture **verte** / ver**t** fon**cé** / marr**on**.*

COMMENT FAIRE

Accorder les déterminants indéfinis *tout, chaque, aucun, nul* et le déterminant possessif *leur*

tout	Accord en genre et en nombre.	***Toutes ces poésies*** *sont magnifiques.*
chaque	Toujours au singulier.	***Chaque poème*** *est magnifique.*
aucun	Accord en genre mais toujours au singulier.	*Je n'ai aimé **aucune poésie** de ce recueil.*
nul	Accord en genre mais toujours au singulier.	*Je n'ai **nulle crainte** : ce recueil est réussi.*
leur	Accord en nombre.	*J'ai adoré **leurs poésies**.*

Astuce L'article *des* devient *de* s'il est suivi d'un adjectif et d'un nom au pluriel :

*Ce poète a écrit **de** remarquables poèmes.*

LE CONSEIL DU COACH

Se servir de phrases modèles

Pour retenir les règles d'accord des déterminants et des adjectifs épithètes, vous pouvez simplement retenir les exemples proposés qui vous serviront ensuite de modèle. Par la suite, quand vous aurez à vous demander si vous devez mettre un « s » à « vingt », vous vous souviendrez de votre modèle : *J'ai lu vingt poèmes. J'en ai lu quatre-vingts*. Et vous ne vous tromperez pas !

S'ENTRAINER

1 ✪ Accordez si nécessaire les déterminants écrits en gras.

a. Il a relu **tout**.......... les œuvres de ce poète.

b. **Nul**.............. doute : ce poème est le plus réussi du recueil.

c. Il a mis plusieurs jours à écrire **chaque**........... texte de ce recueil.

d. Son œuvre poétique n'a reçu **aucun**............... critique négative.

e. **Leur**.............. succès est mérité.

2 ✪✪ Écrivez en lettres les déterminants numéraux cardinaux indiqués en caractères gras.

a. Il a écrit **200** poèmes.

....

b. Il vient de publier **80** nouveaux poèmes.

....

c. **85** poèmes constituent ce nouveau recueil.

....

d. **230** poèmes seront réunis dans ce recueil.

....

3 ✪✪ Accordez les adjectifs entre parenthèses.

a. J'ai lu les (*nouveau*) .... poésies de cet artiste très (*connu*) ....

b. La poésie et le roman sont deux genres (*littéraire*) .... très (*différent*) .... l'un de l'autre.

c. Nous admirons l'inspiration et le talent (*éblouissant*) .... de Victor Hugo qui a écrit une œuvre (*varié*) ....

4 ✪✪✪ Accordez si nécessaire les adjectifs.

a. Ce recueil de poèmes a une couverture *noir* ....

b. Vous illustrerez chacun des poèmes évoquant l'automne par des dessins aux couleurs *fauve* .... et *marron*.............. .

c. Ce poème décrit la mer *bleu*.........., la plage aux couleurs *jaune*.............. *pâle*.............., les couleurs *rose*.............. du soleil qui se lève.

d. Dans ce poème, Ronsard évoque les roses *pourpre*.............. d'un jardin.

MINI-CONTRÔLE

En veillant au sens et à l'orthographe, replacez dans ces extraits d'un poème de Paul Verlaine les adjectifs de couleur suivants : *bleu*, *noire*, *bleus*, *rouge*, *noirs*.

a. Dans l'herbe .... / Les Kobolds vont.

b. Le ciel est, par-dessus le toit, / Si ...., si calme !

c. La lune est .... au brumeux horizon ;

d. Sont-ils .... ou .... / Tes yeux ?

Corrigés p. 265

AVEZ-VOUS RÉUSSI ?

21 Les accords du verbe avec son sujet

ORTHOGRAPHE

JE RETIENS

Verbe au singulier et au pluriel

• **En règle générale, le verbe s'accorde en personne et en nombre avec son sujet :**
*Alfred de Musset **est** un poète du XIXe siècle.*

• **Le verbe est au singulier, notamment quand le sujet est un pronom indéfini** (*on, chacun, aucun, personne, nul, tout*) : *On **a étudié** ce poète en classe.*

• **Le verbe est au pluriel, notamment :**

– quand il y a **plusieurs sujets** (sujets multiples) :
***Baudelaire**, **Verlaine et Rimbaud sont** de célèbres poètes.*
***Lui** et **toi êtes** de véritables poètes !*

– quand le sujet comprend un **adverbe de quantité** (*beaucoup de…, peu de…*) :
***Beaucoup** de poètes **ont eu** jadis une existence difficile.*

Place du sujet

– **Le sujet peut être placé après le verbe** (notamment dans les tournures interrogatives) : il est alors inversé.
***As-tu** étudié ces poètes en classe ?*

– **Il n'est pas systématiquement placé à côté du verbe**. Il peut notamment en être séparé par une négation, un pronom personnel ou une proposition subordonnée relative.
*Au XIXe siècle, de nombreux poètes **n'**ont **pas** connu le succès qu'ils méritaient.* (négation)
*Baudelaire, [**qui est aujourd'hui très connu**], fut sévèrement critiqué de son vivant.* (proposition subordonnée relative)

COMMENT FAIRE

Repérer le sujet inversé

L'inversion du sujet intervient **obligatoirement** lorsqu'on pose une question en langage soutenu :
***As-tu** lu ces poètes ?*

Elle intervient **de manière fréquente après certains adverbes** (*sans doute, peut-être…*) ou lorsqu'un complément circonstanciel est placé en tête de phrase.
***Peut-être** as-tu lu ces poètes.* (adverbe demandant l'inversion)
***Au XVIe siècle** vécurent les poètes de la Pléiade.* (complément circonstanciel)

Astuce Si le sujet est un pronom relatif, l'accord du verbe dépend de l'antécédent.
*Les poètes **qui sont étudiés** en classe sont très connus.*

S'ENTRAINER

1 ✪ **Soulignez en rouge les verbes, en bleu les sujets. Précisez la classe grammaticale des sujets repérés.**

a. Les fables de Jean de La Fontaine sont fréquemment lues au collège.

....

b. La Fontaine, qui a vécu sous le règne de Louis XIV, voulait donner avec ses fables une leçon de morale aux hommes.

....

c. J'ai appris cette fable par cœur : elle a pour titre *La Laitière et le Pot au lait*.

....

2 ✪✪ **Encadrez les sujets puis conjuguez les verbes au présent de l'indicatif.**

a. Lamartine (*être*) .... le célèbre auteur des *Méditations poétiques*.

b. Hugo, ce grand poète du XIXe siècle, (*évoquer*) .... souvent dans ses poèmes sa fille Léopoldine.

c. Verlaine et Rimbaud (*vouloir*) .... moderniser la poésie.

3 ✪✪ **Complétez les phrases avec les mots suivants : *ces poésies – toi – Virgile et Horace*.**

a. .... qui as lu ces poèmes, qu'en penses-tu ?

b. .... qui viennent d'être publiées sont très réussies.

c. ...., qui sont latins, sont toujours étudiés.

LE CONSEIL DU COACH Rappelez-vous votre profil d'apprenant et utilisez les bons outils (voir Carnet p. 2).

4 ✪✪✪ **Mettez entre crochets les sujets et accordez les verbes entre parenthèses au présent. Indiquez ensuite la classe du sujet.**

a. Vous et lui (*adorer*) .... la poésie.

....

b. On (*apprendre*) .... à écrire des poèmes avec le professeur.

....

c. Peu d'élèves (*lire*) .... encore les poètes du XVIe siècle.

....

5 ✪✪✪ **Accordez les verbes au passé simple de l'indicatif. Le sujet précède-t-il ou non le verbe ? Pourquoi ?**

a. Dans l'Antiquité vécu................ Homère.

....

b. Sans doute appréci................-ils la lecture de ces poèmes.

....

c. Ce poète maintenant oublié connu..........-il le succès de son vivant ?

....

DICTÉE

Du temps que j'étais écolier
Je restais un soir à veiller
Dans notre salle solitaire.
Devant ma table vint s'asseoir
Un pauvre enfant vêtu de noir,
Qui me ressemblait comme un frère. [...]

Alfred de Musset, « Nuit de décembre », *Poésies nouvelles*, 1810-1857.

Corrigés p. 265

AVEZ-VOUS RÉUSSI ?

22 Les accords du participe passé

ORTHOGRAPHE

JE RETIENS

Le participe passé employé avec l'auxiliaire *être*

Il s'accorde en genre et en nombre avec le sujet.

Les romans policiers sont souvent lus avec enthousiasme par les élèves.

Le participe passé employé avec l'auxiliaire *avoir*

- **Il ne s'accorde pas avec le sujet.**
  Ils ont lu de nombreux romans policiers.
- **Il s'accorde avec le COD quand celui-ci est antéposé**, c'est-à-dire placé avant l'auxiliaire.
  J'ai acheté cette bande dessinée le mois dernier. Je l'ai déjà lue plusieurs fois.
  pr. pers. fém. sing. mis pour *bande dessinée*, COD du verbe *lire*

Le COD peut être :

- un pronom personnel : *J'ai acheté ces romans policiers.* → *Je* ***les*** *ai achet**és**.*
- un pronom relatif : *Les romans policiers* ***que*** *j'ai achet**és** sont passionnants.*
- un pronom interrogatif : ***Lesquels*** *(= romans policiers) as-tu achet**és** ?*
- un groupe nominal avec un déterminant interrogatif ou exclamatif :
  Quels romans policiers *as-tu achet**és** ?*
  Quels beaux romans policiers *j'ai **lus** cet été !*

Le participe passé employé sans auxiliaire

Le participe passé a le rôle d'un adjectif et s'accorde donc avec le nom qu'il qualifie.

Ces romans policiers ***prêtés*** *par ton frère sont vraiment passionnants.*

COMMENT FAIRE

Déterminer si le participe passé s'accorde avec *le*, *la*, *l'*, *les*

Pour savoir s'il faut accorder ou non le participe passé, il faut vérifier si *le*, *la*, *l'*, *les* sont placés devant un verbe.

- Si c'est le cas, *le*, *la*, *l'*, *les* sont des pronoms personnels et commandent l'accord du participe passé.
  Je ***les*** *ai* ***lus****.*
- Sinon, ce sont des déterminants : ils ne commandent donc pas l'accord du participe passé.

Astuce En règle générale, les verbes du 1er groupe ont un participe passé en *-é*, les verbes du 2e groupe un participe passé en *-i*. Pour les autres verbes du 3e groupe, on peut mettre le participe passé au féminin pour connaitre sa consonne finale :

dire : féminin *di**te*** → masculin ***dit***

S'ENTRAINER

1 ✪ **Indiquez si le participe passé est employé avec ou sans auxiliaire.**

a. J'ai apprécié cette énigme policière.

....

b. Agatha Christie est un écrivain reconnu et admiré de tous.

....

c. Dans *Mort sur le Nil*, Hercule Poirot est confronté à plusieurs suspects.

....

d. Ce détective, redouté par les criminels, réussit toujours à trouver l'assassin.

....

2 ✪✪ **Entourez les mots auxquels se rapportent les participes passés employés comme adjectifs. Modifiez, si cela est nécessaire, leurs terminaisons.**

a. Sherlock Holmes accompagné................ du docteur Watson résout des énigmes complexes.

b. J'ai lu ces romans écrit................ par Maurice Leblanc.

c. Les énigmes imaginé................ par Agatha Christie sont palpitantes.

3 ✪✪ **Accordez les participes passés et formulez la règle d'accord.**

a. Maigret est toujours coiff......... d'un chapeau mou.

b. Grâce aux dialogues, les lecteurs sont renseign................ sur les personnages.

c. Un crime est souvent perpétr................ dès le début des récits policiers.

d. À la télévision, les séries policières sont deven................ des succès.

Règle d'accord : ....

....

....

4 ✪✪✪ **Soulignez les COD puis complétez la terminaison des participes passés.**

a. Les différents personnages que tu as découvert.................... dans ce roman policier ne sont pas toujours sympathiques.

b. Quelles héroïnes avez-vous apprécié.......... dans ce roman ?

c. Les élèves ont relu cette histoire policière. Quelle histoire étrange cet auteur a-t-il imaginé................ !

d. Cette intrigue, je l'ai vraiment trouvé.......... très réussie !

5 ✪✪✪ **Cochez la case lorsque *l'*, *la* ou *les* sont employés comme pronoms personnels.**

a. Les romans policiers de P. D. James ont toujours beaucoup de succès. Je les ai tous lus.

☐ Les (romans policiers)

☐ les (je les ai tous lus)

b. La romancière anglaise Agatha Christie est connue dans le monde entier. On l'a toujours admirée pour ses remarquables intrigues.

☐ La (romancière)

☐ l' (on l'a toujours admirée)

MINI-CONTRÔLE

Sur une feuille à part, réécrivez le texte en mettant au plus-que-parfait de l'indicatif les verbes en gras et en remplaçant *le passant* par *la passante*, et *M. Smith* par *Mme Smith*. Faites les transformations nécessaires.

> Le passant **tomba** sans un cri. M. Smith **soupira**. Il **pensait** : « Comme c'est facile ! Plus facile encore que la première fois ! » De fait, il n'avait pas éprouvé cette moiteur qui, l'avant-veille, avait ralenti son geste.
>
> D'après Stanislas-André Steeman, *L'Assassin habite au 21*, © Le Livre de poche, 1986 (1re éd. 1939).

Corrigés p. 266

AVEZ-VOUS RÉUSSI ? ○ ○ ○

23 Les homophones

ORTHOGRAPHE

JE RETIENS

Les homophones sont des mots qui ont la même prononciation mais qui s'écrivent différemment.

Certains homophones se distinguent par un accent :

Homophones	Classes grammaticales	Pour distinguer les homophones
dés des dès	nom commun article préposition	peut être remplacé par *petits cubes* peut être remplacé par *les* peut être remplacé par *jusqu'à*
mur mûr	nom commun adjectif	peut être remplacé par *paroi* peut être remplacé par *récoltable*
sur sûr	préposition adjectif	peut être remplacé par *au-dessus de* peut être remplacé par *certain*

D'autres homophones fréquents sont les suivants :

l'ai les	pronom personnel + *avoir* pronom personnel	peut être remplacé par *l'avais* peut être remplacé par *le, la*
ont on on n'	3ᵉ pers. du pluriel de *avoir* pronom personnel pronom personnel + négation	peut être remplacé par *avaient* peut être remplacé par *il* *on n'* est suivi de *pas, plus, jamais, rien*
plus tôt plutôt	adverbe adverbe	peut être remplacé par *moins tôt* peut être remplacé par *davantage*
quand quant qu'en	conjonction de subordination préposition pronom interrogatif + *en*	peut être remplacé par *lorsque* est toujours suivi de *à* peut être remplacé par *que… de cela*
qui la qui l'a qu'il a	pr. relatif / interrogatif + pr. personnel pr. relatif + pr. personnel + *avoir* pr. relatif / conj.de sub + pr. pers. + *avoir*	peut être remplacé par *qui le* peut être remplacé par *qui l'avait* peut être remplacé par *qu'elle a*
près prêt	préposition adjectif	peut être remplacé par *à côté de* peut être remplacé par *préparé*

COMMENT FAIRE

Connaitre l'orthographe des homophones

Pour connaitre l'orthographe des homophones, il est important de pratiquer la substitution et d'identifier la classe grammaticale de ces homophones.

Je ***l'ai*** *vu.* → *Je* ***l'avais*** *vu.*
pronom personnel + *avoir*

Je ***les*** *vois.* → *Je* ***la*** *vois.*
pronom personnel

Astuce Les homophones appartiennent le plus souvent à des classes grammaticales différentes.

LE CONSEIL DU COACH

Se concentrer sans se crisper

Concentrez-vous pour bien débuter votre séance de travail ! Respirez calmement et profondément pour ne pas vous crisper et lancez-vous (voir Carnet p. 9) ! Si vous êtes trop crispé(e), vous risquez de ne pas retenir grand-chose… or la difficulté de cette leçon consiste à retenir l'écriture de mots qui ont la même prononciation.

S'ENTRAINER

1 ✪ **Relevez les homophones et précisez leur classe grammaticale.**

a. Dès demain, des mesures seront prises pour rétablir rapidement l'électricité après la tempête.

……………………………………………………………………

……………………………………………………………………

b. Quant à toi, peux-tu me dire précisément quand tu penses revenir nous voir ?

……………………………………………………………………

……………………………………………………………………

c. On a tous été surpris par sa réaction vive : on n'a pas l'habitude de le voir se mettre en colère.

……………………………………………………………………

……………………………………………………………………

d. Il n'est pas sûr d'avoir réussi son contrôle d'histoire qui portait sur le règne de Louis XIV.

……………………………………………………………………

……………………………………………………………………

2 ✪✪ **Choisissez pour compléter chaque phrase l'homophone qui convient parmi les suivants : *qui la, qui l'a, qu'il a / l'ai, les / ont, on, on n' / quand, quant, qu'en*.**

a. Ta décision est vraiment surprenante : je ne sais ……………… penser.

b. Durant ce voyage en Allemagne, ……………… a découvert des paysages magnifiques.

c. Il est très fier de la maison ……………… fait construire il y a quelques années.

d. Je ……………… aperçu qui se promenait dans le parc.

3 ✪✪✪ **Entourez la bonne réponse. Précisez le procédé de substitution qui vous a permis de choisir.**

a. Ces fruits sont (*mûrs* / *murs*) : on peut les récolter.

……………………………………………………………………

b. Je pars en vacances en Italie. (*Quant* / *Quand*) à toi, où pars-tu ?

……………………………………………………………………

c. La voiture (*qui l'a* / *qui la*) renversé est introuvable : la police enquête.

……………………………………………………………………

d. De nombreux papillons se tiennent (*près* / *prêts*) des lampadaires de la rue.

……………………………………………………………………

e. Les enfants jouent aux (*dés* / *dès*) à chaque récréation.

……………………………………………………………………

DICTÉE

Coupeau et Gervaise viennent de se marier…

Quand la noce eut de nouveau signé sur un registre, à la sacristie, et qu'elle se retrouva en plein soleil, sous le porche, elle resta un instant là, ahurie, essoufflée d'avoir été menée au galop. « Voilà ! » dit Coupeau avec un rire gêné. Il se dandinait, il ne trouvait rien là de rigolo. Pourtant, il ajouta : « Ah bien ! Ça ne traîne pas. Ils vous envoient ça en quatre mouvements… C'est comme chez les dentistes : on n'a pas le temps de crier ouf ! Ils marient sans douleur. » […] Enfin, après avoir descendu la rue Croix-des-Petits-Champs, on arriva au Louvre.

Émile Zola, *L'Assommoir*, 1877.

Corrigés p. 266

AVEZ-VOUS RÉUSSI ?

24 La formation des mots et les familles de mots

VOCABULAIRE

JE RETIENS

- **Quand on ajoute au radical d'un mot un préfixe et/ou un suffixe, on parle de formation par dérivation.**

Préfixes latins fréquents	Sens	Exemples
bi-, bis-	deux	***bi**mensuel*
co-, col-, com-, con-, cor-	avec	***com**battre*
dé-, dés-, dis-	contraire de	***dis**paraitre*
en-, em-, in-, im-, il-, ir-	dans	***im**merger*
entre-, inter-, intra-	entre, à l'intérieur	***entre**couper*
in-, im-, il-, ir-	contraire de	***ir**responsable*
mal-, més-	contraire de	***mal**heureux*
pré-	devant, avant	***pré**disposer*
post-	après	***post**dater*
r-, re-, ré-	à nouveau	***re**faire*
sub-, sous-	sous, en dessous	***sub**merger*
sur-, super-	sur, au-dessus, très	***sur**passer*
trans-, tra-	à travers	***trans**porter*
Préfixes grecs fréquents	**Sens**	**Exemples**
a-, an-	privé de	***an**alphabète*
anti-	contre	***anti**rouille*
hyper-	très	***hyper**tension*
hypo-	sous	***hypo**tension*
para-	contre / en rapport avec	***para**pluie*
Suffixes fréquents	**Sens**	**Exemples**
-ade, -age, -ment, -tion	action /résultat	*lav**age***
-eur, -iste, -teur, -er	personne qui agit, exerce un métier	*dent**iste***
-esse, -ance, -té, -ise	qualité, défaut, sentiment	*sag**esse***
-oir,-oire, -erie, -aie	lieu	*dort**oir***
-aille, -ace, -ard, -âtre	sens péjoratif	*popul**ace***
-et/-ette, -ot/-otte, -on	sens diminutif	*fill**ette***
-able, -ible, -uble	possibilité	*réalis**able***
-ment	suffixe adverbial	*lente**ment***

- **Les mots ayant le même radical constituent une famille de mots.**
*__mettre__ / dé**mettre** / re**mettre** / pro**mettre** / ad**mettre**...*

COMMENT FAIRE

Former l'adverbe en *-ment*

- Le suffixe *-ment* s'ajoute le plus souvent à un adjectif au féminin. *fort → forte → forte**ment***
- Quand l'adjectif se termine en *-ant* et *-ent*, la terminaison de l'adverbe devient *-amment* et *-emment*. *méchant → méch**amment*** *fréquent → fréqu**emment***

Astuce Les adverbes en *-ment* ont toujours la valeur circonstancielle de manière.

S'ENTRAINER

1 ✪ **Utilisez les préfixes *in-*, *dé(s)-*, *co-*, *para-*, *trans-*, *hyper-* en fonction des définitions qui vous sont proposées pour chaque mot.**

a. ....tendu : qui est très tendu.

b. ....correct : qui n'est pas correct.

c. ....locataire : qui partage la location d'un appartement avec quelqu'un.

d. ....herber : enlever l'herbe.

e. ....lucide : qui laisse passer la lumière.

2 ✪ **Soulignez les suffixes des mots proposés et précisez le sens de ces mots.**

a. lisible : ....

b. pâlot : ....

c. créateur : ....

d. garçonnet : ....

e. rougeâtre : ....

3 ✪✪ **Ajoutez un préfixe à chacun des mots pour obtenir des termes de sens opposé.**

a. adapté → ....

b. lisible → ....

c. brancher → ....

d. possible → ....

e. pollution → ....

4 ✪✪ **À partir des adjectifs suivants, formez des adverbes en *-ment*.**

a. long : ....

b. puissant : ....

c. large : ....

d. violent : ....

e. vif : ....

Corrigés p. 266

LE CONSEIL DU COACH

Bravo ! Continuez sur votre lancée. N'hésitez pas à faire une petite pause avant le mini-contrôle.

5 ✪✪✪ **Entourez l'intrus dans les séries de mots suivantes. Justifiez vos choix.**

a. manier – manipuler – manuel – maniaque

....

b. immerger – implanter – incorrigible – importer

....

c. garçonnet – ourson – fillette – ilot – jouet

....

6 ✪✪✪ **Trouvez des mots de la même famille pour chacun de ces termes.**

a. rouge : ....

b. dent : ....

c. grave : ....

d. bord : ....

MINI-CONTRÔLE

Utilisez les préfixes, les suffixes et les radicaux suivants pour former des mots que vous intégrerez dans les phrases proposées.

Préfixes : *in-*, *pré-*, *mal-*.
Suffixes : *-esse*, *-ard*, *-té*.
Radicaux : *chauff*, *dire*, *utile*, *bon*, *étroit*, *habile*.

a. Il roule mal : c'est un vrai ....

b. Il a le don de .... l'avenir.

c. Ces précautions sont ....

d. Il ne sait pas bricoler : il est ....

e. Sa générosité et sa .... sont très grandes.

f. L' .... de la galerie souterraine empêche l'avancée des spéléologues.

AVEZ-VOUS RÉUSSI ?

25 Le sens des mots : champ sémantique, champ lexical

VOCABULAIRE

JE RETIENS

Un ou plusieurs sens

- Certains mots n'ont qu'un seul sens. Il s'agit souvent de termes scientifiques ou techniques.
  un octogone *→ terme mathématique* ***un pistil*** *→ terme de botanique*
- **La plupart des mots ont plusieurs sens. Ils sont polysémiques.**

Le dictionnaire

- Le dictionnaire et le contexte dans lequel est employé un mot permettent de déterminer son sens.
  Feuille n. f. : 1. Partie d'un végétal naissant de la tige ou de la racine. [...] 3. Morceau de papier rectangulaire sur lequel on écrit ou on imprime un texte.

Champ sémantique

- **Les différents sens d'un mot constituent le champ sémantique de ce mot.**
  *Ce magasin solde de nombreux **articles**.* (= marchandises) *Je lis un **article** passionnant.* (= texte dans la presse)

Champ lexical

- **Le champ lexical est constitué par l'ensemble des mots qui se rattachent à un même thème**, une même idée.
  acteur, représentation, jouer, pièce *→ champ lexical du théâtre*
- Les mots constituant un champ lexical peuvent appartenir à des classes grammaticales différentes : nom, adjectif, verbe.
  chat *→ nom* ***familier*** *→ adjectif* ***aboyer*** *→ verbe*
  champ lexical des animaux

COMMENT FAIRE

Classer les mots d'un champ lexical par degré d'intensité

- Un même champ lexical peut regrouper des mots dont le degré d'intensité varie.
  détester – exécrer → champ lexical de la haine
  exécrer a un degré d'intensité plus fort que *détester*.
  beau – magnifique → champ lexical de la beauté
  beau a un degré d'intensité moins fort que *magnifique*.

Astuce Repérer les champs lexicaux d'un texte permet de repérer les principaux thèmes abordés par l'écrivain.

LE CONSEIL DU COACH

Pratiquer des mouvements de gymnastique

Après votre journée de cours, il est préférable de « préparer » votre cerveau avant de commencer ces exercices. Faites les exercices de *brain gym* pour vous mettre dans de bonnes conditions mentales (voir Carnet p. 7). Si vous avez peu de temps, prenez juste un verre d'eau pour éliminer les toxines de votre corps.

S'ENTRAINER

1 ✪ **Entourez les mots polysémiques.**

a. évier b. balle c. cardiologie d. rayon
e. parallélépipède

2 ✪✪ **Indiquez pour chaque série de mots le champ lexical.**

a. athlète, marathon, boxe, courir, record, arbitre

....

b. vague, maritime, sable, coquillage, bateau

....

c. mélodie, violon, musical, concert, guitare

....

d. victorieux, arme, soldat, blessé, bataille

....

e. film, acteur, scénario, festival, jouer

....

3 ✪✪✪ **Indiquez le sens des mots en gras dans les phrases suivantes.**

a. Donne-moi la **recette** de ce couscous.

....

b. Ce spectacle a fait **recette**.

....

c. Il a représenté une maison au **centre** de son dessin.

....

d. Ce **centre** commercial est récent ?

....

e. Il **s'est blessé** en bricolant.

....

f. J'**ai été blessé** par ton attitude.

....

4 ✪✪✪ **Nommez le champ lexical constitué par chacune de ces listes, puis classez les mots par degré d'intensité du moins fort au plus fort.**

a. ouragan, averse, tempête, diluvien ....

....

b. inquiétude, effrayer, crainte, terrifié ....

....

c. canicule, chaud, fournaise ....

....

DICTÉE

C'était l'hiver dernier, dans une forêt du nord-est de la France. La nuit vint deux heures plus tôt, tant le ciel était sombre. J'avais pour guide un paysan qui marchait à mon côté, par un tout petit chemin, sous une voûte de sapins dont le vent déchaîné tirait des hurlements. Entre les cimes, je voyais courir des nuages en déroute, des nuages éperdus qui semblaient fuir devant une épouvante.

Guy de Maupassant, *La Peur*, 1883.

Corrigés p. 267

AVEZ-VOUS RÉUSSI ?

26 L'explicite et l'implicite

EXPRESSION

JE RETIENS

Dans un énoncé oral ou écrit, les informations peuvent être transmises de manière explicite ou de manière implicite.

L'explicite

Une information explicite est donnée de manière claire, sans ambiguïté. L'énoncé ne comporte aucun sous-entendu.

Cette nouvelle a été rédigée par Maupassant en 1864.

→ Information explicite : la rédaction de la nouvelle en 1864 est un fait établi.

L'implicite

• **Une information est implicite lorsqu'elle n'est pas exprimée directement.** Elle doit être déduite par celui à qui s'adresse l'énoncé. L'énoncé comporte donc un sous-entendu.

Je vais me promener : je prends mes lunettes de soleil.

→ Information implicite : il fait beau, le soleil brille.

COMMENT FAIRE

Déduire une information implicite

Pour déduire une information implicite, il est nécessaire :

– de **prendre en compte la situation d'énonciation** c'est-à-dire la situation dans laquelle est produit l'énoncé ;

Prends tes affaires : nous partons immédiatement au collège.

→ Situation d'énonciation : un parent qui parle à un enfant.

→ Information implicite : nous sommes en retard, il faut que l'enfant se dépêche.

– de **relier les informations** contenues dans l'énoncé.

(Le lecteur découvre au début du roman de Jules Verne, *Michel Strogoff*, le personnage principal…)

Michel Strogoff était haut de taille, vigoureux, épaules larges, poitrine vaste. Sa tête puissante présentait les beaux caractères de la race caucasique. Ses membres, bien attachés, étaient autant de leviers, disposés mécaniquement pour le meilleur accomplissement des ouvrages de force.

Jules Verne, *Michel Strogoff*, 1876.

→ Information explicite : Michel Strogoff est un personnage vigoureux, d'une grande force et très beau.

→ Information implicite : c'est le héros du roman. Le personnage apparait comme un être positif pour lequel le lecteur pense qu'il va accomplir de grandes choses.

Astuce

L'ironie est un procédé qui repose sur l'implicite. Le locuteur fait comprendre à celui à qui il adresse son énoncé qu'il pense le contraire de ce qu'il dit.

C'est ma fête, aujourd'hui !

→ Situation d'énonciation : quelqu'un qui subit de nombreux reproches.

→ Information implicite : je vis un moment très désagréable.

LE CONSEIL DU COACH

Pratiquer l'écriture libre
L'écriture libre permet de trier ses idées et de faire des associations. Après avoir lu la leçon, il s'agit d'écrire sans retenue ce que vous inspire le thème abordé, comme si personne n'allait vous lire, et sans vous arrêter pour analyser ou réfléchir.

S'ENTRAINER

1 ✪ **Indiquez pour chaque énoncé s'il comporte une information explicite ou implicite.**

a. Victor Hugo est né en 1802.

....

b. Va te coucher. Nous faisons un long voyage demain.

....

c. Victor Hugo a vécu sur l'ile de Guernesey.

....

d. Tu sors ? Prends un parapluie.

....

2 ✪✪ **Imaginez les informations implicites qui pourraient être contenues dans ces énoncés.**

a. Le voilà : il est deux heures du matin !

....

b. On ne l'a pas revu à la salle de sport depuis trois mois.

....

c. Il est à l'heure ce matin pour prendre le bus qui le conduit au collège.

....

3 ✪✪✪ **Quelle est la fonction de ce texte ? Contient-il des informations explicites ou implicites ?**

La lave contient beaucoup de verre, comparable à celui des vitres, auquel on mélange du fer, de l'aluminium, du calcium, du magnésium, des sels et quelques autres éléments. En refroidissant, ces substances forment des cristaux comme l'eau qui gèle se transforme en glace.

Maurice Kraft, *Les Volcans et leurs secrets*, Nathan, 1984.

....

....

4 ✪✪✪ **Lisez ce portrait. Qui est décrit ? Précisez quelles informations implicites vous pouvez déduire de cette description.**

Cosette était maigre et blême. Elle avait près de huit ans, on lui en eût donné à peine six. Ses grands yeux enfoncés dans une sorte d'ombre profonde étaient presque éteints à force d'avoir pleuré. Les coins de sa bouche avaient cette courbe de l'angoisse habituelle, qu'on observe chez les condamnés et chez les malades désespérés.

Victor Hugo, *Les Misérables*, 1862.

....

....

....

....

DICTÉE

Ses yeux étaient obliques, mais admirablement fendus ; ses lèvres un peu fortes, mais bien dessinées et laissant voir des dents plus blanches que des amandes sans leur peau. Ses cheveux, peut-être un peu gros, étaient noirs, à reflets bleus comme l'aile d'un corbeau, longs et luisants. [...]. C'était une beauté étrange et sauvage, une figure qui étonnait d'abord mais qu'on ne pouvait oublier.

Prosper Mérimée, *Carmen*, 1847.

Corrigés p. 267

AVEZ-VOUS RÉUSSI ?

27 Le récit complexe

EXPRESSION

JE RETIENS

Procédé du retour en arrière

• Le narrateur peut introduire dans son récit un retour en arrière : il rapporte après coup **des évènements qui se sont déroulés précédemment dans l'histoire.**

Je viens seulement d'apprendre, aujourd'hui même, l'effrayante réalité et de connaître l'évènement qui a bouleversé la vie de cette famille heureuse. ***Adelgunde avait été l'enfant la plus fraîche et la plus gaie que l'on pût voir. Pour son quatorzième anniversaire, on avait invité toutes ses compagnes de jeu.***

E.T.A. Hoffmann, *Une histoire de fantôme*, 1817.

Ici, le retour en arrière permet de connaitre le passé du personnage évoqué.

Procédé de l'anticipation

• Le narrateur peut faire une anticipation : il évoque alors **un évènement qui se produira dans la suite de l'histoire.**

Âgée à la même époque de trente-cinq ans, madame mère avait dix ans de moins que son mari et deux centimètres de plus. [...]
Outre notre éducation, ***madame Rezeau aura une grande passion : les timbres.***

Hervé Bazin, *Vipère au poing*, © Grasset, 1948.

Ici, l'anticipation annonce certains traits de caractère qui seront explicités dans la suite du roman.

Procédé de l'ellipse temporelle

• Le narrateur peut encore utiliser le procédé de l'ellipse temporelle : il passe alors **sous silence certains faits et évènements.**

La pauvre mère resta au village de Bauso avec le petit Pascal Bruno, alors âgé de cinq ans [...]. ***Quinze ans se passèrent*** *sans qu'on entendît reparler ni de l'un ni de l'autre.* ***Au bout de ce temps****, Pascal reparut.*

Alexandre Dumas, *Le Capitaine Aréna*, 1835.

Ici, l'ellipse narrative permet au narrateur de passer sous silence quinze ans de la vie du personnage.

COMMENT FAIRE

Repérer les procédés du récit complexe

- **Les retours en arrière** peuvent être signalés par :
  – des connecteurs temporels : *dix ans auparavant, trois semaines plus tôt...* ;
  – l'emploi du plus-que-parfait lorsque le récit est au passé et l'emploi du passé composé lorsque le récit est principalement au présent.
- **Les anticipations** sont souvent signalées par :
  – des connecteurs temporels : *dans deux jours, la semaine prochaine* ;
  – l'emploi du futur ou du futur du passé (présent du conditionnel).
- **Les ellipses temporelles** sont souvent signalées par des connecteurs temporels : *quinze jours passèrent, quinze ans après, trois mois plus tard, deux jours après...*

Astuce Au cinéma, on appelle un retour en arrière « *flashback* ».

S'ENTRAINER

1 ✪ **Classez les connecteurs temporels suivants, selon qu'ils peuvent être utilisés pour exprimer un retour en arrière ou une anticipation : *trois mois auparavant*, *il y a trois mois*, *dans quelques mois*, *la veille*, *dans huit jours*.**

Retour en arrière : ....

....

Anticipation : ....

....

2 ✪✪ **Complétez ces phrases extraites de romans pour mettre en œuvre une ellipse temporelle. Utilisez les connecteurs qui conviennent, choisis dans la liste suivante : *jour après jour*, *à l'aube*, *hier*, *des années passèrent*, *tout au long de l'année*.**

a. Il voyagea [...]. ....

.... [...] Vers la fin de mars 1867, à la nuit tombante, comme il était seul dans son cabinet, une femme entra.

Gustave Flaubert, *L'Éducation sentimentale*, 1869.

b. Joseph médita toute la nuit. ...., quand il s'endormit enfin, sa résolution était prise.

Roland Topor, *La Main jaune*, © Le Seuil, 1991.

3 ✪✪ **Soulignez les retours en arrière. Quel outil grammatical l'auteur a-t-il utilisé ?**

Grimpant précipitamment les marches, il introduisit la clef dans la serrure et ouvrit la porte d'entrée. [...]

Il regarda dans le salon. Des papiers jonchaient le sol. Neil avait dû faire des découpages. [...] Un feu luisait dans la cheminée. Il avait demandé à Bill de l'allumer avant de partir.

Mary Higgins Clark, *La Nuit du renard*, © Albin Michel, 1979.

Outil grammatical : ....

LE CONSEIL DU COACH

Avez-vous pensé à surligner les mots importants dans l'exercice ? C'est un moyen efficace pour repérer les mots-clés de la consigne.

4 ✪✪✪ **Encadrez dans le texte deux ellipses temporelles. Pourquoi le narrateur a-t-il mis en œuvre ces deux ellipses temporelles ?**

Un matin, vers la fin de novembre, mon domestique me réveilla en m'annonçant que sir John Rowell avait été assassiné dans la nuit.

Une demi-heure plus tard, je pénétrais dans la maison de l'Anglais avec le commissaire central et le capitaine de gendarmerie. [...]

Je communiquai ce que je savais du mort aux magistrats et aux officiers de la force publique, et on fit dans toute l'île une enquête minutieuse. On ne découvrit rien.

Or une nuit, trois mois après le crime, j'eus un horrible cauchemar.

Guy de Maupassant, *La Main gauche*, 1889.

....

....

....

....

MINI-CONTRÔLE

Reconstituez le texte en tenant compte des connecteurs temporels.

a. Quarante ans plus tôt, il avait disparu en mer à la suite de tant d'autres.

b. L'ivrogne frappait de son doigt noir un lambeau de carte géographique souillée de taches de graisse.

c. Pas au point cependant de ne pas le reconnaître lorsqu'il avait reparu au bout de vingt-deux ans.

Michel Tournier, *Le Coq de bruyère*, © Gallimard, 1978.

Ordre retenu : ....

Corrigés p. 267

AVEZ-VOUS RÉUSSI ?

28 Le texte théâtral

EXPRESSION

JE RETIENS

Théâtre et dialogue

- **Le théâtre est un genre caractérisé par le dialogue**, c'est-à-dire un échange de paroles.

Les paroles prononcées par les personnages sont non seulement destinées aux autres personnages présents sur scène mais aussi aux spectateurs. C'est ce qu'on appelle la **double énonciation**.

- **Un dialogue de théâtre est constitué de répliques et/ou de tirades** :

– les répliques (ou reparties) sont des propos brefs qui s'enchainent rapidement ;
– les tirades sont de longues prises de parole des personnages.

- **Parfois, un personnage seul sur scène prononce un monologue** : il s'adresse à lui-même ou à des êtres imaginaires.

Les didascalies

- **Le texte théâtral comporte généralement des didascalies**, c'est-à-dire des indications scéniques données par l'auteur sur les lieux, les actions, les gestes et l'humeur des personnages… Elles ne sont pas prononcées.

> GEORGES DANDIN ***(voyant sortir Lubin de chez soi)*** – *Que diantre ce drôle-là vient-il faire chez moi ?*
>
> Molière, *George Dandin*, I, 2, 1668.

Comédie et tragédie

- Une **comédie** met en scène des bourgeois, des paysans ou des petits nobles.

Elle attire souvent l'attention des spectateurs sur les travers de leur époque. Elle fait rire.
Son dénouement est heureux.

> Le Malade imaginaire *de Molière est une comédie.*

- Une **tragédie** met en scène des personnages de la grande noblesse (roi, prince…).

Ces personnages vivent des conflits, souvent sentimentaux, dont la seule issue est la mort.
Son dénouement est toujours malheureux.

> Cinna *de Corneille est une tragédie.*

COMMENT FAIRE

Présenter un dialogue de théâtre

- On change de ligne à chaque réplique. Le nom du personnage qui parle est indiqué au début de la réplique. Un tiret s'intercale généralement entre le nom du personnage et la réplique.
- Les didascalies sont souvent présentées en italiques ou entre parenthèses.

Astuce Lorsque le dialogue de théâtre est constitué de courtes répliques qui s'enchainent rapidement, on parle de **stichomythie**.

S'ENTRAINER

1 ✪ **Pour chaque extrait, indiquez s'il s'agit d'un dialogue ou d'un monologue. Justifiez vos réponses.**

a. Scène II

Lomov, seul.

LOMOV – J'ai froid... Je tremble comme si je devais passer un examen. L'essentiel est de se décider. Quand on réfléchit trop longtemps, [...], eh bien, on ne se marie jamais... Brr... ! J'ai froid !

Anton Tchekhov, *La Demande en mariage*, 1888.

....

....

b. HARPAGON – Approche. Viens confesser l'action la plus noire, l'attentat le plus horrible qui jamais ait été commis.
VALÈRE – Que voulez-vous, Monsieur ?
HARPAGON – Comment, traitre, tu ne rougis pas de ton crime ?

Molière, *L'Avare*, 1668.

....

....

2 ✪ **Introduisez dans le dialogue les didascalies suivantes : *il boit, lui présentant un verre d'eau, assis.***

PERRICHON, ...

– Ma femme ! Ma fille ! Ah ! je me sens mieux.

HENRIETTE, ...

Tiens ! Bois ! Ça te remettra.

PERRICHON, ...

– Merci ! Quelle culbute !

Eugène Labiche, *Le Voyage de monsieur Perrichon*, 1860.

3 ✪✪ **Dans le dialogue suivant, isolez les répliques entre crochets bleus, la (les) tirade(s) entre crochets rouges.**

GEORGE DANDIN – Approchons doucement par-derrière, et tâchons de n'être point vus.
CLAUDINE – Ah ! Madame, tout est perdu : voilà votre père et votre mère, accompagnés de votre mari.
CLITANDRE – Ah Ciel !
ANGÉLIQUE – Ne faites pas semblant de rien, et laissez faire tous deux. Quoi ? Vous osez en user de la sorte après l'affaire de tantôt, et c'est ainsi que vous dissimulez vos sentiments ? On me vient rapporter que vous avez de l'amour pour moi, et que vous faites des desseins de me solliciter [...].

Molière, *George Dandin*, 1668.

4 ✪✪✪ **Recopiez cet extrait en rétablissant le dialogue entre monsieur Jourdain et Dorimène.**

Après avoir fait deux révérences, se trouvant trop près de Dorimène / Un peu plus loin, Madame. / Comment ? / Un pas de plus, s'il vous plaît. / Quoi donc ? /

Molière, *Le Bourgeois gentilhomme*, 1671.

M. JOURDAIN ....

DORIMÈNE ....

M. JOURDAIN ....

DORIMÈNE ....

DICTÉE

Figaro, valet de chambre du comte Almaviva, est furieux contre son maître...

Parce que vous êtes un grand Seigneur, vous vous croyez un grand génie !... Noblesse, fortune, un rang, des places : tout cela rend si fier ! Qu'avez-vous fait pour tant de biens ? Vous vous êtes donné la peine de naitre, et rien de plus ; du reste, homme assez ordinaire ! tandis que moi, morbleu ! perdu dans la foule obscure, il m'a fallu déployer plus de science et de calculs pour subsister seulement, qu'on n'en a mis depuis cent ans à gouverner toutes les Espagnes [...].

Beaumarchais, *Le Mariage de Figaro*, V, 2, 1784.

Corrigés p. 267

AVEZ-VOUS RÉUSSI ?

29 Justifier son point de vue et écrire un paragraphe argumentatif

EXPRESSION

JE RETIENS

Exprimer un point de vue, c'est prendre position sur un sujet.

Pour justifier une opinion et convaincre

- Il faut choisir des arguments, c'est-à-dire des idées qui justifient le point de vue proposé.
- Il faut illustrer ces arguments d'exemples, c'est-à-dire d'éléments concrets (faits...).

Manger des fruits et légumes est bon pour la santé (point de vue)
Diminution des risques de maladies (argument)
Moins de maladies cardio-vasculaires (exemple)

Pour rédiger un paragraphe argumentatif

- Il faut prendre en compte le destinataire :
  - en recourant à des arguments et des exemples adaptés au destinataire ;
  - en choisissant un niveau de langue et un vocabulaire également adaptés à ce destinataire ;
  - en organisant le point de vue proposé et en ayant recours aux connecteurs argumentatifs qui présentent l'enchainement logique des idées.
- **Un paragraphe argumentatif est organisé autour du présent d'actualité** (= d'énonciation) qui correspond au moment de l'énonciation. On utilisera le plus-que-parfait, l'imparfait, le passé composé pour exprimer l'antériorité ; le futur, le futur antérieur pour exprimer la postériorité.

COMMENT FAIRE

S'impliquer explicitement ou implicitement dans son point de vue

- Celui qui exprime un point de vue peut s'engager explicitement, c'est-à-dire directement en utilisant la première personne (*je, me, moi, mon...*), et en utilisant des expressions du type *à mon avis, pour ma part...*

> *Il y a de merveilleuses joies dans l'amitié. On le comprend sans peine si l'on remarque que la joie est contagieuse. Il suffit que* ***ma*** *présence procure à un ami un peu de vraie joie pour que le spectacle de cette joie* ***me*** *fasse éprouver à* ***mon*** *tour une joie.*
>
> Alain, *Propos sur le bonheur*, 1925.

→ *ma, me, mon* : présence explicite de celui qui s'exprime.

- Il peut cependant ne pas intervenir directement et donner un aspect général à son propos. Son engagement est implicite.

Astuce Les principaux connecteurs utilisés dans la rédaction d'un paragraphe argumentatif sont les connecteurs de cause (*car, en effet*), de conséquence (*donc, c'est pourquoi*) et d'opposition (*mais, pourtant*).

LE CONSEIL DU COACH

Se motiver

Justifier votre point de vue, cela fait bien longtemps qu'on vous le demande ! Rappelez-vous ce qui peut vous motiver à passer du temps sur cette leçon : défendre des idées ou ce en quoi vous croyez, convaincre (vos parents !), avoir de meilleurs résultats... Listez ensuite les étapes à suivre pour justifier une opinion et faites une check-list pour rédiger un paragraphe argumenté.

S'ENTRAINER

1 ✪ **Soulignez le passage où est exprimé le point de vue, mettez entre crochets l'(es) argument(s) et entourez le(s) connecteur(s). Quel est le sens de ces connecteurs ?**

Philosopher, c'est donner la raison des choses, ou du moins la chercher; car tant qu'on se borne à voir et à rapporter ce qu'on voit, on n'est qu'historien. Quand on calcule et mesure les proportions des choses, leur grandeur, leur valeur, on est mathématicien.

Denis Diderot, article « Philosophie », *L'Encyclopédie, 1751-1772.*

Sens des connecteurs : ....

....

2 ✪✪ **Soulignez d'une couleur différente les phrases exprimant le point de vue proposé, celle exprimant l'argument et celle contenant un exemple.**

La peur (et les hommes les plus hardis peuvent avoir peur), c'est quelque chose d'effroyable, une sensation atroce, comme une décomposition de l'âme, un spasme affreux de la pensée et du cœur dont le souvenir seul donne des frissons d'angoisse. [...] Cela a lieu dans certaines circonstances anormales, sous certaines influences mystérieuses, en face de risques vagues. La vraie peur, c'est quelque chose comme une réminiscence des terreurs fantastiques d'autrefois. Un homme qui croit aux revenants, et qui s'imagine apercevoir un spectre dans la nuit, doit éprouver la peur en toute son épouvantable horreur.

Guy de Maupassant, *La Peur*, 1883.

3 ✪✪✪ **Reformulez le point de vue de celui qui s'exprime et l'argument qui le justifie, puis mettez entre crochets l'(es) exemple(s).**

En ce temps de vacances, le monde est plein de gens qui courent d'un spectacle à l'autre, évidemment avec le désir de voir beaucoup de choses en peu de temps. [...] Quand on voit les choses en courant elles se ressemblent toutes. Un torrent est toujours un torrent. Ainsi celui qui parcourt le monde à toute vitesse n'est guère plus riche de souvenirs à la fin qu'au commencement.

Alain, *Propos sur le bonheur*, 1925.

Reformulation du point de vue : ....

....

Argument : ....

....

Exemple : ....

....

MINI-CONTRÔLE

Récrivez ce paragraphe sur une feuille à part en introduisant les connecteurs qui rendront le raisonnement explicite.

Le jour me fatigue et m'ennuie. Il est brutal et bruyant. Je me lève avec peine, je m'habille avec lassitude, je sors avec regret, et chaque pas, chaque mouvement, chaque geste, chaque parole, chaque pensée me fatigue comme si je soulevais un écrasant fardeau.

Guy de Maupassant, *La Nuit*, 1887.

Corrigés p. 268

AVEZ-VOUS RÉUSSI ?

30 Le texte poétique

EXPRESSION

JE RETIENS

Un poème se reconnait généralement par la présence de strophes et de vers.

Vers et syllabes

- **Une strophe est un ensemble de vers :**

– une strophe de deux vers est un **distique** ;
– une strophe de trois vers est un **tercet** ;
– une strophe de quatre vers est un **quatrain.**

- **Le vers possède un mètre que l'on mesure en comptant le nombre de syllabes :**

– un vers de six syllabes s'appelle un **hexasyllabe** ;
– un vers de huit syllabes s'appelle un **octosyllabe** ;
– un vers de dix syllabes s'appelle un **décasyllabe** ;
– un vers de douze syllabes s'appelle un **alexandrin.**

Sons et rimes

- **À la fin de chaque vers se trouve une rime**, c'est-à-dire la répétition de sons. Les rimes peuvent être **plates** (AABB), **croisées** (ABAB) ou **embrassées** (ABBA).
- **La répétition d'un son se produit parfois à l'intérieur d'un vers** :

– c'est une **allitération** quand il s'agit d'un son consonne :
*Les ma**n**è**g**es dé**m**é**n**a**g**ent* (Max Jacob)
– c'est une **assonance** quand il s'agit d'un son voyelle :
*Depuis... **ah** ! y **a** bel **â**ge* (Max Jacob)

Enjambement et rejet

- **La fin d'un vers ne correspond pas toujours à la fin d'une proposition** :

– lorsque la proposition se poursuit au vers suivant, on parle d'**enjambement** ;
– lorsqu'elle se termine au tout début du vers suivant, on parle de **rejet.**

COMMENT FAIRE

Reconnaitre un poème lyrique

- La poésie lyrique traite des thèmes comme la mort, l'amour...
- **Le poète exprime toujours des sentiments personnels :** ces sentiments surgissent notamment à l'évocation de souvenirs.
- Les points d'exclamation, d'interrogation, de suspension et les figures de style sont largement utilisés (comparaison, métaphore, personnification, métonymie...) car ils donnent de la force à l'expression des sentiments.

Astuce Le **sonnet** est une forme de poème très fréquent : il est constitué de deux quatrains suivis de deux tercets.

S'ENTRAINER

1 ✪ **Lisez le poème ci-dessous puis répondez aux questions.**

Une allée du Luxembourg

Elle a passé, la jeune fille
Vive et preste comme un oiseau
À la main une fleur qui brille,
À la bouche un refrain nouveau.

C'est peut-être la seule au monde
Dont le cœur au mien répondrait,
Qui venant dans ma nuit profonde
D'un seul regard l'éclaircirait !

Mais non, – ma jeunesse est finie…
Adieu, doux rayon qui m'as lui, –
Parfum, jeune fille, harmonie…
Le bonheur passait, – il a fui !

Gérard de Nerval, 1853.

a. Combien de strophes ce poème comprend-il ?

……………………………………………………………………

b. Comment s'appellent les deux premières strophes ? ……………………………………………

2 ✪✪ **Dans les strophes suivantes, les rimes sont-elles plates, croisées ou embrassées ?**

a. C'était, dans la nuit brune,
Sur le clocher jauni,
La Lune
Comme un point sur un i.

Alfred de Musset, *Ballade à la Lune*, 1829.

……………………………………………………………………

b. Il était un roi de Thulé
À qui son amante fidèle
Légua, comme souvenir d'elle,
Une coupe d'or ciselé.

Goethe, *Le Roi de Thulé*, 1974.

……………………………………………………………………

Corrigés p. 268

LE CONSEIL DU COACH Vérifiez bien que votre téléphone portable est éteint. Ne vous laissez pas distraire par des messages de vos ami(e)s, restez bien concentré(e).

3 ✪✪✪ **Dans les vers qui suivent, soulignez en bleu les assonances, en rouge les allitérations.**

a. Je fais souvent ce rêve étrange et pénétrant (Verlaine).

b. Priez pour le pauvre Gaspard (Verlaine).

c. Assez de malheureux ici-bas nous implorent (Lamartine).

MINI-CONTRÔLE

Complétez les vers à l'aide des mots suivants : *sage, instant, mystère, coquillage, tant, visage, paupière, feuillage, soupir, terre, frémir, battant, désir, sentant*.

L'amour nous fait trembler

L'amour nous fait trembler comme un jeune …… ,
Car chacun de nous deux a peur du même ………
« Mon bien-aimé, dis-tu très bas, je t'aime ………
……………………………………………………………
Laisse… Ferme les yeux… Ne parle pas… Sois ……
…………………………………………………………… »

Je te devine proche au feu de ton ……………………
Ma tempe en fièvre bat contre ton cœur …………
Et, le cou dans tes bras, je frissonne en ……………
Ta gorge nue et sa fraîcheur de ……………………

Écoute au gré du vent la glycine ……………………
C'est le soir ; il est doux d'être seuls sur la ………,
L'un à l'autre, muets et faibles de …………………

D'un baiser délicat tu m'ouvres la ………………… ;
Je te vois, et, confuse, avec un long ………………,
Tu souris dans l'attente heureuse du ………………

Charles Guérin, *Le Cœur solitaire*, 1896.

AVEZ-VOUS RÉUSSI ?

FRANÇAIS | MATHS | HIST. - GÉO. - EMC | PHYSIQUE-CHIMIE | SVT | ANGLAIS | CORRIGÉS

Bilan

GRAMMAIRE

1 Cochez la case si la classe grammaticale est correcte.

☐ a. la : article défini
☐ b. été : groupe nominal
☐ c. ici : adverbe
☐ d. pour : conjonction de coordination
☐ e. venir : verbe
☐ f. grand : adjectif

.... /6

2 Soulignez les expansions du groupe nominal.

a. La pâleur de son visage est grande.
b. Ta petite voiture roule vite.
c. Cet homme, très pâle, est fatigué.

.... /3

3 Complétez par un pronom relatif.

a. Il a lu un livre .... est captivant.
b. La maison .... tu parles est ancienne.
c. L'endroit .... tu vas est magnifique.

.... /3

4 Soulignez les subordonnées et précisez leur nature.

a. Je me demande qui est là.

....

b. Vois-tu le château qui domine la vallée ?

....

c. Je pense qu'il va pleuvoir.

....

d. J'ignore ce que tu veux.

....

.... /8

Total .... /20

CONJUGAISON

1 Soulignez les formes verbales à la forme active.

a. Il court.
b. Il est venu.
c. Elle s'est enfuie.
d. Il a été choisi.

.... /4

2 Vrai ou faux ? Cochez la bonne case.

a. tu viendrais : présent du conditionnel ☐ Vrai ☐ Faux
b. il croie : présent de l'indicatif ☐ Vrai ☐ Faux
c. je serai : présent du conditionnel ☐ Vrai ☐ Faux
d. tu vois : présent de l'indicatif ☐ Vrai ☐ Faux

.... /4

3 Indiquez s'il s'agit de la forme active ou passive.

a. Cet homme est craint des enfants. ....
b. Elle était sortie par une belle matinée. ....
c. Son imagination fut nourrie par tous ces livres. ....
d. Les paquets seront arrivés avant l'heure. ....

.... /4

VOCABULAIRE

1 Associez les mots de la colonne de gauche à ceux de la colonne de droite.

a. repartir ● ● mot ayant un suffixe
b. chemin de fer ● ● mot composé
c. large, largeur, élargir ● ● mot ayant un préfixe et un suffixe
d. courageusement ● ● famille de mots

.... /4

2 Indiquez le champ lexical pour chacune de ces listes.

a. guérir, médicament, maladie ....
b. cartable, tableau, élève ....
c. voile, bateau, mer ....
d. ballon, cage, but ....

.... /4

Total .... /20

Bilan

ORTHOGRAPHE

1 Entourez le déterminant qui convient.

a. *Cet / Cette* homme est grand.
b. *Tout / Tous* le livre est bien.
c. *Quel / Quelle* heure est-il ?

.... /3

2 Entourez l'adjectif bien accordé.

a. des yeux *verts foncés / vert foncé*
b. de *jolis / joli* livres
c. des livres et des revues *intéressants / intéressantes*
d. des pulls *marrons / marron*

.... /4

3 Accordez le verbe au présent de l'indicatif.

a. La foule (*arriver*) ....
b. On (*partir*) ....
c. Il les (*voir*) ....
d. Ici (*se trouver*) .... des villages.

.... /4

4 Accordez les participes passés.

a. Ils sont venu................ .
b. Quelle histoire elle a vécu................ !
c. Elle a aimé................ l'histoire que tu as raconté................ .
d. Elles sont parti................ .

.... /5

5 Entourez la forme juste.

a. *Quand / Quant* il est là, je suis content.
b. Ils *mon / m'ont* offert un livre.
c. La poule est *sur / sûr* le mur.
d. Ce livre, je *l'ai / les* acheté.

.... /4

Total .... /20

EXPRESSION

1 Vrai ou faux ? Cochez la bonne case.

a. Une ellipse passe sous silence des faits. ☐ Vrai ☐ Faux

b. Une anticipation est un retour en arrière. ☐ Vrai ☐ Faux

c. Un paragraphe argumentatif exprime un point de vue. ☐ Vrai ☐ Faux

d. Le paragraphe argumentatif utilise le présent de narration. ☐ Vrai ☐ Faux

.... /4

2 Soulignez les deux intrus.

didascalie – tirade – strophe – réplique – monologue – dialogue – rejet

.... /4

3 Reliez chaque mot à sa définition.

a. tirade ● ● 1. indication scénique (action, geste, lieu…)

b. didascalie ● ● 2. longue prise de parole d'un personnage

.... /1

4 Complétez.

a. Un argument est une idée qui .... le point de vue proposé.

b. .... illustre un argument.

c. Un paragraphe argumentatif est généralement organisé autour du présent ....

.... /6

5 Trouvez les mots correspondant aux définitions.

a. Répétition d'une consonne : ....

b. Vers de dix syllabes : ....

c. Strophe de trois vers : ....

d. Répétition en fin de vers d'un son : ....

e. Poème ayant deux quatrains et deux tercets : ....

.... /5

Total .... /20

Corrigés p. 268

1 Somme et différence de deux nombres relatifs

NOMBRES ET CALCULS

JE RETIENS

- **Un nombre relatif est constitué d'un signe – ou + et d'une distance à zéro.**

  – 3 est négatif (signe –), sa distance à zéro est 3.
  + 7 est positif (signe +), sa distance à zéro est 7.

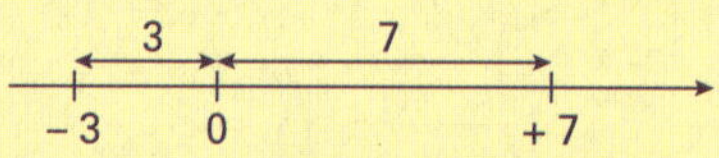

- **Pour ajouter deux nombres relatifs,** on prend d'abord le signe du nombre ayant la plus grande distance à zéro.
  - Si les deux nombres sont de **même signe**, **on ajoute** les distances à zéro.
  - Si les deux nombres sont de **signes différents, on soustrait** la plus petite distance à zéro à la plus grande.

  $-8 + (-7) = -15$ car on garde le signe de -8 ($8 > 7$), et $7 + 8 = 15$.
  $4 + (-9) = -5$ car on garde le signe de -9 ($9 > 4$), et $9 - 4 = 5$.

- **Pour soustraire un nombre relatif**, on remplace la soustraction de ce nombre par l'addition de l'opposé de ce nombre.

  $9 - (-11) = 9 \mathbf{+} (+11) = 20$ et $9 - (+11) = 9 \mathbf{+} (-11) = -2$

COMMENT FAIRE

Calculer une suite d'opérations

- **Calculer E = 8 + (– 6) – (– 3) – (+ 10).**

1. On identifie les soustractions, puis on les remplace (et seulement elles !) par les additions de chaque opposé :
E = 8 + (– 6) **+ (+ 3) + (– 10)**.
2. On peut alors regrouper les additions de nombres de même signe :
E = 8 **+ (+ 3) + (– 6)** + (– 10).
3. On ajoute les nombres de même signe : E = 11 + (– 16).
4. On ajoute les nombres de signes opposés : E = – 5.

Astuce Si un nombre est donné sans parenthèses, on peut les ajouter en écrivant le signe + devant ce nombre : 8 **– 14** + 2 **– 5** = 8 **– (+ 14)** + 2 **– (+ 5)**.

S'ENTRAINER

1 ✪ **Cochez le signe du résultat.**

a. (+ 3) + (+ 2) ☐ + ☐ –

b. 3 + (– 2) ☐ + ☐ –

c. (– 3) + (– 2) ☐ + ☐ –

d. (– 3) + 2 ☐ + ☐ –

e. (+ 2) + (– 3) ☐ + ☐ –

2 ✪ **Reliez chaque calcul à son résultat.**

(+ 3) + (+ 2) •	• + 1
(+ 3) + (– 2) •	• – 5
(– 3) + (– 2) •	• + 5
(– 3) + 2 •	• 0
3 + (– 3) •	• – 1

3 ✪ **Reliez les calculs donnant le même résultat.**

(+ 3) – 2 •	• (+ 2) + (+ 3)
(+ 3) – (– 2) •	• (– 3) + 2
(– 2) – (+ 3) •	• 3 + (+ 2)
– 3 – (– 2) •	• (– 3) + (– 2)
(– 3) – (+ 2) •	• (– 2) + (– 3)
2 – (– 3) •	• 3 + (– 2)

4 ✪✪ **Calculez les expressions.**

A = 8 + (+ 3) + (– 6)

....

....

B = 8 – (– 3) + (– 6)

....

....

C = – 8 – 3 – (– 6)

....

....

LE CONSEIL DU COACH Un peu de stress ? Fermez les yeux et pensez à quelque chose qui vous fait du bien.

5 ✪✪ **Complétez les cases.**

a.

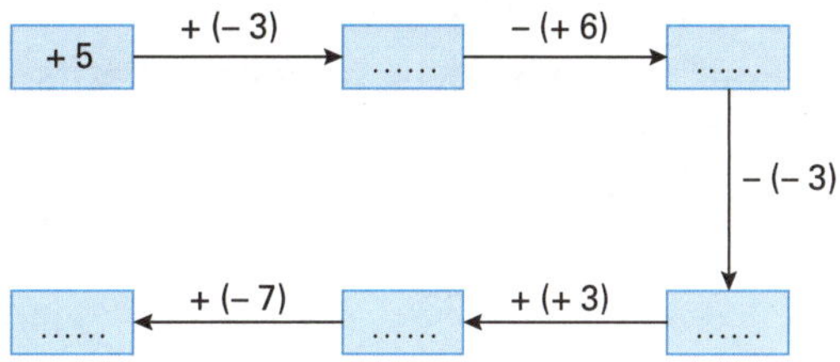

b.

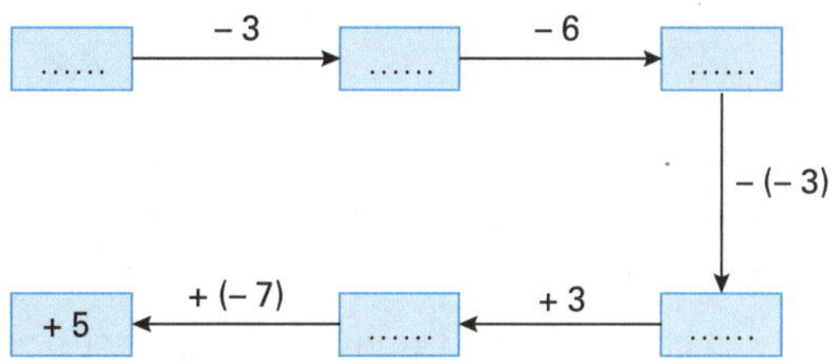

6 ✪✪✪ **Calculez les expressions.**

A = (+ 10) – 2 × 8 – (– 4)

....

....

B = (1 – (– 1 – (1 – (– 1)))) × 2

....

....

MINI-CONTRÔLE

Entourez la bonne réponse.

a. (– 3) + (+ 9) =

– 12 + 6 + 12

b. (– 3) – (+ 9) + (+ 7) =

– 5 + 1 – 19

c. 5 – 7 + 2 – 6 – 1 =

– 11 – 7 – 9

Corrigés p. 269

AVEZ-VOUS RÉUSSI ? ◯ ◯ ◯

2 Multiplication de deux nombres relatifs

NOMBRES ET CALCULS

JE RETIENS

Multiplier deux nombres relatifs

Pour multiplier deux nombres relatifs, on multiplie les **distances à zéro**, puis on s'intéresse au **signe** du résultat.

- Si on multiplie deux nombres de **même signe**, le résultat est **positif**.

  $-8 \times (-7) = +56$ *car* -8 *et* -7 *ont le même signe* $(-)$. $- \times - \rightarrow +$

  $4 \times (+9) = +36$ *car* 4 *et* $+9$ *ont le même signe* $(+)$. $+ \times + \rightarrow +$

- Si on multiplie deux nombres de **signes opposés**, le résultat est **négatif**.

  $-8 \times (+7) = -56$ *car* -8 *et* $+7$ *n'ont pas le même signe.* $- \times + \rightarrow -$

  $4 \times (-9) = -36$ *car* 4 *et* -9 *n'ont pas le même signe.* $+ \times - \rightarrow -$

Multiplier plus de deux nombres relatifs

Pour multiplier plus de deux nombres relatifs, on compte le nombre de facteurs négatifs du produit.

- Si ce nombre est **pair**, le produit est **positif.**
- Si ce nombre est **impair**, le produit est **négatif**.

  $(-1) \times (-2) \times (-3) \times (-4) \times (-5)$ *contient 5 facteurs négatifs.*

  5 est impair, donc le produit est négatif.

  Comme $1 \times 2 \times 3 \times 4 \times 5 = 120$ *alors* $(-1) \times (-2) \times (-3) \times (-4) \times (-5) = -120$.

COMMENT FAIRE

Utiliser les règles de la multiplication des nombres relatifs

Calculer $E = 8 \times (-5) + (-1) \times (-2) \times (-1) \times (+3) \times (-1)$

1. Le premier produit $8 \times (-5)$ est le produit de 2 nombres relatifs de signes opposés. Ce produit est négatif et vaut donc -40.
2. Le deuxième produit $(-1) \times (-2) \times (-1) \times (+3) \times (-1)$ contient 5 facteurs, parmi lesquels 4 facteurs négatifs. 4 est pair, donc ce produit est positif et vaut donc $+6$.
3. On termine le calcul : $E = -40 + (+6) = -34$.

Astuce Si un produit contient des pointillés, ceux-ci remplacent la suite logique du produit, inspirée des premiers termes :

$2 \times 4 \times 8 \times \ldots \times 256$ désigne le produit $2 \times 4 \times 8 \times 16 \times 32 \times 64 \times 128 \times 256$.

LE CONSEIL DU COACH

S'installer confortablement

Pour commencer ce travail, installez-vous dans un endroit calme et confortable, vous pouvez également utiliser un minuteur pour ne pas dépasser 40 minutes de travail. Passé ce délai, faites une pause et changez de leçon ou de matière.

S'ENTRAINER

1 ✪ Cochez le signe du résultat.

a. (+ 3) × (+ 2) ☐ + ☐ –
b. 3 × (– 2) ☐ + ☐ –
c. (– 3) × (– 2) ☐ + ☐ –
d. (– 3) × 2 ☐ + ☐ –
e. (+ 2) × (– 3) ☐ + ☐ –

2 ✪ Reliez chaque calcul à son résultat.

(+ 3) × (+ 2) •	• – 6
3 × (– 2) •	• + 10
(– 5) × (– 2) •	• + 6
(– 5) × 2 •	• – 15
(+ 5) × (– 3) •	• – 10

3 ✪ Reliez les calculs donnant le même résultat.

(+ 3) × (+ 2) •	• (+ 3) × (+ 4)
(– 3) × (+ 2) •	• (+ 4) × (– 2)
(– 3) × (– 4) •	• (– 3) × (+ 4)
(+ 3) × (– 4) •	• (+ 3) × (– 2)
(– 4) × (+ 2) •	• (+ 4) × (+ 2)
(– 2) × (– 4) •	• (– 3) × (– 2)

4 ✪✪ Calculez les expressions.

A = (+ 3) × (– 6)

....

B = (– 2,5) × (– 4)

....

C = (– 1) + (+ 1) × (– 9)

....

D = (– 1) × (+ 1) + (– 9)

....

E = (– 1) × (+ 1) × (– 9)

....

5 ✪✪ Complétez les cases.

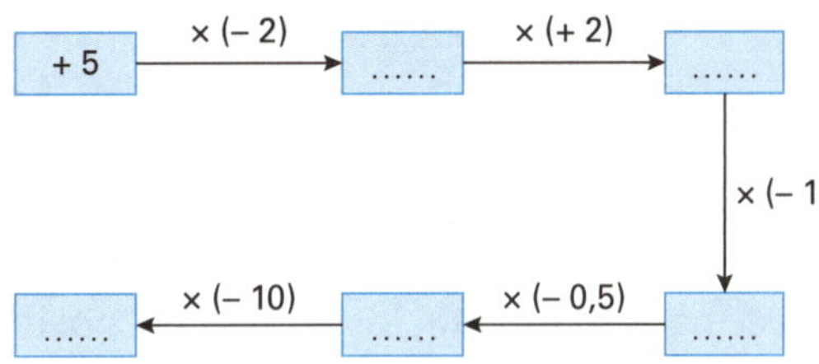

6 ✪✪✪ Calculez les expressions.

A = (– 1) × (+ 2) × (– 3) × (– 4) × (– 5) × (+ 10)

....

B = (– 1) × (+ 2) × (+ 3) × (– 4) × (– 5) × (+ 10)

....

C = (– 1) × (+ 2) × (– 3) × ... × (+ 6)

....

D = (– 7) × (– 6) × (– 5) × ... × (+ 6) × (+ 7)

....

MINI-CONTRÔLE

Complétez les pointillés.

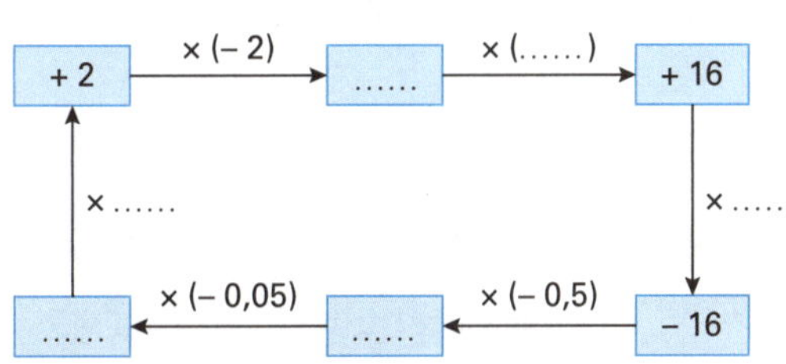

Corrigés p. 269

AVEZ-VOUS RÉUSSI ?

3 Quotient de deux nombres relatifs

NOMBRES ET CALCULS

JE RETIENS

- **Calculer le quotient de deux nombres relatifs, c'est diviser le premier nombre par le second** (non nul). Pour cela, on divise les distances à zéro, puis on s'intéresse au signe du résultat :
  - Si on divise deux nombres de **même signe**, le résultat est **positif**.

    $-8 \div (-2) = \dfrac{-8}{-2} = +4$ car – 8 et – 2 ont le même signe (–). $- \div - \to +$

    $4 \div (+10) = \dfrac{4}{+10} = 0{,}4$ car 4 et + 10 ont le même signe (+). $+ \div + \to +$
  - Si on divise deux nombres de **signes opposés**, le résultat est **négatif**.

    $-8 \div (+2) = \dfrac{-8}{+2} = -4$ car – 8 et + 2 n'ont pas le même signe. $- \div + \to -$

    $4 \div (-10) = \dfrac{4}{-10} = -0{,}4$ car 4 et – 10 n'ont pas le même signe. $+ \div - \to -$
- **Lorsqu'un quotient ne contient que des produits de nombres relatifs**, on compte le nombre de facteurs négatifs présents dans le quotient.
  Si ce nombre est **pair**, le quotient est **positif.** Si ce nombre est **impair**, il est **négatif**.

  $\dfrac{(-1) \times (-2) \times (-3)}{(+4) \times (-5)}$ contient 4 facteurs négatifs. 4 est pair, donc le quotient est positif.

  Comme $\dfrac{6}{20} = 0{,}3$, alors $\dfrac{(-1) \times (-2) \times (-3)}{(+4) \times (-5)} = +0{,}3$.

COMMENT FAIRE

Utiliser les règles de la division de nombres relatifs

- **Calculer $E = -10 \div (-5) + \dfrac{(-1) \times (-2)}{(+1) \times (+4) \times (-1)}$**

1. Le premier quotient $-10 \div (-5)$ est le quotient de 2 nombres relatifs de même signe.
Ce quotient est donc positif et vaut + 2.
2. Le second quotient $\dfrac{(-1) \times (-2)}{(+1) \times (+4) \times (-1)}$ contient 3 facteurs négatifs : (– 1), (– 2) et (– 1).
3 est impair, donc ce produit est négatif et vaut $\dfrac{+2}{-4} = -0{,}5$.
3. On termine le calcul : $E = +2 + (-0{,}5) = +1{,}5$.

Astuce Si un quotient ne possède pas d'écriture décimale exacte, on place le signe du quotient devant son écriture fractionnaire simplifiée : $-2 \div 6 = \dfrac{-2}{6} = -\dfrac{1}{3}$.

S'ENTRAINER

1 ✪ **Cochez le signe du résultat.**

a. (+ 31) ÷ (+ 24) ☐ + ☐ –
b. 13 ÷ (– 12) ☐ + ☐ –
c. (– 8) ÷ (– 10) ☐ + ☐ –
d. (– 3) ÷ 2,25 ☐ + ☐ –
e. (+ 1,7) ÷ (– 6) ☐ + ☐ –

2 ✪ **Reliez chaque calcul à son résultat.**

(+ 3) ÷ (+ 2) ●	● + 2,5
3 ÷ (– 2) ●	● + 1,5
(– 5) ÷ (– 2) ●	● – 2,5
(– 5) ÷ 2 ●	● – 1,6
(+ 8) ÷ (– 5) ●	● – 1,5

3 ✪ **Complétez les pointillés.**

a. .... × (– 2) = 7
b. – 7 × .... = – 8
c. 10 × .... = – 7
d. 9 ÷ (....... ÷ 2) = – 3

4 ✪✪ **Calculez les expressions.**

A = (+ 30) ÷ (– 60)

....

....

....

B = (– 2,5) ÷ (– 10)

....

....

....

C = (– 1) – (+ 1) ÷ (– 1)

....

....

....

$D = \frac{(-1)}{(+1)} + (-1)$

....

....

....

LE CONSEIL DU COACH

Résistez ! N'allez pas regarder les corrigés. Essayez encore une fois de trouver la solution par vous-même.

5 ✪✪✪ **Complétez les pointillés.**

• $A = \frac{(-1) \times (+2) \times (-3)}{(-4) \times (-5) \times (-6)}$ est de signe ....
car A contient .... facteurs négatifs et .... est ....

• $B = \frac{(-1) \times (-2)}{(+3) \times (-4) \times (-5) \times (+10)}$ est de signe ....
car B contient .... facteurs négatifs et .... est ....

• C = (– 1) × (+ 2) × (– 3) × .... × (+ 20) est de signe ....
car C contient .... facteurs négatifs et .... est ....

• D = (– 1) × (+ 2) × (+ 3) × (– 4) × (+ 5) × (+ 6) × .... × (+ 27) est de signe ....
car D contient .... facteurs négatifs et .... est ....

MINI-CONTRÔLE

Entourez la bonne réponse.

a. (– 9) ÷ (– 10) =

+ 90 — – 0,9 — + 0,9

b. $\frac{12}{-21} =$

$-\frac{4}{7}$ — – 0,57 — $\frac{24}{42}$

c. $\frac{M \times (-24)}{(+3) \times (-5)} = -16$ lorsque :

M = – 2 — M = + 10 — M = – 10

Corrigés p. 270

AVEZ-VOUS RÉUSSI ? ◯ ◯ ◯

4 Somme et différence de deux nombres rationnels en écriture fractionnaire

NOMBRES ET CALCULS

JE RETIENS

- **Un nombre rationnel est le quotient de deux nombres décimaux relatifs.**

  $\frac{-3}{11}$ est un nombre rationnel, qui ne possède pas d'écriture décimale exacte.

- **En multipliant le numérateur et le dénominateur** par un même entier non nul, on obtient une **nouvelle écriture** de ce rationnel.

  $\frac{-3}{11} = \frac{-3 \times 7}{11 \times 7} = \frac{-21}{77}$

- **Pour ajouter ou soustraire deux nombres rationnels**, il faut que ces nombres possèdent le **même dénominateur**. Si ce n'est pas le cas, on doit transformer l'écriture de l'un ou des deux.

  $\frac{1}{5} - \frac{3}{5} = \frac{1-3}{5} = \frac{-2}{5}$

  $\frac{1}{5} + \frac{2}{15} = \frac{1 \times 3}{5 \times 3} + \frac{2}{15} = \frac{3+2}{15} = \frac{5}{15}$

  $\frac{1}{5} - \frac{3}{4} = \frac{1 \times 4}{5 \times 4} - \frac{3 \times 5}{4 \times 5} = \frac{4-15}{20} = \frac{-11}{20}$

- **Le dénominateur commun** qu'il faut rechercher doit être **un multiple commun aux deux dénominateurs** des nombres rationnels que l'on doit ajouter ou soustraire.

COMMENT FAIRE

Ajouter plusieurs nombres rationnels

- **Calculer $E = \frac{2}{7} - \frac{5}{21} + \frac{1}{9}$**

1. 21 est dans la table de 7 : 21 = 7 × 3

   $E = \frac{2 \times 3}{7 \times 3} - \frac{5}{21} + \frac{1}{9}$

2. On peut alors ajouter les deux premiers rationnels :

   $E = \frac{6}{21} - \frac{5}{21} + \frac{1}{9} = \frac{1}{21} + \frac{1}{9}$

3. Ensuite 21 = 7 × 3 et 9 = 3 × 3, donc 7 × 3 × 3 est un multiple commun à 21 et 9 :

   $E = \frac{1 \times 3}{21 \times 3} + \frac{1 \times 7}{9 \times 7} = \frac{3}{63} + \frac{7}{63} = \frac{10}{63}$

Astuce Après avoir ajouté ou soustrait un nombre rationnel, on doit penser à essayer de simplifier le résultat, c'est-à-dire trouver une écriture égale, mais ayant un dénominateur plus petit.

S'ENTRAINER

1 Complétez.

a. $\frac{3}{7} = \frac{3 \times \ldots}{7 \times \ldots} = \frac{\ldots}{35}$

b. $\frac{-5}{11} = \frac{-5 \times \ldots}{11 \times \ldots} = \frac{-20}{\ldots}$

c. $\frac{3}{-8} = \frac{3 \times \ldots}{-8 \times \ldots} = \frac{\ldots}{24}$

2 Entourez le bon résultat.

a. $\frac{1}{9} - \frac{5}{9} =$	$\frac{-4}{18}$	$\frac{-4}{9}$	$\frac{15}{99}$
b. $\frac{-1}{3} + \frac{2}{3} =$	$\frac{1}{6}$	$\frac{-3}{3}$	$\frac{1}{3}$
c. $\frac{8}{9} - \frac{1}{18} =$	$\frac{15}{18}$	$\frac{7}{-9}$	$\frac{7}{18}$
d. $\frac{17}{15} + \frac{2}{5} =$	$\frac{19}{20}$	$\frac{19}{15}$	$\frac{23}{15}$

3 Reliez les calculs à leur résultat.

$\frac{-7}{4} + \frac{2}{3} =$ •	• $\frac{-2}{15}$
$\frac{-1}{3} + \frac{1}{5} =$ •	• $\frac{-1}{12}$
$\frac{1}{4} - \frac{1}{3} =$ •	• $\frac{29}{15}$
$\frac{7}{3} + \frac{-2}{5} =$ •	• $\frac{-13}{12}$

4 Complétez.

$A = \frac{7}{8} - \frac{3}{20} = \frac{7 \times \ldots}{8 \times \ldots} - \frac{3 \times \ldots}{20 \times \ldots} = \frac{\ldots}{40} - \frac{\ldots}{40} = \frac{\ldots}{\ldots}$

$B = \frac{7}{24} + \frac{5}{32} = \frac{7 \times \ldots}{24 \times \ldots} - \frac{5 \times \ldots}{32 \times \ldots} = \frac{\ldots}{96} - \frac{\ldots}{96} = \frac{\ldots}{\ldots}$

$C = \frac{-13}{22} - \frac{10}{33}$

$= \frac{-13 \times \ldots}{22 \times \ldots} - \frac{10 \times \ldots}{33 \times \ldots} = \frac{\ldots}{66} - \frac{\ldots}{66} = \frac{\ldots}{\ldots}$

LE CONSEIL DU COACH

Souriez ! Et exprimez des pensées positives. Tout devrait bien aller maintenant.

5 Calculez.

$A = \frac{7}{6} - \left(\frac{-1}{2} + \frac{1}{3}\right)$

....

....

....

$B = \frac{7}{10} - \left(\frac{-3}{2} + \frac{2}{5}\right)$

....

....

....

6 Calculez.

$A = \frac{1}{2} - \frac{1}{3} + \frac{1}{4}$

....

....

....

$B = \frac{-2}{3} + \frac{3}{5} - \frac{5}{7}$

....

....

....

MINI-CONTRÔLE

Complétez.

$\frac{1}{2} - \frac{1}{3} + \frac{1}{4} - \frac{1}{6} + \frac{\ldots}{12} = 0$

Corrigés p. 270

AVEZ-VOUS RÉUSSI ?

5 Produit de deux nombres rationnels en écriture fractionnaire. Inverse d'un nombre

NOMBRES ET CALCULS

JE RETIENS

- **Le produit de deux nombres rationnels** se calcule **en multipliant les deux numérateurs** entre eux, **et les deux dénominateurs** entre eux.

  $\frac{-3}{5} \times \frac{7}{4} = \frac{-3 \times 7}{5 \times 4} = \frac{-21}{20}$

- On peut souvent s'éviter des calculs en reconnaissant le **même facteur à chaque étage** et en simplifiant :

  $\frac{-3}{⑦} \times \frac{⑦}{4} = \frac{-3 \times 7}{7 \times 4} = \frac{-3}{4}$

- On dit que **deux nombres sont inverses lorsque leur produit vaut 1**.

  Comme $2 \times 0{,}5 = 1$ on peut dire que 2 et 0,5 sont inverses, ou bien que 2 est l'inverse de 0,5, ou encore que 0,5 est l'inverse de 2.

- Comme $a \times \frac{1}{a} = \frac{a}{1} \times \frac{1}{a} = \frac{a \times 1}{1 \times a} = 1$ et $\frac{a}{b} \times \frac{b}{a} = \frac{a \times b}{b \times a} = 1$, l'inverse d'un entier a est $\frac{1}{a}$ et celui d'un nombre rationnel $\frac{a}{b}$ est $\frac{b}{a}$: 2 a pour inverse $\frac{1}{2}$ et $\frac{3}{2}$ a pour inverse $\frac{2}{3}$.

COMMENT FAIRE

Multiplier plusieurs nombres rationnels relatifs

- **Calculer $E = \frac{2}{-7} \times \frac{-5}{21} \times \frac{-7}{15}$**

1. On étudie le signe final.
   E contient 3 nombres négatifs ; 3 est impair, donc E est négatif. $E = -\frac{2}{7} \times \frac{5}{21} \times \frac{7}{15}$

2. On écrit le produit des numérateurs, puis des dénominateurs. $E = -\frac{2 \times 5 \times 7}{7 \times 21 \times 15}$

3. On effectue les simplifications évidentes. $E = -\frac{2 \times 5 \cancel{\times 7}}{\cancel{7 \times} 21 \times 15} = -\frac{2 \times 5}{21 \times 15}$

4. On observe que $15 = 3 \times 5$, donc on décompose 15 puis on simplifie.

   $E = -\frac{2 \times 5}{21 \times 3 \times 5} = -\frac{2}{21 \times 3}$

5. Il n'y a plus de simplification possible, on peut effectuer les multiplications restantes.

   $E = -\frac{2}{21 \times 3} = -\frac{2}{63}$

Astuce Il vaut mieux chercher à simplifier avant d'effectuer les multiplications, car les nombres en jeu sont plus simples et plus familiers.

LE CONSEIL DU COACH

Se concentrer

Cette leçon nécessite toute votre concentration. Évitez donc les sources de distraction en éteignant vos écrans (téléphone, ordinateur, tablette...). Une fois concentré(e), vous comprendrez plus facilement les nombres inverses.

S'ENTRAINER

1 ✪ **Complétez.**

a. $\frac{3}{7} \times \frac{4}{5} = \frac{3 \times ....}{7 \times ....} = \frac{....}{35}$

b. $\frac{-5}{11} \times \frac{-4}{3} = \frac{-5 \times ...}{11 \times ...} = \frac{20}{...}$

c. $\frac{3}{8} \times \frac{....}{....} = \frac{3 \times ....}{8 \times ....} = \frac{15}{24}$

2 ✪ **Entourez le résultat simplifié.**

a. $\frac{2}{9} \times \frac{5}{9} =$ $\frac{7}{9}$ $\frac{10}{9}$ $\frac{10}{81}$

b. $\frac{-1}{3} \times \frac{2}{3} =$ $\frac{2}{9}$ $\frac{-2}{9}$ $\frac{-2}{3}$

c. $\frac{8}{9} \times \frac{18}{5} =$ $\frac{16}{5}$ $\frac{96}{45}$ $\frac{26}{14}$

d. $\frac{10}{9} \times \frac{3}{25} =$ $\frac{10}{75}$ $\frac{6}{45}$ $\frac{2}{15}$

3 ✪ **Reliez les inverses.**

$\frac{7}{3}$ •	• $\frac{10}{51}$
$\frac{2}{3}$ •	• $\frac{1}{9}$
5,1 •	• $\frac{3}{7}$
9 •	• 1,5

4 ✪✪ **Complétez.**

$A = \frac{7}{8} \times \frac{3}{20} = \frac{7 \times ....}{8 \times ....} = \frac{....}{....}$

$B = \frac{7}{8} \times \frac{4}{21} = \frac{7}{4 \times ....} \times \frac{4}{7 \times ....} = \frac{....}{6}$

$C = \frac{-15}{22} \times \frac{33}{-10} = + \frac{5 \times ....}{2 \times ....} \times \frac{3 \times ....}{2 \times ....} = \frac{....}{4}$

$D = \frac{-16}{-15} \times \frac{35}{-24} = ... \frac{2 \times ....}{3 \times ....} \times \frac{5 \times ....}{8 \times ....} = ... \frac{14}{....}$

5 ✪✪ **Calculez et simplifiez.**

$A = \frac{7}{6} \times \frac{-1}{2} \times \frac{6}{5}$

....

....

$B = \frac{7}{3} \times \frac{-3}{2} \times \frac{-2}{-5}$

....

....

6 ✪✪✪ **Calculez et simplifiez.**

$A = \frac{-7}{3} \times \frac{5}{4} \times \frac{-9}{10}$

....

....

$B = \frac{27}{-20} \times \frac{-77}{-18} \times \frac{-25}{91}$

....

....

MINI-CONTRÔLE

Calculez et simplifiez.

$\frac{1}{2} \times \frac{3}{4} \times \frac{5}{6} \times .... \times \frac{11}{12}$

....

....

....

Corrigés p. 271

AVEZ-VOUS RÉUSSI ?

6 Quotient de deux nombres rationnels en écriture fractionnaire

NOMBRES ET CALCULS

JE RETIENS

- **Diviser par un nombre rationnel revient à multiplier par l'inverse de ce nombre rationnel.**

$$2 \div \frac{2}{3} = 2 \times \frac{3}{2}$$

- **Dans les calculs, on remplace chaque division par un nombre rationnel** en utilisant la multiplication par l'inverse de ce nombre rationnel.

Comme le quotient de a par b peut se noter $a \div b$ ou $\frac{a}{b}$, on a donc : $\dfrac{\frac{1}{2}}{\frac{4}{3}} = \frac{1}{2} \div \frac{4}{3} = \frac{1}{2} \times \frac{3}{4} = \frac{3}{8}$

- **Dans une fraction à plus de deux étages**, le trait de fraction situé au niveau du signe = indique la division principale à effectuer.

$$\dfrac{2}{\frac{3}{5}} = 2 \div \frac{3}{5}\left(= \frac{10}{3}\right) \text{ mais } \dfrac{\frac{2}{3}}{5} = \frac{2}{3} \div 5\left(= \frac{2}{15}\right)$$

COMMENT FAIRE

Calculer le quotient de deux nombres rationnels relatifs

- **Calculer** $\mathbf{E = \dfrac{\frac{2}{-27}}{\frac{-4}{21}}}$

1. On étudie le signe final : $E = \dfrac{+\frac{2}{27}}{\frac{4}{21}}$ car E contient 2 nombres négatifs, 2 est pair donc E est positif.

2. On remplace la division par $\frac{4}{21}$ par la multiplication par $\frac{21}{4}$. $E = +\frac{2}{27} \times \frac{21}{4}$

3. On observe que $21 = 3 \times 7$, que $27 = 3 \times 9$ et $4 = 2 \times 2$; on décompose 21, 27 et 4 et on simplifie :
$E = \dfrac{2 \times 3 \times 7}{3 \times 9 \times 2 \times 2} = \dfrac{7}{2 \times 9}$

4. Il n'y a plus de simplification possible, on peut effectuer les multiplications restantes :
$E = \dfrac{7}{2 \times 9} = \dfrac{7}{18}$

Astuce Attention à ne pas confondre inverse et opposé, l'inverse de $\frac{3}{5}$ est $\frac{5}{3}$ et non $-\frac{3}{5}$.

S'ENTRAINER

1 ✪ Entourez l'inverse de chaque nombre.

a. 8 a pour inverse : -8 $\frac{8}{1}$ $\frac{1}{8}$

b. $\frac{7}{5}$ a pour inverse : $\frac{-7}{5}$ $\frac{5}{7}$ $\frac{-5}{7}$

c. -3 a pour inverse : $\frac{-1}{3}$ 3 $\frac{1}{3}$

d. $\frac{-4}{9}$ a pour inverse : $\frac{4}{9}$ $\frac{-9}{-4}$ $\frac{-9}{4}$

2 ✪ Entourez le bon calcul.

a. $\frac{2}{9} \div \frac{5}{9} =$ $\frac{2}{9} \times \frac{5}{9}$ $\frac{2}{9} \times \frac{9}{5}$

b. $\frac{-7}{3} \div \frac{4}{5} =$ $\frac{-7}{3} \times \frac{5}{4}$ $\frac{3}{-7} \times \frac{5}{4}$

c. $\frac{2}{3} \div \frac{6}{7} =$ $\frac{3}{2} \times \frac{6}{7}$ $\frac{2}{3} \times \frac{7}{6}$

3 ✪ Reliez les calculs égaux.

$A = \dfrac{\frac{7}{3}}{2}$ • • $A = \dfrac{\frac{7}{3}}{\frac{2}{5}}$

$A = \frac{7}{3} \times \frac{5}{2}$ • • $A = \frac{7}{1} \times \frac{2}{3}$

$A = \dfrac{7}{\frac{3}{2}}$ • • $A = \dfrac{\frac{7}{3}}{\frac{5}{2}}$

$A = \frac{7}{3} \times \frac{2}{5}$ • • $A = \frac{7}{3} \times \frac{1}{2}$

4 ✪✪ Complétez.

$A = \frac{7}{8} \div \frac{3}{11} = \frac{7}{8} \times \frac{....}{....} = \frac{7 \times ....}{8 \times ....} = \frac{....}{....}$

$B = \frac{7}{8} \div \frac{4}{21} = \frac{7}{8} \times \frac{....}{....} = \frac{7 \times ....}{8 \times ....} = \frac{....}{....}$

$C = \frac{7}{8} \div \frac{21}{4} = \frac{....}{....} \times \frac{....}{....} = \frac{.... \times ....}{2 \times .... \times 3 \times ....} = \frac{....}{6}$

5 ✪✪ Complétez les cases par une fraction simplifiée.

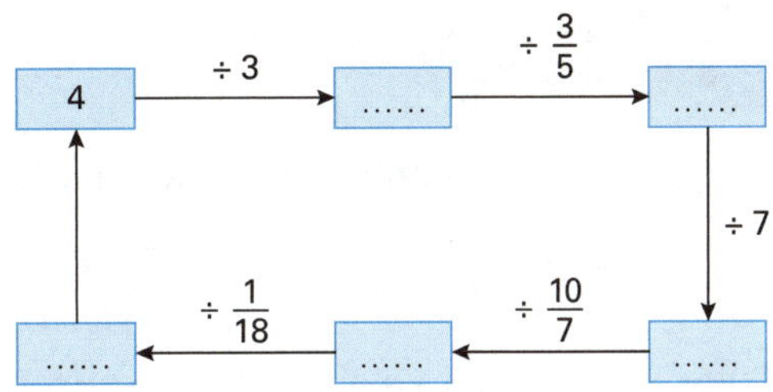

6 ✪✪✪ Calculez et simplifiez.

$A = \frac{-1}{2} + \frac{5}{4} \div \frac{-9}{5}$

....

....

....

....

....

$B = \frac{-1}{2} \div \frac{5}{4} + \frac{-9}{5}$

....

....

....

....

....

MINI-CONTRÔLE

Entourez la bonne réponse.

a. L'inverse de $-\frac{2}{7}$ est :

$\frac{2}{7}$ $\frac{7}{2}$ $\frac{-7}{2}$

b. $\frac{7}{9} \div \frac{7}{3} =$ $\frac{1}{3}$ $\frac{9}{3}$ $\frac{49}{27}$

c. $\frac{7}{5} \div \frac{9}{4} =$ $\frac{28}{45}$ $\frac{20}{63}$ $\frac{63}{20}$

Corrigés p. 271

AVEZ-VOUS RÉUSSI ?

7 Entiers : nombres premiers, puissances

NOMBRES ET CALCULS

JE RETIENS

- Lorsque a est un nombre relatif non nul et n un nombre entier positif, on note :

$$a^n = \underbrace{a \times \ldots \times a}_{n \text{ fois le nombre } a} \quad \text{et} \quad a^{-1} = \frac{1}{a} \text{ est l'inverse de } a.$$

« a puissance n » ↗

- **Dans a^n, le nombre n s'appelle l'exposant de a.** Par convention, $a^0 = 1$ et $a^1 = a$.
a^n se lit aussi « a exposant n ». $7^4 = 7 \times 7 \times 7 \times 7$; $(-5)^2 = (-5) \times (-5)$

- **Produits et quotients de puissances**

$a^2 \times a^3 = a^5$ preuve : $\overbrace{a \times a}^{a^2} \times \overbrace{a \times a \times a}^{a^3} = a^5 = a^{2+3}$ $7^2 \times 7^3 = 7^5$

$\frac{a^5}{a^2} = a^3 = a^{5-2}$ preuve : $\frac{\cancel{a} \times \cancel{a} \times a \times a \times a}{\cancel{a} \times \cancel{a}} = a \times a \times a = a^3 = a^{5-2}$

- Rappel : **un entier est premier s'il n'a que 2 diviseurs : 1 et lui-même.**
2, 3, 5, 7, 11, 13, 17, 19, 23, 29, 31, 37, 41, 43, 47, 53, 59, 61, 67, 71, 73, 79, 83, 89 et 97 sont les nombres premiers inférieurs à 100.

- **Tout entier possède une décomposition unique en facteurs premiers**, écrite en produit ordonné de puissances de facteurs premiers :
$20 = 2^2 \times 5^1$; $48 = 2^4 \times 3^1$; $300 = 2^2 \times 3^1 \times 5^2$; $630 = 2^1 \times 3^2 \times 5^1 \times 7^1$; $99 = 3^2 \times 11^1$

COMMENT FAIRE

Déterminer le signe d'une puissance

- **Quel est le signe de 4^7 ? de $(-1)^{45}$? de $(-3)^4$?**

Un nombre positif, élevé à n'importe quelle puissance, reste **positif** :

$4 > 0$ donc $4^7 > 0$.

Un nombre négatif élevé à une puissance **paire** donne un nombre **positif**.
Un nombre négatif élevé à une puissance **impaire** donne un nombre **négatif**.

4 est pair donc $(-3)^4 > 0$ et 45 est impair donc : $(-1)^{45} < 0$.

Décomposer 540 en produits de facteurs premiers

1. On écrit 540 comme un produit d'entiers plus petits.	$540 = 54 \times 10$
2. On recommence avec les facteurs obtenus à l'étape 1, jusqu'à n'avoir que des facteurs premiers.	$= 6 \times 9 \times 2 \times 5$
3. On utilise des exposants pour avoir une seule puissance de chaque facteur premier obtenu.	$= 2 \times 3 \times 3 \times 3 \times 2 \times 5$ $540 = 2^2 \times 3^3 \times 5^1$

Astuce Ne jamais multiplier un nombre à son exposant mais toujours se ramener à la définition !

LE CONSEIL DU COACH

Démarrer par le plus facile
Vous vous sentez un peu découragé(e)… mais la tâche n'est pas insurmontable ! Commencez toujours par choisir un exercice facile pour vous donner confiance. Dans les deux premiers exercices, vous pouvez vous référer à la leçon, en reprenant les formules encadrées en couleur ainsi que les exemples.

S'ENTRAINER

1 ✪ **Complétez les égalités.**

a. $2 \times 2 \times 2 \times 2 \times 2 \times 2 = 2^{\square}$

b. $3 \times 3 \times 3 \times 7 \times 7 \times 7 \times 7 = 3^{\square} \times 7^{\square}$

c. $5 \times 2 \times 5 \times 5 \times 2 = \square^2 \times \square^3$

d. $7 \times 8 \times 7 \times 3 \times 3 \times 7 = \square^2 \times \square^3 \times \square^3$

e. $10 \times 5 \times 25 \times 2 = \square^2 \times \square^4$

2 ✪ **Sans effectuer les calculs, indiquez si le résultat est un nombre positif ou négatif (rayez la mauvaise réponse).**

$A = 30^7$	positif	négatif
$B = (-30)^7$	positif	négatif
$C = 5^6$	positif	négatif
$D = (-6)^0$	positif	négatif
$E = (-10)^4 \times (-3)^5$	positif	négatif

3 ✪ **Les égalités ci-dessous sont vraies, mais sont-elles des décompositions en facteurs premiers ? (Rayez la mauvaise réponse.)**

a. $130 = 2^1 \times 5^1 \times 13^1$	vraie	fausse
b. $180 = 6^2 \times 5^1$	vraie	fausse
c. $270 = 3 \times 10 \times 3^2$	vraie	fausse
d. $100 = 4^1 \times 5^2$	vraie	fausse

4 ✪✪ **Donnez la décomposition en facteurs premiers des nombres suivants.**

a. 162 = ……………………………………………

b. 64 = ……………………………………………

c. 2 000 = ……………………………………………

d. 350 = ……………………………………………

e. 715 = ……………………………………………

f. Complétez à la manière de l'exemple :

$$\frac{750}{225} = \frac{2^1 \times 3^1 \times 5^3}{5^2 \times 3^2} = \frac{2^1 \times 5^1}{3^1 \times 7^1} = \frac{10}{21}$$

$\frac{350}{2\,000} = \frac{\dots\dots\dots}{\dots\dots\dots} = \frac{\dots\dots}{\dots\dots} = \frac{\dots}{\dots}$

$\frac{162}{64} = \frac{\dots\dots\dots}{\dots\dots\dots} = \frac{\dots\dots}{\dots\dots} = \frac{\dots}{\dots}$

$\frac{715}{350} = \frac{\dots\dots\dots}{\dots\dots\dots} = \frac{\dots\dots}{\dots\dots} = \frac{\dots}{\dots}$

5 ✪✪✪ **Sans calculatrice, effectuez les calculs suivants, en donnant chaque résultat sous la forme d'un nombre entier ou d'une fraction.**

$A = (-1)^{52} =$ ……………………………………………

$B = 2^5 =$ ……………………………………………

$C = \frac{4^3}{2^4} =$ ……………………………………………

$D = \frac{10^3}{100} =$ ……………………………………………

$E = (-5)^2 \times 4 =$ ……………………………………………

MINI-CONTRÔLE

On pose sur la première case d'un damier de jeu d'échecs (comportant donc 64 cases) un grain de blé. Puis 2 grains de blé sur la 2e case, puis 4 sur la 3e, puis 8 sur la 4e, etc.

Combien y a-t-il de grains de blé sur la dernière case ? Donnez le résultat sous la forme d'une puissance, puis donnez-en une estimation grâce à la calculatrice.

……………………………………………………………

……………………………………………………………

……………………………………………………………

Corrigés p. 272

AVEZ-VOUS RÉUSSI ?

8 Puissance de 10
Notation scientifique

NOMBRES ET CALCULS

JE RETIENS

- Pour tout entier n positif, on a $10^n = \underbrace{10 \times 10 \times \ldots \times 10}_{n \text{ facteurs } 10} = \underbrace{100 \ldots 0}_{n \text{ zéros avant le } 1}$.

  Ainsi on a $1\,000 = 10^3$, $100 = 10^2$, et même $10 = 10^1$ et $1 = 10^0$.

  Une puissance de 10 positive permet d'exprimer une quantité très éloignée de 0.

  Par conséquent, $0{,}001 = \frac{1}{1000} = \frac{1}{10^3}$. Par commodité, on note ce quotient 10^{-3}.

- Pour tout entier n positif, on a $0{,}\underbrace{0\ldots0}_{n \text{ zéros avant le } 1}1 = \frac{1}{10 \times \ldots \times 10} = \frac{1}{\underbrace{10^n}_{n \text{ facteurs } 10 \text{ au dénominateur}}} = 10^{-n}$.

  Ainsi on a $0{,}001 = 10^{-3}$; $0{,}01 = 10^{-2}$; $0{,}1 = 10^{-1}$.

  Une puissance de 10 négative permet d'exprimer une quantité très proche de 0.

- **Préfixes usuels**

préfixe	giga	méga	kilo	hecto	déca	↓ rang de l'unité	déci	centi	milli	micro	nano
ordre de grandeur	10^9	10^6	10^3	10^2	10^1	1	10^{-1}	10^{-2}	10^{-3}	10^{-6}	10^{-9}
symbole	G	M	k	h	da		d	c	m	µ	n

- **L'écriture scientifique d'un nombre est le produit d'un décimal ayant un seul chiffre non nul avant la virgule et d'une puissance de 10.**

  $2{,}025\,5 \times 10^4$ est l'écriture scientifique de 20 255.
  $2{,}025\,5 \times 10^{-4}$ est l'écriture scientifique de 0,000 202 55.

COMMENT FAIRE

Donner l'écriture scientifique d'un nombre

- **Mettre 1 350 000, 2 560 × 10^5 et 0,000 003 4 en écriture scientifique.**

  1. Puisque $1\,350\,000 = 1{,}35 \times 1\,000\,000$ et que $1\,000\,000 = 10^6$, alors l'écriture scientifique de 1 350 000 est : $1{,}35 \times 10^6$.
  2. Puisque $2\,560 = 2{,}56 \times 1\,000$ et que $1\,000 = 10^3$, alors $2\,560 = 2{,}56 \times 10^3$. Ainsi $2\,560 \times 10^5 = 2{,}56 \times 10^3 \times 10^5$, et comme $10^3 \times 10^5 = 10^{3+5} = 10^8$, alors l'écriture scientifique de $2\,560 \times 10^5$ est : $2{,}56 \times 10^8$.
  3. Puisque $0{,}000\,003\,4 = 3{,}4 \times 0{,}000\,001$, et que $0{,}000\,001 = 10^{-6}$, alors l'écriture scientifique de 0,000 003 4 est : $3{,}4 \times 10^{-6}$.

Astuce Une puissance de 10 négative n'est pas un nombre négatif ! $10^{-5} = 0{,}000\,01$ et non $-100\,000$.

S'ENTRAINER

1 ✪ **Reliez les nombres égaux.**

100 •	• 10^4
1 000 •	• 10^2
10 •	• 10^0
10 000 •	• 10^5
100 000 •	• 10^1
1 •	• 10^3

2 ✪ **Entourez la bonne réponse.**

a. 10^{-2} =	– 100	100	0,01
b. 10^{-5} =	0,0001	0,00001	– 50
c. 10^{-1} =	0,1	0,01	– 10
d. 10^{-4} =	0,0001	0,001	10 000

3 ✪✪ **Reliez les nombres à leur écriture scientifique.**

2 500 •	• $2,5 \times 10^{-2}$
250 •	• $2,5 \times 10^4$
0,025 •	• $2,5 \times 10^2$
25 000 •	• $2,5 \times 10^{-3}$
0,0025 •	• $2,5 \times 10^3$

4 ✪✪ **Complétez les égalités suivantes avec une puissance de 10.**

a. 1 dm = ... nm

b. 10 Go = ... ko

c. 200 µg = 2 × ...... g

d. 1 nm = ... km

e. 15 dL = 1,5 × ...... hL

f. 80 ms = 8 × ...... ns

g. 1 000 Gt = ... t

h. 1 t = ... kg = ... ng = ... Gg

Corrigés p. 272

LE CONSEIL DU COACH

Des pensées négatives ? Prenez une grande inspiration et chassez-les en expirant longuement.

5 ✪✪ **Donnez l'écriture décimale des nombres suivants.**

$A = 8,6 \times 10^4$ = ...

$B = 2,125 \times 10^{-4}$ = ...

$C = 1,9 \times 10^9$ = ...

$D = 3,75 \times 10^{-6}$ = ...

$E = 1,23 \times 10^1$ = ...

6 ✪✪✪ **Complétez pour obtenir l'écriture scientifique.**

a. 350 000 = ... × 100 000 = ... × ......

b. 0,00000008 = 8 × ...... = ... × ......

c. 0,0000008125 = 8,125 × ...... = ... × ......

d. 712 000 000 = ... × ...... = ... × ......

e. 25 000 000 × 10^8 = ... × ...... × 10^8 = ... × ......

f. 0,0123 × 10^{-7} = ... × ...... × 10^{-7} = ... × ......

MINI-CONTRÔLE

Rangez par ordre croissant les objets suivants selon leur taille.

atome de fer : 0,156 nm
alvéole pulmonaire : 80 µm
bactérie : 0,0002 cm
épaisseur d'une carte nanoSIM : 670 000 nm
embryon d'une semaine : 0,000 14

....

....

....

....

....

AVEZ-VOUS RÉUSSI ? ○ ○ ○

9 Carré et racine carrée d'un nombre

NOMBRES ET CALCULS

JE RETIENS

Racine carrée

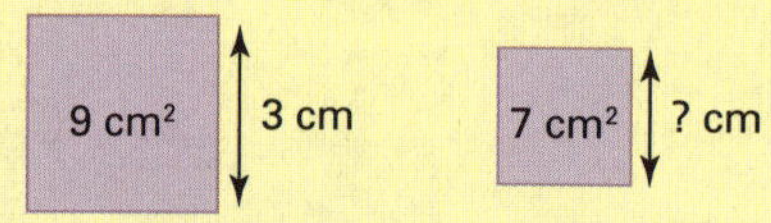

- Un carré d'aire 9 cm² a pour côté 3 cm car $9 = 3 \times 3$.

Mais comment calculer le côté d'un carré d'aire 7 cm² ?

Aucun nombre entier, décimal ni rationnel ne permet de répondre à cette question.

- On décide donc d'inventer une nouvelle sorte de nombre qui permette de compléter l'égalité .... × .... = 7.

On le note $\sqrt{7}$: on lit « racine carrée de 7 ».

Ainsi on a : $\sqrt{7} \times \sqrt{7} = 7$. Pour avoir une valeur approchée (ou exacte mais c'est rare) décimale de ce nombre, on utilise la touche $\boxed{\sqrt{\ }}$ de la calculatrice.

$\sqrt{9} = 3$ car $3 \times 3 = 9$; $\sqrt{100} = 10$ car $10 \times 10 = 100$

$\sqrt{7}$ n'a pas de valeur exacte autre qu'avec cette écriture. Mais $\sqrt{7} \approx 2{,}645\,75$ si on arrondit au 100 000ᵉ avec la calculatrice.

Connaitre les premiers carrés d'entiers

entier	1	2	3	4	5	6	7	8	9	10
carré	1	4	9	16	25	36	49	64	81	100

entier	11	12	13	14	15	16	17	18	19	20
carré	121	144	169	196	225	256	289	324	361	400

Si la décomposition en facteurs premiers d'un entier ne fait apparaitre que des exposants pairs, alors cet entier possède une racine carrée entière exacte. Pour la trouver, il suffit de diviser par 2 chaque exposant et de calculer le produit obtenu.

COMMENT FAIRE

Encadrer la racine carrée de 92 par deux entiers consécutifs

On encadre d'abord 92 par deux carrés d'entiers consécutifs grâce au tableau : $81 < 92 < 100$.
Leurs 3 racines carrées sont rangées dans le même ordre donc : $\sqrt{81} < \sqrt{92} < \sqrt{100}$.
Et comme $\sqrt{81} = 9$ et que $\sqrt{100} = 10$, alors on a $9 < \sqrt{92} < 10$.

Calculer la racine carrée de 144

On décompose 144 en facteurs premiers :
$144 = 2 \times 72 = 2^2 \times 36 = 2^3 \times 18 = 2^4 \times 9 = 2^4 \times 3^2$. 4 et 2 sont des exposants pairs, la racine carrée cherchée sera donc $2^2 \times 3^1$, c'est-à-dire $4 \times 3 = 12$. $\sqrt{144} = 12$.

Astuce **Il ne faut pas confondre** le carré avec le double, ni la racine avec la moitié.

S'ENTRAINER

1 ✪ **Entourez les carrés d'entiers dans le nuage suivant, et rayez les autres nombres.**

36 · 99 · 64 · 168 · 225 · 18 · 44 · 289 · 1 · 200 · 325 · 81 · 2 · 169

2 ✪ **Racine carré, valeur et arrondi.**

a. Sans calculatrice, reliez chaque racine carrée à sa valeur.

$\sqrt{16}$ •	• 16
$\sqrt{256}$ •	• 11
$\sqrt{121}$ •	• 4
$\sqrt{49}$ •	• 7

b. Avec la calculatrice, reliez chaque racine carrée à son arrondi au millième.

$\sqrt{5}$ •	• 2,449
$\sqrt{3}$ •	• 1,414
$\sqrt{2}$ •	• 2,236
$\sqrt{6}$ •	• 1,732

c. Benjamin prétend avoir résolu l'exercice **b.** sans calculatrice. Comment a-t-il fait ?

....

....

3 ✪✪ **Sans calculatrice, encadrez les racines carrées suivantes par deux entiers consécutifs.**

a. ...... $< \sqrt{101} <$ ...... car ...... < ...... < ......

b. ...... $< \sqrt{38} <$ ...... car ...... < ...... < ......

c. ...... $< \sqrt{11} <$ ...... car ...... < ...... < ......

d. ...... $< \sqrt{200} <$ ...... car ...... < ...... < ......

e. ...... $< \sqrt{150} <$ ...... car ...... < ...... < ......

f. ...... $< \sqrt{345} <$ ...... car ...... < ...... < ......

LE CONSEIL DU COACH

Une petite pause s'impose ? Mais pas plus de 10 minutes, sinon vous risquez de vous déconcentrer et il sera plus difficile de vous y remettre.

4 ✪✪ **Soient $A = 2^4 \times 5^2$, $B = 2^2 \times 5^4$, $C = 2^3 \times 5^2$ et $D = 2^2 \times 3^2 \times 7^2$.**

a. Un seul de ces nombres n'a pas une racine carrée entière. Sans calcul, indiquez lequel et pourquoi.

....

....

....

b. Complétez, sauf pour l'intrus, les égalités suivantes par la décomposition en facteurs premiers des nombres demandés.

$\sqrt{A} =$ .... $\sqrt{B} =$ ....

$\sqrt{C} =$ .... $\sqrt{D} =$ ....

c. Complétez grâce à **b.** les égalités suivantes par des entiers.

$\sqrt{400} =$ ....

$\sqrt{2\,500} =$ ....

$\sqrt{1\,764} =$ ....

5 ✪✪ **Calculez les nombres suivants sans calculatrice.**

a. $A = 2 + \sqrt{9} - \sqrt{4}$

= ....

= ....

b. $B = 6 - (\sqrt{1})^3 + (\sqrt{7})^2$

= ....

= ....

c. $C = 4\sqrt{16} - 16\sqrt{4}$

= ....

= ....

MINI-CONTRÔLE

Calculez :

$$\sqrt{2 + \sqrt{2 + \sqrt{2 + \sqrt{2 + \sqrt{1 + 3}}}}}$$

....

....

....

Corrigés p. 272

AVEZ-VOUS RÉUSSI ?

10 Tester une expression littérale

CALCUL LITTÉRAL

JE RETIENS

- Une **expression numérique** est un calcul ne contenant **que des nombres**.
- Une **expression littérale** est un calcul contenant **au moins une lettre**, que l'on remplacera au besoin par une ou plusieurs valeurs numériques successives.
  $2n + 1$ est une expression littérale. En remplaçant n par 0, puis par 1, 2, 3, etc., elle produit la suite des entiers impairs suivante :
  $2 \times 0 + 1 = 0 + 1 = 1$; $2 \times 1 + 1 = 2 + 1 = 3$; $2 \times 2 + 1 = 4 + 1 = 5$; $2 \times 3 + 1 = 6 + 1 = 7$; etc.
- Il est important de distinguer deux structures d'expression littérale, le **produit** et la **somme**.
  $3x + 5$ est une somme : on ajoute $3x$ et 5.
  $3(x + 5)$ est un produit : on multiplie 3 et $x + 5$.
- Pour tester une expression littérale, **on récrit l'expression en remplaçant la lettre qu'elle contient par une valeur numérique**, puis on effectue le calcul numérique en respectant les priorités opératoires.
  Pour calculer $3a - 4b$ avec $a = 2$ et $b = -1$, on écrit $3 \times 2 - 4 \times (-1)$ que l'on calcule :
  $3 \times 2 - 4 \times (-1) = 6 + 4 = 10$. Ainsi $3a - 4b = 10$ si $a = 2$ et $b = -1$.
- On utilise souvent des expressions littérales pour écrire des **égalités**. On cherche ensuite quelle valeur de la lettre permet d'écrire une égalité numérique vraie lorsqu'on remplace cette lettre par un nombre.
  $2x - 6 = 3$ est une égalité :
  – fausse pour $x = 0$ car $2 \times 0 - 6 = 0 - 6 = -6$ et $-6 \neq 3$;
  – vraie pour $x = 4{,}5$ car $2 \times 4{,}5 - 6 = 9 - 6 = 3$.

COMMENT FAIRE

Tester une égalité entre expressions littérales

- **L'égalité $2(3x - 8) + 7 = 9 + x^2 - 5x$ est-elle vraie pour $x = -1$? pour $x = 2$?**

1. On calcule d'abord le membre de gauche en remplaçant chaque x par -1 :
$2(3x - 8) + 7 = 2(3 \times (-1) - 8) + 7 = 2(-3 - 8) + 7 = 2 \times (-11) + 7 = -22 + 7 = -15$
2. On calcule ensuite le membre de droite de la même manière :
$9 + x^2 - 5x = 9 + (-1)^2 - 5 \times (-1) = 9 + 1 + 5 = 15$
3. On compare les résultats obtenus et on conclut :
$-15 \neq 15$, donc -1 ne rend pas l'égalité vraie.
4. Si $x = 2$:

– le membre de gauche vaut :
$2(3x - 8) + 7 = 2(3 \times 2 - 8) + 7 = 2(6 - 8) + 7 = 2 \times (-2) + 7 = -4 + 7 = 3$.
– et le membre de droite vaut : $9 + x^2 - 5x = 9 + 2^2 - 5 \times 2 = 9 + 4 - 10 = 3$.
Donc 2 rend l'égalité vraie.

Astuce Lorsqu'une expression littérale contient une même lettre à plusieurs endroits, il faut la remplacer à chaque endroit : si $a = 3$, $a^2 - 2a + 5 = 3^2 - 2 \times 3 + 5$.

LE CONSEIL DU COACH

Utiliser l'oral

Si vous retenez mieux ce que vous entendez, lisez d'abord à voix haute la leçon. Faites le vide autour de vous, évitez toute distraction. Parlez lentement et expliquez ensuite ce que vous avez compris avec vos propres mots. Vous pouvez alors entamer les exercices et faire les premiers également à l'oral.

S'ENTRAINER

1 ✪ **Complétez par « la somme » ou « le produit ».**

a. $9 + 2x + 1$ est .... de 9, $2x$ et 1.

b. $9 \times 2x + 1$ est .... de $9 \times 2x$ et 1.

c. $9(2x + 1)$ est .... de 9 et $2x + 1$.

d. $9 \times 2x \times 1$ est .... de 9, $2x$ et 1.

e. $3x^2$ est .... de 3, x et x.

2 ✪ **Entourez la bonne réponse.**

$2 + 4(a - 3)$ vaut :

a. 2 lorsque :	$a = 3$	$a = 5$	$a = 7$
b. 6 lorsque :	$a = 9$	$a = 5$	$a = 4$
c. 12 lorsque :	$a = 5$	$a = 5{,}5$	$a = 6$
d. – 2 lorsque :	$a = 0$	$a = 1$	$a = 2$

3 ✪ **Calculez $4a - 3b$ lorsque :**

a. $a = 2$ et $b = 1$

....

....

b. $a = -1$ et $b = -2$

....

....

c. $a = -1{,}5$ et $b = -3$

....

....

4 ✪✪ **Cochez la bonne réponse.**

a. Si $t = 4$, l'égalité $2t = 12 - 10t$ est vraie :

☐ VRAI ☐ FAUX

b. Si $p = 3$, l'égalité $1 - p = 4 - p^2$ est fausse :

☐ VRAI ☐ FAUX

c. Si $r = 1{,}5$, l'égalité $2\pi r = \pi r^2$ est vraie :

☐ VRAI ☐ FAUX

d. Si $z = -2$, l'égalité $z - z^2 = 4 + z$ est fausse :

☐ VRAI ☐ FAUX

5 ✪✪✪ **Reliez les égalités au nombre qui les rend vraies.**

$2 + x = 2 - x$	•	•	$x = 1$
$2 + 3x - 1 = 4 - (-2x + 2)$	•	•	$x = 0$
$x(x - 1) = 2 - (x^2 - 1)$	•	•	$x = 2$
$x(x - 1) = 7 - (x^2 + 1)$	•	•	$x = -1$

6 ✪✪✪ **Complétez.**

On considère les deux programmes de calcul.

Programme A	Programme B
1. Choisir un nombre. 2. Multiplier par 4. 3. Soustraire 2 au résultat précédent.	1. Choisir un nombre. 2. Ajouter 1. 3. Tripler le résultat précédent.

a. Si on choisit 0, le programme A donne .... et le programme B donne ....

b. Si on choisit – 3, le programme A donne .... et le programme B donne ....

c. Si on choisit un nombre x, le programme A donne .... et le programme B donne ....

d. Si on choisit 5, ...

MINI-CONTRÔLE

Vrai ou faux ? Justifiez votre réponse sur une feuille à part.

Le triple de la somme d'un nombre et de 5 est toujours égal à la somme de 15 et du produit de ce nombre et de 3.

Corrigés p. 273

AVEZ-VOUS RÉUSSI ?

11 Réduire une expression littérale

CALCUL LITTÉRAL

JE RETIENS

- **Réduire une expression littérale, c'est l'écrire avec le moins de caractères possible.**
  $2n + 1$ est l'expression littérale réduite de $3 - n + 3 \times n - 2$ car $- n + 3 \times n = 2n$ et $3 - 2 = 1$.
- On peut **supprimer** un signe × situé devant une lettre ou une parenthèse. On peut **permuter** les deux termes d'un produit pour supprimer ce signe ×.
  $3 \times x = 3x$, $a \times b = ab$, $4 \times 2 = 8$, $x \times (x + 1) = x(x + 1)$, $x \times 4 = 4 \times x = 4x$
- **Cas particuliers :** on écrira x^2 au lieu de $x \times x$, x^3 au lieu de $x \times x \times x$, 0 au lieu de $0 \times x$ et x au lieu de $1 \times x$.
- **Afin de réduire une écriture,** une fois appliquées les règles ci-dessus, on ajoute entre eux les termes de même puissance : les termes « en x^2 » entre eux, les termes en « x » entre eux, les « constantes » entre elles, etc.
  $2x - 6 + x^2 + 3x + 2 - 4x^2 = - 3x^2 + 5x - 4$ car on a ajouté entre eux x^2 et $- 4x^2$, puis entre eux $2x$ et $3x$, et enfin les constantes $- 6$ et 2 entre elles.
- **On peut ôter les parenthèses qui font partie d'une somme** en les supprimant simplement, et celles qui sont le deuxième terme d'une différence en remplaçant chaque terme par son opposé.
  $3 + (x + 8) - (2x - 4) = 3 + x + 8 - 2x + 4$

COMMENT FAIRE

Réduire une expression littérale

- **Réduire les expressions $A = x^3 - x + 7 - 2x^2 + 3x^3 - 2x^2 + 5x - 4$ et $B = 9x^2 - (x - 1) + (x^2 + 3x)$.**

1. $A = x^3 - x + 7 - 2x^2 + 3x^3 - 2x^2 + 5x - 4$
   – On repère les termes de même puissance : x^3 et $+ 3x^3$, puis $- 2x^2$ et $- 2x^2$, puis $- x$ et $+ 5x$, et enfin les constantes $+ 7$ et $- 4$.
   – On les ajoute entre eux : $x^3 + 3x^3 = 4x^3$, $- 2x^2 - 2x^2 = - 4x^2$, $- x + 5x = 4x$ et $+ 7 - 4 = + 3$.
   – On conclut : $A = 4x^3 - 4x^2 + 4x + 3$.
2. $B = 9x^2 - (x - 1) + (x^2 + 3x)$
   – On ôte **d'abord les parenthèses** suivant un signe + ou – : $- (x - 1) = - x + 1$ et $+ (x^2 + 3x) = x^2 + 3x$.
   – On procède alors comme pour A : $B = 9x^2 - x + 1 + x^2 + 3x = 10x^2 + 2x + 1$.

Astuce Pour réduire une expression, identifiez d'abord les termes de plus haute puissance. Par exemple, d'abord ceux en x^3, puis ceux en x^2, ceux en x et terminez par les constantes.

S'ENTRAINER

1 ✪ **Réduisez en ôtant les signes ×.**

a. $2 \times x - 3 \times 5 =$ ....

b. $x \times 3 + 4 \times x - x \times x =$ ....

c. $x \times x \times x - 1 \times x + 5 \times x \times x =$ ....

d. $x \times 8 + x^2 \times 3 - 3 \times 4 =$ ....

2 ✪ **Entourez les expressions égales.**

$2x^2$ — $2 \times x^2$

$2x \times 2x$ — $2 + x + x$ — $x \times x + x \times x$

$x \times x \times x + x$ — $x \times 2 \times x$ — $x + x \times x + x$

$2 \times x \times x$

3 ✪ **Reliez les expressions égales.**

$2 + x \times x + 6 \times x$ •	• $12x^2 + x$
$2 \times x + x + 6 \times x$ •	• $3x + 8$
$2 \times x \times x + 6 + x$ •	• $9x$
$2 + x + x + 6 + x$ •	• $2x^2 + x + 6$
$2 \times x \times x \times 6 + x$ •	• $x^2 + 6x + 2$

4 ✪✪ **Entourez la bonne réponse.**

a. $3 + (x - 7) =$

$3 + x - 7$ — $3 - x - 7$ — $3 - x + 7$

b. $7 - (x - 3) =$

$7 - x - 3$ — $7 + x - 3$ — $7 - x + 3$

c. $(3x - 4) - (x + 5) =$

$2x + 1$ — $2x - 9$ — $4x - 9$

d. $-(4x - 1) + (2x + 5) =$

$6x - 6$ — $-2x + 4$ — $-2x + 6$

5 ✪✪ **Réduisez les expressions suivantes.**

a. $2x^3 - 5x + 12 - x^3 + 3x - 2x^2 + 8x - 2$

= ....

b. $x^2 - 3x + 4 - 2x + 3x^2 - 2x + 5 - 4x$

= ....

c. $4x - (x + 2 - 3x^2) - (3x^3 - 2x^2 + x)$

= ....

Corrigés p. 273

6 ✪✪✪ **On considère les deux programmes de calcul suivants.**

Programme A
1. Choisir un nombre.
2. Multiplier par 3.
3. Soustraire 4 au résultat précédent.

Programme B
1. Choisir un nombre.
2. Ajouter 1.
3. Ajouter le double du nombre de départ au résultat précédent.
4. Soustraire 5.

a. Montrez que le programme A fournit $3 \times x - 4$ si on choisit un nombre x au départ.

....

....

b. Montrez que le programme B fournit $x + 1 + 2 \times x - 5$ si on choisit un nombre x au départ.

....

....

c. Montrez que pour tout nombre x les deux programmes fournissent le même résultat.

....

....

MINI-CONTRÔLE

Donnez la forme réduite du périmètre de chaque figure.

Triangle équilatéral de côté « $8 - 2x$ » :

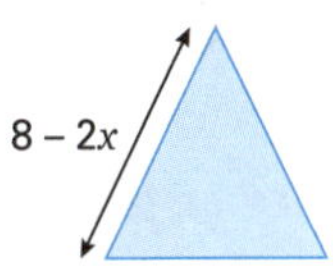

....

Rectangle :

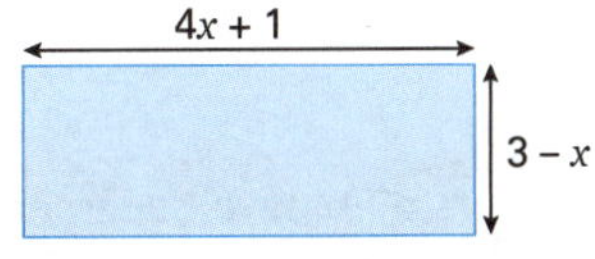

....

AVEZ-VOUS RÉUSSI ?

12 Développer, factoriser une expression littérale

CALCUL LITTÉRAL

JE RETIENS

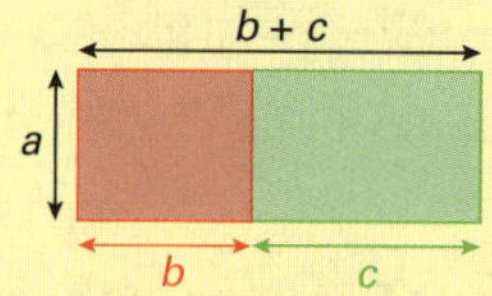

- **L'aire du grand rectangle** est $a \times (b + c)$, mais c'est aussi la somme de celles des deux petits rectangles : $a \times b + a \times c$.
- On obtient ainsi **la formule de distributivité** : $a \times (b + c) = a \times b + a \times c$.
- **Développer un produit, c'est le transformer en somme** en multipliant le facteur devant la parenthèse tour à tour à chaque terme de la parenthèse :

  $5(x + 3) = 5 \times x + 5 \times 3 = 5x + 15$; $x(x - 2) = x \times x - x \times 2 = x^2 - 2x$

- À l'inverse, **factoriser une somme, c'est la transformer en produit en repérant dans chaque terme un facteur commun à tous les termes de la somme**. On le place devant, on ouvre une parenthèse dans laquelle on recopie **toute** la ligne précédente **sauf** le facteur commun présent dans chaque terme :

  $7x - 7y + 14 = 7 \times x - 7 \times y + 7 \times 2 = 7(x - y + 2)$

COMMENT FAIRE

Développer, factoriser une expression littérale

- **Développer A = $2x(5 - x)$ et factoriser B = $6x^2 - 18x$.**

1. A = $2x(5 - x)$

– On distribue le facteur $2x$ sur chacun des termes de la parenthèse 5 et $-x$ en le multipliant tour à tour : $2x(5 - x) = 2x \times 5 + 2x \times (-x)$.

– On calcule chacun des produits obtenus en utilisant les règles des signes, du calcul numérique et du calcul littéral : $2x \times 5 = 5 \times 2x = 10x$ et $2x \times (-x) = -2x^2$.

– On conclut : A = $10x - 2x^2$.

2. B = $6x^2 - 18x$

– On fait apparaitre les nombres et/ou lettres qui sont des facteurs communs à tous les termes de B : $6x^2 = 6 \times x \times x$ et $-18x = -3 \times 6 \times x$. Chacun des termes de B contient ainsi le facteur commun $6x$.

– On place alors ce facteur commun devant une parenthèse, dans laquelle on copie tout sauf ce facteur commun : $6x^2 - 18x = 6x \times x - 3 \times 6x = 6x(x - 3)$.

Astuce Lors d'un développement, on cesse de distribuer le facteur lorsqu'on arrive à la parenthèse de fermeture : $2(x - 3) + 8 = 2 \times x - 2 \times 3 + 8$ car 8 n'est pas dans les parenthèses.

LE CONSEIL DU COACH

Récrire la leçon

Cette leçon est dense et nécessite de prendre son temps. Sur une feuille à part, notez ce que vous avez compris ; vous pouvez faire des schémas, lister les idées ou encore rédiger un paragraphe. Vous pouvez également illustrer d'exemples les règles de distributivité.

S'ENTRAINER

1 ✪ **Reliez les expressions égales.**

$2(x + 3)$ •	• $3x - 6$
$3(x + 2)$ •	• $-2x + 6$
$-2(x - 3)$ •	• $3x + 6$
$-3(2 - x)$ •	• $2x + 6$

2 ✪ **Entourez d'une même couleur les expressions égales.**

$2x^2 - 12$ $\quad x(x - 6)$ $\quad 2x^2 - 6$

$2x(x - 6)$ $\quad x(x + 6)$ $\quad x^2 - 6x$ $\quad 2x(x + 3)$

$2x(x - 3)$ $\quad x^2 + 6x$ $\quad 2x^2 + 6x$

3 ✪ **Complétez les factorisations.**

a. $9x + 6 =$ ..... $\times 3x +$ ..... $\times 2 =$ .....$(3x + 2)$

b. $x^2 - 6x =$ ..... $\times$ ..... $-$ ..... $\times$ ..... $=$ .....(..... $-$ .....)

c. $4x^2 + 10x =$ ..... $\times 2x +$ ..... $\times 5 =$ .....(..... $+$ .....)

4 ✪✪ **Entourez la bonne réponse.**

a. $12x - 30 =$ $\quad 12(x - 30)$ $\quad 6(2x - 5)$ $\quad x(12 - 30)$

b. $15x^2 + 18x =$

$3x(5x + 6)$ $\quad x(15x + 6)$ $\quad 1x(5x + 8)$

c. $27x^2 + 3 =$ $\quad x(27x + 3)$ $\quad 3(9x^2)$ $\quad 3(9x^2 + 1)$

5 ✪✪ **Développez et réduisez les expressions suivantes.**

a. $3(2x - 7) - 5$

= ....

= ....

b. $x(x - 4) + 2x$

= ....

= ....

c. $5x + 4x(2x - 7)$

= ....

= ....

6 ✪✪✪ **On considère deux programmes de calcul.**

Programme A
1. Choisir un nombre.
2. Ajouter 6
3. Multiplier par le nombre de départ
4. Ajouter 9

Programme B
1. Choisir un nombre.
2. Multiplier par 2
3. Ajouter 3
4. Multiplier par 3
5. Ajouter le carré du nombre de départ

a. Montrez que le programme A fournit $x(x + 6) + 9$ si on choisit un nombre x au départ.

....

....

b. Montrez que le programme B fournit $3(2x + 3) + x^2$ si on choisit un nombre x au départ.

....

....

c. En développant, montrez que pour tout nombre x les deux programmes fournissent le même résultat.

....

....

....

....

MINI-CONTRÔLE

Sans calculatrice et sans poser de multiplication, calculez $87 \times 972 + 32 \times 87 - 87 \times 4$.

....

....

Corrigés p. 274

AVEZ-VOUS RÉUSSI ?

13 Équations du premier degré à une inconnue

CALCUL LITTÉRAL

JE RETIENS

- **Une équation à une inconnue est une égalité impliquant un nombre inconnu**, souvent noté par la lettre x.
  $2x + 3 = 5$ et $4(x - 3) + 7 = 2x + 1$ sont des équations à une inconnue.
- Lorsque chaque membre de l'équation, une fois développé et réduit, est du type $ax + b$ (où a et b sont des constantes), on dit que **l'équation est du premier degré**.
  $2x + 3 = 5$ est une équation du premier degré, mais pas $x^2 + 3 = x + 4$.
- **Trouver un nombre qui rend cette égalité vraie lorsqu'on remplace x par ce nombre s'appelle « résoudre l'équation ».** Un tel nombre est alors appelé **solution de l'équation.**
  $2 \times 1 + 3 = 5$ donc 1 est solution de l'équation $2x + 3 = 5$.
  $4(3 - 3) + 7 = 7$ et $2 \times 3 + 1 = 7$ donc 3 est solution de l'équation $4(x - 3) + 7 = 2x + 1$.
- **Tester une solution d'une équation, c'est calculer séparément chaque membre de l'équation** en remplaçant x par le même nombre. Si on trouve le même résultat, le nombre est solution de l'équation, sinon il n'est pas solution.
- **On ne modifie pas une égalité lorsqu'on applique la même opération (+, ×, –, :) à chaque membre de l'égalité.** Un choix astucieux d'opérations permet de simplifier une équation du premier degré au fur et à mesure, afin de **toujours trouver sa solution.**

COMMENT FAIRE

Résoudre une équation du premier degré à une inconnue

- **Résoudre $4(x - 1) + 3x = 2 + 9x$.**

1. On développe et on réduit chaque membre : à gauche : $4(x - 1) + 3x = 4x - 4 + 3x = 7x - 4$, à droite $2 + 9x$ est déjà réduit.
   L'équation à résoudre devient donc $7x - 4 = 2 + 9x$.
2. On ajoute 4 à chaque membre, afin qu'il n'y ait plus de constante à gauche :
   $7x - 4 = 2 + 9x$ devient $7x - 4 + 4 = 2 + 9x + 4$ puis $7x = 9x + 6$.
3. On enlève $9x$ à chaque membre, afin qu'il n'y ait plus de terme en x à droite :
   $7x = 9x + 6$ devient $7x - 9x = 9x + 6 - 9x$ puis $-2x = 6$.
4. On divise chaque membre par le coefficient du terme en x :
   $-2x = 6$ devient $\dfrac{-2x}{-2} = \dfrac{6}{-2}$ puis $x = -\dfrac{6}{2} = -3$.
5. On conclut.
   La solution de l'équation $4(x - 1) + 3x = 2 + 9x$ est -3.

Astuce Avec un peu d'entrainement, on peut réaliser les étapes 2 et 3 en même temps : on met les termes en x d'un côté du signe =, et les constantes de l'autre côté.

S'ENTRAINER

1 ✪ **Cochez la bonne réponse.**

a. $2x + 1 = 3$ a pour solution 1 :

☐ VRAI ☐ FAUX

b. $2x - 1 = 3$ a pour solution 3 :

☐ VRAI ☐ FAUX

2 ✪ **Reliez chaque équation à sa solution.**

$7 = 8 - x$	•	•	4
$2x - 1 = x + 1$	•	•	2
$3x - 5 = 7$	•	•	3
$x - 2 = 3x - 8$	•	•	1

3 ✪ **Entourez les bonnes réponses.**

4 est solution des équations :

$3x + 2 = 9$	$x + 1 = 9 - x$
$x^2 - 7 = 9$	$\frac{x+2}{9} = \frac{2}{3}$
$1 + x = 20 - x^2$	$2x - 5 = -9 + 3x$

4 ✪✪ **Entourez la bonne réponse.**

a. $x - 3 = 3x + 2$ équivaut à :

$x - 1 = 3x + 4$ $x + 3 = 3x - 2$

$2x - 6 = 6x + 2$

b. $x - 3 = 3x + 2$ équivaut à :

$x - 3 - 3x = 3x + 2 + 3x$ $x - 3 + 3x = 3x + 2 - 3x$

$x - 3 - 3x = 3x + 2 - 3x$

c. $x - 3 = 3x + 2$ équivaut à :

$2x - 6 = 6x + 2$ $2x - 6 = 6x + 4$

$2x - 3 = 6x + 4$

5 ✪✪ **Résolvez chaque équation en complétant.**

a. $8x - 7 = 4x + 9$

Donc $8x - 7 +$ .... $= 4x + 9 +$ ....,

soit $8x = 4x +$ .....

Puis $8x -$ ..... $= 4x +$ .... $-$ ...., soit ....x = ...

Enfin $\frac{....x}{....} = \frac{....}{....}$ d'où x = ... La solution est .....

Corrigés p. 274

LE CONSEIL DU COACH Pas envie de continuer ? Faites quelques pas pour vous détendre ou autre chose qui va vous permettre de vous changer les idées.

b. $2(x - 7) + 3 = 4 - 2(x + 1)$

D'abord $2(x - 7) + 3 = 2x - 2 \times 7 + 3 =$ ....$x -$ ....

et $4 - 2(x + 1) = 4 - 2 \times x - 2 \times 1 =$ ....$x +$ .....

Donc $2x - 11 +$ .... $= -2x + 2 +$ ....,

soit $2x = -2x +$ .....

Puis $2x +$ .... $= -2x +$ .... $+$ ....,

soit ....x = ...

Enfin $\frac{....x}{....} = \frac{....}{....}$ d'où x = ... La solution est .....

6 ✪✪✪ **On considère la figure suivante. Un triangle équilatéral et un carré sont ainsi juxtaposés. Est-il possible que le triangle et le carré aient le même périmètre ?**

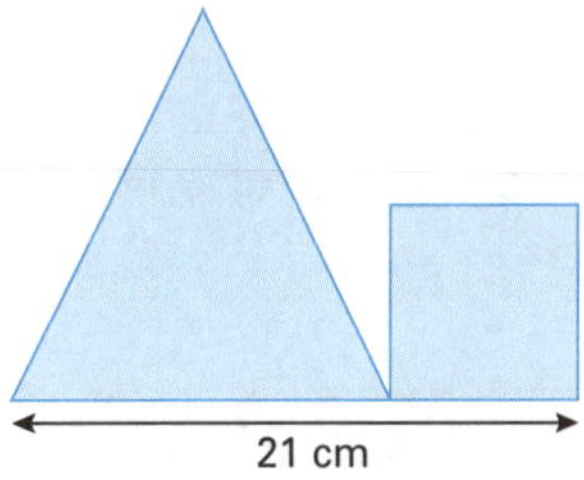

a. Si on note x le côté du triangle, alors le côté du carré vaut : ....

b. Le périmètre du triangle est donc : ....,

et celui du carré : ....

c. Écrivez l'équation correspondant à l'égalité des deux périmètres et résolvez-la. Puis concluez.

....

....

....

MINI-CONTRÔLE

Quel est le rayon d'un disque dont la valeur du périmètre est égale à celle de l'aire ?

....

....

....

AVEZ-VOUS RÉUSSI ? ◯ ◯ ◯

14 Proportionnalité : propriétés, ratio

ORGANISATION ET GESTION DE DONNÉES

JE RETIENS

- **Deux grandeurs sont proportionnelles** (on est alors en situation de **proportionnalité**), lorsqu'on obtient toutes les valeurs de l'une en multipliant toutes les valeurs de l'autre par un même nombre, appelé **coefficient de proportionnalité**.

Masse de riz (kg)	0,3	1	1,5	4	*m*
Prix à payer (€)	0,9	3	4,5	12	9

(× 3)

- Pour calculer la masse *m* de riz qu'on peut acheter avec 9 €, on utilise la **méthode de la quatrième proportionnelle** (appelée aussi produit en croix) :
  Dans un tableau de proportionnalité à 4 cases, chaque nombre est égal au produit de la diagonale à laquelle il n'appartient pas, divisé par le troisième nombre :
  $m = \frac{4 \times 9}{12}$. Ainsi $m = 3$. On peut donc acheter 3 kg de riz avec 9 €.

4	*m*
12	9

- Partager suivant un **ratio**, c'est partager **à parts proportionnelles** (et non égales).
  Si Noé et Léa se partagent 30 € avec le ratio 2:3,
  Noé recevra 2 € chaque fois que Léa recevra 3 €.
  Ce partage de 5 € se fait 6 fois dans 30 €.
  Noé aura donc au total 12 € et Léa 18 €.

	Noé	Léa	Total
Parts	2	3	5
Somme (€)	12	18	30

COMMENT FAIRE

Calculer un ratio, utiliser un ratio

- **Calculer un ratio**
  Paul et Lise se sont partagé un paquet de cartes. Paul en a reçu 14 et Lise 35.
  Quel est le ratio du partage ?
  1. On cherche un diviseur commun aux quantités reçues par Paul et Lise : $14 = 7 \times 2$ et $35 = 7 \times 5$
  2. Ce partage revient à avoir donné 7 fois 2 cartes à Paul et 5 à Lise.
  3. Il n'y a plus de diviseur commun à 2 et 5, le ratio est donc de 2:5.

- **Utiliser un ratio**
  3 enfants se partagent 45 billes suivant le ratio 2:3:4. Combien en ont-ils chacun ?
  1. On utilise un tableau qui relie la quantité à partager et les nombres du ratio :

Ratio	2	3	4	9
Billes	10	15	20	45

(× 5)

  2. On ajoute les nombres du ratio pour compléter la ligne 1, on trouve le coefficient de proportionnalité grâce à la dernière colonne, et on complète le tableau.

Astuce Pour calculer une quatrième proportionnelle, on peut utiliser deux colonnes non consécutives :

$$m = \frac{0,3 \times 9}{0,9} = 3.$$

0,3	*m*
0,9	9

S'ENTRAINER

1 ✪ Cochez la bonne réponse.

a. Le tableau ci-contre est un tableau de proportionnalité.

3	12	13,5	22,5
7	28	31,5	52,5

☐ VRAI ☐ FAUX

b. Le tableau ci-contre est un tableau de proportionnalité.

3	4,5	5,5	9
18	27	32	54

☐ VRAI ☐ FAUX

2 ✪ Complétez en calculant la quatrième proportionnelle.

a.

2	....
5	7

car .... = $\frac{\ldots \times \ldots}{\ldots}$

b.

4	6
....	9

car .... = $\frac{\ldots \times \ldots}{\ldots}$

c.

2,1	1,4
....	3

car .... = $\frac{\ldots \times \ldots}{\ldots}$

3 ✪ Entourez les bonnes réponses.

Léo et Isa se partagent des cartes, le ratio du partage est :

a. Léo en reçoit 16, Isa en reçoit 12 :
16:12 12:16 4:3

b. Léo en reçoit 15, Isa en reçoit 25 :
15:25 5:3 3:5

c. Léo en reçoit 44, Isa en reçoit 48 :
22:24 12:11 44:48

d. Léo en reçoit 81, Isa en reçoit 27 :
3:2 3:1 9:3

4 ✪✪ Pourcentages

a. Une classe de 30 élèves comporte 12 filles. Complétez le tableau pour calculer le pourcentage de filles :

Filles	....	....
Elèves	....	100

Il y a .... % de filles dans cette classe.

Corrigés p. 275

LE CONSEIL DU COACH Formulez à voix haute ce que vous ressentez en ce moment. Ou bien tout va pour le mieux et poursuivez sans fléchir.

b. Un élève a eu plus de 15 sur 20 lors de 7 contrôles sur 22 cette année, c'est-à-dire dans environ .... % des cas, car :

Notes supérieures à 15	....	....
Notes obtenues	....	....

5 ✪✪ Complétez.

Joe, Jack, William et Averell se partagent 574 lentilles avec le ratio 2:3:4:5.

Ratio	....	....	....	....	....
Lentilles	....	....	....	....	....

(× ...)

À l'issue du partage, Joe reçoit .... lentilles, Jack .... William .... et Averell ....

6 ✪✪ Granit

Une colonne composée de 7 blocs de granit identiques a pour masse 37,8 tonnes.

Nombre de blocs	....	....	....
Masse (kg)	....	....	....

a. Combien pèse une colonne composée de 5 de ces blocs identiques ?

....

b. Combien pèse une colonne de 3 blocs identiques dont le bloc supérieur n'est intact qu'à 80 % ?

....

MINI-CONTRÔLE

La largeur et la longueur d'un rectangle de 27 cm² sont dans le ratio 3:4.

Quelles sont les dimensions de ce rectangle ?

....

....

....

AVEZ-VOUS RÉUSSI ? ○ ○ ○

15 Proportionnalité : représentation graphique

ORGANISATION ET GESTION DE DONNÉES

JE RETIENS

- On étudie la recette d'un concert en fonction du nombre de spectateurs payants, une place coutant 25 €. C'est une **situation de proportionnalité**.

Nombre de spectateurs	40	120	200	240	420
Recette du concert (€)	1 000	3 000	5 000	6 000	10 500

× 25

- On place dans un repère les points correspondant au tableau ci-dessus :

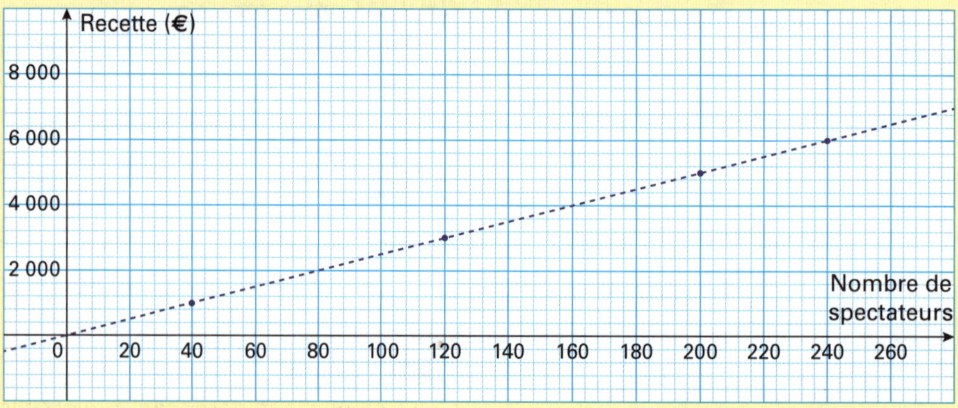

- On observe que **tous les points sont alignés avec l'origine du repère** : c'est **toujours** le cas en **situation de proportionnalité**.
- **Réciproquement**, lorsque le graphique représentant une grandeur en fonction d'une autre est **une droite passant par l'origine du repère**, on est en **situation de proportionnalité**.

COMMENT FAIRE

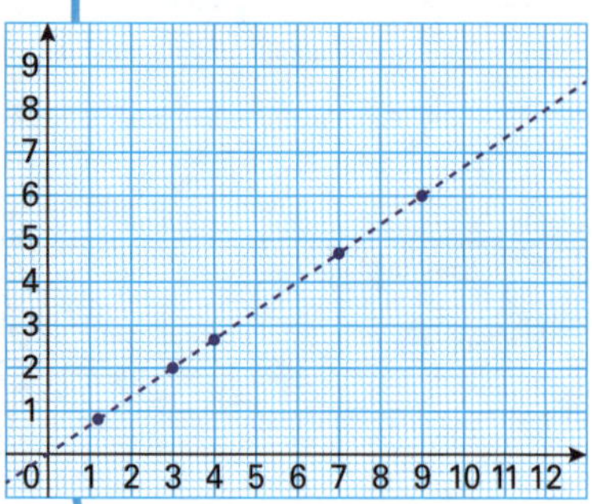

Reconnaitre et utiliser une situation de proportionnalité

Un éleveur note le nombre d'œufs moyen pondus chaque semaine dans ses différents poulaillers. **Combien d'œufs seront pondus par 15 poules ?**

1. Tous les points sont alignés avec l'origine du repère. On est donc en situation de proportionnalité.

2. On lit graphiquement que 3 poules pondent en moyenne 2 œufs. Comme on est en situation de proportionnalité, on en déduit que 15 poules pondront 10 œufs (5 × 3 = 15 donc 5 × 2 = 10).

Astuce Pour être en situation de proportionnalité, avoir des points alignés ne suffit pas. Les points doivent être alignés avec l'origine du repère, de coordonnées (0 ; 0).

S'ENTRAINER

1 ✪ Entourez le ou les graphiques correspondant à une situation de proportionnalité.

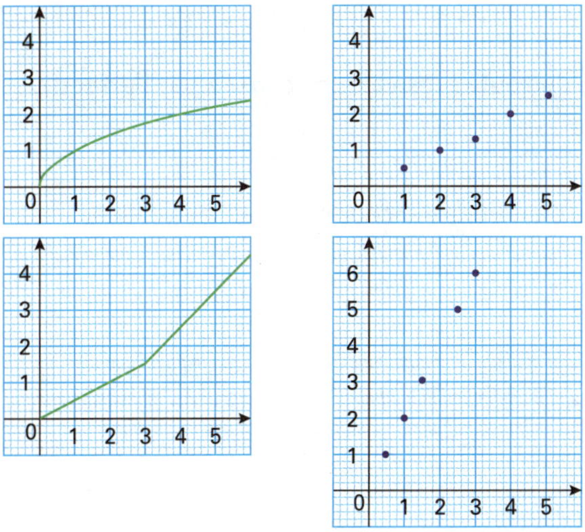

2 ✪✪ Ce graphique relie le gain à attendre, lors d'un pari sur le résultat d'un match, en fonction de la mise. Répondez aux questions en justifiant vos réponses.

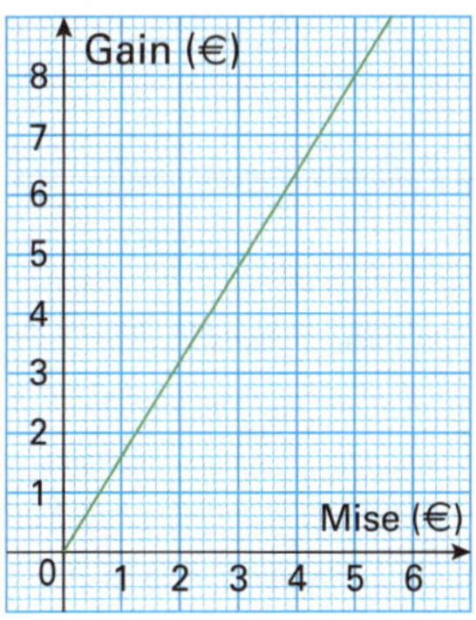

a. Est-on en situation de proportionnalité ?

....

....

....

b. Combien doit-on miser pour gagner 8 € ?

....

....

....

c. Combien gagne un joueur ayant misé 30 € ?

....

....

....

d. Combien gagne un joueur ayant misé 7 € ?

....

....

....

3 ✪✪✪ Solal veut calculer sa vitesse de lecture. Il a obtenu le tableau suivant.

Temps passé en minutes	15	45	60
Nombre de pages lues	20	60	80

a. Complétez le graphique commencé par Solal.

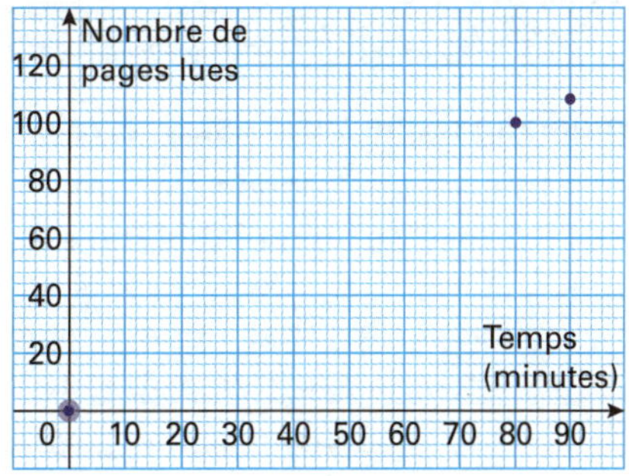

b. Le nombre de pages lues pendant la première heure a-t-il été proportionnel au temps passé ? Expliquez.

....

....

....

c. Le nombre de pages lues en 90 minutes a-t-il été proportionnel au temps passé ? Expliquez.

....

....

....

MINI-CONTRÔLE

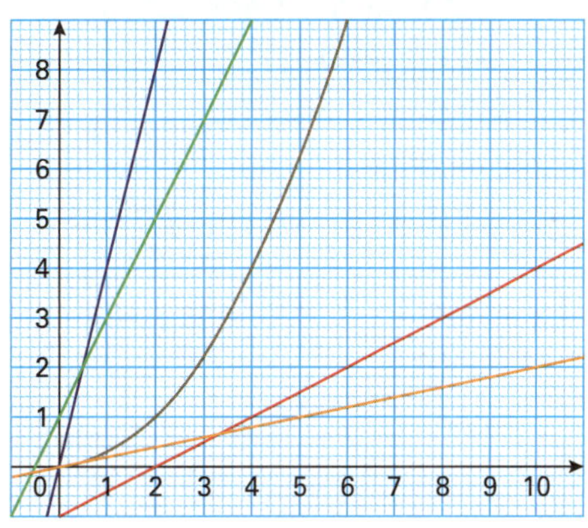

Parmi ces cinq courbes, seules les courbes .... et .... représentent une situation de proportionnalité car ....

Corrigés p. 275

16 Statistiques : moyenne, médiane

ORGANISATION ET GESTION DE DONNÉES

JE RETIENS

- **La moyenne d'une série de valeurs est la somme de toutes les valeurs, divisée par l'effectif total de la série.**
  La série 2-6-7-3-7-6-4 a pour moyenne 5 car $\frac{2+6+7+3+7+6+4}{7} = 5$.
- **La médiane d'une série est une valeur** (de la série, ou non) **qui « coupe en deux » la série.**
  Pour la trouver, on ordonne d'abord les valeurs de la série dans l'ordre croissant. Puis on cherche une valeur telle qu'au moins la moitié des valeurs de la série lui soient plus petites ou égales, et au moins la moitié lui soient plus grandes ou égales.
  La série 2-6-7-3-7-6-4 se range ainsi : 2-3-4-**6**-6-7-7. Il y a 7 valeurs, la moitié serait donc « 3,5 valeurs ». La valeur **6** est la médiane car 5 valeurs lui sont inférieures ou égales et 4 lui sont supérieures ou égales.

COMMENT FAIRE

Déterminer la médiane d'une série d'effectif pair : 9-6-6-15-12-13-8-10

1. On ordonne d'abord la série : → 6-6-8-9-10-12-13-15.
2. On détermine l'effectif de la série et la parité de celui-ci : → Ici on a 8 valeurs, 8 est **pair**.
3. On répartit les valeurs en 2 groupes : → Les 4 petites valeurs sont 6, 6, 8 et 9. → Les 4 plus grandes sont 10, 12, 13 et 15.
4. On prend par exemple la moyenne entre **9** et **10** : → 9,5 est **une** médiane de la série.
5. Remarque : ici, toutes les valeurs entre 9 et 10 conviennent comme médiane.

Déterminer la médiane d'une série d'effectif impair : 9-6-6-15-12-13-8-10-15

1. On ordonne d'abord la série : → 6-6-8-9-10-12-13-15-15.
2. On détermine l'effectif de la série et la parité de celui-ci : → Ici on a 9 valeurs, 9 est **impair**.
3. On répartit les valeurs en 2 groupes : → Les 4 petites valeurs sont 6, 6, 8 et 9. → Les 4 plus grandes sont 12, 13, 15 et 15.
4. Remarque : ici, il existe **une seule** médiane possible. → **10** est **la** médiane de la série.

Astuces

- **Si l'effectif est pair**, il y a alors $2n$ valeurs, la médiane est toute valeur comprise entre la $n^{\text{ème}}$ et la $n+1^{\text{ème}}$ valeur.
- **Si l'effectif est impair**, il y a alors $2n+1$ valeurs, la médiane est la $n+1^{\text{ème}}$ valeur.

LE CONSEIL DU COACH

Commencer par le plus facile

Mieux vaut commencer par les exercices qui vous semblent les plus faciles. Si vous rencontrez des difficultés, cela vous évitera de vous sentir en échec et donc d'activer les hormones du stress... Au contraire, si vous êtes dans un état d'esprit de réussite au départ, vous rebondirez plus facilement en cas d'erreur ou de blocage.

S'ENTRAINER

1 ✪ **Yann a eu ce trimestre les notes suivantes en maths : 13-8-15-10-12.**

a. Calculez sa moyenne : ....

....

b. Déterminez sa note médiane : ....

....

2 ✪ **Yazid prend son calendrier et cherche le jour médian de certains mois.**

a. Il trouve qu'en janvier, c'est le 16.

A-t-il raison ? Pourquoi ? ....

....

b. Il trouve qu'en février, c'est aussi le 16.

A-t-il raison ? Pourquoi ? ....

....

c. Il trouve qu'en avril, c'est encore le 16.

A-t-il raison ? Pourquoi ? ....

....

d. Une année non bissextile dure 365 jours.

Quel est son jour médian ? ....

....

3 ✪✪ **Dans la classe d'Anna, qui a 2 frères et 2 sœurs, 3 élèves n'ont ni frère ni sœur, 11 en ont un(e), 4 en ont deux, 4 en ont trois et 2 en ont 4.**

a. Calculez le nombre moyen de frères et de sœurs dans cette classe.

....

....

b. Calculez la médiane du nombre de frères et de sœurs dans cette classe.

....

....

c. Quel est l'indicateur le plus réaliste : la moyenne ou la médiane ?

....

....

4 ✪✪✪ **Dan pense que les séries 9-7-6-9-9-4-7-8 et 2-11-9-8-9-6-10 ont la même médiane. Êtes-vous d'accord ? Calculez-les à votre tour.**

....

....

....

....

MINI-CONTRÔLE

3-15-8-13-11-12-8

On a enlevé une valeur de la série ci-contre. Pouvez-vous la retrouver, sachant que cette valeur est la médiane mais aussi la moyenne de la série complète ?

....

....

....

....

....

....

Corrigés p. 276

AVEZ-VOUS RÉUSSI ?

17 Probabilités

ORGANISATION ET GESTION DE DONNÉES

JE RETIENS

- **Une expérience aléatoire** (= soumise au hasard) **produit différents résultats appelés issues.**
  Lors d'un lancer d'un dé à 6 faces non truqué, les 6 issues sont : « obtenir 1 », « obtenir 2 », ..., « obtenir 6 ».
- **On appelle évènement** une ou plusieurs issues d'une telle expérience.
  « obtenir 3 » est un évènement égal à une issue ; « obtenir plus de 5 » est un évènement constitué de 2 issues favorables : « obtenir 5, obtenir 6 ».
- **On note p(E) la probabilité d'un évènement E**, et on la calcule ainsi :

$$p(E) = \frac{\text{nombre d'issues favorables à E}}{\text{nombre d'issues de l'expérience aléatoire}}$$

Une probabilité est toujours comprise entre 0 et 1.
On lance un dé à 6 faces : p(« obtenir un nombre premier ») $= \frac{3}{6}\left(= \frac{1}{2}\right)$

- Un évènement est :
  • **certain** lorsque toutes les issues de l'expérience lui sont favorables (**sa probabilité est toujours 1**) ;
  • **impossible** lorsque toutes les issues de l'expérience lui sont défavorables (**sa probabilité est toujours 0**).
- L'évènement **contraire** d'un évènement E se note $\overline{E}$. Il est constitué de toutes les issues défavorables à E. On a toujours : $p(E) + p(\overline{E}) = 1$
  On lance un dé à 6 faces : « obtenir moins de 7 » est un évènement certain, « obtenir 7 » est un évènement impossible. Si on pose A = « obtenir 2 » alors $\overline{A}$ = « obtenir 1, 3, 4, 5 ou 6 ».
  $p(A) = \frac{1}{6}$ et $p(\overline{A}) = \frac{5}{6}$.

COMMENT FAIRE

Calculer une probabilité

- **On place dans un sac opaque 50 jetons numérotés à l'aide des nombres premiers inférieurs à 100. Quelle est la probabilité de l'évènement C : « obtenir un nombre au moins égal à 5 » ?**

1. On peut lister les nombres premiers au moins égaux à 5, mais il sera plus rapide d'utiliser l'évènement $\overline{C}$: « obtenir un nombre strictement inférieur à 5 ».
2. En effet, seules les issues « obtenir 2 », « obtenir 3 » sont favorables à $\overline{C}$, donc $p(\overline{C}) = \frac{2}{25}$.
3. On conclut que $p(C) = 1 - p(\overline{C}) = 1 - \frac{2}{25} = \frac{23}{25}$

Astuce Si un évènement contient les mots **au plus**, **au moins**, **plus de**, **moins de**, il est souvent préférable de calculer la probabilité de l'évènement contraire pour trouver la probabilité de l'évènement demandé !

S'ENTRAINER

1 ✪ **Cochez les évènements certains.**

☐ obtenir Pile en lançant une pièce de monnaie
☐ obtenir Pile ou Face en lançant une pièce de monnaie
☐ obtenir moins de 7 en lançant un dé à 6 faces
☐ obtenir moins de 7 en lançant un dé à 8 faces
☐ obtenir un jour de naissance compris entre 1 et 31
☐ obtenir plus de – 3 en lançant un dé à 4 faces

2 ✪ **Cochez les évènements impossibles.**

☐ obtenir Pile en lançant une pièce de monnaie
☐ obtenir 4 en lançant une pièce de monnaie
☐ obtenir plus de 7 en lançant un dé à 6 faces
☐ obtenir plus de 7 en lançant un dé à 8 faces
☐ obtenir un jour de naissance compris entre 32 et 35
☐ obtenir Pile en lançant un dé à 6 faces

3 ✪ **Décrivez l'évènement contraire.**

a. obtenir Pile en lançant une pièce de monnaie
→ obtenir « .... »

b. obtenir « midi » en demandant l'heure à quelqu'un
→ obtenir « .... »

c. obtenir moins de 4 en lançant un dé à 6 faces
→ obtenir « .... »

d. obtenir plus de 4 en lançant un dé à 8 faces
→ obtenir « .... »

e. obtenir un nombre positif en choisissant un nombre au hasard
→ obtenir « .... »

4 ✪✪ **On lance un dé à 6 faces. Calculez la probabilité des évènements.**

a. **A =** « obtenir 3 »
→ p(A) = ...

b. **B =** « obtenir un diviseur de 10 »
→ p(B) = ...

LE CONSEIL DU COACH : Bravo ! Vous êtes sur la bonne voie ! N'hésitez pas à faire une pause de 5 minutes avant le mini-contrôle.

c. **C =** « obtenir strictement plus que 4 »
→ p(C) = ...

d. **D =** « obtenir la lettre Z »
→ p(D) = ...

e. **E =** « obtenir un nombre pair ou impair »
→ p(E) = ...

f. **F =** « obtenir la moitié d'un nombre premier »
→ p(F) = ...

5 ✪✪✪ **Un professeur note les 21 élèves de sa classe en mettant à chacun une note différente, tirée au hasard entre 0 et 20.**

a. Quelle est la moyenne de la classe au premier contrôle ? Cette moyenne sera-t-elle différente lors du deuxième contrôle ?

....

....

b. Le professeur corrige la première copie. Complétez :

p(« il met strictement plus de 18/20 ») = ...

p(« il met strictement plus de 2/20 ») = ...

p(« il ne met pas un nombre premier comme note ») = ...

p(« il met au moins 10/20 ») = ...

MINI-CONTRÔLE

Sur 50 pénaltys tirés en visant au hasard, un footballeur en a marqué 37. Après avoir raté le 51e il se dit : « Si j'en marque un sur deux à partir de maintenant, je suis tranquille pour longtemps, ma probabilité de marquer va rester supérieure à 0,65 ».

Pour combien de temps le footballeur a-t-il raison, sachant qu'il tire dorénavant 10 pénaltys par an ? (Répondez sur une feuille à part.)

Corrigés p. 277

AVEZ-VOUS RÉUSSI ? ◯ ◯ ◯

18 Notion de fonction

ORGANISATION ET GESTION DE DONNÉES

JE RETIENS

- **On appelle fonction** un procédé qui, à un nombre donné, associe par une série d'opérations un autre nombre.

  Par exemple, la fonction « multiplier par deux, puis ajouter 3 » associe au nombre de départ 5 le résultat 13, et au nombre de départ 11 le résultat 25.

- **Le nombre de départ est appelé antécédent, le nombre d'arrivée est appelé image.**
  La fonction est souvent notée f. On désigne par x un nombre **variable**, son **image** est alors notée $f(x)$ et se lit « f de x ».

  On peut aussi écrire : $x \xrightarrow{f} f(x)$

  Dans l'exemple ci-dessus, on écrira donc $\mathbf{f(5) = 13}$. Ou : $5 \xrightarrow{f} 13$

- Une fonction est souvent définie par son **expression algébrique**, c'est-à-dire l'image obtenue quand on applique cette fonction à la **variable** x (et non à une quantité numérique) et qu'on utilise le calcul littéral.

  Appliquons à x la fonction « multiplier par deux, puis ajouter 3 » : x devient $2x$, puis $2x + 3$.

  On écrit donc : $x \xrightarrow{f} 2x + 3$ ou encore $\mathbf{f(x) = 2x + 3}$

- Une fonction peut se représenter dans un repère du plan par un **graphique**.

COMMENT FAIRE

Calculer une image d'un nombre par une fonction

- **Soit f la fonction définie par $f(x) = x(x - 2) + 5$. Calculer l'image de -3 par f.**

  On remplace x par -3 dans toute l'expression, puis on calcule le membre de droite de l'égalité : $f(-3) = -3(-3-2) + 5$ donc $f(-3) = -3 \times (-5) + 5 = +15 + 5 = 20$.

  Ainsi l'image de -3 par f est 20, ce qu'on peut noter ainsi : $f(3) = 20$ ou encore $3 \xrightarrow{f} 20$.

Trouver l'expression algébrique d'une fonction

- **Soit g la fonction définie par « ajouter 4, multiplier par le nombre de départ, enlever 8 ». Donner l'expression algébrique de g.**

  On teste d'abord la fonction avec un nombre simple, comme 2, pour voir le « mécanisme » :

  $2 \xrightarrow{+4} 6 \xrightarrow{\times « 2 »} 12 \xrightarrow{-8} 4$ puis on recommence avec x au départ :

  $x \xrightarrow{+4} x + 4 \xrightarrow{\times « x »} x(x+4) \xrightarrow{-8} x(x+4) - 8$

  Ainsi on a $g(x) = x(x + 4) - 8$. On peut même développer et réduire : $g(x) = x^2 + 4x - 8$.

Astuce Une calculatrice de collège permet de fabriquer rapidement un tableau de valeurs : relisez son mode d'emploi ou allez sur le site du fabricant, le gain de temps est appréciable !

S'ENTRAINER

1 ✪ **Voici une fonction f : « élever au carré puis soustraire 4 ». Complétez les phrases.**

a. 3 $\xrightarrow{\dots}$ .... $\xrightarrow{\dots}$ ....

b. Par la fonction ...., 3 a pour image ....

c. On dit alors que 5 est l'.............. de ...... par f.

d. 3 est l'.............. de 5 par la .... f.

e. f(.......) = ...

f. Pour tout nombre x, on a ...... (.......) = $x^2 - 4$.

2 ✪✪ **Soit g la fonction d'expression algébrique $g(x) = \frac{4}{x} + 1$.**

a. Complétez le calcul de $g(2)$.

$g(2) = \frac{4}{\dots\dots} + 1$ donc $g(2)$ = ...

b. Quelle est l'image de 1 par g ?

....

c. Est-il vrai que 4 est l'antécédent de 2 par g ?

• Expliquez : ....

....

d. Remettez dans le bon ordre les instructions qui composent la fonction g :

Instructions		Ordre
Ajouter 1	→	1.
Prendre l'inverse		2.
Multiplier par 4		3.

3 ✪✪✪ **On veut voir comment le périmètre et l'aire d'un carré de côté x varient en fonction de x.**

a. En notant p la fonction qui associe au côté x le périmètre du carré, exprimez : $p(x)$ = ...

b. En notant a la fonction qui associe au côté x l'aire du carré, exprimez : $a(x)$ = ...

c. Complétez les deux tableaux de valeurs.

d. Placez les points du 1er tableau dans le repère, puis reliez-les pour représenter la fonction p.

e. Reprenez la question d. avec la fonction a en utilisant une autre couleur.

x	0	0,5	1	2	3	4	5
$p(x)$	....	....	....	....	....	....	....

x	0	0,5	1	2	3	4	5
$a(x)$	....	....	....	....	....	....	....

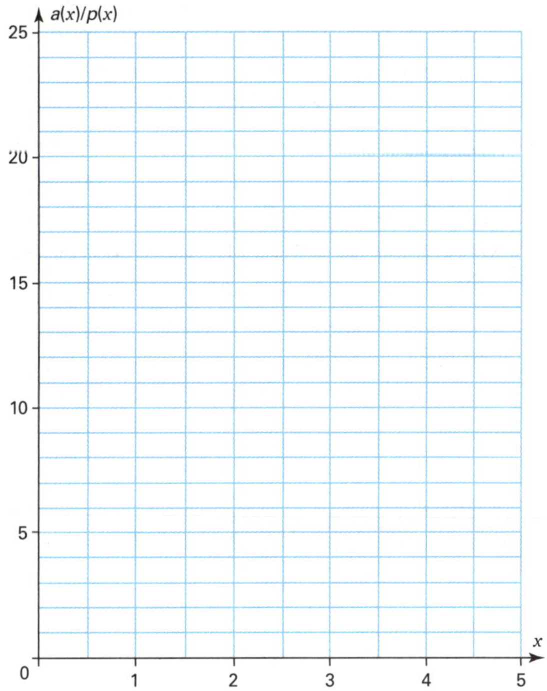

MINI-CONTRÔLE

Voici le programme de calcul d'une fonction f : « Élever au carré, retrancher le double du nombre de départ, ajouter 1 ».

a. Vérifiez que $f(-3) = 16$

....

b. Calculez $f(5)$: ....

c. Soit g définie par $g(x) = (x-1)^2$. Calculez $g(-3)$ et $g(-5)$.

....

....

d. Conjecturez : pour tout x, $(x-1)^2$ = ...

Corrigés p. 277

AVEZ-VOUS RÉUSSI ?

19 Grandeurs composées

ORGANISATION ET GESTION DE DONNÉES

JE RETIENS

- Une **grandeur-produit** correspond au **produit de deux grandeurs** et son unité est le produit des unités des grandeurs qui la composent, par exemple :
  – une aire, qui est le produit de deux longueurs, on l'exprime donc en m^2 (« m » × « m ») ;
  – la consommation électrique d'un appareil, qui est le produit de la puissance électrique utilisée par l'appareil (en kW – kilowatts) et du temps d'utilisation (en h), on l'exprime en kWh.
- Une **grandeur-quotient** correspond au **quotient de deux grandeurs** et son unité est le quotient des unités des grandeurs qui la composent, par exemple :
  – une vitesse de téléchargement, qui est le quotient d'une quantité de données (en Mo par exemple) par du temps, on l'exprime en Mo/s ou ko/s ;
  – une masse volumique, qui est le quotient d'une masse (en g, kg, t) par un volume, on l'exprime en g/cm^3, ou kg/m^3.
- Avec des grandeurs composées, les conversions d'unités sont toujours à faire en plusieurs étapes, en convertissant une par une les unités qui la composent.

COMMENT FAIRE

Savoir changer l'unité des grandeurs composées

- **Transformer 4,5 km/h en m/s.**
  1. On écrit la grandeur-quotient en fraction $\frac{4{,}5 \text{ km}}{1 \text{ h}}$.
  2. On convertit séparément l'unité du numérateur $\frac{4{,}5 \times 1\,000 \text{ m}}{3\,600 \text{ s}}$.
  et celle du dénominateur (ici : 1 h = 60 min = 3 600 s).
  3. On simplifie en calculant la fraction obtenue : $\frac{4\,500}{3\,600} = \frac{45}{36} = \frac{9 \times 5}{9 \times 4} = \frac{5}{4} = 1{,}25$.
  4. On conclut : **4,5 km/h c'est 1,25 m/s.**

Calculer avec des grandeurs composées

- **Une tablette est livrée avec une batterie de 25 Wh (en wifi). Elias la vide en 10 h d'utilisation Wifi mais en 8 h d'utilisation 4G. Quelle puissance maximale (en W) peut fournir la batterie sans être rechargée ? Quelle est la capacité de la batterie (en Wh) en mode 4G ?**

La batterie fournit 25 Wh c'est-à-dire 25 W en 1 h d'usage en wifi. Elle peut tenir 10 h donc fournir 25 × 10 W soit 250 W, sa puissance maximale.
Les 250 W sont consommés en 8 h d'utilisation 4G donc en 4G la batterie fournit $\frac{250}{8}$ W en 1 h, soit 31,25 Wh. Sa capacité en 4G est de 31,25 Wh.

Astuce Il est pratique de « décomposer » pour bien comprendre. Une voiture qui émet 95 g·km de CO_2 émet 95 g de CO_2 en roulant 1 km.

S'ENTRAINER

1 ✪ Luc télécharge les photos de vacances que son oncle a mis en ligne. Le fichier pèse 135 Mo et l'ordinateur de Luc a une vitesse de téléchargement constante de 125 ko/s.

De combien de temps en h, min et s Luc aura-t-il besoin pour tout télécharger ?

....

....

2 ✪ **Un liquide a une masse volumique de 0,87 g/cm³.**

a. Exprimez sa masse volumique en kg/m³.

....

....

b. Une usine doit en remplir un bassin de 50 m³. Le sol du bassin peut supporter sans se déformer une masse de 44 tonnes. **Peut-on remplir le bassin avec ce liquide sans souci ?**

....

....

3 ✪✪ Elias doit faire un voyage de 5 heures en train avec une escale de 4 heures à mi-parcours. Il utilise sa tablette en 4G dans le train et en Wifi à la gare. Elle consomme 25 Wh en Wifi mais 31,25 Wh en 4G. **Devra-t-il recharger sa batterie, de puissance 250 W, avant la fin du voyage ?**

....

....

4 ✪✪ Le compteur d'une Corvette américaine affiche une vitesse maximale de 200 mph (miles par heure, 1 mile ≈ 1 609 m). Celui d'une Ferrari une vitesse maximale de 360 km/h. Un faucon pèlerin en piqué peut atteindre une vitesse maximale de 111 m/s.

Classez la Corvette, la Ferrari et le faucon pèlerin dans l'ordre, du plus rapide au moins rapide.

....

....

LE CONSEIL DU COACH Un verre d'eau ou une pomme et quelques étirements sont peut-être nécessaire (voir Carnet p. 20).

5 ✪✪✪ La Garonne a un débit de 650 m³/s. Le Stade de France a un volume de 2 173 500 m³. La masse volumique de l'eau est de 1 kg/L et 1 L équivaut à 1 dm³.

a. Est-il vrai que la Garonne remplirait le stade de France en moins d'une heure ? Expliquez.

....

....

....

....

b. Combien de tonnes d'eau contiendrait alors le Stade de France rempli ? Donnez le résultat en écriture scientifique.

....

....

....

....

MINI-CONTRÔLE

Dans l'usine de l'exercice 2, on construit un nouveau bassin en forme de pavé droit, de 5 m de large et 12 m de long. Le sol de ce bassin, qui va accueillir le liquide, peut subir une charge de 2 t/m².

Quelle doit être la profondeur maximale de ce bassin, au mm près ?

....

....

....

....

....

....

....

Corrigés p. 278

AVEZ-VOUS RÉUSSI ? ○ ○ ○

20 Se repérer dans l'espace

ESPACE ET GÉOMÉTRIE

JE RETIENS

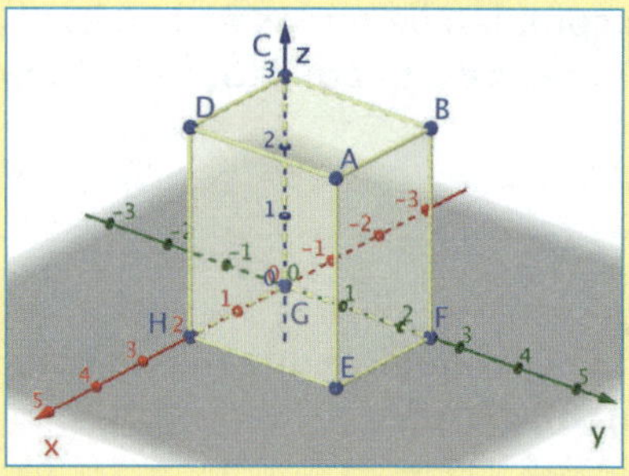

- **Pour repérer un point de l'espace, on utilise 3 coordonnées (x ; y ; z) : x est l'abscisse, y est l'ordonnée, z est l'altitude.** Ce triplet de coordonnées est associé de manière unique à chaque point.
  H a pour coordonnées (2 ; 0 ; 0)
  E a pour coordonnées (2 ; 2,5 ; 0)
  A a pour coordonnées (2 ; 2,5 ; 3)
- **Le point O** de coordonnées (0 ; 0 ; 0) est l'origine du repère.
- **Lors d'un agrandissement de l'espace,** les longueurs sont toutes multipliées par un même nombre k.
- **Les aires sont multipliées par k^2, les volumes sont multipliés par k^3.**
  La grande pyramide est un agrandissement de la pyramide SABDC de rapport 3.
  SE = 3 SA ; *Aire* (SEF) = 9 *Aire* (SAC)
  Volume (grande pyramide) = 27 *Volume* (SABDC)

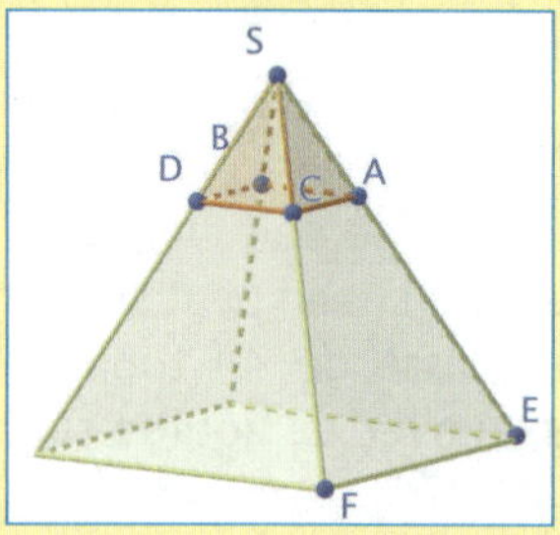

COMMENT FAIRE

Placer un point P (4 ; 5 ; 1) grâce à ses coordonnées

1. On part de l'origine, on se déplace de + 4 sur l'axe **x**.
2. On se déplace alors de + 5 parallèlement à l'axe **y**.
3. On se déplace enfin de + 1 parallèlement à l'axe **z**.

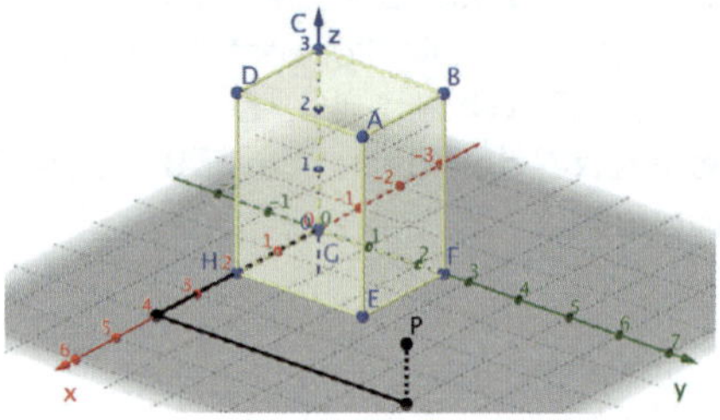

Lire les coordonnées d'un point L

1. On cherche un chemin reliant l'origine à L, dont chaque tronçon soit parallèle à l'un des axes **x**, **y** et **z** comme le chemin noir, le bleu ou le violet sur la figure.
2. On compte alors le déplacement fait suivant chacun des axes : + 1 suivant **x**, + 2,5 suivant **y**, + 3 suivant **z**.
3. On en déduit : L(1 ; 2,5 ; 3).

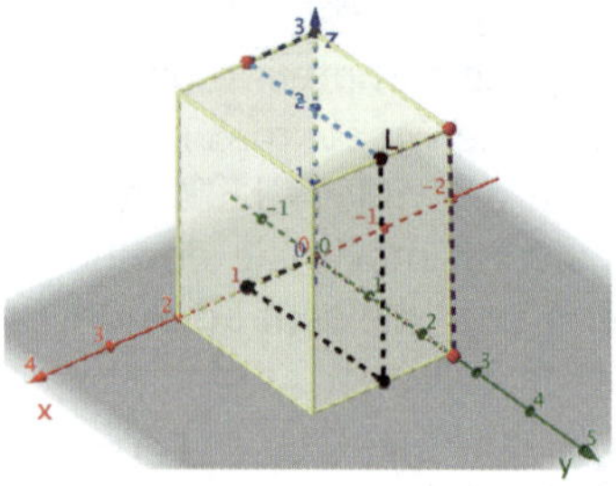

Astuce Il n'y a pas d'ordre dans l'utilisation des coordonnées, il est parfois plus pratique de commencer avec l'ordonnée ou l'altitude qu'avec l'abscisse.

S'ENTRAINER

1 ✪ Donnez les altitudes des points.

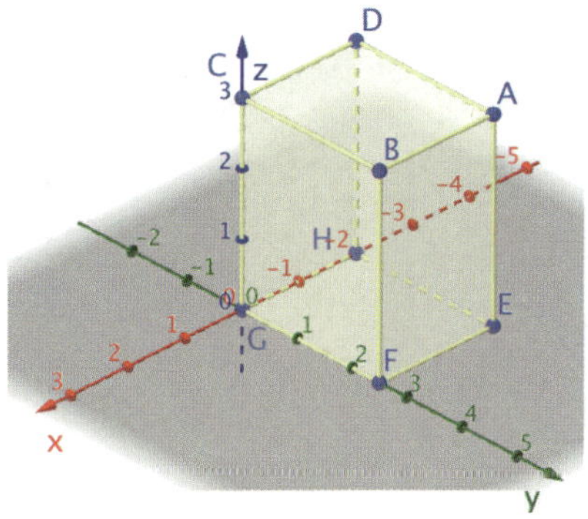

A : .... le milieu de [DC] : ....
E : .... le milieu de [DH] : ....
F : .... le milieu de [FG] : ....
C : .... le milieu de [AG] : ....

2 ✪ Donnez les coordonnées des points.

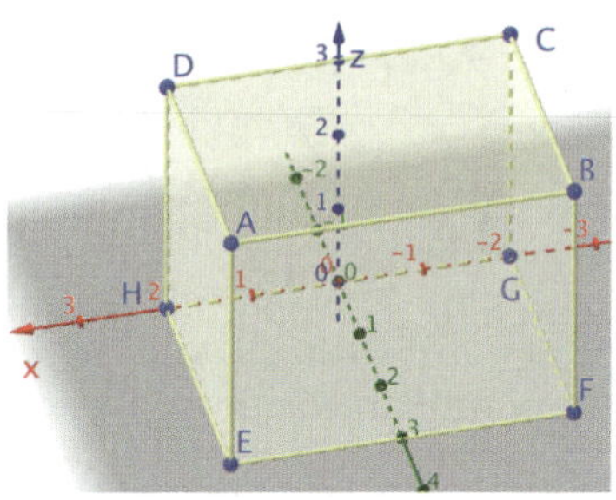

H : (.... ; .... ; ....) le milieu de [DC] : (.... ; .... ; ....)
B : (.... ; .... ; ....) le milieu de [DH] : (.... ; .... ; ....)
F : (.... ; .... ; ....) le milieu de [FG] : (.... ; .... ; ....)
C : (.... ; .... ; ....) le milieu de [AG] : (.... ; .... ; ....)

3 ✪✪ Placez les points d'après leurs coordonnées.

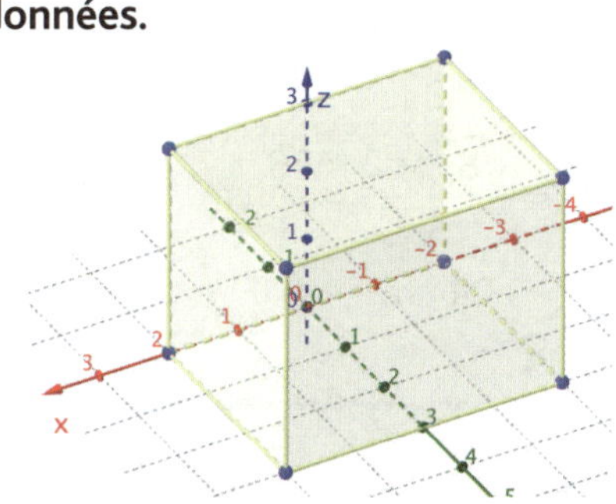

A (2 ; 1 ; 1) B (– 1 ; 0 ; 0) C (0 ; 2 ; 0)
D (– 2 ; 3 ; 1) E (2 ; 1 ; 1) F (– 1 ; – 2 ; 0)
G (0 ; 0 ; 2) H (2 ; 4 ; 2) I (0 ; 0 ; – 1)

Corrigés p. 278

LE CONSEIL DU COACH Pensez à la respiration ventrale, si vous êtes stressé(e) ou tendu(e) (voir Carnet p. 17).

4 ✪✪✪ Voici un pavé droit de dimensions L = 12 cm, l = 6 cm et h = 4 cm.

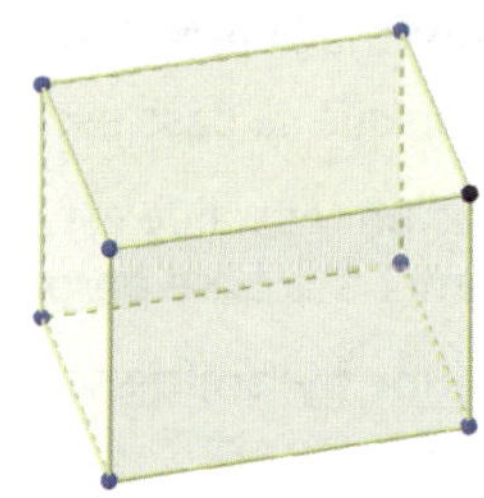

a. Donnez l'aire de chacune de ses faces.

....

b. Donnez le volume de ce pavé.

....

c. On divise par 4 les dimensions de ce pavé. Donnez les nouvelles aires de ses faces, et son nouveau volume.

....

....

....

MINI-CONTRÔLE

Une pyramide de volume 162 cm³ a une base carrée de 30 cm de côté. On l'agrandit pour avoir une pyramide de 1 296 cm³.

a. Par combien a-t-on multiplié les dimensions de la pyramide pour l'agrandir ainsi ?

....

....

b. Donnez la nouvelle dimension d'un côté du carré de base.

....

....

AVEZ-VOUS RÉUSSI ? ○ ○ ○

21 Pyramides et cônes

ESPACE ET GÉOMÉTRIE

JE RETIENS

- **Un solide ayant une base et un sommet est :**
  – **une pyramide** lorsque la base est **un polygone** (triangle, rectangle, etc.) ;
  – **un cône** lorsque sa base est **un disque**.
- La **hauteur** d'un tel solide est la longueur qui relie le sommet à la base **perpendiculairement**.
- **Les faces d'une pyramide** sont toujours des **triangles**.
- **Un cône de révolution** est engendré par **un triangle rectangle** tournant autour d'un des côtés de l'angle droit (qui sera la hauteur du cône). **L'hypoténuse** devient **la génératrice** du cône.
- Le **volume de ces solides est donné par la formule :** $\dfrac{\textbf{Aire (base)} \times \textbf{hauteur}}{\textbf{3}}$.

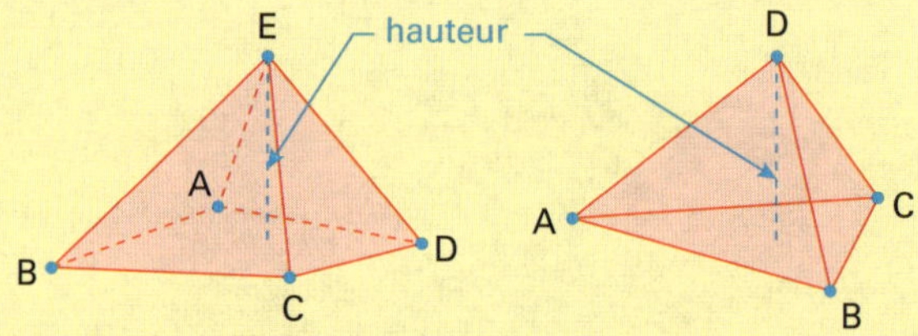

Pyramides

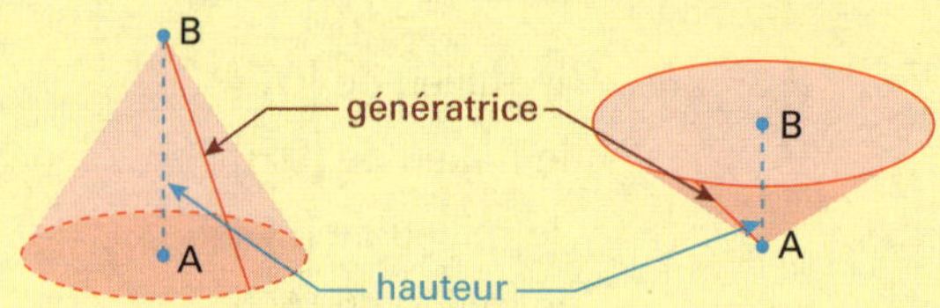

Cônes de révolution

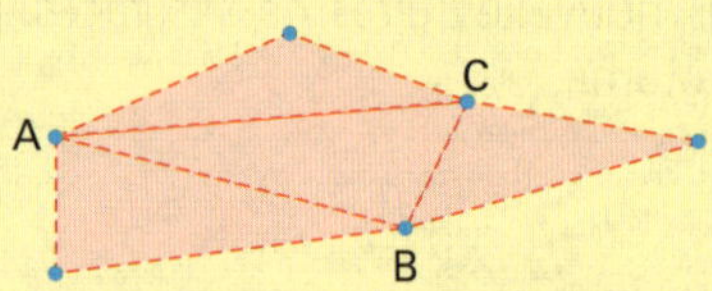

Patron de pyramide à base triangulaire

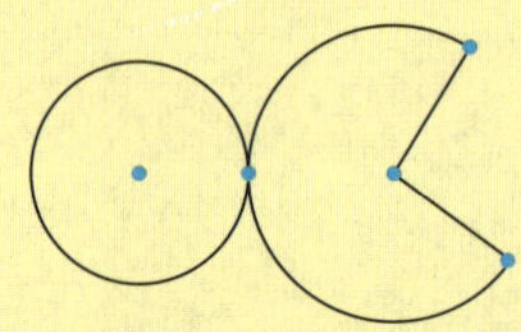

Patron de cône de révolution

COMMENT FAIRE

Utiliser les formules de volume

Une pyramide de base carrée, de côté $\sqrt{8}$ cm et de hauteur 2 cm, est ôtée d'un cône de révolution de hauteur 2 cm et de rayon de base 2 cm. Quel est le volume de l'objet restant ?

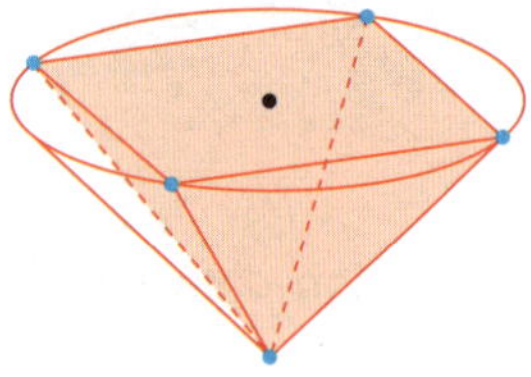

1. On calcule le volume du cône : $V = \dfrac{(\pi \times 2^2) \times 2}{3} = \dfrac{8}{3}\pi$ cm³.
2. On calcule celui de la pyramide : $V = \dfrac{\sqrt{8}^2 \times 2}{3} = \dfrac{16}{3}$ cm³.
3. On soustrait : $V(\text{objet}) = \dfrac{8}{3}\pi - \dfrac{16}{3} \approx 3{,}04$ cm³.

Astuce Pour un cône de rayon de base r et de génératrice R, l'angle au centre du secteur angulaire du patron vaut $\dfrac{r}{R} \times 360$.

S'ENTRAINER

1 ✪ **Parmi les solides ci-dessous, entoure en bleu les pyramides et en rouge les cônes de révolution.**

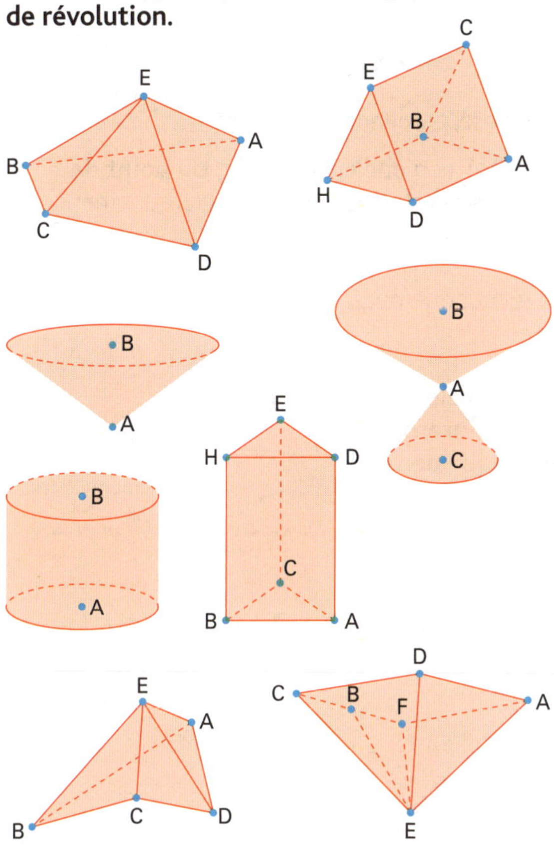

2 ✪✪ **Trois pluviomètres ont la même hauteur de 30 cm.**

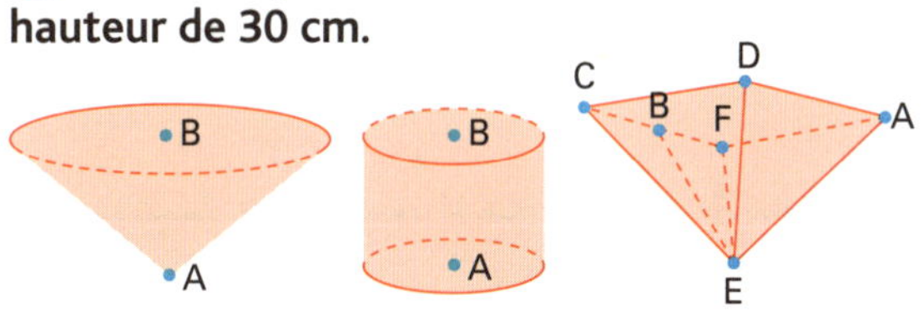

rayon de base 10 cm	rayon de base 6 cm	base carrée de côté 18 cm

a. Calculez le volume du pluviomètre conique, arrondi au cm³.

b. Calculez le volume du pluviomètre cylindrique, arrondi au cm³.

LE CONSEIL DU COACH
N'hésitez pas à relire la partie « Comment faire » si vous avez des difficultés.

c. Calculez le volume du pluviomètre pyramidal, arrondi au cm³.

d. Classez ces pluviomètres par ordre croissant de contenance.

3 ✪✪ **On ôte d'une pyramide de hauteur 6 cm et de côté de base 9 cm une pyramide de hauteur 2 cm et de côté de base 3 cm.**

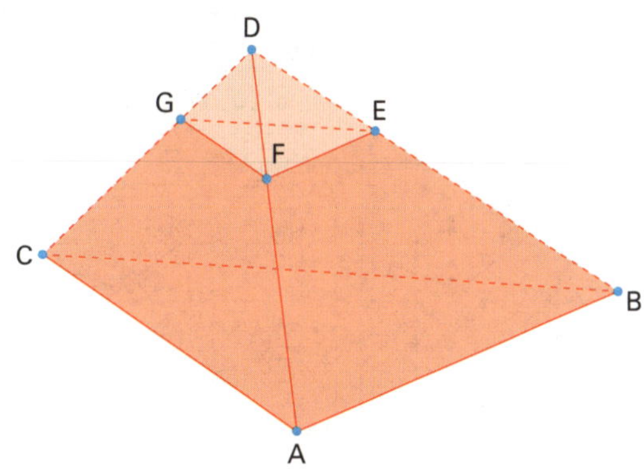

Quel est le volume de l'objet ainsi obtenu ? Expliquez vos calculs.

MINI-CONTRÔLE

Le rayon de base et la hauteur d'un cône sont dans le ratio 3:4.
Sachant que le rayon de base du cône vaut 12 cm, quel est l'arrondi du volume du cône au cm³ près ?

Corrigés p. 279

AVEZ-VOUS RÉUSSI ?

22 Géométrie : notions essentielles

ESPACE ET GÉOMÉTRIE

JE RETIENS

- Une **hauteur** d'un triangle relie un sommet au côté opposé, perpendiculairement.
- Une **médiatrice** d'un triangle passe par le milieu d'un côté, perpendiculairement. Un **point de la médiatrice d'un segment** est **équidistant des extrémités du segment**, et réciproquement.
- **La somme des angles de tout triangle vaut 180°.**
- Un triangle ayant **deux angles égaux** est **isocèle**, et réciproquement.
- **Les angles d'un triangle équilatéral mesurent 60°.**
- Deux droites **parallèles** forment avec une **sécante** deux angles **correspondants** de même mesure, deux angles **alternes-internes** de même mesure, et réciproquement. En particulier, **lorsque deux droites sont parallèles, toute droite perpendiculaire à l'une est perpendiculaire à l'autre.**

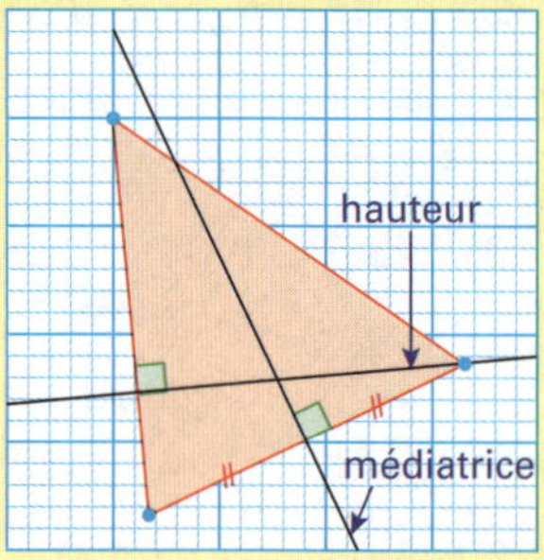

Angles correspondants	Angles alternes-internes	Droites parallèles	Droites perpendiculaires
Si $(d) /\!/ (d')$ alors :	Si $(d) /\!/ (d')$ alors :	Si $(d) \perp (d')$ et $(d') \perp (d'')$	Si $(d) \perp (d')$ et $(d) /\!/ (d'')$
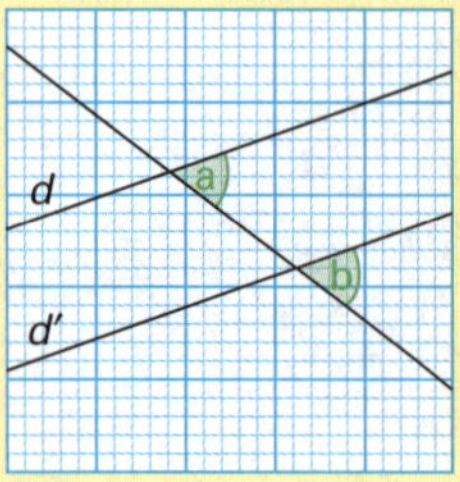	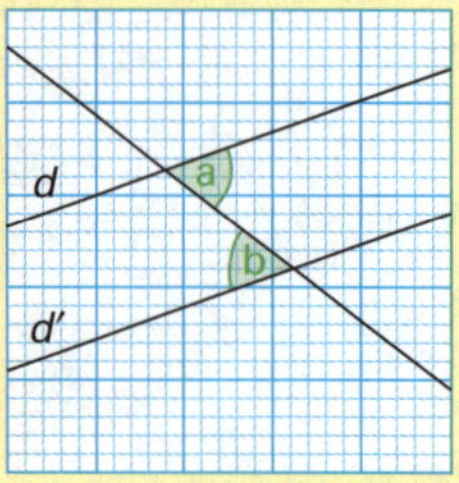	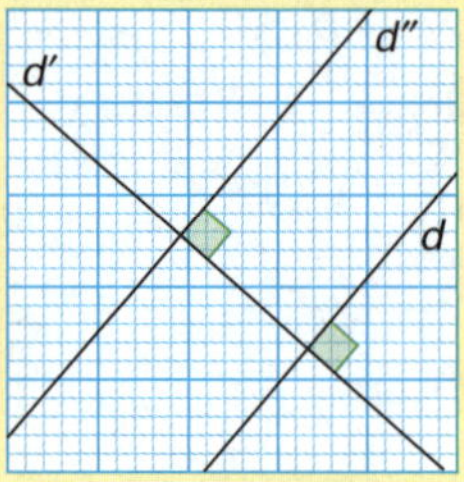	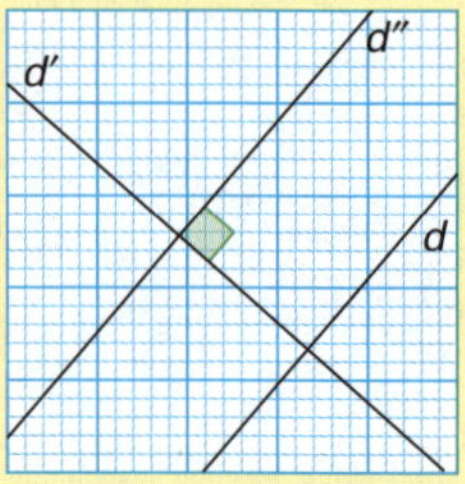
$\hat{a} = \hat{b}$	$\hat{a} = \hat{b}$	Alors $(d) /\!/ (d'')$	Alors $(d') \perp (d'')$

COMMENT FAIRE

Prouver que deux droites sont parallèles, ou ne le sont pas

- **Indiquer quelles droites sont parallèles à (d_1).**

1. (d_1) et (d_2) forment avec la sécante (d_4) deux angles $\hat{a}$ et $\hat{b}$ correspondants de même mesure 45°.
Donc $(d_1)//(d_2)$.

2. (d_1) et (d_3) forment avec la sécante (d_4) deux angles $\hat{a}$ et $\hat{c}$ alternes-internes mais pas de même mesure (car $45° \neq 42°$).
Donc (d_1) n'est pas parallèle à (d_3).

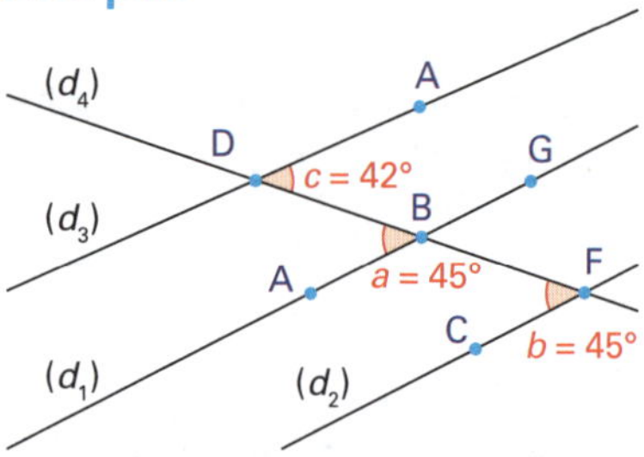

Astuce Dans un triangle rectangle, il y a déjà un angle de 90°. Puisque la somme des angles de tout triangle vaut 180°, la somme des deux angles restants vaut donc 90° (90 + 90 = 180).

LE CONSEIL DU COACH

Se concentrer

Voilà une leçon qui mérite toute votre concentration. Être attentif(ve), c'est comme marcher sur une poutre : il ne faut pas se laisser distraire ! Évitez donc les sources de distraction : déconnectez-vous vraiment de tous les écrans. Se focaliser sur cette double page vous permettra de comprendre plus facilement la médiatrice et les angles.

S'ENTRAINER

1 ✪ Cochez la bonne réponse.

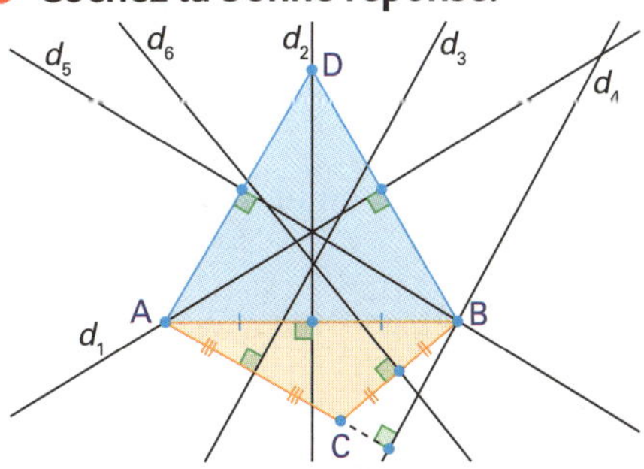

a. Dans ABD, (d_1) est une : ☐ hauteur ☐ médiatrice

b. Dans ABD, (d_2) est une : ☐ hauteur ☐ médiatrice

c. Dans ABC, (d_3) est une : ☐ hauteur ☐ médiatrice

d. Dans ABC, (d_4) est une : ☐ hauteur ☐ médiatrice

e. Dans ABD, (d_5) est une : ☐ hauteur ☐ médiatrice

f. Dans ABC, (d_6) est une : ☐ hauteur ☐ médiatrice

2 ✪✪ Complétez.

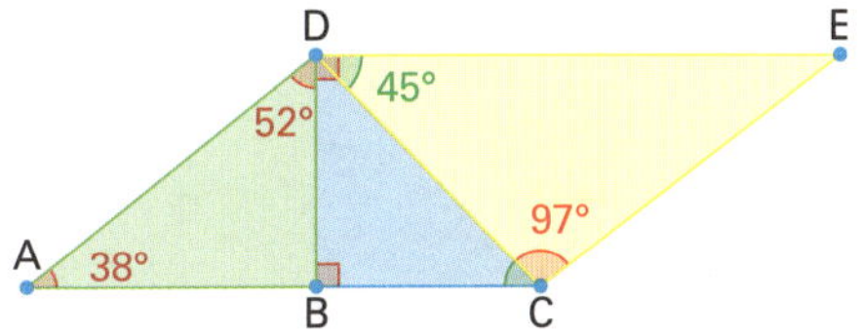

a. $\widehat{ABD}$ = ... car la somme des angles du triangle ABD vaut ......

b. (BD) est une .... du triangle ADC car (BD) passe par le sommet D et que (BD) ..... (AC).

c. Comme (DE) ⊥ (BD) et que (BC) ⊥ (BD), alors on peut affirmer que ....

d. $\widehat{EDC}$ et $\widehat{BCD}$ sont des angles .... formés par les droites parallèles .... et .... et par la sécante .... Ainsi $\widehat{BCD}$ = ...

e. $\widehat{BDC}$ = ... donc le triangle BCD est rectangle et .... en .... car .... = ...

f. $\widehat{ADC}$ = ...

g. (AD) // (EC) car $\widehat{ADC}$ et .... sont des angles .... et que ....

3 ✪✪ Complétez.

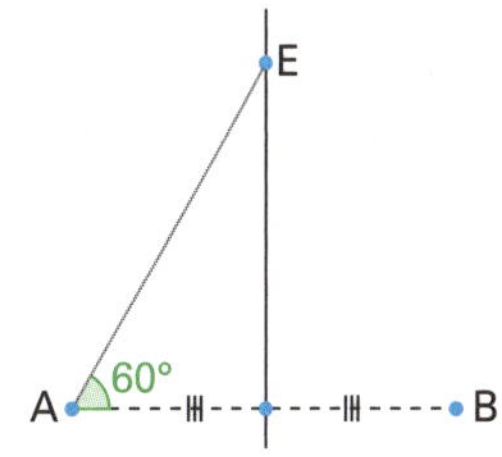

a. D'après le codage, E est situé sur la .... de [AB].

b. D'après **a.** on peut écrire EA = ... et en déduire que le triangle ABE est .... en ....

c. D'après **b.** on a alors $\widehat{EBA}$ = ... = ...°

d. D'après **c.** on a $\widehat{AEB}$ = 180 – (.... + ...) = ...°. Ainsi on peut affirmer que le triangle ABE est un triangle ....

4 ✪✪✪ Les droites d'une même couleur sont parallèles. On a $\widehat{BAE}$ = 28° et $\widehat{CDF}$ = 86°. Calculez $\widehat{AEB}$.

....

....

....

....

....

....

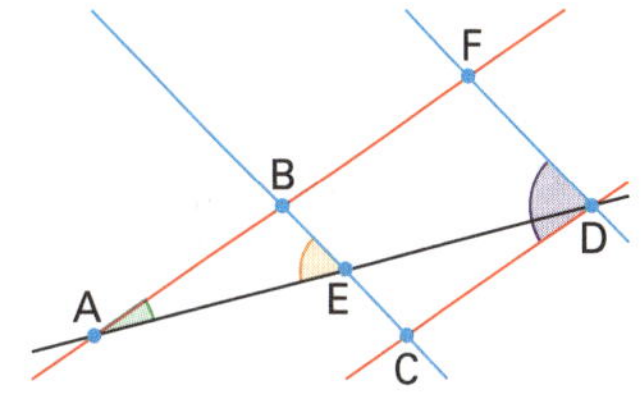

MINI-CONTRÔLE

Entourez la bonne réponse.

a. Si T est sur la médiatrice de [DF], alors :

DT = DF TD = TF FD = FT

b. Si ABC est isocèle en B, alors :

$\widehat{BAC} = \widehat{BCA}$ $\widehat{BAC} = \widehat{ABC}$ $\widehat{ABC} = \widehat{BCA}$

c. Si DEF est isocèle en F avec $\widehat{EFD}$ = 40°, alors :

$\widehat{FED}$ = 40° $\widehat{FED}$ = 140° $\widehat{FED}$ = 70°

Corrigés p. 279

AVEZ-VOUS RÉUSSI ? ○ ○ ○

23 Théorème de Thalès (1) : calculer une longueur

ESPACE ET GÉOMÉTRIE

JE RETIENS

Le théorème de Thalès

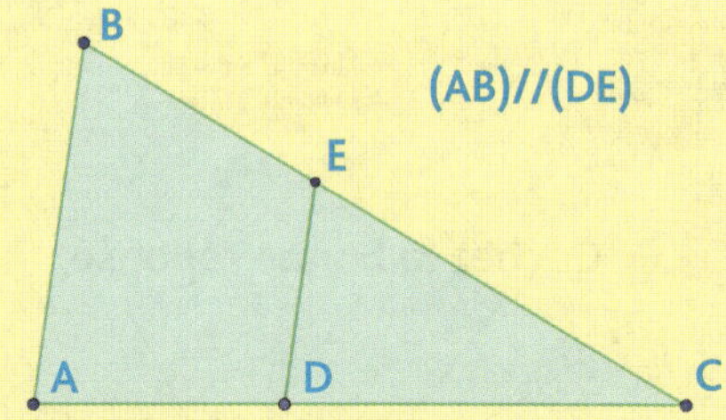

- Lorsqu'on a deux triangles emboités ayant leurs côtés deux à deux parallèles, comme ABC et DEC ci-contre, alors **les longueurs des côtés sont proportionnelles deux à deux**.
- Traduction : Si on a E ∈ [BC], D ∈ [AC] et (AB)//(DE) alors $\frac{CE}{CB} = \frac{CD}{CA} = \frac{ED}{BA}$
- Lorsqu'on connait les longueurs de quatre côtés de deux triangles ainsi emboités, il est possible de calculer les deux autres longueurs.

Pour calculer l'une de ces longueurs dans les triangles emboités ci-dessus, on calcule une **quatrième proportionnelle** (méthode du produit en croix) :

Si on a CE = 6, CD = 5, AB = 4,8 et CA = 8, que valent CB et DE ?

On écrit « l'égalité de Thalès » : $\frac{CE}{CB} = \frac{CD}{CA} = \frac{ED}{BA}$. On remplace : $\frac{6}{CB} = \frac{5}{8} = \frac{ED}{4,8}$.

On calcule d'abord CB avec un produit en croix : $CB = \frac{6 \times 8}{5}$ donc CB = 9,6.

On calcule ensuite ED avec un produit en croix : $ED = \frac{5 \times 4,8}{8}$ donc DE = 3.

COMMENT FAIRE

Utiliser le théorème de Thalès pour calculer une longueur

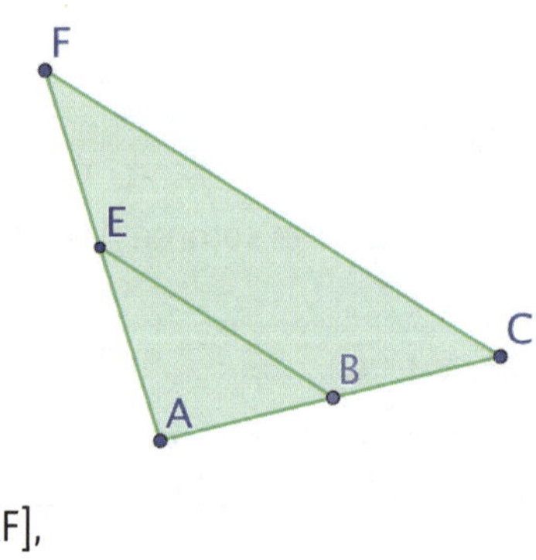

AFC est un triangle avec AB = 3 cm, AC = 8,4 cm, AE = 4 cm et FC = 14 cm. On sait que : (BE)//(FC). Calculer les longueurs BE et EF.

On se place dans le triangle AFC. Puisqu'on a E ∈ [AF], B ∈ [AC] et (BE)//(FC), on peut appliquer le théorème de Thalès et obtenir :

$\frac{AF}{AE} = \frac{AC}{AB} = \frac{FC}{EB}$ d'où $\frac{AF}{4} = \frac{8,4}{3} = \frac{14}{EB}$.

Comme $\frac{8,4}{3} = \frac{14}{EB}$ alors $BE = \frac{14 \times 3}{8,4} = 5$ cm.

Comme $\frac{AF}{4} = \frac{8,4}{3}$ on a $AE = \frac{4 \times 8,4}{3} = 11,2$ cm et vu que E ∈ [AF], alors EF = AF – AE = 11,2 – 4 = 7,2 cm.

Attention : il faut s'assurer que l'on peut affirmer que tous les côtés des deux triangles emboités sont parallèles deux à deux (sinon, il faut auparavant le prouver).

Astuce Pour écrire la proportion, on peut choisir pour la première écriture fractionnaire de prendre le « grand » côté divisé par le « petit », ou l'inverse. En revanche, ce choix doit rester le même pour les deux autres écritures fractionnaires.

S'ENTRAINER

1 ✪ **Indiquez dans quels triangles on peut appliquer le théorème de Thalès pour calculer BE.**

a.

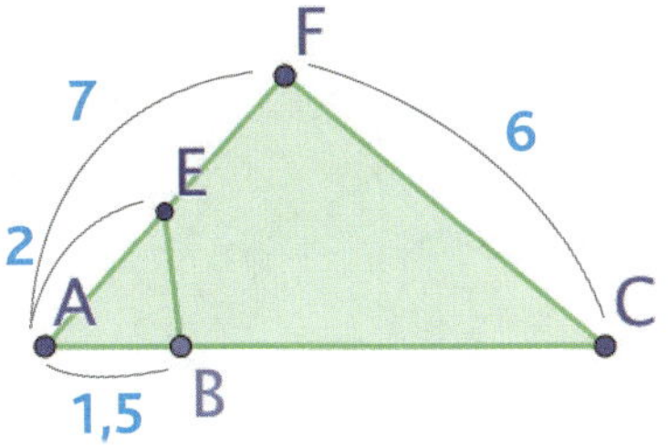

.... car ....

....

b.

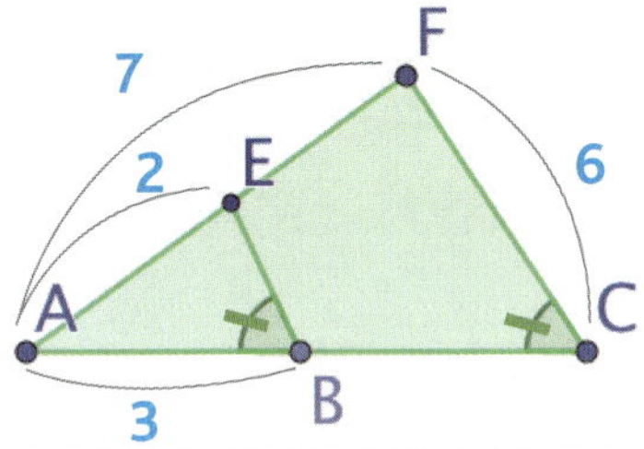

.... car ....

....

c. (BE)//(CF)

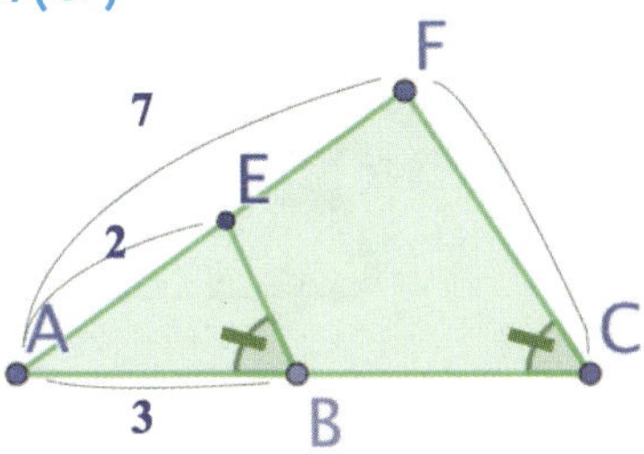

.... car ....

....

d. (BE)//(CF)

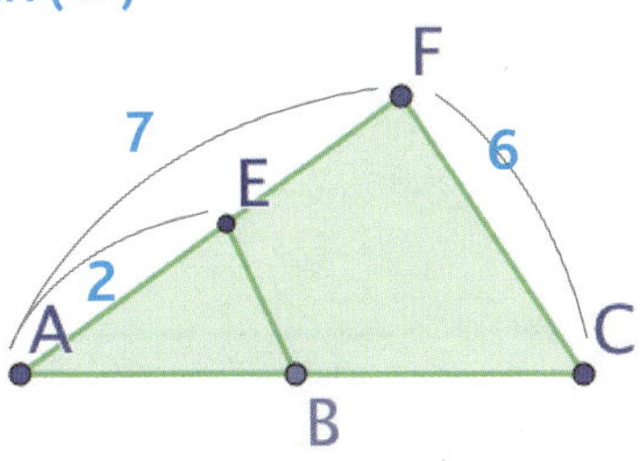

.... car ....

....

LE CONSEIL DU COACH Aidez-vous de la partie « Je retiens » si vous avez des difficultés. Inutile de rester bloqué(e) trop longtemps.

2 ✪ **Complétez les rédactions suivantes.**

a. Les triangles ABC et ART sont emboités avec (BC) // (TR). R ∈ [AB]. D'après le théorème de Thalès, on a :

$\frac{......}{......} = \frac{......}{......} = \frac{......}{......}$

b. Les triangles .... et .... sont emboités avec (JK) // (GH). D'après le théorème de ...., on a :

$\frac{LJ}{LG} = \frac{......}{......} = \frac{......}{......}$

c. Les triangles .... et .... sont emboités avec (........) // (......). D'après le théorème de Thalès, on a :

$\frac{FC}{FH} = \frac{FE}{FT} = \frac{CE}{HT}$.

3 ✪✪✪ **Calculez les longueurs SU et TV en rédigeant soigneusement.**

On a : UW = 4, SV = 3, SW = 5, ST = 4,5 et (TV) // (UW).

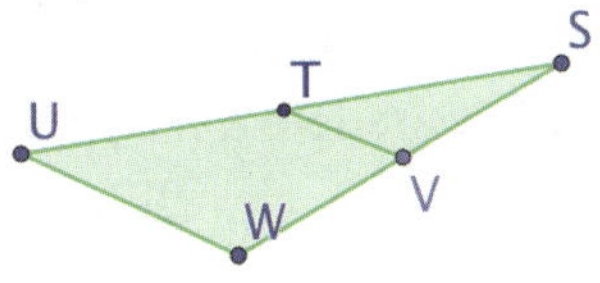

....

....

....

MINI-CONTRÔLE

Calculez BG.

On a : JI = 4, JM = 6, AH = 3,6 et (IH) // (MG), et (AH) // (BG).

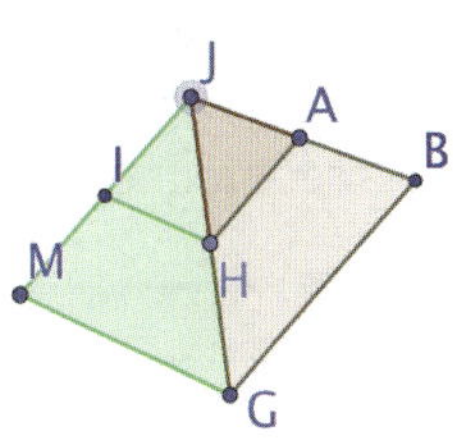

....

....

....

....

Corrigés p. 280

FRANÇAIS
MATHS
HIST. – GÉO. – EMC
PHYSIQUE-CHIMIE
SVT
ANGLAIS
CORRIGÉS

24 Théorème de Thalès (2) : prouver que deux droites sont parallèles

ESPACE ET GÉOMÉTRIE

JE RETIENS

La réciproque du théorème de Thalès

Si deux triangles emboités ont les longueurs de leurs côtés proportionnelles deux à deux, alors les côtés de ces triangles sont parallèles deux à deux.

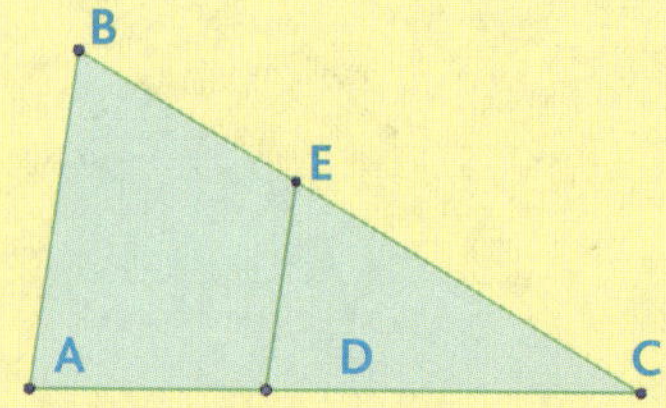

- Traduction :

Si on a E ∈ [BC], D ∈ [AC] et $\frac{CE}{CB} = \frac{CD}{CA}$ alors (AB)//(DE).

- Remarques :

– Il faut et il suffit de tester l'égalité des deux fractions écrites en partant du point commun aux deux triangles emboités (ici : C) ;

– L'égalité de fractions ne suffit pas pour conclure, il faut bien vérifier que les 2 triplets de points (ici : C, E, B et C, D, A) sont respectivement alignés et dans cet ordre.

COMMENT FAIRE

Utiliser la réciproque du théorème de Thalès pour prouver ou nier un parallélisme

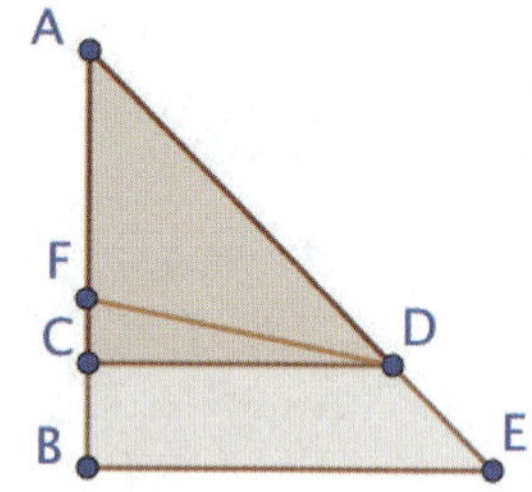

ABE est un triangle avec AB = 8 cm, AC = 6 cm, AE = 10 cm, AD = 7,5 cm, AF = 5 cm.
(BE) est-elle parallèle à (FD) ? Et à (CD) ?

1. On calcule séparément $\frac{AF}{AB}$ et $\frac{AD}{AE}$:

$\frac{AF}{AB} = \frac{5}{8} = 0{,}625$ mais $\frac{AD}{AE} = \frac{7{,}5}{10} = 0{,}75$.

2. On compare les fractions et on conclut :

comme 0,625 ≠ 0,75 alors $\frac{AF}{AB} \neq \frac{AD}{AE}$ et donc (DF) et (BE) ne sont pas parallèles.

3. On calcule séparément $\frac{AC}{AB}$ et $\frac{AD}{AE}$: $\frac{AC}{AB} = \frac{6}{8} = 0{,}75$ et $\frac{AD}{AE} = \frac{7{,}5}{10} = 0{,}75$.

4. On compare les fractions et on conclut :

comme $\frac{AC}{AB} = \frac{AD}{AE}$ et que A, C, B et A, D, E sont alignés dans cet ordre, on peut dire, d'après la réciproque du théorème de Thalès : (CD) // (BE).

Astuce On n'écrit « d'après la réciproque du théorème de Thalès » que lorsqu'on trouve des fractions égales et donc deux droites parallèles. On n'utilise pas le mot « réciproque » quand on obtient deux droites non parallèles.

S'ENTRAINER

1 ✪ **Dans chaque cas, ABC et ADE sont des triangles emboités. Indiquez si les droites (BC) et (DE) sont parallèles ou non (aucune rédaction n'est nécessaire).**

a. AB = 4, AC = 3, AD = 12, AE = 9 :

b. AB = 4, AC = 3, AD = 12, AE = 9, B ∈ [AE], C ∈ [AD] :

c. AB = 4, AC = 3, AD = 12, AE = 9, B ∈ [AD], C ∈ [AE] :

2 ✪✪ **Rédaction**

Les triangles ABC et ART sont emboités avec B ∈ [AR] et C ∈ [AT].
On a AB = 5 cm, BC = 4 cm, AT = 16 cm, AR = 20 cm, AC = 4 cm.
En complétant les phrases, démontrez que les droites (BC) et (RT) sont parallèles.

• D'une part $\frac{\dots\dots}{\dots\dots} = \frac{\dots\dots}{\dots\dots} = \dots\dots$

• D'autre part $\frac{\dots\dots}{\dots\dots} = \frac{\dots\dots}{\dots\dots} = \dots\dots$

• On a donc $\frac{\dots\dots}{\dots\dots} = \frac{\dots\dots}{\dots\dots}$, et aussi ...... ∈ ......
et ...... ∈ ......

• D'après la ....

les droites ....

LE CONSEIL DU COACH
Plus vite vous aurez terminé, plus vite vous pourrez aller vous détendre. Pour vous motiver, prenez 5 minutes pour penser à ce que vous ferez après.

3 ✪✪✪ **Vérification du maçon**

Un apprenti vient de construire deux murs [DC] et [BE] pour supporter une toiture. Son télémètre laser lui donne ces indications : AD = 6,25 m, AE = 8,75 m, AC = 9,4 m et AB = 13,16 m.

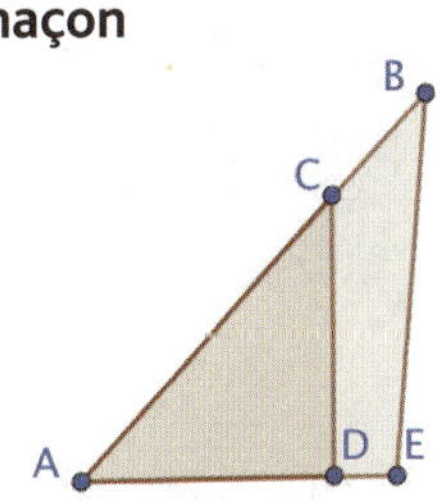

Les deux murs sont-ils bien parallèles pour poser la toiture ?

MINI-CONTRÔLE

Calculez *x* pour que (WV) soit parallèle à (XY) dans chaque cas.

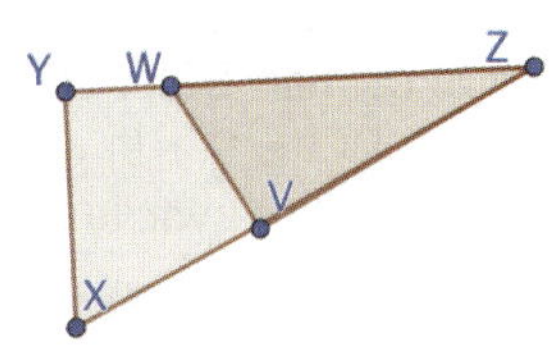

a. WZ = 4, YW = x, ZX = 1,8 et ZV = 1,5.

b. WZ = 8, ZV = YZ = x, ZX = 18.

FRANÇAIS
MATHS
HIST. - GÉO. - EMC
PHYSIQUE-CHIMIE
SVT
ANGLAIS
CORRIGÉS

Corrigés p. 280

25 Théorème de Pythagore (1) : calculer une longueur

ESPACE ET GÉOMÉTRIE

JE RETIENS

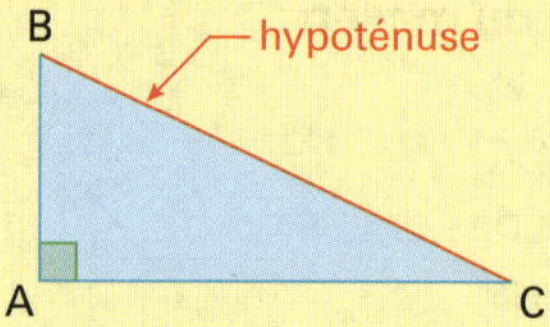

Hypoténuse

Dans un triangle rectangle, on appelle hypoténuse le côté opposé à l'angle droit. C'est aussi la plus grande longueur du triangle rectangle.

Théorème de Pythagore

Dans un triangle rectangle, le carré de la longueur de l'hypoténuse est égal à la somme des carrés des longueurs des deux autres côtés.
Si ABC est rectangle en A, alors $BC^2 = BA^2 + AC^2$.

- Cette relation permet de calculer la troisième longueur d'un triangle rectangle dès lors que l'on connaît les deux autres.
- **On peut s'en souvenir grâce au dessin ci-contre :** puisque le triangle jaune est rectangle, l'aire du carré bleu est égale à la somme des aires des carrés verts.

COMMENT FAIRE

Calculer une longueur avec le théorème de Pythagore

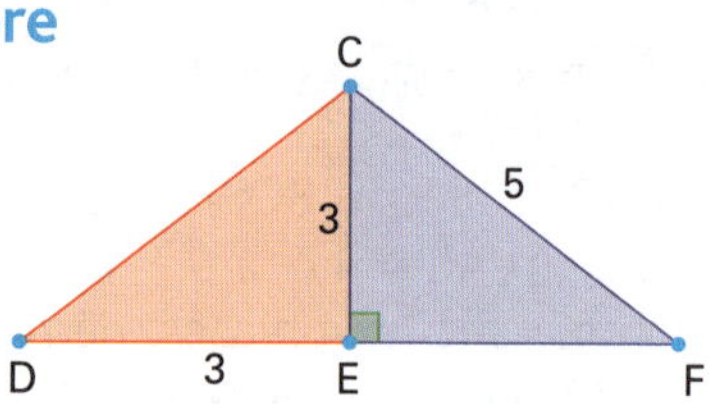

On a DE = CE = 3 et CF = 5. Calculer DC et EF.

1. Dans DCE, on calcule l'hypoténuse DC.
DCE est rectangle en E, on peut écrire l'égalité de Pythagore : $DC^2 = DE^2 + EC^2$.
On connaît DE et EC, donc $DC^2 = 3^2 + 3^2$
d'où $DC^2 = 9 + 9 = 18$.
On conclut avec la racine carrée : puisque $DC^2 = 18$ alors $DC = \sqrt{18}$.

2. Dans CEF, on calcule EF.
CEF est rectangle en E, on peut écrire l'égalité de Pythagore : $CF^2 = CE^2 + EF^2$.
On connaît CE et CF donc $5^2 = 3^2 + EF^2$ d'où $25 = 9 + EF^2$.
On cherche combien ajouter à 9 pour obtenir 25, c'est 16. On écrit alors : $EF^2 = 16$.
On conclut avec la racine carrée : puisque $EF^2 = 16$ alors $EF = \sqrt{16} = 4$.

Astuce Attention à ne pas confondre le carré d'un nombre avec son double, ni la racine carrée d'un nombre avec sa moitié !

LE CONSEIL DU COACH

Se faire confiance

Faites quelques exercices de respiration pour bien vous reconnecter et aborder calmement la leçon (voir Carnet p. 17). Si vous vous sentez encore stressé(e), répétez-vous quelques phrases afin d'augmenter votre confiance en vous : « Je vais apprendre. Je dois apprendre de mes erreurs. Les défis sont amusants. Je peux avoir de l'aide avec les corrections des exercices… »

S'ENTRAINER

1 ✪ **Cochez la bonne réponse.**

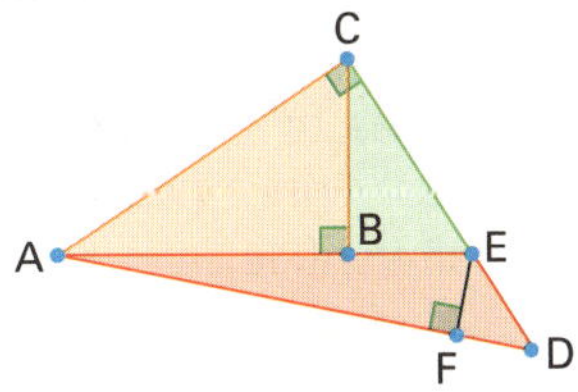

On a A, B, E alignés, ainsi que A, F, D alignés.

a. Dans ABC, l'hypoténuse est : ☐ AB ☐ AC ☐ BC

b. Dans AEF, l'hypoténuse est : ☐ AE ☐ AF ☐ EF

c. Dans ADC, l'hypoténuse est : ☐ AC ☐ AD ☐ CD

2 ✪ **Entourez la bonne réponse.**

Pour chaque triangle, le théorème de Pythagore s'écrit :

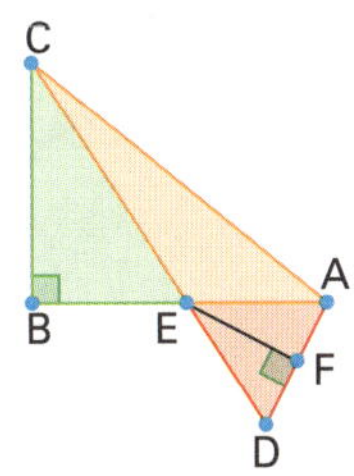

a. Dans ABC :

$AB^2 = AC^2 + CB^2$ $AC^2 = AB^2 + BC^2$

b. Dans EBC :

$EC^2 = EB^2 + BC^2$ $BC^2 = BE^2 + EC^2$

c. Dans DEF :

$DE^2 = DF^2 + FE^2$ $EF^2 = ED^2 + DF^2$

3 ✪✪ **Complétez pour calculer EA.**

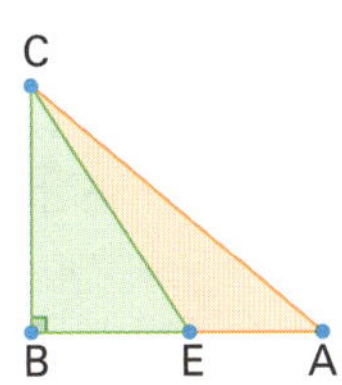

On sait que BC = 5 cm, CE = 6,25 cm et AC = 13 cm.

a. D'après le codage, BEC est un triangle .... en ....

On peut donc écrire le théorème de Pythagore :

$...^2 = ...^2 + ...^2$ d'où $6{,}25^2 = 5^2 + ...^2$, ou encore $... = 25 + ...^2$.

Ainsi $BE^2 = ...$ et $BE = \sqrt{.......} = ...$ cm.

b. De même, BAC est un triangle .... en ....

On peut donc écrire le théorème de Pythagore :

$...^2 = ...^2 + ...^2$ d'où $...^2 = ...^2 + ...^2$, ou encore $... = 25 + ...^2$.

Ainsi $BA^2 = ...$ et $BA = \sqrt{.......} = ...$ cm.

c. B, E, A sont alignés donc :

EA = BA – BE = … – … = …cm.

4 ✪✪ **On donne AE = AB = 4 cm. Calculez DE.**

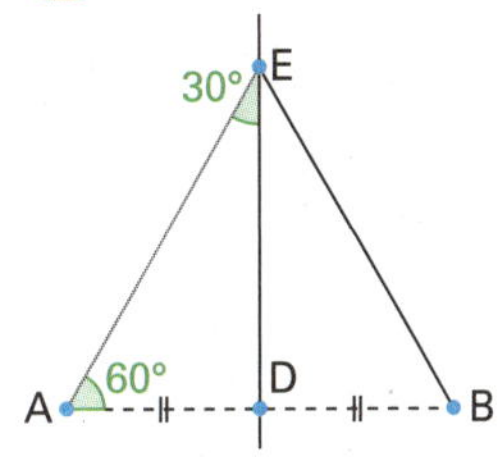

a. Expliquez pourquoi on peut appliquer le théorème de Pythagore dans le triangle ADE

....

....

b. Calculez DE en rédigeant soigneusement.

....

....

5 ✪✪✪ **Calculez le périmètre du triangle BGE, sachant que ABCDEFGH est un cube d'arête 5 cm.**

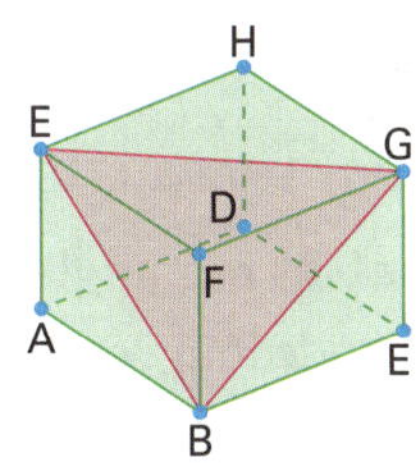

....

....

....

....

....

....

MINI-CONTRÔLE

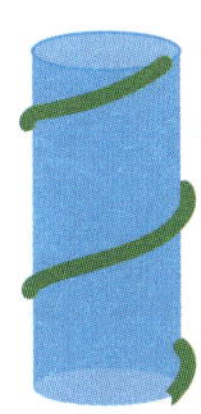

Un escargot a escaladé un cylindre de 4 cm de rayon et de 15 cm de haut, en suivant toujours la même inclinaison, et en effectuant deux tours de cylindre pour arriver au sommet situé à la verticale du point de départ.

Quelle est la longueur de sa trace ? (Indice : pensez à un patron.)

(Répondez sur une feuille à part.)

Corrigés p. 281

AVEZ-VOUS RÉUSSI ? ◯ ◯ ◯

26 Théorème de Pythagore (2) : prouver qu'un triangle est rectangle

ESPACE ET GÉOMÉTRIE

JE RETIENS

Test de l'égalité de Pythagore

Il permet, suivant son résultat :

– de **prouver qu'un triangle est rectangle**. On parle alors de **réciproque du théorème de Pythagore**.

– de **prouver qu'un triangle n'est pas rectangle.** Dans ce cas, on ne parle pas de « réciproque », on constate simplement que l'égalité de Pythagore n'est pas vérifiée (le triangle n'est pas rectangle car si le triangle était rectangle, l'égalité de Pythagore serait vérifiée).

Réciproque du théorème de Pythagore

Lorsque, dans un triangle, le carré de la plus grande longueur est égal à la somme des carrés des deux autres longueurs, alors le triangle est rectangle.

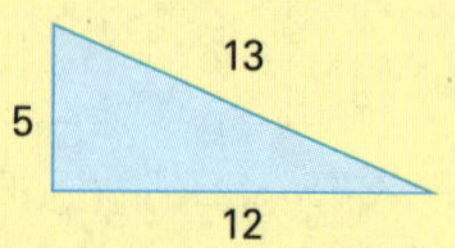

$13^2 = 169$ et $5^2 + 12^2 = 25 + 144 = 169$

ce triangle est rectangle

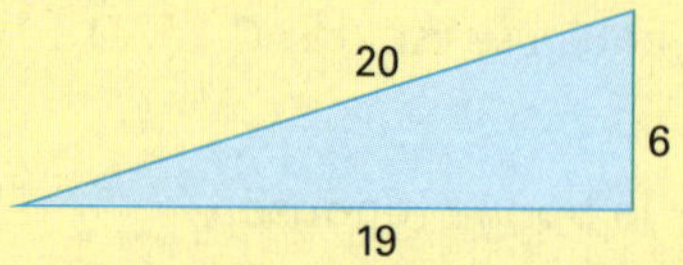

$20^2 = 400$ mais $6^2 + 19^2 = 36 + 361 = 397$

ce triangle n'est pas rectangle

COMMENT FAIRE

Prouver qu'un triangle est rectangle, ou non

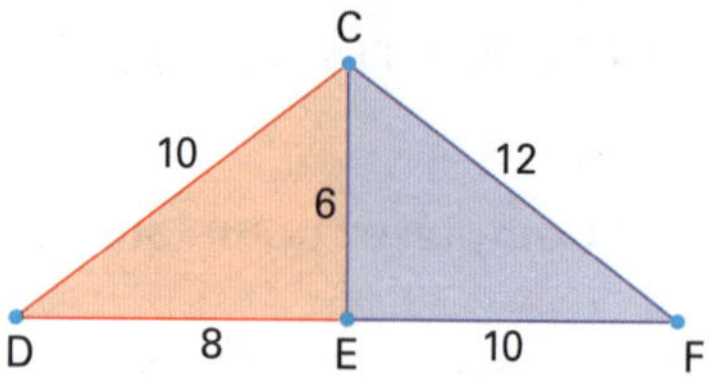

Les triangles CDE et CEF sont-ils rectangles ?

1. Dans CDE, DC est la plus grande longueur.
D'une part : $DC^2 = 10^2 = 100$.
D'autre part : $DE^2 + EC^2 = 8^2 + 6^2 = 64 + 36 = 100$.
Ainsi on a $DC^2 = DE^2 + EC^2$. D'après la réciproque du théorème de Pythagore, CDE est un triangle rectangle en E.

2. Dans CEF, CF est la plus grande longueur.
D'une part : $CF^2 = 12^2 = 144$.
D'autre part : $CE^2 + EF^2 = 6^2 + 10^2 = 36 + 100 = 136$.
Comme $144 \neq 136$, on a $CF^2 \neq CE^2 + EF^2$. L'égalité de Pythagore n'est pas vérifiée, et donc CEF n'est pas un triangle rectangle.

Astuce Repère dans les énoncés les situations permettant de prouver qu'un triangle est rectangle : droites perpendiculaires, hauteur d'un triangle, médiatrice, etc.

S'ENTRAINER

1 ✪ **Voici un extrait d'une copie d'élève qui comporte une erreur de raisonnement.**

« D'une part $BA^2 = 15^2 = 225$, d'autre part $BD^2 + DA^2 = 8^2 + 17^2 = 64 + 289 = 353$.

Comme $225 \neq 353$, alors $BA^2 \neq BD^2 + DA^2$. L'égalité de Pythagore n'est pas vérifiée et donc le triangle BAD n'est pas rectangle. »

Quelle est cette erreur de raisonnement qui a été commise ? Expliquez et rectifiez.

....

....

....

....

....

2 ✪ **Cochez la bonne réponse**

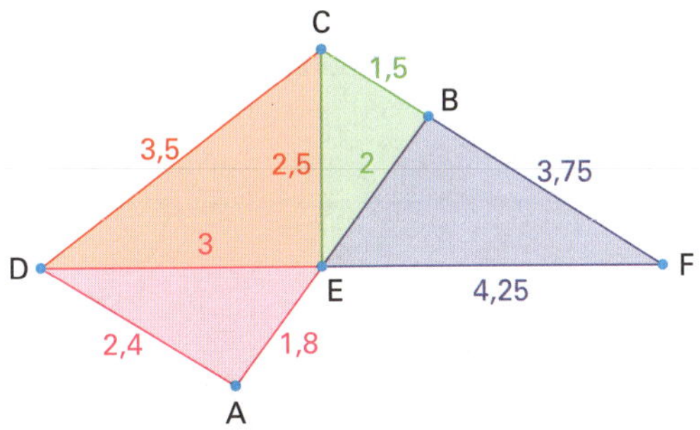

a. ADE est un triangle rectangle : ☐ VRAI ☐ FAUX

b. BCE est un triangle rectangle : ☐ VRAI ☐ FAUX

c. DCE est un triangle rectangle : ☐ VRAI ☐ FAUX

d. FBE est un triangle rectangle : ☐ VRAI ☐ FAUX

e. CEF est un triangle rectangle : ☐ VRAI ☐ FAUX

3 ✪✪ **On sait que BC = 12 cm, BE = 9 cm, EA = 7 cm et AC = 20 cm, et que B, E, A sont alignés.**

a. Prouvez que ABC est un triangle rectangle en B

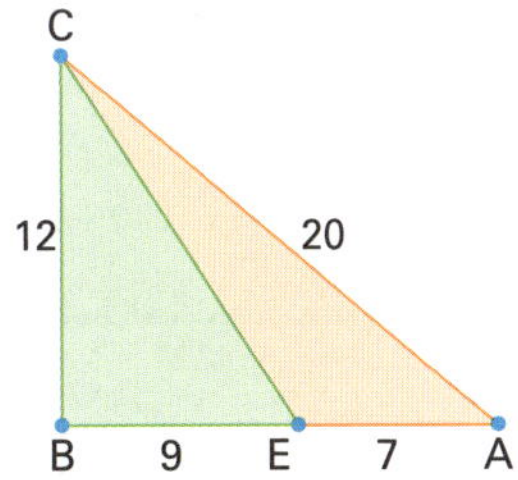

....

....

....

....

....

b. Déduisez CE.

....

LE CONSEIL DU COACH

Quelle satisfaction d'être arrivé(e) jusque-là ! Allez, encore un petit effort !

4 ✪✪ **Un imprimeur de cahiers vérifie la qualité des quadrillages imprimés et obtient les mesures ci-dessous. Le quadrillage est-il parfaitement perpendiculaire ou doit-il revoir le réglage de sa machine ?**

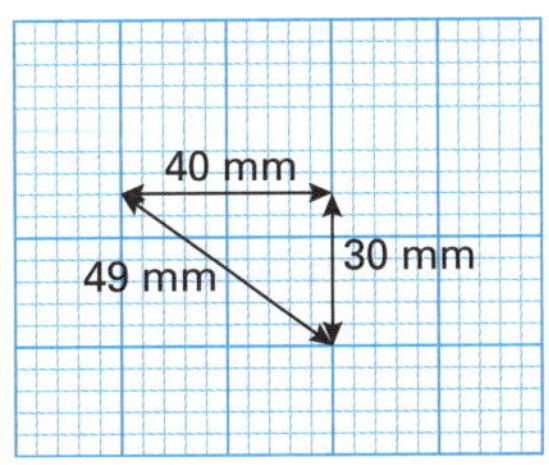

....

....

....

....

....

....

5 ✪✪✪ **Ce solide a les mesures ci-dessous. Ce solide est-il un pavé droit ?**

- GC = HD = EA = FB = 21 cm
- DC = GH = FE = AB = 20 cm
- AD = HE = GF = BC = 28 cm
- DG = 29 cm
- DE = 34 cm

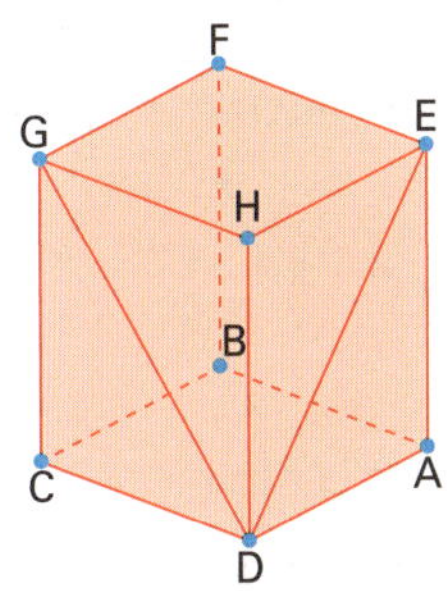

....

....

....

....

....

....

....

MINI-CONTRÔLE

Il existe cinq triangles rectangles dont les côtés sont des entiers inférieurs à 50 et qui possèdent au moins deux côtés consécutifs. **Retrouvez les dimensions de ces cinq triangles.** (Indice : aidez-vous d'un tableur.)

....

....

....

....

....

Corrigés p. 281

AVEZ-VOUS RÉUSSI ? ◯ ◯ ◯

27 Cosinus d'un angle aigu

ESPACE ET GÉOMÉTRIE

JE RETIENS

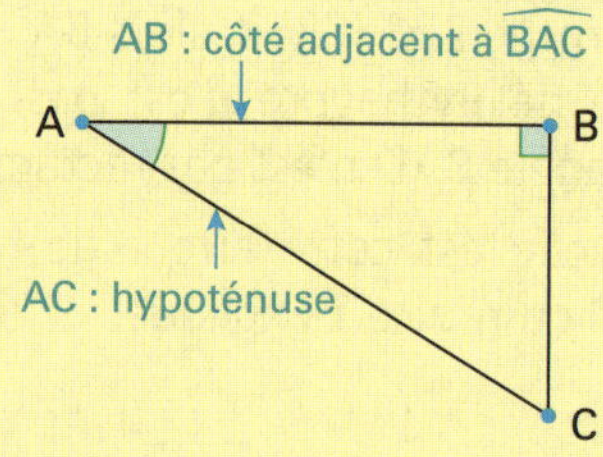

- **Dans un triangle rectangle, il existe un lien particulier appelé cosinus entre chaque angle aigu et les deux côtés du triangle qui le forment.**
- **Le cosinus d'un angle aigu** d'un triangle rectangle est le **quotient** de son **côté adjacent** et de **l'hypoténuse** du triangle.
  On écrit : $\cos \widehat{BAC} = \dfrac{AB}{AC}$.
- **Ce cosinus est un nombre sans unité, compris entre 0 et 1** (on aura toujours $0 < AB < AC$).
- Il sert à calculer une valeur (souvent approchée) de $\widehat{BAC}$ lorsque l'on connaît AB et AC, ou bien à calculer AB (ou AC) lorsque l'on connaît $\widehat{BAC}$ et AC (ou $\widehat{BAC}$ et AB).
- Une calculatrice réglée en mode « Degré » est indispensable pour utiliser le cosinus, que ce soit pour déterminer un angle ou une longueur.

COMMENT FAIRE

Déterminer un angle, déterminer une longueur

- **Donner la valeur de $\widehat{SRT}$ au centième de degré près, puis celle de UV au mm près.**

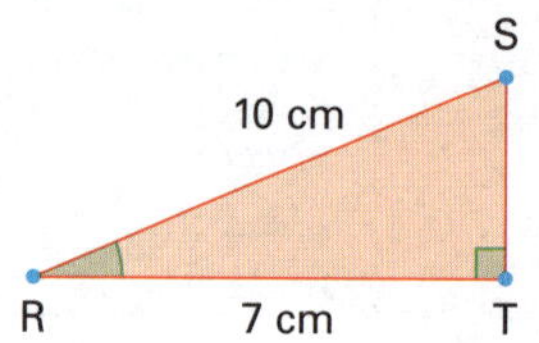

1. RST est un triangle rectangle en T.
2. On a donc $\cos \widehat{SRT} = \dfrac{RT}{RS}$.
3. Ainsi, on a $\cos \widehat{SRT} = \dfrac{7}{10}$.
4. On tape « **Seconde** », puis « **cos** » puis « 7 », « / » et « 10 ».
5. On trouve $\widehat{SRT} \approx 45{,}57°$.

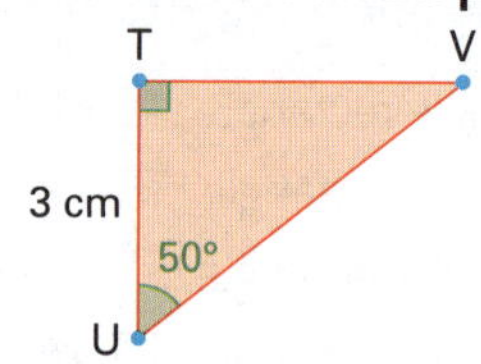

1. TUV est un triangle rectangle en T.
2. On a donc $\cos \widehat{TUV} = \dfrac{TU}{UV}$.
3. Ainsi, on a $\cos 50° = \dfrac{3}{UV}$ soit $\dfrac{\cos 50°}{1} = \dfrac{3}{UV}$. D'où, par **produit en croix** : $UV = \dfrac{3 \times 1}{\cos 50°} = \dfrac{3}{\cos 50°}$.
4. On tape « 3», « / » ,puis « **cos** » et « 50 ».
   La calculatrice donne : $UV \approx 4{,}6$ cm.

Astuce Lors du produit en croix dans un calcul de longueur, on divise par le cosinus lorsqu'on calcule une hypoténuse, mais on multiplie par le cosinus lorsqu'on calcule un côté adjacent.

LE CONSEIL DU COACH

Lire plusieurs fois la leçon

Pour cette leçon, il est indispensable de savoir bien utiliser sa calculatrice. Inutile de se lancer dans les exercices avant ! Si besoin, refaites les calculs de cosinus proposés dans la leçon, vous y serez guidé pas à pas.

S'ENTRAINER

1 ✪ **Entourez les triangles pour lesquels $\cos \widehat{DRA} = \frac{RD}{RA}$.**

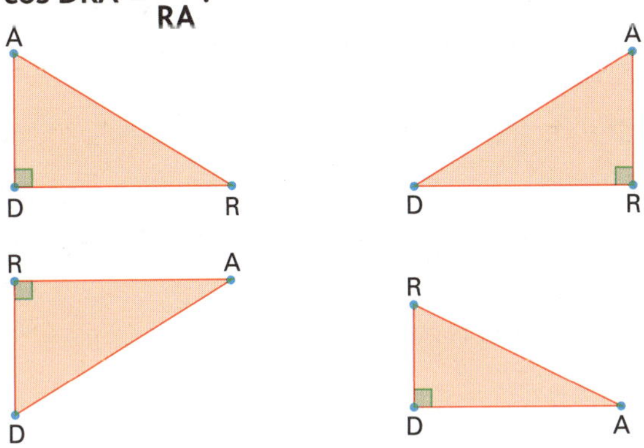

2 ✪ **Cochez la bonne réponse.**

A, B, E sont alignés ainsi que A, F, D.

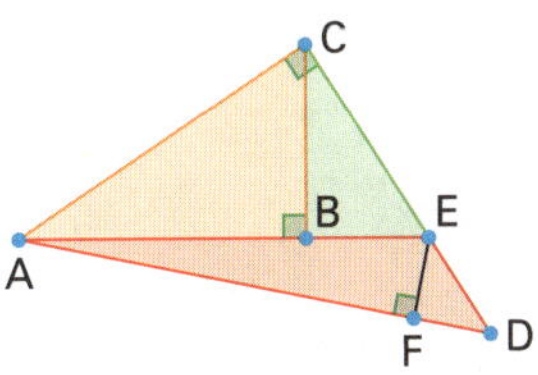

a. $\cos \widehat{AEC}$ = : ☐ $\frac{CE}{AE}$ ☐ $\frac{AC}{EA}$ ☐ $\frac{AE}{AC}$

b. $\cos \widehat{BAC}$ = : ☐ $\frac{CA}{CB}$ ☐ $\frac{BA}{BC}$ ☐ $\frac{BA}{AC}$

c. $\cos \widehat{FAE}$ = : ☐ $\frac{FA}{FE}$ ☐ $\frac{FA}{EA}$ ☐ $\frac{EF}{AE}$

3 ✪✪ **On sait que BC = 12 cm, BE = 9 cm, CE = 15 cm, EA = 7 cm et AC = 20 cm, et que B, E, A sont alignés.**

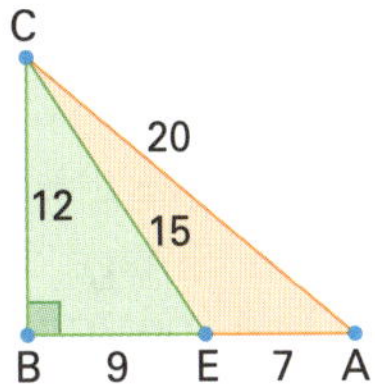

a. Calculez $\widehat{BCE}$ au degré près.

....

....

b. Calculez $\widehat{BCA}$ au degré près.

....

....

c. Déduisez-en $\widehat{BAC}$, $\widehat{BEC}$ et $\widehat{ECA}$ au degré près.

....

....

4 ✪✪ **On sait que AD = 6 cm et DC = 5 cm. Calculez BD et DE.**

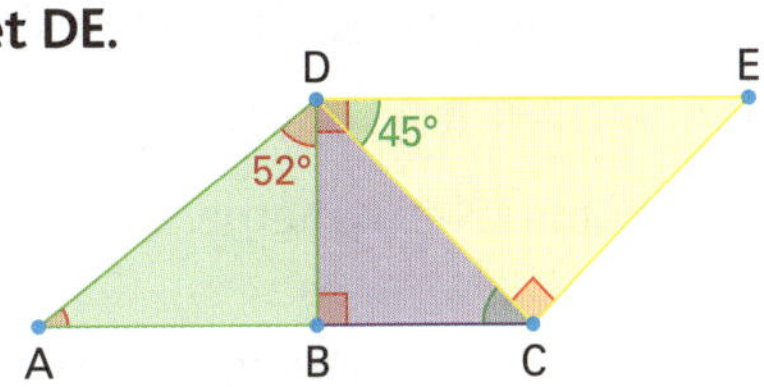

....

....

....

....

....

5 ✪✪✪ **Calculez l'angle $\widehat{SBH}$ au degré près.**

(Indication : calculez d'abord BH, puis SB.)

Sur la pyramide ci-contre, on a :
- ABCD est un carré de 4 cm ;
- SH = 5 cm.

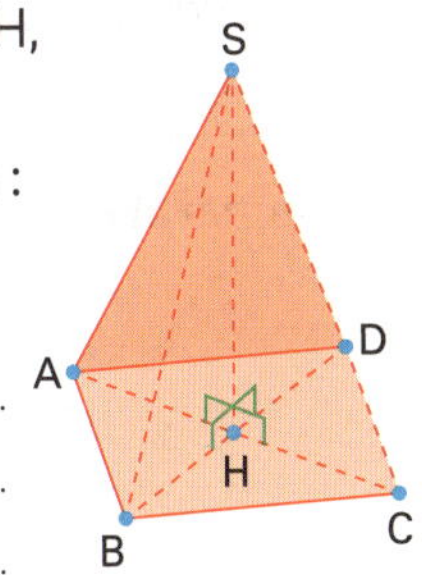

....

....

....

MINI-CONTRÔLE

Tom construit une maison de longueur AB = 15 m, de largeur BC = 8 m, avec un toit à 2 pans incliné de 30° avec l'horizontale ($\widehat{LFT}$ = 30°). L est situé à la verticale du milieu de [FG]. Il veut couvrir le pan de toit ENLF de panneaux photovoltaïques. **Quelle surface peut-il couvrir au maximum, au m² près ?**

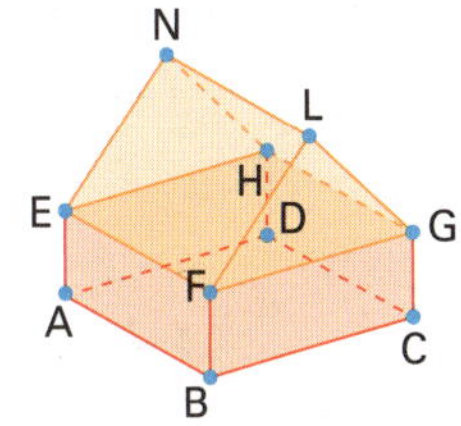

....

....

....

....

Corrigés p. 281

AVEZ-VOUS RÉUSSI ? ◯ ◯ ◯

28 Translations

ESPACE ET GÉOMÉTRIE

JE RETIENS

Translation et frise

• Considérons la **frise** ci-contre. Elle est constituée de la répétition d'un même motif de base (en violet) que l'on a fait **glisser**, **parallèlement** à (AA'), de A **vers** A', suivant la **longueur** AA', pour obtenir le premier motif vert ; puis on a recommencé 4 fois le même mouvement. Ce mouvement dans une **direction** donnée, un **sens** donné, durant une **longueur** donnée est appelé **translation**. Dans ce cas, on dit que A' est l'**image** de A par cette translation.

• On dit aussi que cette translation est la translation de vecteur $\overrightarrow{AA'}$.

Propriété d'une translation

• Comme les symétries axiale et centrale, la translation conserve les longueurs, les alignements et les angles.

• Par une translation, l'image d'un cercle est un cercle de même rayon ; l'image d'une droite est une droite parallèle.

Translation et pavage

Si on déplace une frise suivant une deuxième translation non parallèle à celle qui l'a construite (ci-contre, la translation de A vers B), on obtient un **pavage** du plan.

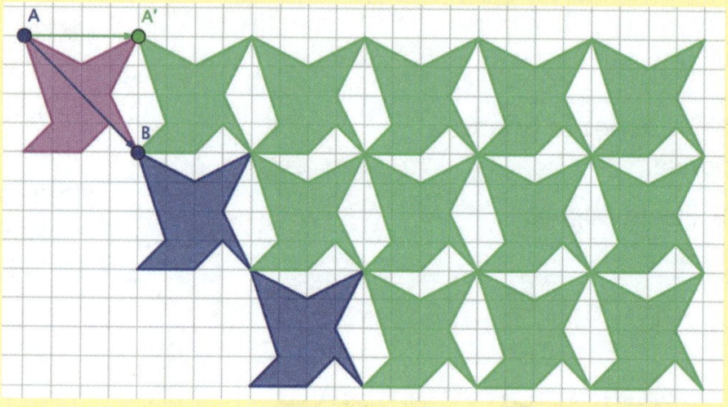

COMMENT FAIRE

Compléter un pavage par translation

En violet, l'image du motif initial par la translation qui envoie A sur A' : on a construit A'' et D' ci-contre, puis le reste. En orange, l'image du motif initial par la 2ᵉ translation, celle qui envoie D sur A'. On a construit Z, image de A par cette translation, **au compas** : Z est le 4ᵉ **sommet du parallélogramme** DAZA'.

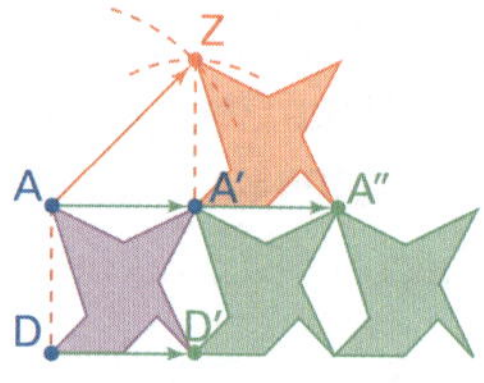

Astuce Deux points et leurs images par la même translation forment les 4 sommets d'un parallèlogramme (utile pour la construction au compas !).

S'ENTRAINER

1 ✪ **Complétez la figure en construisant les images du triangle ABC par les translations suivantes.**

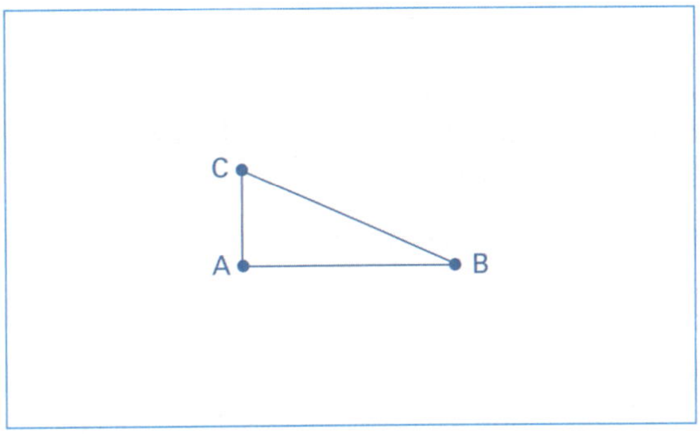

a. Celle qui envoie A sur B.

b. Celle qui envoie B sur C.

c. Celle qui envoie C sur A.

2 ✪✪ **ABC est un triangle équilatéral, on le transforme par la translation qui envoie A sur B et on note D l'image de C et E celle de B.**

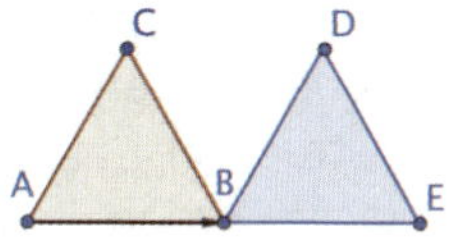

a. Quelle propriété de la translation permet de justifier que (AB) // (BE) ?

....

....

....

b. Complétez : on en déduit que $\widehat{ABE}$ =

....

....

....

c. Prouvez que (AB) // (CD) :

....

....

....

d. En déduire que : $\widehat{ABC} = \widehat{BCD}$

....

....

....

3 ✪✪✪ La frise suivante a été construite à partir du seul motif orange foncé à l'aide de translations et symétries. **Décrivez précisément ces translations et symétries et leur ordre d'intervention.**

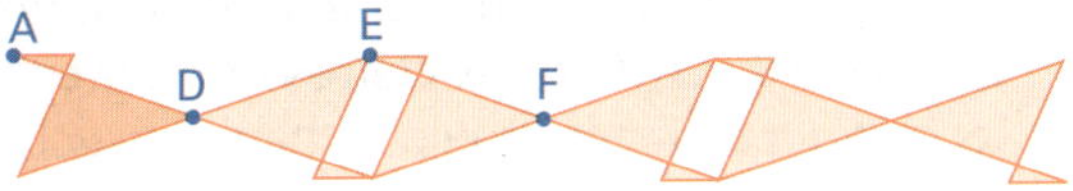

....

....

....

MINI-CONTRÔLE

Ceci est un extrait d'un pavage obtenu à partir de translations uniquement, depuis un motif de base, aux couleurs près.

a. Reproduisez ce motif de base.

b. Représentez les deux translations qui engendrent ce pavage. Sont-elles de directions perpendiculaires ?

....

....

....

Corrigés p. 282

29 Algorithmique : comprendre une variable, une condition

ALGORITHMIQUE ET PROGRAMMATION

JE RETIENS

- **Un algorithme** (= enchainement des actions nécessaires pour **résoudre** un problème) **contient une série d'instructions claires et élémentaires, qui seront exécutées dans l'ordre de lecture**. Il commence toujours par l'instruction « Début » et se termine par « Fin ».
- Pour fonctionner, un algorithme utilise une ou des **variables** qu'on déclare au début (ce sont les **entrées** de l'algorithme), qui pourront changer automatiquement de valeur pendant l'exécution de l'algorithme. À la fin, l'algorithme produit un résultat appelé **sortie**.
- La valeur initiale de la variable peut être fixée dans l'algorithme, ou être demandée au clavier. Dans ce cas on parle d'**évènement** : l'utilisateur pourra rentrer une valeur qu'il choisit.
- Pour écrire un calcul sur la variable (ici : A), on peut être amené à écrire des égalités « bizarres » du type « A=A+2 ». Le signe « = » dans un algorithme doit se lire « prend la valeur ».

  Dans l'algorithme ci-contre, si on saisit 5 à l'étape 1, alors on aura A=5 à cette étape. L'algorithme passe alors à l'étape 2 et calcule A+2 : il trouve 7 ; il remplace alors l'ancienne valeur de A de l'étape 1 (qui était 5) par la nouvelle trouvée à l'étape 2. Pour lui, A vaut à présent 7, résultat qu'il affiche à l'étape 3.

```
Début
Variable : A
1. Saisir A
2. A=A+2
3. Afficher A
Fin
```

- Un algorithme est capable de faire des choix tout seul ; pour cela on doit lui définir des **conditions** du type **Si...Sinon...FinSi**. Derrière le **Si** on va écrire une condition (entre parenthèses) et une instruction, derrière le **Sinon** on met juste une instruction. L'algorithme va étudier la condition, et, si elle est vérifiée, il exécutera l'instruction placée derrière le **Si**. Si la condition n'est pas vérifiée, il exécutera l'instruction placée derrière le **Sinon**. On écrit toujours **FinSi** à la fin d'une condition.

COMMENT FAIRE

Expliquer un algorithme avec condition

Ci-contre, si on saisit 4 à l'étape 1, l'algorithme teste A à l'étape 2, voit que la condition « A est pair » est vérifiée, donc calcule 4+2, et A prend la valeur 6. La condition ayant été vérifiée, le Sinon est « zappé » et l'algorithme affiche 6.
Si on saisit 5 à l'étape 1, l'algorithme teste A à l'étape 2, voit que la condition n'est pas vérifiée et ignore donc l'instruction du Si pour appliquer celle du Sinon et calculer 5–1. A prend donc la valeur 4 et l'algorithme affichera 4.

```
Début
Variable : A
1. Saisir un entier A
2. Si (A est pair)
        A=A+2
   Sinon
        A=A–1
   FinSi
3. Afficher A
Fin
```

Astuce Des logiciels gratuits et simples comme Scratch, Plurialgo, Algobox permettent de tester les algorithmes conçus !

S'ENTRAINER

1 ✪ a. Vérifiez que si on saisit 1 pour A, on a en sortie A = 9 et B = 6.

```
Début
Variables : A, B
1. Saisir A
2. B=A+2
3. A=3*B
4. B=A–3
5. Afficher A
6. Afficher B
Fin
```

....

....

....

b. Que valent en sortie A et B si on saisit A = 0 ?

....

c. Que valent en sortie A et B si on saisit A = – 2 ?

....

2 ✪✪

a. Calculez ce que valent A et B en sortie d'algorithme.

```
Début
Variables : A, B
1. A=4
2. B=5
3. B=A+B
4. A=A–B
5. B=A–B
6. Afficher A
7. Afficher B
Fin
```

....

....

b. Reprenez la question a. avec en entrée A = 5 et B = 4 : obtient-on les mêmes valeurs en sortie ?

....

....

3 ✪✪✪ Un loueur propose ses voitures à deux tarifs :

- tarif essence : 15 € par jour de location et 0,80 € par kilomètre ;
- tarif diesel : 20 € par jour de location et 0,6 € par kilomètre.

On veut écrire un algorithme calculant les deux tarifs.

```
Début
Variables : A, B, C, D
1. Saisir A
2. Saisir B
3. C=15*A+0,8*B
4. D=20*A+0,6*B
5. Afficher C
6. Afficher D
Fin
```

a. Décrivez à quoi correspondent les 4 variables A, B, C, D dans l'algorithme ci-dessus :

A : .... B : ....

C : .... D : ....

b. Un client veut louer une voiture pour 4 jours et 900 km. Que valent A, B, C, D en sortie ?

A : .... B : .... C : .... D : ....

Corrigés p. 283

LE CONSEIL DU COACH Vérifiez le temps passé sur vos exercices. Ne dépassez pas le temps que vous avez prévu. Vous terminerez demain.

c. Le loueur voudrait que l'algorithme affiche uniquement au client le tarif le moins cher en rajoutant une étape de comparaison avec une condition Si/Sinon. écrivez-la.

```
Si (..............................)
Afficher « .............................. »
..............................
Afficher « .............................. »
..............................
```

MINI-CONTRÔLE

Un radar au bord d'une route limitée à 90 km/h enlève 5 km/h à la vitesse mesurée pour calculer la vitesse retenue si la vitesse mesurée est inférieure à 100 km/h, et ôte 5 % de la vitesse mesurée au-delà.

Complétez ci-dessous un algorithme correspondant au calcul du radar, et qui affiche si la voiture doit être verbalisée ou non.

```
..................
Variable : V
1. Mesurer V
2. Si (V ⩽ ..........)
      V = V – ..........
      .......... .......... ⩽ ..........)
      Afficher « non verbalisable »
      Sinon
      .......... « .......... »
      FinSi
   Sinon .......... = .......... × ..........
   Afficher « .......... »
   ..........
..........
```

AVEZ-VOUS RÉUSSI ? ◯ ◯ ◯

30 Manipuler une variable, une condition avec Scratch

ALGORITHMIQUE ET PROGRAMMATION

JE RETIENS

- **Un script interagit grâce au bloc :** [demander What's your name? et attendre]
  - Ce bloc crée une **zone de saisie** en bas de la scène où l'on tape sa réponse, qui est stockée dans la **variable** [réponse], qui devient utilisable dans le script.
  - **On peut créer d'autres variables** (par exemple [x]) grâce au menu [Données], et leur attribuer une valeur grâce au bloc [mettre x à valeur], voire leur ajouter un nombre avec [ajouter à x 1].
  - Le bloc [si … alors] permet à une partie du script de n'être exécutée que si une certaine condition, mise dans la zone [ ], est réalisée.
  - Lorsqu'on veut indiquer au script **comment réagir si une condition est ou n'est pas réalisée**, on utilise plutôt le bloc :

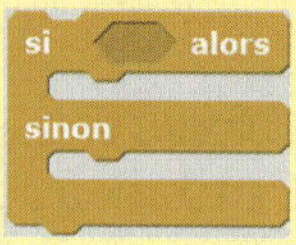

L'algorithme ci-dessous permet d'indiquer à l'utilisateur si le nombre qu'il a saisi à la demande du programme est positif ou non.

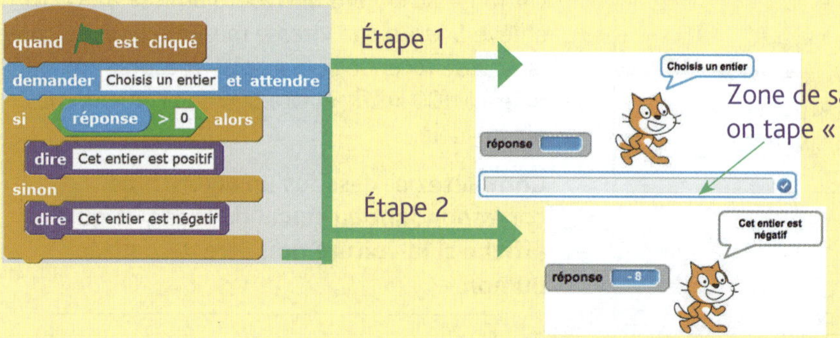

COMMENT FAIRE

Script avec condition et variable

- **Calculer le double d'un nombre choisi entre 3 et 11.**
  1. On demande de choisir un nombre entre 3 et 11.
  2. On teste si la réponse est entre 3 et 11.
  3. Si le nombre ne convient pas, on indique de relancer le script.
  4. Si le nombre donné est convenable, on crée la variable [double] puis on lui attribue la [réponse] saisie, multipliée par 2.

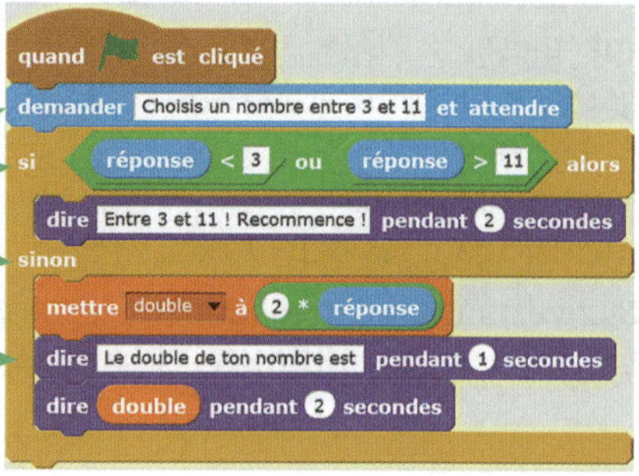

Astuce Attention ! Scratch va lire la suite de blocs, du haut vers le bas, et les exécuter une seule fois, sauf si on utilise des boucles « Répéter ».

S'ENTRAINER

1 ✪ Voici un algorithme :

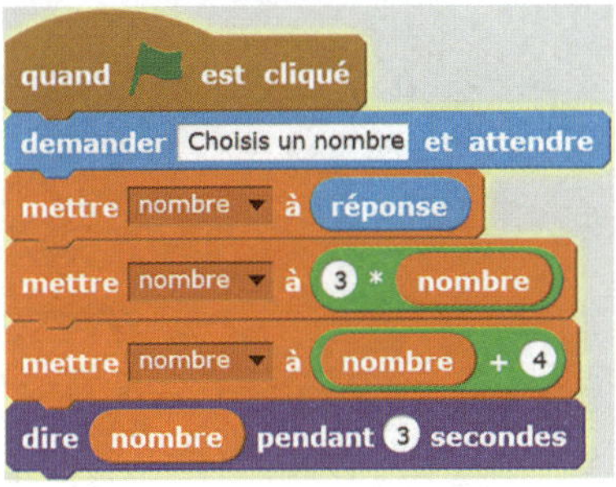

a. Indiquez ce que dit le lutin si l'utilisateur choisit le nombre 5, puis si on choisit le nombre – 5.

Pour 5 = ... Pour – 5 = ...

b. Indiquez ce que dit le lutin si l'utilisateur choisit le nombre 5 et qu'on échange les blocs 3 et 4.

2 ✪✪ Cet algorithme simule dix lancers de Pile ou Face avec une pièce truquée.

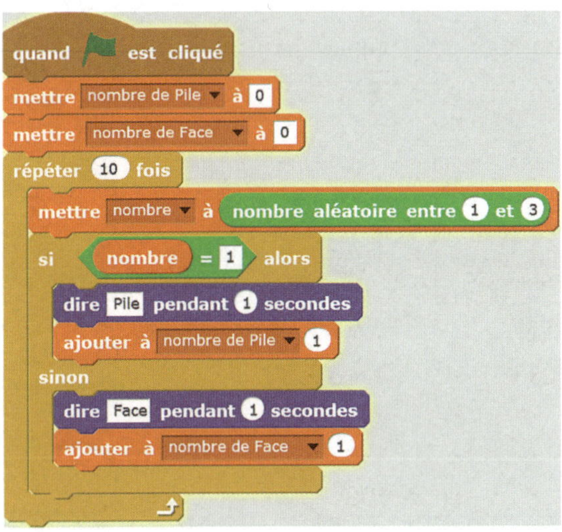

a. Expliquez pourquoi l'évènement « Face » a 2 fois plus de chances de se produire que l'évènement « Pile » : ....

....

b. Expliquez quoi modifier pour que ce programme simule 10 lancers d'une pièce non truquée :

....

c. Expliquez quoi modifier pour simuler 100 lancers d'une pièce truquée, où « Pile » ait 4 fois plus de chances de se produire que « Face » :

....

3 ✪✪✪ Positionnez ces blocs dans l'ordre pour que le script compte le nombre de 4 obtenus lors de 20 lancers de dés à 6 faces, en annonçant le résultat de chaque lancer et en affichant le nombre de lancers réalisés au fur et à mesure :

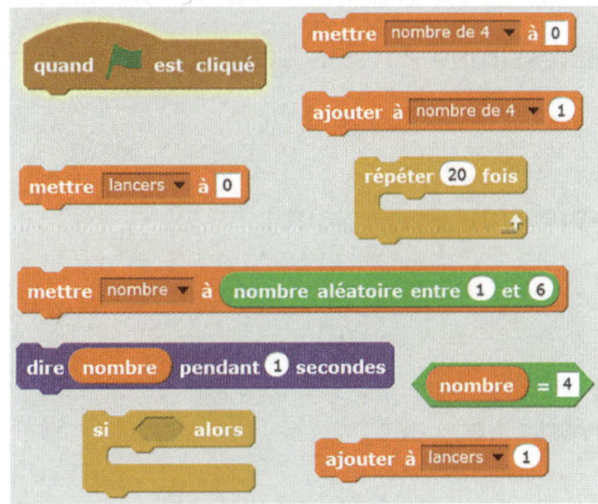

MINI-CONTRÔLE

Voici un script de construction géométrique :

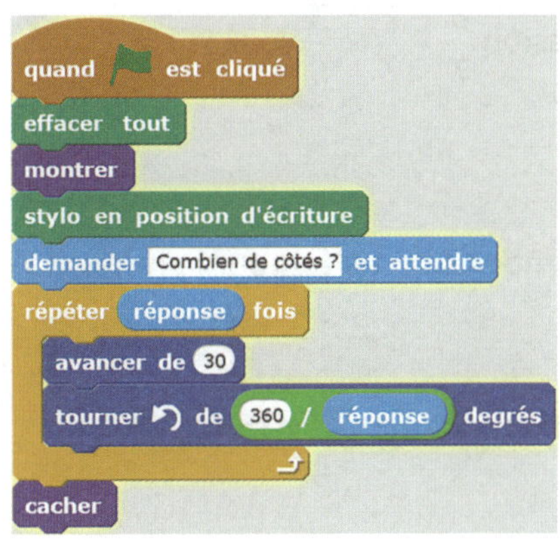

a. Expliquez ce que permet de réaliser ce script.

....

b. À partir de quel nombre choisi ce script dessine-t-il une figure qui sort de la scène ?

....

c. En utilisant un bloc de condition, transformez la boucle « **Répéter** » pour que, si l'utilisateur saisit une valeur trop grande, mais inférieure à 25, le script adapte la valeur du bloc [avancer de ( )] de sorte que la figure tracée ne sorte pas de la scène.

....

Corrigés p. 283

Bilan

NOMBRES ET CALCULS

Pour chaque exercice, entourez la ou les bonnes réponses.

1 **L'expression $-2 \times 4 + (-9) \div (-1)$ vaut :** .... /2

a. -18 b. $+1$ c. -10 d. $+17$

2 **L'expression $\frac{1}{7} + \frac{1}{3}$ vaut :** .... /2

a. $\frac{10}{21}$ b. $\frac{2}{10}$ c. $\frac{1}{21}$ d. $\frac{2}{21}$

3 **L'inverse de $\frac{2}{3}$ est :** .... /2

a. $-\frac{2}{3}$ b. 1,5 c. $\frac{3}{2}$ d. $-1{,}5$

4 **L'expression $\frac{1}{7} \div \frac{2}{3}$ vaut :** .... /2

a. $\frac{2}{21}$ b. $\frac{3}{14}$ c. $\frac{21}{2}$ d. $\frac{14}{3}$

5 **L'expression $\frac{5}{7} - \frac{2}{7} \times \frac{3}{5}$ vaut :** .... /2

a. $\frac{19}{35}$ b. $\frac{9}{35}$ c. $\frac{-37}{7}$ d. 0

6 **La décomposition en facteurs premiers de 198 est :** .... /2

a. 9×22 b. $2 \times 3 \times 11$ c. $2 \times 3^2 \times 11$ d. $2 \times 3 \times 33$

7 **L'expression $5^3 - (-2)^3 + (-3)^2$ vaut :** .... /2

a. 126 b. 142 c. 124 d. 108

8 **Un fichier de 25 000 Mo a aussi pour taille :** .... /2

a. 25 Go b. 2,5 To c. 25×10^3 ko d. $2{,}5 \times 10^3$ ko

9 **L'écriture scientifique de 0,000 002 3 est :** .... /2

a. $0{,}23 \times 10^{-5}$ b. $2{,}3 \times 10^{-5}$ c. $2{,}3 \times 10^{-6}$ d. 23×10^{-7}

10 **L'expression $\sqrt{49} - \sqrt{4} \times \sqrt{25}$ vaut :** .... /2

a. -3 b. -51 c. 25 d. 3

Total .... /20

CALCUL LITTÉRAL

Pour chaque exercice, entourez la ou les bonnes réponses.

1 **L'expression $2x + 3 - (x - 1)$ vaut, lorsque $x = -1$:** .... /2

a. 6 b. 3 c. – 3 d. – 1

2 **Remplacer x par 1 rend vraie l'égalité :** .... /2

a. $3x - 1 = x + 1$ b. $-3x - 1 = x - 5$ c. $3(x - 1) = 2x - 2$ d. $1 - 2x^2 = 3 - 4x$

3 **L'expression réduite de $x^3 - x^2 + x - 1 - 2x + 2x^2 - 3$ est :** .... /2

a. $x^3 + x^2 - x - 4$ b. $x^3 - 3x^2 - x - 2$ c. $5x - 4$ d. $2x^2 - 4$

4 **L'expression développée de $x(3 - 2x)$ vaut :** .... /2

a. x^2 b. x c. $3x - 2x^2$ d. $3 - 2x^2$

5 **L'expression développée $3(5 - 2x)$ vaut :** .... /2

a. $15 - 6x$ b. $15 - 2x$ c. $8 - 5x$ d. $9x$

6 **L'expression factorisée de $3x + 4x^2$ vaut :** .... /2

a. $7x^3$ b. $x(3 + 4x^2)$ c. $x(3x + 4)$ d. $x(3 + 4x)$

7 **L'équation $2x - 5 = 6x$ a pour solution :** .... /2

a. – 1 b. – 1,25 c. – 1,5 d. – 2

8 **3 est solution de l'équation :** .... /2

a. $x^2 = 9$ b. $3 = 8x - 21$ c. $3x + 1 = 16 - 2x$ d. $x^3 = 9$

9 **L'image de – 1 par la fonction $f : x \rightarrow -x^2 + 3$ vaut :** .... /2

a. 5 b. 1 c. – 5 d. 2

10 **L'équation $2 + 2(3x - 5) = 4(8 - x)$ a pour solution :** .... /2

a. 4 b. 3 c. 2 d. 1

Total .... /20

Corrigés p. 284

Bilan

ORGANISATION ET GESTION DE DONNÉES

Pour chaque exercice, entourez la ou les bonnes réponses.

1 **Si 5 cahiers coûtent 8 €, 14 cahiers coûtent :**

a. 22,84 € b. 14,84 € c. 24 € d. 22,40 €

.... /2

2 **Armel partage son paquet de 189 cartes avec Solal suivant le ratio 7:2. Armel récupère :**

a. 7 cartes b. 21 cartes c. 63 cartes d. 147 cartes

.... /2

3 **Ali a reçu 63 €, Alice 42 € et Alix 63 €. Le ratio de cette répartition est :**

a. 3:2:3 b. 9:6:9 c. 21:14:21 d. 63:42:63

.... /2

4 **Sur le graphique d'une situation de proportionnalité, les points sont :**

a. sur un même cercle b. alignés c. alignés avec l'origine d. quelconques

.... /2

5 **La médiane de la série 1-2-3-3-3-5-5-6-8 est :**

a. 3 b. 4 c. 5 d. 8

.... /2

6 **La médiane de la série 6-2-8-3-5-5-3-3-1-3 est :**

a. 3 b. 4 c. 5 d. 8

.... /2

7 **On lance un dé équilibré à 10 faces, numérotées de 1 à 10. La probabilité d'obtenir « un diviseur de 72 » est de :**

a. 1 b. $\frac{7}{10}$ c. $\frac{1}{2}$ d. $\frac{3}{5}$

.... /2

8 **Dans la même expérience, la probabilité d'obtenir « au moins 2 » est de :**

a. $\frac{2}{5}$ b. $\frac{3}{5}$ c. $\frac{4}{5}$ d. $\frac{7}{10}$

.... /2

9 **La glace a une masse volumique de 0,917 kg/dm³. 1 kg de glace occupe donc un volume d'environ :**

a. 0,917 L b. 1 L c. 1,09 L d. 1,117 L

.... /2

10 **58 % des électeurs d'un village de 250 habitants sont allés voter pour le candidat A ou le candidat B. Le candidat A a reçu 116 voix. Combien de voix a obtenu le candidat B ?**

a. 29 b. 58 c. 134 d. 145

.... /2

Total .... /20

ESPACE ET GÉOMÉTRIE ALGORITHMIQUE ET PROGRAMMATION

Pour chaque exercice, entourez la ou les bonnes réponses.

1 Une pyramide ayant comme base un carré de côté 4 cm et de hauteur 6 cm a pour volume : .... /2

a. 24 cm^3 b. 32 cm^3 c. 96 cm^3 d. 8 cm^3

2 Un cône de révolution de rayon 3 cm et de hauteur 3 cm a pour volume : .... /2

a. 9 cm^3 b. 9π cm^3 c. 27π cm^3 d. 27 cm^3

Questions 3, 4, 5 : sur la figure ci-contre, on sait que (DE) // (FG).

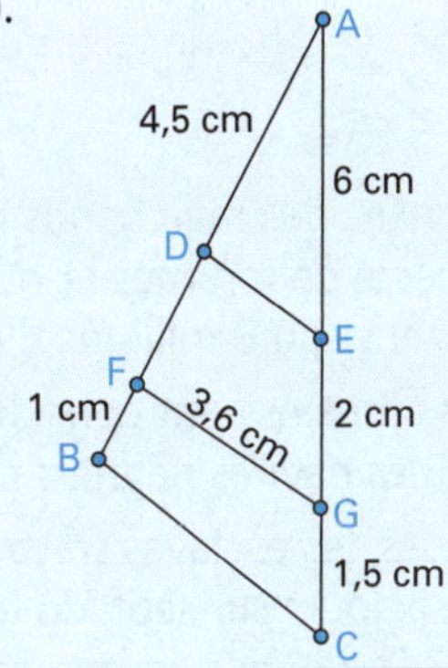

3 Le segment [AF] mesure : .... /2

a. 6 cm b. 6,5 cm c. 7 cm

4 Le segment [DE] mesure : .... /2

a. 2,7 cm b. 3 cm c. 4,8 cm

5 Les droites (FG) et (DE) sont : .... /2

a. parallèles b. perpendiculaires c. sécantes

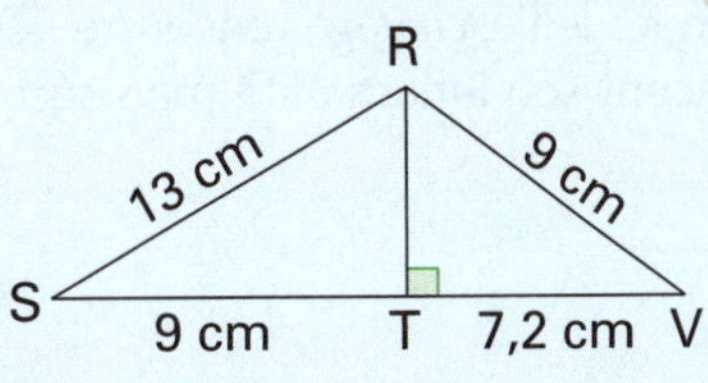

6 Le segment [RT] mesure : .... /2

a. 1,8 cm b. 3,6 cm c. 5,4 cm

7 Le triangle RST est : .... /2

a. isocèle b. rectangle c. quelconque

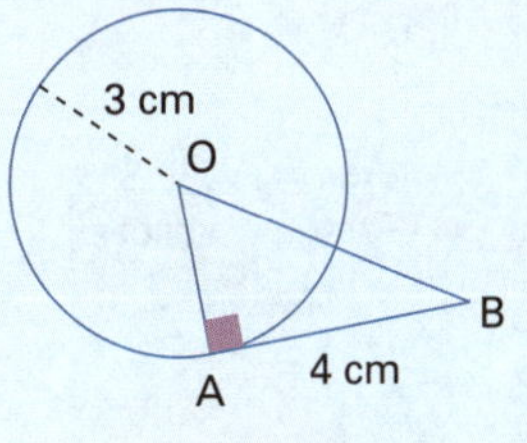

8 Le cosinus de l'angle ABO vaut : .... /2

a. 0,8 b. 0,6 c. 0,75

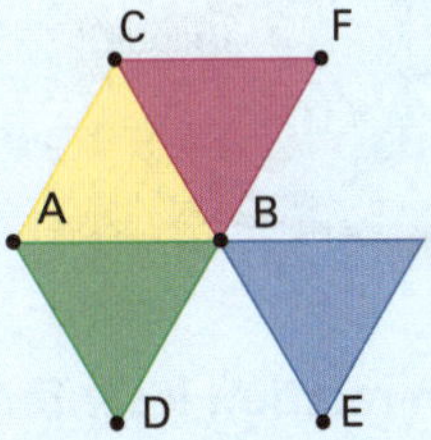

9 Par la translation qui envoie A en D, le triangle rose a pour image le triangle .... /2

a. jaune b. bleu c. vert

10 Si l'on saisit A = 5, qu'affiche l'algorithme en sortie ? .... /2

a. 75 b. 28
c. 13 d. 10

1. Début
2. Variable A
3. Saisie A
4. A = A^2 + 3
5. Afficher A
6. Fin

Total .... /20

Corrigés p. 284

1 Les traites négrières et l'esclavage (XVIIIe siècle)

HISTOIRE

JE RETIENS

Domination de l'océan Atlantique

• Entre le XVIe et le XVIIIe siècle, l'Europe connait un fort développement économique fondé sur le **commerce maritime**. Ce commerce entraine l'**enrichissement de grandes villes** (Liverpool, Bordeaux...) et de certaines familles de **négociants**.

• Les Européens organisent le **commerce triangulaire** qui met en relation l'Europe, l'Afrique et les Amériques. Il est basé à la fois sur la commercialisation de produits (café, tabac, etc.) et sur celle de femmes et d'hommes africains.

La vie des esclaves

• L'enrichissement des marchands repose notamment sur les **traites négrières**. On désigne ainsi le commerce de femmes et d'hommes africains capturés et vendus à des esclavagistes. Au XVIIIe siècle, environ 8 millions d'esclaves sont déportés d'Afrique vers les Amériques.

• Les esclaves africains sont considérés comme des marchandises : ils sont vendus et transportés dans les cales des navires négriers pendant plus de deux mois. Beaucoup ne survivent pas.

• Aux Amériques, les esclaves travaillent principalement dans des **plantations** (sucre, coton...), ils travaillent six jours sur sept, du lever au coucher du soleil. La violence est quotidienne. Les esclaves sont considérés comme du bétail et leurs maitres ont droit de vie ou de mort sur eux.

• La pratique de l'esclavage rencontre des oppositions : de la part des philosophes des Lumières qui dénoncent son inhumanité mais surtout des esclaves qui se révoltent (les **marrons**).

COMMENT FAIRE

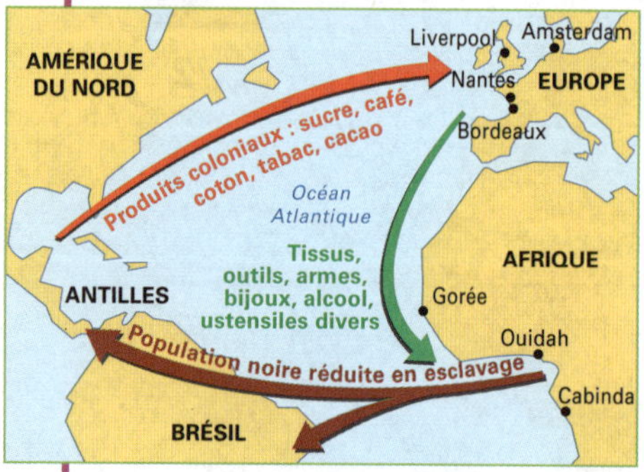

Comprendre le commerce triangulaire

- **Identifier le document :** la carte présente le commerce transatlantique : les grandes régions de commerce, le parcours des navires et les produits échangés.
- **Sélectionner les informations :** ce commerce est appelé « commerce triangulaire ». Les navires quittent l'Europe chargés de tissus, outils, armes ou pacotilles vers l'Afrique pour y acheter des esclaves, revendus plus tard sur le continent américain contre des produits coloniaux.
- **Mettre en relation les informations :** l'Europe du nord-ouest s'enrichit grandement au XVIIIe siècle alors que la vie des esclaves est effroyable.

MOTS-CLÉS Négociants, plantations, commerce triangulaire, traite négrière, marrons.

LE CONSEIL DU COACH

Se donner du temps

N'hésitez pas à vous donner du temps pour aborder cette leçon. Elle est complexe et riche en vocabulaire. Essayez de la mémoriser en plusieurs fois, en ajoutant chaque fois plus d'informations.

S'ENTRAINER

1 ✪✪ Les activités commerciales du port de Bordeaux

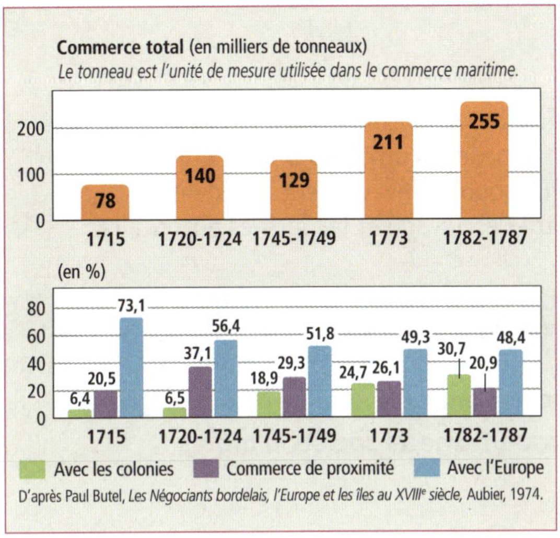

Expliquez comment évolue l'activité commerciale de Bordeaux entre 1715 et 1787.

....

....

....

....

....

....

....

....

....

....

MINI-CONTRÔLE

D'après ces documents, répondez, sur une feuille à part, au sujet suivant : « À la fin du XVIIIe siècle, rédigez un discours pour dénoncer l'esclavage et les traites négrières. »

Doc. A. Une justification de l'esclavage

Ces misérables esclaves trouvent ordinairement leur salut dans la perte de liberté. [La] raison de l'instruction chrétienne qu'on leur donne, jointe au besoin indispensable qu'on a d'eux pour la culture des sucres, des tabacs, des indigos, etc., adoucit ce qui parait d'inhumain dans un négoce (commerce) où des hommes sont les marchands d'autres hommes, et les achètent, de même que des bestiaux pour cultiver leur terre.

Savary des Bruslons,
Dictionnaire universel de Commerce, 1723.

Doc. B. Le cruel traitement des esclaves aux Antilles, 1773.

Doc. C. Menottes de marchands d'esclaves.

Corrigés p. 284

AVEZ-VOUS RÉUSSI ?

2 L'Europe des Lumières

HISTOIRE

JE RETIENS

De nouvelles idées

L'Europe connait un grand **essor économique** à partir du XVIIe siècle. Ce dynamisme est accompagné d'importants **progrès scientifiques et techniques**. Des savants, comme l'Anglais Newton ou le Suédois Linné, développent de nouvelles méthodes de recherche basées sur l'expérimentation et les **voyages d'exploration**.

Le siècle des Lumières

Des intellectuels européens décident d'utiliser ces méthodes scientifiques pour étudier les systèmes politiques et sociaux de leur époque. On appelle **« Lumières »** ceux qui voulaient **éclairer l'esprit des hommes**. En France, plusieurs philosophes développent ces idées :

- **Montesquieu** (*De l'Esprit des lois,* 1748) se bat contre l'esclavage et les formes autoritaires du pouvoir, il réclame une séparation des pouvoirs ;
- **Voltaire** (*Candide,* 1759) dénonce l'intolérance religieuse et réclame la liberté de culte ;
- **Diderot et d'Alembert** (l'*Encyclopédie,* 1751) combattent l'ignorance et luttent pour diffuser les connaissances de leur époque ;
- **Rousseau** (*Du contrat social,* 1762) réclame la fin de la monarchie absolue et plus d'égalité.

Les philosophes des Lumières remettent en cause **l'absolutisme, la société d'ordres et les superstitions** religieuses.

La diffusion des idées des Lumières

Certains souverains sont influencés par ces idées (les **despotes éclairés**) et tentent de moderniser leur pays. Mais les critiques des philosophes sont parfois **censurées**.

COMMENT FAIRE

Analyser un tableau

1. **Identifier le document :** il s'agit d'un tableau peint entre 1792 et 1793 intitulé *Catherine II de Russie avec les allégories de l'Histoire et du Temps.*
2. **Sélectionner les informations :** Catherine II est représentée avec les symboles de la monarchie absolue russe (sceptre, couronne, globe), mais aussi un livre (l'Histoire), une faux (le Temps) et la déesse de la justice Thémis.
3. **Mettre en relation les informations :** ce tableau illustre la notion de « despote éclairé » : Catherine II s'inspire des Lumières et des réflexions des scientifiques, mais elle reste une souveraine qui affirme son pouvoir absolu.

G.B. Lampi, *Catherine II de Russie avec les allégories de l'Histoire et du Temps*, 1792-1793, musée de la Révolution française, Vizille.

PERSONNAGES IMPORTANTS Montesquieu, Diderot et d'Alembert, Voltaire, Rousseau.

S'ENTRAINER

1 ✪ Complétez le tableau suivant.

Principales idées	Philosophes	Une de ses œuvres
....	Montesquieu	....
....	....	*Candide*
Plus d'égalité entre les hommes	....	....
....	....	*Encyclopédie*

2 ✪✪ Le rôle de l'*Encyclopédie*

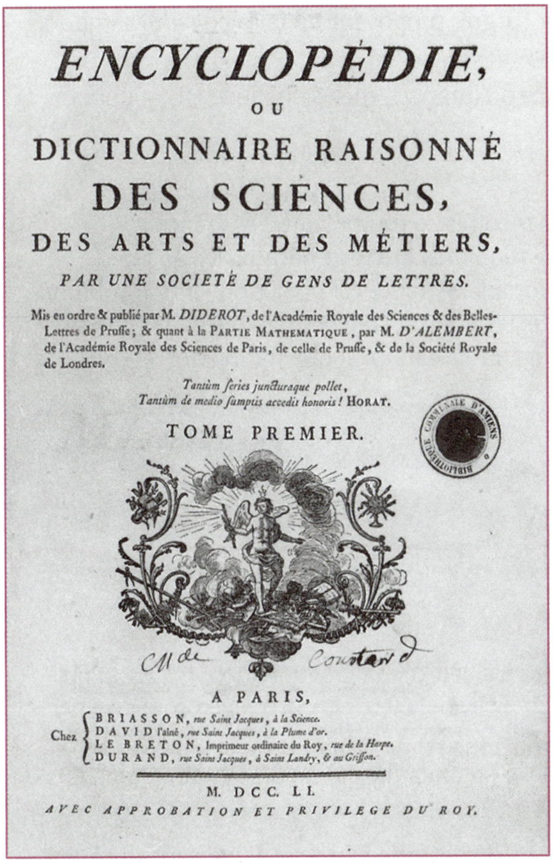

ENCYCLOPÉDIE,
OU
DICTIONNAIRE RAISONNÉ
DES SCIENCES,
DES ARTS ET DES MÉTIERS,
PAR UNE SOCIÉTÉ DE GENS DE LETTRES.

Mis en ordre & publié par M. DIDEROT, de l'Académie Royale des Sciences & des Belles-Lettres de Pruſſe; & quant à la PARTIE MATHÉMATIQUE, par M. D'ALEMBERT, de l'Académie Royale des Sciences de Paris, de celle de Pruſſe, & de la Société Royale de Londres.

Tantùm ſeries juncturaque pollet,
Tantùm de medio ſumptis accedit honoris! HORAT.

TOME PREMIER.

A PARIS,
Chez BRIASSON, rue Saint Jacques, à la Science.
DAVID l'aîné, rue Saint Jacques, à la Plume d'or.
LE BRETON, Imprimeur ordinaire du Roy, rue de la Harpe.
DURAND, rue Saint Jacques, à Saint Landry, & au Griffon.

M. DCC. LI.
AVEC APPROBATION ET PRIVILEGE DU ROY.

Première page de l'*Encyclopédie* de Diderot et d'Alembert, 1re édition, 1751.

a. Qui sont les auteurs de ce document ? De quand date-t-il ?

....

....

b. Quel était l'objectif de cette œuvre ?

....

....

MINI-CONTRÔLE

Montrez comment les philosophes des Lumières remettent en cause la société dans laquelle ils vivent.

> En France, un noble méprise souverainement un négociant. Je ne sais pourtant lequel est plus utile à un État : le seigneur bien poudré qui sait précisément à quelle heure le roi se lève, et qui se donne des airs de grandeur, ou un négociant qui enrichit son pays, donne des ordres au Caire, et contribue au bonheur du monde.
>
> S'il n'y avait en Angleterre qu'une religion, le despotisme serait à craindre ; s'il y en avait deux, elles se couperaient la gorge ; mais il y en a trente et elles vivent en paix, heureuses.
>
> Voltaire, *Lettres philosophiques*, 1734.

a. Que remet en cause ici Voltaire ?

....

....

....

....

b. Que risque Voltaire en tenant de tels propos ?

....

....

....

....

Corrigés p. 284

AVEZ-VOUS RÉUSSI ?

3 Les contestations de la monarchie absolue en France (XVIIIe siècle)

HISTOIRE

JE RETIENS

Dans les années 1780, les Français remettent, de plus en plus, en cause la **monarchie absolue et la société d'ordres**. Influencées par les idées des philosophes des Lumières, les élites économiques et sociales dénoncent le manque de liberté et réclament plus de droits politiques.

La crise devient économique

- Le royaume de France a soutenu **l'indépendance américaine** face aux Anglais. Cette aide financière aggrave la situation de **déficit des finances** : la France dépense plus que ce qu'elle gagne. Pour faire face aux dépenses, le roi et les ministres multiplient les **emprunts**, alors que les recettes financières stagnent. Des ministres, comme **Turgot**, proposent de faire payer des impôts aux privilégiés mais ces réformes sont sans cesse repoussées.
- Les **idées libérales** (liberté de la presse, égalité face à l'impôt…) mises en place en Amérique séduisent de plus en plus de monde.

La réunion des États généraux

En raison d'un climat froid et humide, les mauvaises récoltes se multiplient. Les Français ont peur d'une nouvelle **famine**. Louis XVI décide de réunir les **États généraux**. Il s'agit de représentants de chaque ordre réunis de façon extraordinaire par le roi pour trouver une solution à la crise économique. Pour préparer cette assemblée, les Français rédigent en 1788 des **cahiers de doléances** qui regroupent leurs souhaits aussi bien au niveau local que national.

COMMENT FAIRE

Analyser une caricature

1. **Identifier le document :** il s'agit d'une gravure anonyme de la fin du XVIIIe siècle.
2. **Sélectionner les informations :** un paysan est représenté courbé, en train de porter sur son dos un abbé (le clergé) et un membre de la noblesse.
3. **Mettre en relation les informations :** il s'agit d'une caricature qui critique la société d'ordres. Le poids de l'impôt et des taxes ne repose que sur les membres du tiers état.

Ça ne durera pas toujours,
gravure du XVIIIe siècle, BnF, Paris.

DATE CLÉ 1788 : rédaction des cahiers de doléances.

S'ENTRAINER

1 ✪ Analyser le budget de la France en 1788

Dépenses (en millions de livres)		
• Dépenses civiles		**145**
Dont :	Instruction publique	1
	Travaux publics	15
	Cour et privilégiés	36
• Dépenses militaires et diplomatiques		**165**
• Service de la dette		**310**
Dont :	Pensions	27
	Remboursements des emprunts	260
Total des dépenses		***620***
Recettes (en millions de livres)		
• Impôts directs		158
• Impôts indirects		208
• Loterie royale		10
• Recettes diverses		127
Total des recettes		***503***

a. Quel est le montant total des dépenses ? Des recettes ? Comment se nomme cette situation ?

....

....

....

b. Quelle est la dépense la plus importante ? Comment peut-on l'expliquer ?

....

....

....

c. Que décide Louis XVI face à ces difficultés économiques ?

....

....

2 ✪✪ Analyser un portrait royal

J.-S. Duplessis, *Portrait de Louis XVI en habit de sacre*, musée Carnavalet, Paris.

a. Quels sont les insignes royaux visibles ici ?

....

....

b. Quelle image est donnée ici de la monarchie française ? En quoi cela est-il contradictoire avec les envies de libertés des élites ?

....

....

....

....

MINI-CONTRÔLE

Art. 1. – Qu'il soit reconnu et statué, comme loi constitutionnelle de l'État, que tous les impôts quelconques [...] seront supportés par les trois ordres.

Art. 2. – Qu'en conséquence, tous les impôts auxquels les trois ordres ne contribuent pas également, tels que la taille [...], les corvées en nature ou en argent, soient supprimés, et tous privilèges pécuniaires inutiles, éteints et anéantis.

Art. 15. – [...] surtout que l'on fasse disparaître, dès à présent, la différence humiliante des peines, et que, sans distinction de l'homme du peuple ou de l'homme puissant, la loi qui punit soit égale, et la même pour tous les citoyens.

Extraits de *Cahier de plaintes, doléances et vœux des habitants de la paroisse d'Arcueil et du hameau de Cachan*, 13 avril 1789.

a. Présentez le document.

....

....

b. Que réclame ici le tiers état ?

....

....

c. Montrez qu'il s'agit d'une remise en cause de la société d'ordres.

....

....

....

Corrigés p. 285

AVEZ-VOUS RÉUSSI ?

4 La Révolution française et la République (1789-1804)

HISTOIRE

JE RETIENS

La fin de la monarchie absolue et la proclamation de la République

- Le 20 mai 1789, Louis XVI ouvre les États généraux à Versailles. Devant la lenteur des débats, les députés du tiers état promettent de ne pas se séparer jusqu'à la mise en place d'une Constitution : c'est le **serment du Jeu de Paume** (20 juin). Le **14 juillet**, **les Parisiens prennent la Bastille** pour y récupérer des armes afin de soutenir leurs députés. La nuit du 4 aout, les députés votent la **fin des privilèges** : l'Ancien Régime a disparu avec la monarchie absolue.
- Louis XVI est opposé à la **Constitution**, qui limite ses pouvoirs (monarchie constitutionnelle). Il tente de fuir vers l'Autriche, ce qui provoque une **révolte à Paris** le 10 aout 1792. Convaincus de la traitrise du roi, **les députés proclament la République** le 21 septembre 1792 et votent **l'exécution du roi** le 21 janvier 1793.

La Terreur et la fin de la République

Face aux ennemis intérieurs (les Vendéens) et extérieurs (monarchies européennes), **Robespierre met en place la Terreur** le 27 juillet 1794 : il s'agit de mesures d'exception pour sauver la « Patrie en danger ». Ce régime est renversé à son tour, pour laisser la place à une République bourgeoise (**le Directoire**), elle-même renversée par **Napoléon Bonaparte** le 9 novembre 1799, qui instaure un régime autoritaire : le **Consulat** jusqu'en 1804.

Les acquis de la Révolution

La **Déclaration des droits de l'homme et du citoyen** du 26 aout 1789 affirme de nouveaux principes : libertés individuelles, tolérance religieuse et égalité de droits.

COMMENT FAIRE

Analyser un tableau sur un évènement révolutionnaire

1. **Identifier le document :** c'est un tableau de David, peint en 1791 et exposé au musée du château de Versailles.
2. **Sélectionner les informations :** on distingue les députés du tiers état et du clergé qui prêtent serment de rester unis tant qu'une Constitution n'aura pas été établie.
3. **Mettre en relation les informations :** cet évènement est le déclencheur de la Révolution française et entraine la disparition de l'Ancien Régime.

David, *Le Serment du Jeu de paume, 20 juin 1789*, 1791, musée national du château de Versailles.

DATES CLÉS

20/06/1789, serment du Jeu de Paume ; 14/07/1789, prise de la Bastille ; 4/08/1789, abolition des privilèges ; 26/08/1789, Déclaration des droits de l'homme et du citoyen ; 21/09/1792, proclamation de la République ; 9/11/1799, coup d'État de Napoléon.

LE CONSEIL DU COACH

Apprendre avec son corps
Pour retenir des connaissances, vous pouvez utiliser votre corps ! Pour cela, vous associez des parties de votre corps dans un ordre précis avec des temps forts de la Révolution à mémoriser. Par exemple, vous associez la main gauche avec la fin de l'Ancien Régime en 1789, la main droite avec l'abolition de la royauté le 21 septembre 1792… Ensuite, il faut vous souvenir des parties de votre corps et visualiser les éléments associés.

S'ENTRAINER

1 ✪✪ Étudier la place des femmes dans la Révolution

Les mères, les filles, les sœurs représentantes de la nation, demandent d'être constituées en Assemblée nationale. Considérant que l'ignorance, l'oubli ou le mépris des droits de la femme sont les seules causes des malheurs publics, […] elles ont résolu d'exposer dans une déclaration solennelle les droits naturels, inaliénables et sacrés de la femme. […]

Art. Ier – La femme naît libre et demeure égale en droit à l'homme. […]

Art. VI – La loi doit être l'expression de la volonté générale ; toutes les citoyennes et les citoyens doivent concourir personnellement, ou par leurs représentants, à sa formation ; elle doit être la même pour tous […].

Olympe de Gouges, *Déclaration des droits de la femme et de la citoyenne*, 1791.

Une sans-culotte, gravure, vers 1792, BnF, Paris.

a. De quel texte pouvez-vous rapprocher ce document ? Pourquoi ?

……………………………………………………………………………………………

……………………………………………………………………………………………

……………………………………………………………………………………………

b. Quels sont les droits des femmes affirmés ici ?

……………………………………………………………………………………………

……………………………………………………………………………………………

……………………………………………………………………………………………

MINI-CONTRÔLE

Complétez la frise avec les informations suivantes :

- **régimes politiques :** monarchie constitutionnelle, Consulat, République, monarchie absolue ;
- **évènements :** prise de la Bastille, abolition des privilèges, proclamation de la République, mort de Louis XVI, coup d'État de Napoléon.

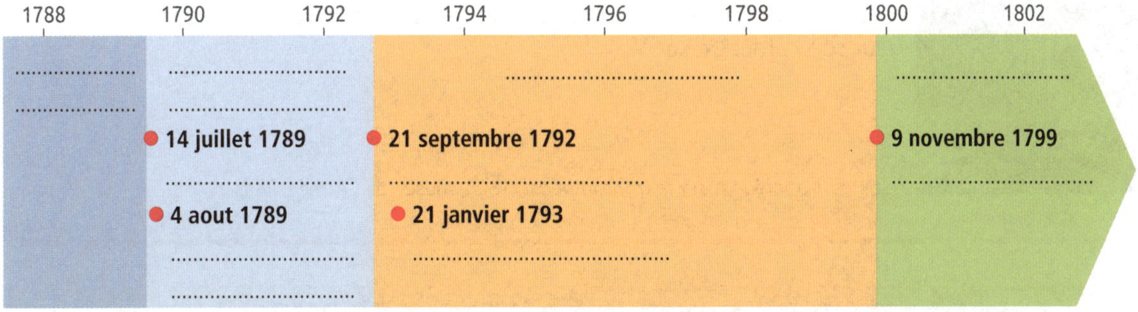

Corrigés p. 285

AVEZ-VOUS RÉUSSI ?

5 L'Empire napoléonien (1804-1815)

HISTOIRE

JE RETIENS

Un pouvoir personnel

• À la fin de l'année 1799, Napoléon Bonaparte devient Premier consul et possède l'essentiel du pouvoir exécutif. Il se fait sacrer **empereur des Français le 2 décembre 1804** à la cathédrale Notre-Dame de Paris, sous le nom de **Napoléon Ier**. Il est perçu comme celui qui met fin à la Révolution tout en évitant le retour de la Terreur et de la contre-révolution.

• L'Empire est un **régime autoritaire** : Napoléon a tout le pouvoir entre ses mains. La population est surveillée, la presse est censurée. Les victoires militaires et les richesses qu'elles procurent accordent beaucoup de prestige à l'empereur et à ses troupes.

L'héritage révolutionnaire

Napoléon poursuit la réorganisation de la société française commencée sous la Révolution. Il met en place **les préfets** qui sont des représentants du gouvernement dans les départements. Il instaure la **Légion d'honneur**, pour récompenser les services rendus à l'État. Il crée les **lycées** pour constituer la future élite de la France et, surtout, il affirme l'égalité des Français devant la loi grâce au **Code civil de 1804**. D'un point de vue économique, il crée une nouvelle monnaie, le **franc germinal**, unique sur tout le territoire.

La chute de l'Empire

La chute de Napoléon est due aux **défaites militaires de la Grande Armée**, à partir de 1812. La défaite de Waterloo, en 1815 face aux Anglais, entraine la fin de l'Empire.

COMMENT FAIRE

Analyser une représentation officielle du souverain

1. **Identifier le document :** il s'agit d'une peinture de J.-A.-D. Ingres représentant Napoléon en costume de sacre sur le trône impérial.

2. **Sélectionner les informations :** Napoléon est représenté portant les *regalia* de la monarchie française (la main de Justice et le sceptre de Charlemagne) et le manteau de velours rouge brodé d'abeille, symbole impérial.

3. **Mettre en relation les informations :** cette représentation inscrit Napoléon dans la lignée des souverains français tout en insistant sur son caractère sacré.

Ingres, *Napoléon Ier sur le trône impérial*, 1806, musée de l'Armée, Paris.

DATES CLÉS 02/12/1804, sacre de Napoléon Ier ; 1804, Code civil ; 1815, fin de l'Empire.

S'ENTRAINER

1 ✪✪ Le Code civil

Art. 8. – Tout Français jouira des droits civils.

Art. 212 et 213. – Les époux se doivent mutuellement fidélité, secours, assistance. Le mari doit protection à sa femme, la femme obéissance à son mari.

Art. 371 à 373. – L'enfant, à tout âge, doit honneur et respect à ses parents. Il reste sous leur autorité jusqu'à sa majorité. Le père seul exerce cette autorité pendant le mariage.

Art. 1781. – [L'employeur] est cru sur son affirmation pour le paiement des salaires.

Code civil, 21 mars 1804.

a. Quel est le premier principe affirmé dans le Code civil ?

....

b. Quelle est la situation des femmes par rapport à leur mari ? Justifiez à l'aide du document.

....

....

c. Que nous apprend la Code civil sur la société de cette époque ?

....

....

MINI-CONTRÔLE

Je jure de maintenir l'intégrité du territoire de la République ; de respecter et de faire respecter les lois du Concordat[1] et la liberté des cultes ; de respecter et de faire respecter l'égalité des droits, la liberté politique et civile [...] ; de ne lever aucun impôt qu'en vertu de la loi ; de maintenir l'institution de la Légion d'honneur ; de gouverner dans la seule vue de l'intérêt, du bonheur et de la gloire du peuple français.

Serment prononcé par Napoléon Ier, à la fin de la cérémonie du sacre.

1. Texte qui signe un accord entre un État et le pape sur des questions religieuses.

David, *Le Sacre de Napoléon Ier*, 1805-1807, détail, musée du Louvre, Paris.

a. Quel est l'évènement mentionné ici ? Quand a-t-il eu lieu ?

....

b. Quelle image Napoléon veut-il donner de lui ici ?

....

....

c. Montrez que l'héritage de Napoléon est à la fois révolutionnaire et monarchique.

....

....

Corrigés p. 285

AVEZ-VOUS RÉUSSI ?

6 La France et l'Europe (1789-1815)

HISTOIRE

JE RETIENS

Exporter la Révolution et ses idées

À partir de 1792, la France se retrouve en guerre contre de nombreux États européens qui ont peur de la contagion révolutionnaire. **Les idées révolutionnaires se diffusent en Europe**, les peuples espèrent plus de liberté, d'égalité et la souveraineté nationale. Les armées françaises sont perçues dans un premier temps comme **libératrices** : elles suppriment la monarchie, les privilèges et la féodalité.

La conquête et la domination

De plus en plus, les conquêtes sont considérées par les peuples européens comme un moyen d'imposer une **domination française**. L'année **1811** marque **l'apogée des conquêtes** napoléoniennes : à l'exception de l'Angleterre, presque toute l'Europe est conquise.

L'éveil des sentiments nationaux

L'attitude de Napoléon qui installe des membres de sa famille à la tête de chaque territoire réveille des **sentiments nationaux**. Des populations, qui partagent des caractéristiques communes comme la langue ou la culture, veulent constituer un État. En **1808, les Espagnols se soulèvent** contre Napoléon mais la **répression** est très violente.

La chute de l'Empire

Les révoltes des peuples européens et la **coalition des souverains** entrainent la défaite des troupes napoléoniennes à **Waterloo le 18 juin 1815**. La même année, au **congrès de Vienne**, les puissances européennes se partagent les dépouilles de l'Empire.

COMMENT FAIRE

Goya, *Tres de Mayo*, 1814, musée du Prado, Madrid.

Analyser une œuvre romantique

1. **Identifier le document :** il s'agit d'une œuvre peinte par Goya, initiateur du mouvement romantique, qui montre les sentiments, la volonté et les aspirations personnelles d'une population.
2. **Sélectionner les informations :** le 2 mai 1808, les Madrilènes se révoltent face à Napoléon. Les troupes napoléoniennes écrasent la révolte le 3 mai. Le personnage central, habillé de blanc (innocence), est présenté comme un martyr de ce massacre.
3. **Mettre en relation les informations :** ce tableau symbolise la résistance des Espagnols. C'est une œuvre qui a une portée universelle et qui inspirera de nombreux artistes.

DATES CLÉS 1808, révolte en Espagne ; 1811, apogée des conquêtes napoléoniennes ; 18 juin 1815, défaite à Waterloo ; 1815, congrès de Vienne.

S'ENTRAINER

1 ✪✪ L'Europe et la Révolution

Dès l'aurore de la Révolution française, le peuple piémontais[1] sentit le charme de la liberté. En 1791, plusieurs insurrections avaient déjà fait trembler le gouvernement. Ces essais, quoique inutiles, allumèrent toujours plus le feu révolutionnaire qui était puissamment fomenté[2] par l'odieux gouvernement féodal[3], par le poids excessif des impôts, par la misère du peuple, par l'orgueil de la noblesse et du clergé.

D'après Philippe Buonarroti (originaire du nord de l'Italie qui s'engage en faveur de la Révolution française dès 1789), 20 février 1796.

1. Peuple d'un État italien, le Piémont.
2. Entretenu.
3. Régime monarchique dans lequel les privilèges ne sont pas supprimés.

a. Comment est perçue la Révolution, en Italie, dans un premier temps ? Justifiez.

Cependant le ciel se troubla bien vite. Leurs chefs se disputèrent les avantages du pouvoir. Et nous les vîmes se livrer à l'orgie et piller en grands. [...] Alors, une fureur sauvage s'empara de nos hommes ; ils voulurent venger leurs pertes et défendre ce qui leur restait.

D'après Goethe, *Hermann et Dorothée*, 1797.

b. Comment évolue ce sentiment en Allemagne, patrie de Goethe ? Pourquoi ?

MINI-CONTRÔLE

L'Europe de Napoléon (1811)

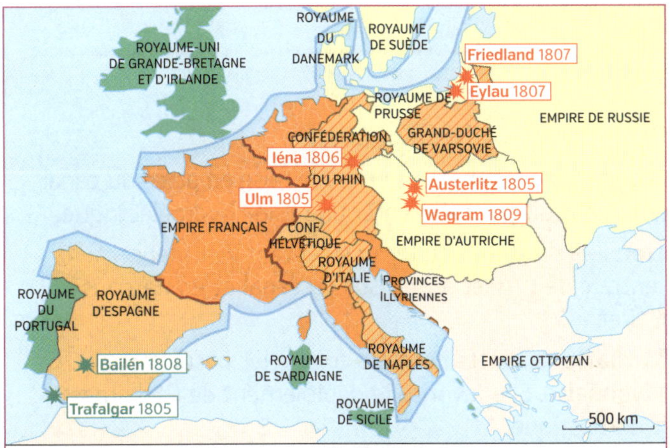

Une Europe dominée par la France
- Frontières de la France en 1792
- Empire français (130 départements)
- États soumis à l'Empire français
- États ou regroupement d'États créés par Napoléon

Une Europe en guerre
- États indépendants temporairement alliés à l'Empire français
- États en guerre contre l'Empire français
- Blocus continental (1806)
- Victoires/défaite de Napoléon

a. Pourquoi l'année 1811 est-elle considérée comme l'apogée de l'Empire ? Quels sont les territoires conquis à cette date ?

b. Quels sont les territoires qui résistent à cette date ?

c. Que deviennent les conquêtes de la France en 1815 ? Pourquoi ?

Corrigés p. 285

AVEZ-VOUS RÉUSSI ?

7 L'Europe de la révolution industrielle (XIXe siècle)

HISTOIRE

JE RETIENS

De nouvelles manières de produire

- À partir de la fin du XVIIIe siècle, les **activités industrielles** sont bouleversées par des **innovations** comme la **machine à vapeur** (James Watt). C'est la **révolution industrielle** : une accélération et une transformation des activités industrielles. Cette révolution nait en **Angleterre,** puis se diffuse dans le reste de l'Europe et en Amérique du Nord. Elle entraine l'apparition de **grandes régions industrielles autour des mines de charbon.**
- Ces innovations se poursuivent au XIXe siècle, avec l'**électricité** ou le **moteur à explosion** (automobile). Elles transforment les villes avec l'apparition de quartiers industriels, autour des **usines**, et modernisent les campagnes (engrais, machines agricoles). Elles permettent le **développement des transports**.

Une transformation des sociétés

- De nombreux ruraux quittent la campagne pour trouver du travail dans les usines, en ville (**exode rural**). Ils forment le prolétariat. Certains quittent même leur pays pour le « **Nouveau monde** » (l'Amérique).
- Les conditions de travail et de vie des ouvriers sont difficiles même si des **lois sociales** sont promulguées. Ils sont soumis à l'autorité de patrons, de propriétaires des usines qui s'enrichissent : les **bourgeois**. Pour les défendre, ils peuvent compter sur des **syndicats** et ont le droit de faire grève.
- Ces changements entrainent de nouvelles idéologies : le **libéralisme**, le **socialisme** et le **paternalisme économique**.

COMMENT FAIRE

Analyser une affiche publicitaire

1. **Identifier le document :** il s'agit d'une affiche présentant la mise en place du canal de Jonage (dérivation du Rhône), construit pour alimenter une usine hydroélectrique.
2. **Sélectionner les informations :** à droite d'une femme portant victorieusement un éclairage, on peut voir la centrale de Cusset au-dessus du canal et en dessous les bénéfices que l'on peut en tirer.
3. **Mettre en relation les informations :** cette centrale couvre les besoins en électricité de l'agglomération lyonnaise. Elle favorise le déploiement de l'éclairage ainsi qu'un usage industriel et domestique.

Affiche, création du canal de Jonage et de la centrale hydroélectrique de Cusset, 1900, EDF.

NOTIONS CLÉS Révolution industrielle, innovations, exode rural, lois sociales, syndicats, libéralisme, socialisme, paternalisme économique.

LE CONSEIL DU COACH

Instaurer des rituels

Pour travailler vos cours d'histoire, instaurez un rituel autour des mêmes questions : Quand a lieu l'évènement étudié ? Où ? Qui sont les acteurs ? Quelles sont les conséquences ? Soit vous avez déjà des connaissances qui vous permettent d'y répondre, soit vous utilisez la partie « Je retiens ». Vous serez ensuite prêt(e) pour faire les exercices.

S'ENTRAINER

1 ✪✪ Une catastrophe minière et ses conséquences

a. Que s'est-il passé à Courrières (Nord) en 1906 ?

....

b. Que pouvez-vous en déduire sur les conditions de travail des mineurs ?

....

....

c. Quelle a été la réaction des mineurs ?

....

LE GRAND ÉCHO du Nord et du Pas-de-Calais

LA GRÈVE DES MINEURS

Les troupes arrivent. — Un manifeste de M. Basly. — Déclarations de M. Broutchoux. — Bagarres à Liévin.

MINI-CONTRÔLE

Les grands principes des idéologies

Texte A.

L'autorité[1] ne doit jamais se mêler des questions de salaires alors même que les parties intéressées lui demandent d'intervenir. Le montant des salaires exprime toujours et nécessairement le rapport qu'il existe entre l'offre et la demande [...]. Le niveau est donné par les circonstances, l'influence de l'autorité n'y change rien.

Circulaire du ministre de l'Intérieur aux préfets, 1849.

1. L'État

Texte B.

La première étape de la révolution ouvrière est la conquête du pouvoir politique dont le prolétariat se servira pour arracher petit à petit tout le capital à la bourgeoisie et pour centraliser tous les instruments de production dans les mains de l'État.

Karl Marx et Friedrich Engels, *Manifeste du parti communiste*, 1848.

Complétez le tableau suivant.

	Texte A	Texte B
Auteur	....	....
Date	....	....
Rôle de l'État dans l'économie	....	....
Courant de pensée	....	....

Corrigés p. 286

AVEZ-VOUS RÉUSSI ?

8 Les révolutions de 1848 en Europe

HISTOIRE

JE RETIENS

La mise en place de la IIe République

• Entre 1830 et 1848, la France est dirigée par Louis-Philippe Ier, roi des Français : c'est la monarchie de Juillet. **Les ouvriers, les républicains et les libéraux** réclament plus de liberté et la mise en place du suffrage universel.

• Le **24 février 1848**, Louis-Philippe est renversé par les républicains, qui proclament la **IIe République**. Ce nouveau régime prend des mesures telles que la **baisse du temps de travail**, la création des ateliers nationaux pour donner du travail aux chômeurs et la **liberté de presse et de réunion.**

Le Printemps des peuples

La révolte française a un immense **retentissement** auprès des élites européennes. Les gouvernements craignent une **contagion révolutionnaire** et doivent élaborer des **Constitutions** qui accordent plus de droits aux peuples. Ce **mouvement libéral** touche aussi l'Italie et la Prusse au printemps 1848.

Vers la naissance des États-nations

Les Hongrois et les Tchèques réclament **leur indépendance** à l'empire d'Autriche et les Italiens et les Allemands demandent l'unité. Les révolutionnaires revendiquent « **la liberté des peuples à disposer d'eux-mêmes** ». Le mouvement libéral s'accompagne d'un **mouvement national.** Au bout de quelques semaines, les mouvements révolutionnaires sont écrasés partout.

COMMENT FAIRE

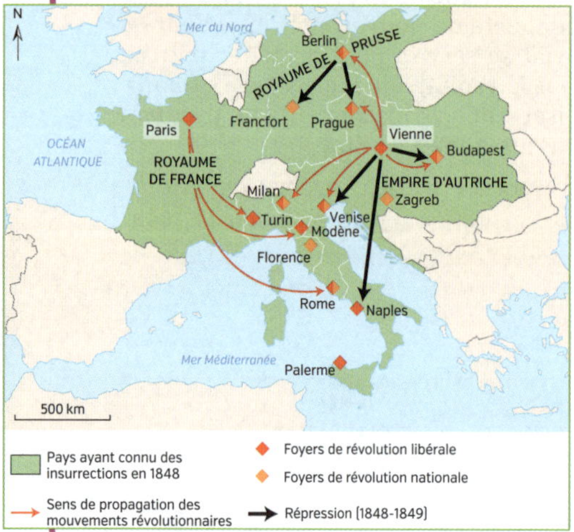

Analyser une carte du « Printemps des peuples », 1848

1. Identifier le document : cette carte évoque le Printemps des peuples en Europe, en 1848. Il s'agit des révoltes qui ont eu lieu dans différents États européens après la révolution, en France, qui a renversé la monarchie de Juillet en février 1848.

2. Sélectionner les informations : la plupart des pays d'Europe de l'Ouest ont connu des révolutions au cours du printemps 1848. Ces révolutions ont gagné, depuis la France et l'Autriche, l'Italie et la Prusse.

3. Mettre en relation les informations : ces révolutions étaient à la fois nationales (réclamant l'indépendance ou l'unité d'un peuple) et libérales (réclamant plus de liberté).

DATES CLÉS 24 février 1848, proclamation de la IIe République ; 1848, Printemps des peuples.

S'ENTRAINER

1 ✪ De nouveaux droits pour les ouvriers en France

Le 27 février 1848, le nouveau gouvernement crée les ateliers nationaux. Le 28, il promet aux nombreux chômeurs de leur trouver un travail.

Au nom du peuple français,

Sur le rapport de la commission de gouvernement pour les travailleurs,

Considérant :

1. Qu'un travail manuel trop prolongé, non seulement ruine la santé du travailleur, mais encore, en l'empêchant de cultiver son intelligence, porte atteinte à la dignité de l'homme ; [...]

Le gouvernement provisoire de la République décrète :

1. La journée de travail est diminuée d'une heure.

Décret du 2 mars 1848.

a. Quel est le contexte de la promulgation de ce décret ?

....

....

....

b. Que propose le nouveau gouvernement ? Pourquoi ?

....

....

....

LE CONSEIL DU COACH Difficile de se concentrer ? Changez de pièce pour travailler, mais évitez de prendre trop de temps à installer vos affaires.

2 ✪✪ Un étudiant allemand dans la révolution

Un matin vers la fin de février 1848, [...] un ami se précipita hors d'haleine dans ma chambre et s'exclama : « Les Français ont renversé Louis-Philippe et proclamé la République ! » [...]

Comme beaucoup de mes amis, j'étais dominé par le sentiment qu'enfin était arrivé le moment de donner au peuple allemand la liberté qui était son droit naturel et à la patrie allemande son unité et sa grandeur. [...] De grandes nouvelles arrivèrent de Vienne. Là-bas, les étudiants de l'université avaient été les premiers à défier l'empereur d'Autriche avec des slogans réclamant la liberté et des droits pour le citoyen. [...]

Carl Schurz, *Réminiscences*, 1908.

Montrez que les revendications des révolutionnaires sont à la fois libérales et nationales.

....

....

....

....

....

....

MINI-CONTRÔLE

Henri Philippoteaux, *Lamartine devant l'Hôtel de ville de Paris le 25 février 1848 refuse le drapeau rouge*, 1848.

a. Quel est l'évènement présenté sur ce document ? Quand a-t-il lieu ?

....

....

b. Quel symbole républicain reconnaissez-vous ? Pourquoi a-t-il été choisi ?

....

....

c. Pourquoi le drapeau rouge a-t-il été refusé ?

....

....

Corrigés p. 286

AVEZ-VOUS RÉUSSI ? ○ ○ ○

9

HISTOIRE

Conquêtes et sociétés coloniales

JE RETIENS

Des conquêtes à la colonisation

• Au XIXe siècle, les Européens poursuivent leurs voyages d'**exploration** sur les terres inconnues d'Afrique. Petit à petit, ils se partagent le monde.

• La France et le Royaume-Uni sont les pays qui possèdent les plus vastes **empires coloniaux**. Ils sont présents sur tous les continents. La colonisation est perçue comme un moyen d'accroitre sa puissance et ses débouchés commerciaux.

• Elle entraine des **tensions** entre les puissances européennes pour le contrôle de ces territoires (Soudan, Maroc). Souvent, elle se déroule dans la violence, comme en Algérie où elle prend le nom de **Pacification**.

L'exploitation des colonies

• Les puissances européennes justifient principalement la colonisation par les « 3C » :
- **civilisation** : elles considèrent qu'ellles ont le devoir de civiliser les populations jugées inférieures ;
- **commerce** : les ressources locales doivent servir les intérêts commerciaux des métropoles ;
- **christianisation** : les métropoles envoient des missionnaires pour diffuser le christianisme.

• Dans les faits, la plupart des colonies sont des **colonies d'exploitation** qui fournissent des matières premières à leur **métropole**. L'Algérie est une colonie de peuplement qui est intégrée au territoire français. L'alphabétisation des peuples colonisés progresse peu. Les colonisés souffrent d'un manque de scolarisation et ne sont pas considérés comme les égaux des colons.

L'abolition de l'esclavage en France

La France abolit l'esclavage dans ses colonies en 1848 sous l'impulsion de **Victor Schœlcher** mais elle continue sa domination coloniale.

COMMENT FAIRE

Analyser une image de propagande sur la colonisation

1. **Identifier le document :** ce document est la couverture d'un cahier scolaire à destination des élèves français.

2. **Sélectionner les informations :** il montre une allégorie de la France sous les traits d'une femme qui arrive dans les colonies françaises et qui apporte le progrès, la civilisation et le commerce.

3. **Mettre en relation les informations** : ce document illustre la « mission civilisatrice » de la France. Elle se sent un devoir vis-à-vis des peuples qu'elle considère comme inférieurs. Elle leur apporte la civilisation, l'alphabétisation, les soins.

Couverture d'un cahier scolaire à destination des élèves français, dessin de G. Daschner, vers 1900.

DATE CLÉ 1848, abolition de l'esclavage dans les colonies françaises.

S'ENTRAINER

1 Les empires coloniaux en 1914

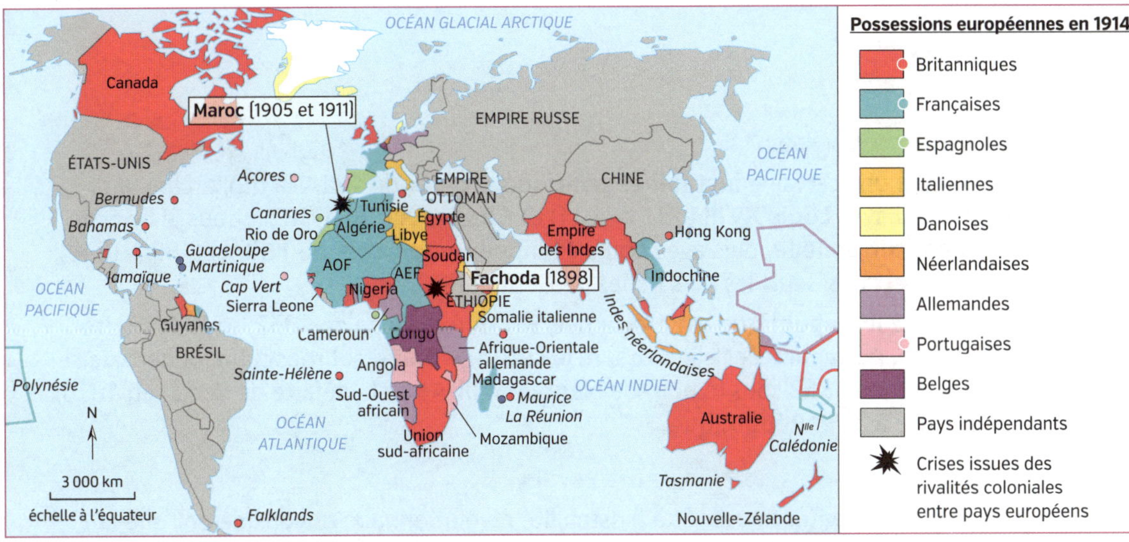

a. Complétez le tableau suivant.

Empire colonial	Colonies
....	Maroc, Indochine, Madagascar
....	Australie, Canada, Empire des Indes
....	Angola, Cap Vert
....	Indes néerlandaises
....	Cameroun, Sud-Ouest africain
....	Libye, Somalie

b. Quel est le continent principalement colonisé en 1914 ? ....

MINI-CONTRÔLE

François Biard, *L'Abolition de l'esclavage (27 avril 1848)*, 1849, musée national du château de Versailles.

L'abolition de l'esclavage

a. Quel symbole républicain reconnaissez-vous ? Pourquoi est-il présent ?

....

....

b. Décrivez la scène représentée. Que veut montrer l'auteur ?

....

....

....

Corrigés p. 286

AVEZ-VOUS RÉUSSI ?

10
HISTOIRE

Les Français et le vote de 1814 à 1870

JE RETIENS

Une instabilité politique

• La France connait une certaine **instabilité politique**. À partir de 1814, la monarchie fait son retour : d'abord avec **Louis XVIII** (1814-1824) et **Charles X** (1824-1830) sous le nom de **monarchie constitutionnelle,** puis avec **Louis-Philippe (monarchie de Juillet)** (1830-1848). Le suffrage est **censitaire**, seuls les plus riches peuvent voter.

• En février 1848, la **IIe République** est proclamée. Elle durera jusqu'en 1852, sous l'autorité de **Louis-Napoléon Bonaparte**, et elle instaure le **suffrage universel masculin**. Bonaparte se fait sacrer empereur en 1852 sous le nom de **Napoléon III.** Après la défaite de Sedan en 1870, son règne fait place à la **IIIe République**.

Du suffrage censitaire au suffrage universel

Les libéraux souhaitent éviter un retour à l'instabilité révolutionnaire et considèrent que la **propriété et la richesse** sont les meilleurs moyens pour sélectionner ceux qui ont le droit de voter. Petit à petit, le suffrage universel va s'imposer, mais il faut attendre la IIIe République pour que la pratique du vote, quoique exclusivement masculin, devienne réellement **démocratique**.

Les pratiques du vote

Aux élections de 1848, le vote n'est pas **individuel et secret**. Les bulletins sont manuscrits alors qu'une partie des électeurs est analphabète. Sous le Second Empire, les bulletins ne comprennent que les noms des candidats officiels du régime. Il faut attendre 1913 pour que l'**isoloir** soit instauré.

COMMENT FAIRE

Analyser un tableau

1. **Identifier le document :** ce tableau, peint par Delacroix, présente une scène de barricades menant à l'abdication de Charles X et à l'arrivée au pouvoir de Louis-Philippe.
2. **Sélectionner les informations :** ce tableau illustre l'unité des Français face au régime en place et la volonté de changement.
3. **Mettre en relation les informations :** ce tableau fait référence aux journées révolutionnaires de 1830 (les « Trois Glorieuses »). La femme est une allégorie de la Révolution au nom de la liberté. Pendant longtemps, l'insurrection apparait comme le seul moyen de faire évoluer la société.

Delacroix, *La Liberté guidant le peuple*, 1830, musée du Louvre, Paris.

DATES CLÉS 1848-1852, IIe République ; 1852-1870, Second Empire ; 1870, IIIe République.

S'ENTRAINER

1 ✪ Complétez le tableau suivant

Régime	Dates	Type de suffrage
....	1814-1830	....
....	....	Suffrage censitaire
....	....	....
Second Empire	....	....
....	....	....

2 ✪✪ Des élections sous influence

a. Décrivez cette caricature.

....

....

b. Que dénonce l'auteur ? Pourquoi ?

....

....

....

Daumier, « Récompense honnête aux électeurs obéissants », *La Caricature*, 17 juillet 1834.

MINI-CONTRÔLE

Alexis de Tocqueville raconte le dernier jour de sa campagne électorale pour les élections législatives de 1848.

Je rappelais à ces braves gens la gravité et l'importance de l'acte qu'ils allaient faire ; je leur recommandai de ne point se laisser accoster ni détourner par ceux, qui, à notre arrivée au bourg, pourraient chercher à les tromper ; mais de marcher sans se désunir et de rester ensemble, chacun à son rang, jusqu'à ce qu'on eût voté. « Que personne, dis-je, n'entre dans une maison pour prendre de la nourriture ou pour se sécher [il pleuvait ce jour-là] avant d'avoir accompli son devoir. » Ils crièrent qu'ainsi ils feraient, et ainsi ils firent. Tous les votes furent donnés en même temps, et j'ai lieu de penser qu'ils le furent presque tous au même candidat.

Alexis de Tocqueville, *Souvenirs*, 1893 (posthume).

a. Que nous apprend ce texte sur les conditions de vote en 1848 ?

....

....

b. D'après vos connaissances et le document, quelles sont les conditions pour garantir le caractère démocratique du suffrage ?

....

....

Corrigés p. 286

AVEZ-VOUS RÉUSSI ?

11 La IIIe République (1870-1914)

HISTOIRE

JE RETIENS

La fondation et l'affirmation de la IIIe République

- En juillet 1870, Napoléon III déclare la **guerre à la Prusse**. Après quelques semaines, la France perd la bataille de Sedan. Le **4 septembre 1870**, la **IIIe République** est proclamée. La France a perdu l'Alsace et la Moselle.
- La IIIe République nait dans un **contexte insurrectionnel** puisque les Parisiens se révoltent dès 1871 (**Commune de Paris**) pour demander plus de liberté. Ils sont violemment réprimés par le gouvernement. Petit à petit, **les idées et les valeurs républicaines** vont s'enraciner. C'est d'abord le rôle de **l'école, qui devient gratuite, obligatoire et laïque avec les lois Ferry de 1882** pour les garçons et les filles, et du **service militaire**. Partout sur les bâtiments officiels, **la devise, le drapeau et le buste de Marianne** sont présents.

L'affaire Dreyfus, une crise majeure

À partir de 1894, **l'affaire Dreyfus** divise profondément la France. Cet officier accusé d'être un espion au service de l'Allemagne est condamné au bagne en Guyane. Il s'agit d'une **injustice**, Dreyfus étant victime d'**antisémitisme**. Il faudra l'intervention d'intellectuels comme **Zola** (qui publiera l'article « **J'accuse** ») pour le réhabiliter en 1906.

La mise en place de la laïcité

En **1905**, le parlement vote la loi sur la **séparation des Églises et de l'État** qui instaure le principe de **laïcité** en France, c'est-à-dire l'indépendance de l'État vis-à-vis de toute religion. L'État garantit la liberté religieuse.

COMMENT FAIRE

Analyser un tableau de propagande

1. **Identifier le document :** ce tableau, réalisé par A. Bettanier, représente une salle de classe. Son titre attire l'attention sur la partie de la carte de France coloriée en noir.
2. **Sélectionner les informations :** parmi les élèves en uniforme, un élève se démarque en blanc avec sa médaille. Le maitre désigne sur la carte l'Alsace-Moselle, perdue en 1870. Au fond de la classe à droite, il y a des fusils.
3. **Mettre en relation les informations :** à l'école de la IIIe République, on éduque les jeunes garçons à devenir de futurs soldats capables de reconquérir des territoires perdus.

Albert Bettanier, *La Tache noire*, 1887.

DATES CLÉS 4 septembre 1870, proclamation de la IIIe République ; 1882, lois Ferry ; 1905, loi sur la séparation des Églises et de l'État ; 1894-1906, affaire Dreyfus.

S'ENTRAINER

1 ✪ Les symboles républicains

Inaugurations de la statue de la place de la République, à Paris, à l'occasion du 14 juillet 1883. Illustration anonyme, fin du XIXe siècle.

a. Décrivez cette scène. Quand a-t-elle eu lieu ?

....

....

....

b. Montrez que cette cérémonie a pour but d'enraciner la République parmi la population.

....

....

....

....

2 ✪✪ « J'accuse... ! » d'Émile Zola

J'accuse le général Billot d'avoir eu entre les mains les preuves certaines de l'innocence de Dreyfus et de les avoir étouffées, de s'être rendu coupable de ce crime de lèse-humanité et de lèse-justice, dans un but politique et pour sauver l'État-Major compromis. [...]

Je n'ai qu'une passion, celle de la lumière, au nom de l'humanité qui a tant souffert et qui a droit au bonheur.

Émile Zola, « J'accuse... !, Lettre au président de la République », *L'Aurore*, 13 janvier 1898.

a. De quel évènement est-il question ici ?

....

LE CONSEIL DU COACH Pas envie de continuer ? Faites quelques pas pour vous détendre ou autre chose qui va vous permettre de vous changer les idées.

b. Quelle est la position de Zola dans cette affaire ?

....

....

MINI-CONTRÔLE

La mise en place de la IIIe République

Avec plus de 100 000 victimes, le bilan de la guerre est lourd et est aggravé par l'occupation prussienne. Celle-ci s'achève par l'armistice du 28 janvier 1871 dont les conditions sont dures : outre l'Alsace et une partie de la Lorraine, la France doit verser 5 milliards de francs d'indemnités de guerre.

Des élections sont organisées en février 1871 ; elles offrent une nette majorité aux royalistes. Certaines villes s'insurgent alors contre la politique du nouveau chef de gouvernement, Adolphe Thiers. À Paris, la Commune renoue avec le vieux projet de « république démocratique et sociale ». Au bout de 72 jours, Paris tombe aux mains des troupes du gouvernement lors d'une terrible répression.

A.-D. Houte, *La France sous la IIIe. La République à l'épreuve, 1870-1914,* La Documentation française, 2014.

a. Dans quel contexte nait la IIIe République ?

....

b. Pourquoi les Parisiens se révoltent-ils ? Que mettent-ils en place ?

....

....

....

....

c. Comment se termine la Commune de Paris ?

....

....

Corrigés p. 287

AVEZ-VOUS RÉUSSI ?

12 Les conditions féminines au XIXe siècle

HISTOIRE

JE RETIENS

La place des femmes dans la société

• Même si Olympe de Gouges, pendant la Révolution française, publie la Déclaration des droits de la femme, les femmes se voient refuser le droit de vote. Dans le **Code civil**, les femmes sont considérées comme des **mineures** ; elles sont sous l'autorité de leur mari ou de leur père.

• Les femmes n'ont pas le droit de travailler sans l'autorisation de leur mari et ne peuvent demander le divorce. Il faut attendre les lois Ferry de 1881-1882 pour que les filles aient toutes accès à l'instruction scolaire.

Les femmes qui travaillent

• À partir du XIXe siècle, le travail des femmes se transforme avec **l'industrialisation**. Dans les villes, les femmes deviennent ouvrières dans les **usines (textile)**, mais aussi employées **domestiques**, ou dans le commerce. À la campagne, elles continuent leurs activités dans les exploitations familiales.

• Dans la bourgeoisie, les femmes sont considérées comme des femmes d'intérieur s'occupant de la maison et de la famille.

Le combat pour l'égalité

• Progressivement, les femmes se mobilisent pour obtenir plus de droits. Elles rédigent des journaux, participent à des manifestations.

• Après l'instauration du suffrage universel en 1848, en France, les femmes continuent de revendiquer ce droit. Elles forment le mouvement des **suffragettes**, ce sont des **féministes** qui manifestent pour le droit de vote des femmes. Des femmes comme Hubertine Auclert défendent ces revendications ou le droit de divorcer.

COMMENT FAIRE

Analyser une affiche sur les suffragettes

1. **Identifier le document :** c'est une affiche créée par l'Union française pour le suffrage des femmes. Elle a pour titre : *Les Françaises veulent voter.*

2. **Sélectionner des informations :** l'objectif de ce document est de comprendre les motivations des femmes qui réclament le droit de vote. Elles sont inscrites sur l'urne : « Contre l'alcool, le taudis (la misère) et la guerre ». Ces dangers sont constamment dénoncés à cette période.

3. **Mettre en relation les informations :** les femmes ne possédaient pas, à ce moment-là, le droit de vote. Elles s'organisent en mouvement, les suffragettes, pour réclamer l'égalité civique.

Affiche pour l'Union française du suffrage des femmes, 1909.

NOTIONS CLÉS Féminisme, suffragette, Code civil, revendications.

S'ENTRAINER

1 ✪ La place des femmes dans le monde du travail

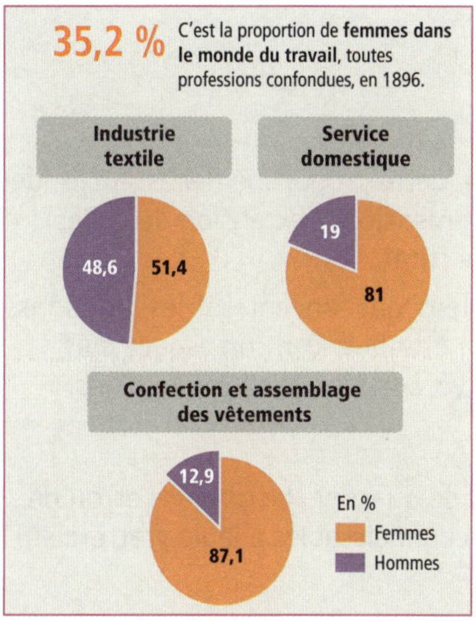

a. Quelle est la proportion de femmes qui ont un travail rémunéré en 1896 ?

b. Combien sont-elles dans l'industrie textile ?

2 ✪✪ Analyser une œuvre d'art

Degas, *La Famille Bellelli*, 1858-1867, Paris, musée d'Orsay.

a. Décrivez ce tableau en insistant sur la représentation de l'épouse.

b. Que nous apprend ce document sur la place des femmes bourgeoises ?

MINI-CONTRÔLE

Hubertine Auclert et les droits des femmes

Nous voulons pour les femmes, comme pour les hommes, liberté de conscience, liberté d'opinion, liberté d'action. [...] Nous voulons pour les femmes, comme pour les hommes, voix délibérative dans la commune, dans l'État, ou dans le groupe ; parce que les femmes, comme les hommes, sont intéressées aux lois et règlements qui se font ; parce que les femmes, payant les impôts, ont autant de droits que les hommes d'exiger une bonne répartition de ces impôts ; parce que dans une vraie République, il n'y a plus de privilégiés, il n'y a que des intéressés qui, se soumettant aux mêmes devoirs, doivent posséder les mêmes droits.

Hubertine Auclert, *Discours prononcé au congrès du parti socialiste de Marseille (extraits)*, 22 octobre 1879.

a. Qui est l'auteur de ce document ?

b. Que réclame-t-elle ?

c. Quels sont ses arguments ?

Corrigés p. 287

AVEZ-VOUS RÉUSSI ?

13 GÉOGRAPHIE

Espaces et paysages de l'urbanisation

JE RETIENS

Un monde de plus en plus urbanisé

- **Plus de la moitié de la population mondiale vit en ville.** Cette proportion dépassera les deux tiers en 2050. L'Afrique et l'Asie sont les continents où l'**urbanisation** (l'extension des villes) progresse le plus vite, ce qui est une conséquence de l'**exode rural**.
- **Les métropoles** sont des grandes villes, densément peuplées, qui concentrent les fonctions de commandement (économique, culturel, technologique...) et influencent un espace plus important. Les plus grandes métropoles mondiales sont Tokyo, Londres, New York et Paris.

Des paysages urbains différents

- **Les centres-villes** sont densément peuplés et constitués de quartiers historiques et/ou de quartiers d'affaires (les CBD, *Central Business District*, sont reconnaissables à leurs gratte-ciel). C'est là que sont concentrés la majorité des emplois.
- **Les espaces périphériques proches de la ville**, ou **banlieues**, sont caractérisés par une diversité des paysages urbains : grands ensembles, zones pavillonnaires, zones industrielles, centres commerciaux...
- Au-delà, **les espaces périurbains** sont les zones où les villes s'étendent sur la campagne. Leurs habitants sont reliés aux villes par des voies de communication qui sont bien souvent saturées.

De fortes inégalités

- **La forte urbanisation pose des questions concernant l'accès aux services urbains** comme la distribution de l'eau, le ramassage des ordures ou la fourniture d'électricité. Dans les pays en développement (PED), de nombreux quartiers en sont privés, notamment les bidonvilles.

COMMENT FAIRE

La City, Londres (Royaume-Uni).

Analyser un paysage urbain

1. **Identifier le document :** cette photographie montre la City, le quartier des affaires de Londres.
2. **Décrire le document :** il s'agit d'un paysage vertical situé au bord d'un fleuve et qui comporte des bâtiments d'époques très différentes, notamment des gratte-ciel et une forteresse médiévale.
3. **Mettre en relation les informations :** Londres fait partie des plus grandes métropoles mondiales. Son quartier d'affaires (CBD), la City, se dresse au cœur de son centre historique. La City est une place de marché parmi les plus importantes au monde.

NOTIONS CLÉS

Urbanisation, exode rural, métropoles, centres-villes, CBD, espaces périphériques, espaces périurbains, banlieues.

LE CONSEIL DU COACH

Écouter de la musique
Pour se détendre après une journée de cours et refaire le plein d'énergie avant de se remettre au travail, vous pouvez écouter de la musique. Mais mieux vaut travailler en silence ! (Voir Carnet p. 9)

S'ENTRAINER

1 ✪ **Reliez chaque mot à sa définition.**

urbanisation •	• Quartier des affaires
CBD •	• Développement des villes
métropole •	• Grande ville concentrant population, richesses, activités

2 ✪✪ **Observez ces paysages urbains, puis complétez chaque fiche.**

Un bidonville à Bombay (ou Mumbai, Inde).

Localisation : ....

Description : ....

....

Densité : ....

Fonction : ....

Une banlieue de Los Angeles (États-Unis).

Localisation : ....

Description : ....

....

Densité : ....

Fonction : ....

MINI-CONTRÔLE

Urbanisation et inégalités à São Paulo (Brésil)

São Paulo, Brésil, 2017.

a. Décrivez la photographie.

....

....

b. Montrez que le document illustre les problèmes liés à une urbanisation rapide et non contrôlée.

....

....

....

....

Corrigés p. 287

AVEZ-VOUS RÉUSSI ?

GÉOGRAPHIE

14 Les métropoles connectées à la mondialisation

JE RETIENS

Les métropoles et la mondialisation

- **La mondialisation désigne la mise en relation des différentes parties du monde sous l'effet des échanges.**
- Les métropoles dont l'influence s'exerce au niveau mondial, appelées **villes mondiales** ou **villes globales**, jouent un rôle essentiel dans ce processus. On les retrouve principalement dans les pays du Nord (New York, Paris) ou en Asie de l'Est (Tokyo, Hongkong).

Une concentration des hommes, des activités et des infrastructures

- Les villes mondiales sont connectées les unes aux autres par des **hubs** (plateformes de correspondance : ports, aéroports...) et échangent des capitaux et des informations.
- Elles sont des **centres de commandement** à l'échelle mondiale : plus grandes bourses, lieux de pouvoir politique (ONU...), principales universités, centres de recherche, grands musées...
- Ces métropoles attirent aussi de nombreux migrants, ce qui témoigne de leur **attractivité**.

L'archipel métropolitain mondial et les mégalopoles

- Organisées en réseau, les plus grandes métropoles mondiales forment **l'archipel métropolitain mondial**.
- Certaines métropoles sont intégrées dans des espaces appelés **mégalopoles**, qui sont des ensembles de métropoles connectées entre elles. Elles sont au nombre de **trois** : de Tokyo à Osaka au Japon, de Londres à Milan en Europe et de New York à Washington aux États-Unis.

COMMENT FAIRE

Publicité pour le *Financial Times*, 2007.

Analyser une publicité

1. **Identifier le document :** il s'agit d'une publicité pour le *Financial Times*, qui est un quotidien britannique, datant de 2007.
2. **Sélectionner les informations :** il s'agit d'un paysage imaginaire composé de gratte-ciels.
3. **Mettre en relation les informations :** ces gratte-ciels sont représentatifs des métropoles mondiales les plus puissantes (on reconnait par exemple l'Arche de la Défense, à Paris). Cette publicité illustre la notion d'archipel métropolitain mondial, en montrant que les grandes métropoles sont en relation les unes avec les autres et possèdent de nombreuses caractéristiques communes (elle sont souvent localisées près de la mer, par exemple).

NOTIONS CLÉS Métropole, mondialisation, ville-monde, littoraux, hub, centre de commandement, mégalopole, archipel métropolitain mondial.

S'ENTRAINER

1 ✪✪ **Observez la carte et répondez aux questions.**

a. Quels sont les continents où l'on compte le plus grand nombre de métropoles intégrées à la mondialisation ?

....

....

....

b. Où trouve-t-on des mégalopoles ?

....

Les villes de la mondialisation.

....

c. Comment les métropoles intégrées à la mondialisation sont-elles reliées entre elles ?

....

....

MINI-CONTRÔLE

La métropole de Shanghai

Doc. A. Les fonctions métropolitaines de Shanghai (Chine).

Shanghai est une métropole impressionnante dont la croissance récente stupéfie. [...] On franchit les 13 millions d'habitants en 2000, 16 millions en 2010, et on dépassera les 21 millions en 2015. [...] Plus grosse agglomération chinoise et 7e mondiale, Shanghai n'est pas la seule métropole de la Chine contemporaine, mais c'est peut-être la seule *Global City*[1] chinoise : une ville où la puissance économique et financière, indéniable, s'accompagne d'un développement de véritables fonctions sociales, culturelles et scientifiques de niveau mondial.

Michel Lussault, *L'Avènement du monde*, Seuil, 2013.

1. Ville mondiale.

Doc. B. Le quartier de Pudong, à Shanghai.

a. Décrivez le paysage du quartier de Pudong.

....

....

....

....

....

b. Pourquoi Shanghai est-elle une métropole intégrée à la mondialisation ?

....

....

....

....

....

Corrigés p. 287

AVEZ-VOUS RÉUSSI ?

15 Les villes peu connectées à la mondialisation

GÉOGRAPHIE

JE RETIENS

La concurrence entre les villes

• **Aujourd'hui, la plupart des métropoles sont en concurrence les unes avec les autres.** L'enjeu pour elles est de se démarquer, en accueillant par exemple des évènements internationaux (les Jeux olympiques, l'Exposition universelle…), en abritant les sièges sociaux de firmes multinationales (FMN), ou encore en édifiant des ports capables d'accueillir des paquebots ou des porte-conteneurs immenses.

Des villes qui rétrécissent

• Dans les pays développés, des métropoles comme Leipzig en Allemagne ou Detroit aux États-Unis rencontrent, depuis une trentaine d'années, de nombreuses difficultés. On dit qu'elles « **rétrécissent** ».

• **Le développement de ces villes était basé sur l'activité industrielle** (automobile, textile…), mais elles ont été particulièrement touchées par la **désindustrialisation**. Les fermetures d'usines se sont succédé, provoquant **chômage**, **perte d'habitants** et augmentation de l'**insécurité**.

• **Aujourd'hui, ces métropoles tentent de se redynamiser** en se spécialisant dans les nouvelles technologies, en essayant de promouvoir le tourisme industriel ou en tentant des projets de rénovation urbaine.

Des villes en marge de la mondialisation

• Peu de villes restent en marge de la mondialisation. Certaines sont **moins connectées** aux réseaux de transport ou ont un rayonnement international faible (pas d'aéroport international, peu de commerce avec le reste du monde). La majorité de ces villes se trouvent dans les pays les plus pauvres d'Afrique et d'Asie.

COMMENT FAIRE

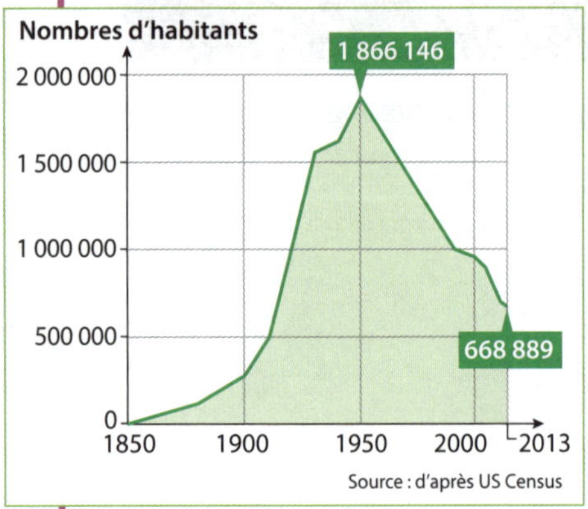

La population de Detroit (1850-2013).

Analyser un graphique de population : la ville de Detroit (États-Unis)

1. **Identifier le document :** il s'agit d'un graphique en courbe qui présente l'évolution de la population de la ville de Detroit entre 1850 et 2013.

2. **Sélectionner les informations :** la population a augmenté jusqu'en 1950. Depuis, elle est en chute libre.

3. **Mettre en relation les informations :** la population de Detroit baisse depuis 1950, mais elle a augmenté pendant la période de développement économique de la ville.
Ce qui montre qu'il y a un lien très fort entre population et développement économique.

NOTIONS CLÉS Firme multinationale (FMN), rétrécissement, désindustrialisation, villes connectées.

S'ENTRAINER

1 ✪ **Vrai ou faux ? Justifiez à l'aide d'exemples.**

a. Les villes des pays développés sont mieux intégrées à la mondialisation.

....

....

....

....

b. Les villes d'Afrique sont moins bien connectées au reste du monde.

....

....

....

....

2 ✪✪ **Une ville en déclin : le cas de Glasgow (Écosse)**

Le déclin industriel et économique de la ville s'est accéléré après la Seconde Guerre mondiale. [...] Après la guerre, la ville ne résiste plus à la concurrence de pays extra-européens. Glasgow subit alors une désindustrialisation vaste et très rapide. [...] Ce sont les hommes peu qualifiés qui exercent des métiers manuels qui sont les plus touchés. [...] La saignée de population a largement dépassé les prévisions, Glasgow s'est littéralement vidée au cours des années 1960. À cette période, 25 000 personnes quittent la ville chaque année, pour la plupart des ouvriers qualifiés et des professions libérales.

Fabien Jeannier, *De villes en métropoles, Culture et régénération urbaine, le cas de Glasgow*, geoconfluences.ens-lyon.fr, 2018.

a. Pourquoi dit-on que Glasgow est une ville qui « rétrécit » ?

....

....

....

b. Quel problème est posé par ce déclin démographique ?

....

....

....

LE CONSEIL DU COACH Peu inspiré(e) ? Repensez à ce qu'a dit votre professeur sur ce thème. Réactiver sa mémoire de cette façon peut donner de bons résultats.

MINI-CONTRÔLE

Une friche industrielle dans le nord de la France

Doc. A.

Doc. B.

Au bord du canal de Roubaix, dans l'enceinte de l'ancienne brasserie Terken, s'installera le siège de Kispa, une filiale de Decathlon.

Sophie Landrin, « Dans le Nord de la France, des friches industrielles renaissent en écoquartier », *Le Monde*, 8 avril 2015.

a. Quelle est la situation économique dans le nord de la France ? Justifiez votre réponse.

....

....

....

....

....

....

....

....

b. Comment cette région tente-t-elle de réagir ?

....

....

....

....

....

....

....

Corrigés p. 287

AVEZ-VOUS RÉUSSI ?

16 Un monde de migrants

GÉOGRAPHIE

JE RETIENS

Les migrations internationales

• **Un migrant est une personne qui se déplace avec la volonté de s'installer ailleurs.** Les migrations sont en augmentation depuis 1975. En 2018, on comptait environ 260 millions de migrants dans le monde, soit 3 % de la population mondiale.

• **Tous les continents sont touchés par les migrations.** Les migrations des « pays du Sud » vers les « pays du Nord » ne sont pas plus nombreuses que les migrations entre « pays du Sud ».

• Les États-Unis, le Qatar ou l'Allemagne sont des **régions d'immigration** alors que l'Inde, la Chine ou la Russie sont des **zones d'émigration**. Le plus souvent, les migrations se font au niveau régional.

Pourquoi migre-t-on ?

Plusieurs facteurs peuvent expliquer les migrations :

– des **raisons économiques** : fuir la pauvreté ou chercher de meilleures conditions de vie ;

– des **raisons climatiques** : fuir la montée des eaux ou la sècheresse ;

– des **raisons politiques** : environ 10 millions de personnes fuient la guerre ou un pays dans lequel elles sont en danger ; **ces migrants sont appelés réfugiés.**

Les conséquences de ces migrations

• **Pour les pays de départ**, ces migrations entrainent un vieillissement de la population, une perte de la main-d'œuvre qualifiée (*brain drain*, « fuite des cerveaux »), mais aussi un apport de devises (des migrants envoient une partie de leur salaire à leur famille).

• **Pour les pays d'arrivée**, l'immigration entraine un rajeunissement de la population et un apport de main-d'œuvre. Certains pays développés ferment leurs frontières, ce qui rend les migrations de plus en plus difficiles et dangereuses.

COMMENT FAIRE

Chapatte, dessin paru dans *Le Temps*, 2015.

Analyser un dessin de presse

1. Identifier le document : il s'agit d'un dessin de presse paru dans le quotidien suisse *Le Temps*, en 2015. Il a été réalisé par le dessinateur Chapatte.

2. Sélectionner les informations : le dessin montrer la frontière de l'Union européenne (UE), matérialisée par des barbelés et protégée par des garde-frontières, alors que des migrants tentent de la franchir.

3. Mettre en relation les informations : ce dessin souligne les difficultés de plus en plus grandes que rencontrent les migrants pour se rendre en Europe, mais surtout l'attitude des Européens qui ferment leurs frontières.

NOTIONS CLÉS Migrants, émigration, immigration, réfugiés, *brain drain*.

LE CONSEIL DU COACH

Effectuer une lecture active

Repérez dans un premier temps les trois grands thèmes abordés. Puis résumez la leçon, paragraphe par paragraphe, à voix haute ou par écrit. Enfin posez-vous des questions : Pourquoi les gens migrent-ils ? Quels sont les premiers pays d'accueil des migrants ?...

S'ENTRAINER

1 ✪ Les réfugiés dans le monde

a. Comment évolue le nombre de réfugiés depuis 2006 ?

....

....

b. Comment peut-on expliquer ces migrations ?

....

....

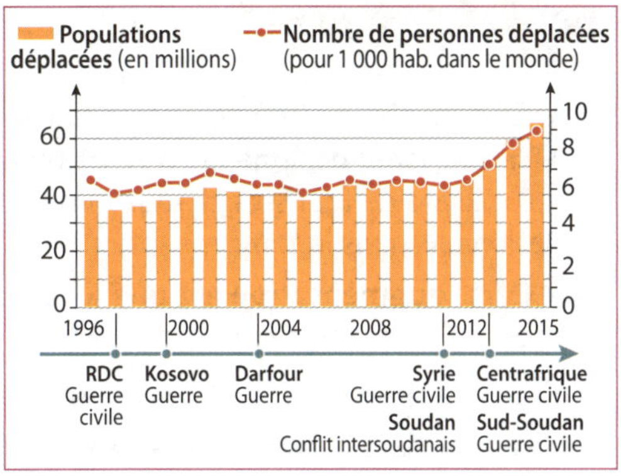

L'évolution du nombre de réfugiés depuis 1996 (Source : lhistoire.fr, 8 octobre 2016).

2 ✪✪ Les migrants au Qatar

Chaque année, plus de 100 000 Népalais partent pour le Qatar, où une industrie de la construction en plein essor s'est développée depuis la victoire de sa candidature pour accueillir la Coupe du monde de football 2022. [...] Sur la plupart des chantiers, les températures peuvent atteindre 50 °C, et les ouvriers peuvent travailler jusqu'à 12 heures par jour. [...] Certains travailleurs disent qu'ils n'ont pas été payés depuis des mois. La nuit, ils retournent vers des hébergements sales et surpeuplés.

Pete Pattison, « At 16, Ganesh got a job in Qatar », *The Guardian*, 25 septembre 2015.

Comparez les motivations des jeunes Népalais qui partent pour le Qatar avec la réalité de leur vie sur place.

....

....

MINI-CONTRÔLE

Les lieux des migrations

a. Quelles sont les principales régions d'arrivée dans le monde ?

....

....

b. Quelles sont les principales régions de départ dans le monde ?

....

....

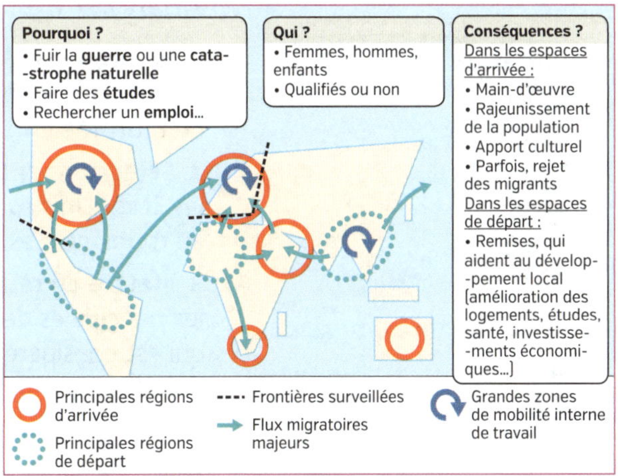

c. Montrez que les flux ne se limitent pas à des flux des pays du Sud vers les pays du Nord.

....

....

Corrigés p. 288

AVEZ-VOUS RÉUSSI ?

FRANÇAIS MATHS GÉOGRAPHIE PHYSIQUE-CHIMIE SVT ANGLAIS CORRIGÉS

17 Le tourisme et ses espaces

GÉOGRAPHIE

JE RETIENS

L'importance des flux touristiques

- **Le tourisme désigne les migrations provisoires des hommes.** Il y a aujourd'hui plus de 1,2 milliard de touristes chaque année dans le monde. La plupart des flux touristiques sont nationaux, mais le tourisme international est en constante augmentation.
- **Cette augmentation est due à l'accroissement du niveau de vie et au développement des moyens de transport** comme l'avion.

Des pratiques touristiques variées

- **Les touristes viennent majoritairement des pays développés**, mais ils sont de plus en plus nombreux à venir de pays émergents.
- **Le tourisme balnéaire** explique le fort attrait du pourtour méditerranéen et de la mer des Caraïbes, mais les pratiques touristiques évoluent : séjours courts en ville (*city trip*), tourisme vert, tourisme culturel, tourisme religieux ou médical…
- **La France, les États-Unis et l'Espagne sont les pays qui attirent le plus de touristes.**

Les conséquences du tourisme de masse

- **Ce développement du tourisme oblige les États à adapter leurs infrastructures** (aéroports, routes, hôtels…) pour faire face à des flux de plus en plus importants.
- **Le tourisme permet l'enrichissement de certaines régions**, créant des emplois, mais il a aussi tendance à **dénaturer les paysages et à modifier les modes de vie des populations**, ne respectant donc pas les critères du développement durable.

COMMENT FAIRE

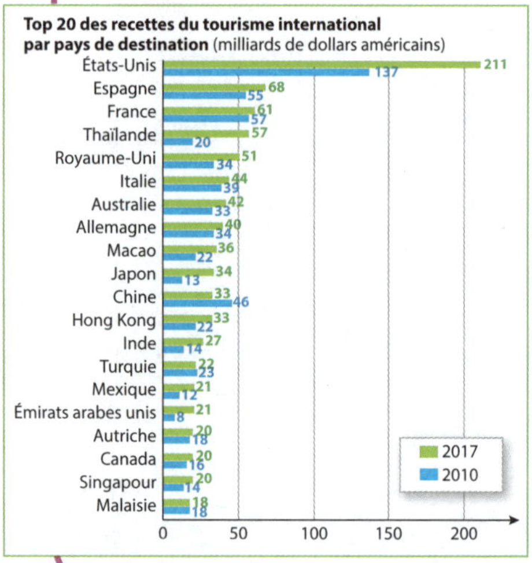

Analyser un histogramme

1. Identifier le document : il s'agit d'un histogramme (diagramme en bâtons) réalisé par l'Organisation mondiale du tourisme en 2016.

2. Sélectionner les informations : nous constatons que les États-Unis sont le pays qui gagne le plus d'argent grâce au tourisme. Ces rentrées sont en augmentation.

3. Mettre en relation les informations : nous retrouvons ici les principales destinations touristiques du monde. La France, qui est considérée comme la première destination touristique mondiale, n'est que troisième pour les revenus touristiques.

Source : Organisation mondiale du tourisme, 2016.

NOTIONS CLÉS Flux, tourisme balnéaire, tourisme de masse, infrastructures.

S'ENTRAINER

1 ✪ Les différents moyens de transport touristiques

a. Quel est le moyen de transport le plus utilisé par les touristes ?

....

....

b. Présentez un atout et une contrainte de ce moyen de transport.

....

....

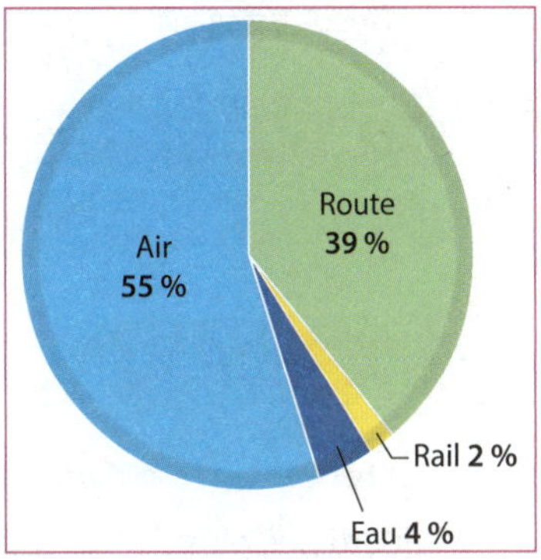

Source : Organisation mondiale du tourisme, 2015.

2 ✪✪ Les espaces touristiques dans le monde

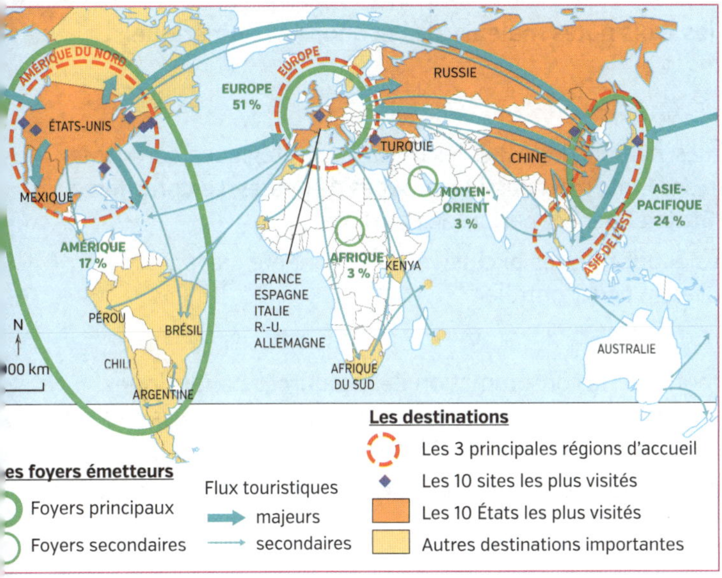

a. Quels sont les principaux foyers émetteurs de touristes ?

....

....

....

....

....

b. Quelles sont les principales destinations touristiques du monde ?

....

....

....

....

....

MINI-CONTRÔLE

Un espace de tourisme à la montagne : La Plagne

La Plagne, en Savoie (France).

a. Quels sont les aménagements visibles ici ?

....

....

....

....

b. Quelles sont les conséquences sur l'environnement ?

....

....

....

....

Corrigés p. 288

AVEZ-VOUS RÉUSSI ?

18 Les mers et les océans au cœur de la mondialisation

GÉOGRAPHIE

JE RETIENS

La littoralisation des hommes et des économies

- Aujourd'hui, plus de 90 % des échanges mondiaux se font par voie maritime. Parallèlement, **la population et les activités humaines se concentrent sur les littoraux : c'est la littoralisation.**
- Les principaux flux maritimes se font entre des ports qui sont devenus des **plateformes multimodales**. L'utilisation des **conteneurs** a permis de faciliter les flux maritimes et de les rendre moins onéreux. Les activités industrielles se trouvent à proximité des ports dans des espaces nommés **zones industrialo-portuaires (ZIP)**.
- On retrouve ces principaux flux entre **les trois pôles majeurs de l'économie : l'Amérique du Nord, l'Asie pacifique et l'Europe**.

Des espaces convoités

- Les ressources de la mer (poissons, algues, hydrocarbures) et les passages stratégiques, comme le détroit d'Ormuz, entrainent la convoitise des États mais aussi de groupes de pirates. **Le commerce maritime nécessite la protection des États** et génère parfois des tensions.
- Afin de protéger chaque État, des **zones économiques exclusives (ZEE)** ont été créées. Elles définissent les zones qu'un État souverain peut contrôler.

Des espaces menacés

- Avec l'augmentation de la population mondiale, la consommation de **ressources halieutiques** (qui concernent la pêche) et le commerce maritime sont en pleine croissance. Les ressources ne sont pas gérées de manière durable, ce qui menace leur existence (**surpêche**).
- Enfin, **les espaces maritimes sont extrêmement sujets à la pollution** : le « septième continent de plastique » ou les marées noires, par exemple.

COMMENT FAIRE

La zone industrielle portuaire (ZIP) du Havre (France).

Analyser une photographie

1. **Identifier le document :** il s'agit d'une photo aérienne de la ZIP du Havre, en France.
2. **Sélectionner les informations :** on distingue à la fois les activités commerciales du port, avec la présence de conteneurs et d'un porte-conteneurs, mais aussi les activités industrielles avec des usines et raffineries.
3. **Mettre en relation les informations :** cette ZIP met en relation la vallée de la Seine (Paris) et la mer du Nord. C'est un hub qui joue un rôle fondamental dans l'économie française.

NOTIONS CLÉS Littoralisation, plateformes multimodales, conteneurs, ZIP, ports, passage stratégique, ZEE, ressources halieutiques, surpêche.

S'ENTRAINER

1 Carte du transport maritime

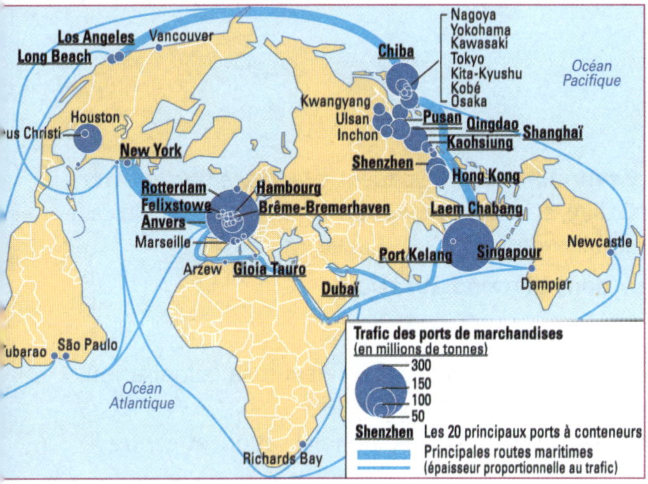

a. Où sont situés les principaux ports de marchandises mondiaux ?

....

....

....

....

b. Que relient les principaux flux maritimes ?

....

....

....

....

2 Des espaces dégradés : la marée noire

Incendie de la plateforme pétrolière Deepwater Horizon en 2010.

a. Décrivez la photo.

....

....

....

b. Quelles sont les conséquences de cet évènement sur les espaces maritimes ?

....

....

....

MINI-CONTRÔLE

L'océan glacial Arctique, nouvel enjeu maritime ?

L'intérêt économique de la zone de l'océan glacial Arctique ne réside pas simplement dans ses réserves d'hydrocarbures. La fonte progressive et continue de la banquise ouvre de nouveaux passages maritimes. Avec le trajet actuel, *via* le canal de Suez, un voyage Le Havre-Tokyo est long de 20 500 km, contre 14 500 km en passant par le nord de la Russie et 16 500 km par la route du Nord-Ouest.

Pierre Breteau, « La course aux ressources et aux territoires en Arctique », *Le Monde*, 29 septembre 2015.

a. De quel espace maritime est-il question ici ?

....

....

....

....

b. Quels sont les atouts de cet espace maritime ?

....

....

....

....

Corrigés p. 288

AVEZ-VOUS RÉUSSI ?

FRANÇAIS
MATHS
GÉOGRAPHIE
PHYSIQUE-CHIMIE
SVT
ANGLAIS
CORRIGÉS

19 Les États-Unis, un territoire dans la mondialisation

GÉOGRAPHIE

JE RETIENS

La première puissance mondiale

- **Les États-Unis sont la seule superpuissance mondiale.** Ils possèdent à la fois le **hard power**, par leur puissance économique (fort PIB) et militaire, et le **soft power** par leur influence culturelle (mode de vie, langue, omniprésence du cinéma hollywoodien...).
- **Les États-Unis jouent donc un rôle majeur dans la mondialisation.**

Un territoire aménagé pour et par la mondialisation

- **Les États-Unis ont un territoire immense** aménagé et mis en valeur depuis sa colonisation. Il est organisé autour de vastes ensembles régionaux :
  - **la Mégalopolis** de Boston à Washington, très bien connectée à la mondialisation, et centre économique et politique du pays ;
  - **la Sun Belt**, formée par les territoires attractifs de l'Ouest et du Sud, qui attire les hommes et les activités de nouvelles technologies ;
  - **la région des Grands Lacs au Nord-Est** qui fait partie du cœur historique du pays et qui, après avoir connu une crise, se modernise et est intégrée à la mondialisation ;
  - **les grandes plaines du centre** qui sont des espaces agricoles ou naturels.
- Les façades maritimes, les aéroports, les zones frontalières (**Alena**) et les métropoles sont des espaces qui permettent aux États-Unis d'être au cœur de la mondialisation.

Des espaces et des hommes en marge de la mondialisation

- **La mondialisation accroit les inégalités** entre les territoires bien connectés (les quartiers des affaires par exemple) et les espaces plus défavorisés comme les banlieues pauvres où l'on retrouve souvent les communautés d'origine afro-américaine et/ou hispanique.

COMMENT FAIRE

Le quartier d'affaires de Manhattan, à New York (États-Unis).

Analyser une photographie

1. **Identifier le document :** il s'agit d'une photographie du CBD de New York, le quartier d'affaires de Manhattan.
2. **Sélectionner les informations :** ce paysage est composé essentiellement de gratte-ciels et est situé au bord d'un fleuve (l'Hudson).
3. **Mettre en relation les informations :** la photographie illustre l'intégration de la métropole à la mondialisation. Le CBD témoigne du pouvoir économique et politique de la ville qui font de New York une ville-monde.

NOTIONS CLÉS

Superpuissance mondiale, FTN, mondialisation, hard power, soft power, Mégalopololis, Sun Belt, façades maritimes, Alena.

LE CONSEIL DU COACH

Utiliser un carnet de notes

Utilisez un carnet de notes pour écrire ce que vous avez compris. Vous pouvez également noter ce qui a été dit en classe si vous avez déjà travaillé ce cours.
Il s'agira ensuite d'identifier les éléments que vous ne comprenez pas encore pour les travailler à fond.

S'ENTRAINER

1 ✪ Les films ayant rapporté le plus de recettes dans l'histoire du cinéma

Classement	Titre du film	Nationalité
1	Avengers : Endgame (2019)	États-Unis
2	Avatar (2009)	États-Unis
3	Titanic (1997)	États-Unis
4	Star Wars épisode VII (2015)	États-Unis
5	Avengers : Infinity War (2018)	États-Unis

a. Présentez le document.

....

....

b. Que nous montre-t-il sur la puissance américaine ?

....

....

....

2 ✪✪ Analyser une photographie.

Le quartier de Boyle Heights à Los Angeles (États-Unis).

a. Décrivez la photo.

....

....

....

b. Quel aspect de la puissance américaine est montré ici ?

....

....

....

MINI-CONTRÔLE

Complétez la carte de synthèse à l'aide de la légende.

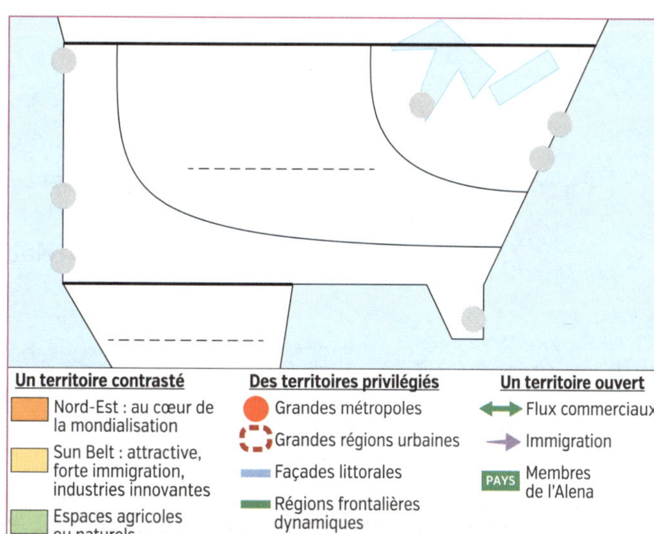

Corrigés p. 288

AVEZ-VOUS RÉUSSI ?

20 L'Afrique dans la mondialisation

GÉOGRAPHIE

JE RETIENS

Des territoires confrontés à une pauvreté importante

L'Afrique est le continent qui concentre le plus de pays très pauvres (34). Ils sont appelés Pays les moins avancés (PMA). Ces pays restent, pour beaucoup, en marge de la mondialisation et des flux commerciaux. Le continent représente environ 2 % du commerce mondial.

Des territoires de plus en plus attractifs

- **Même si l'Afrique rencontre une extrême pauvreté, les territoires qui la composent sont de plus en plus attractifs.** Des pays étrangers comme la Chine investissent massivement en Afrique.
- **L'exploitation des ressources naturelles** (pétrole, gaz naturel, diamant, or, uranium...) **permet une intégration aux flux commerciaux mondiaux.** Les nombreuses terres agricoles vierges attisent aussi les convoitises des investisseurs européens et asiatiques.
- **La population très jeune**, nombreuse et de plus en plus scolarisée, représente un atout important pour le développement futur de l'Afrique.
- Enfin, **l'Afrique attire de plus en plus de touristes mondiaux** (Tunisie, Sénégal, Namibie, Tanzanie).

Développement et sécurité, des défis qui perdurent

- **Les conditions de vie des populations** sont difficiles dans de nombreuses régions : **l'indice de développement humain (IDH)** est souvent inférieur à 0,5 en Afrique subsaharienne (il est supérieur à 0,9 en France et aux États-Unis, par exemple). Les **pandémies** (Sida, Ebola) sont nombreuses et l'espérance de vie est, pour de nombreux pays africains, parmi les plus basses du monde (54 ans au Nigeria contre plus de 80 ans en Europe).
- Certaines régions sont touchées par des conflits, comme au Mali et au Nigeria. Des **groupes terroristes islamistes** (AQMI, Boko Haram...) déstabilisent les États et provoquent des migrations.

COMMENT FAIRE

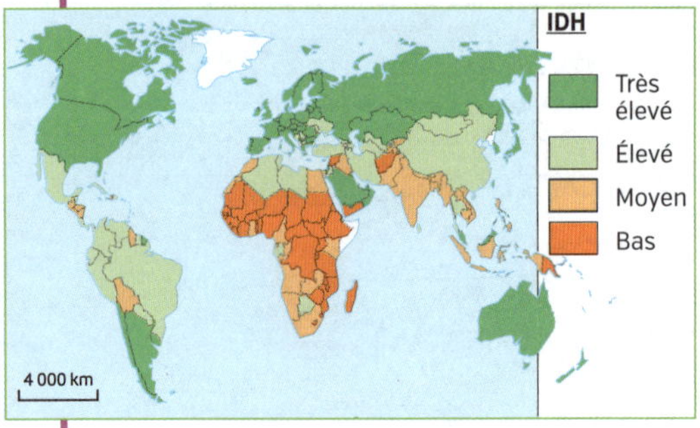

L'IDH dans le monde en 2017.

Analyser une carte de l'IDH

1. **Identifier le document :** il s'agit d'une carte de l'IDH dans le monde, en 2017.
2. **Sélectionner les informations :** l'Afrique est le continent où l'on trouve la majorité des pays dont l'IDH est faible.
3. **Mettre en relation les informations :** cet indicateur tient compte de l'espérance de vie, de la richesse et de l'alphabétisation. Les pays avec le plus faible IDH sont situés en Afrique subsaharienne. Ils sont confrontés à des difficultés de développement importantes.

NOTIONS CLÉS PMA, marge, ressources naturelles, flux commerciaux mondiaux, IDH, pandémies.

S'ENTRAINER

1 ✪ Tourisme et aménagements

Un club de vacances au Sénégal.

a. Quels sont les aménagements destinés aux touristes visibles sur cette photographie ?

....

....

b. Comment ces aménagements permettent-ils au Sénégal d'être connecté à la mondialisation ?

....

....

2 ✪✪ Les conflits dans la Corne de l'Afrique

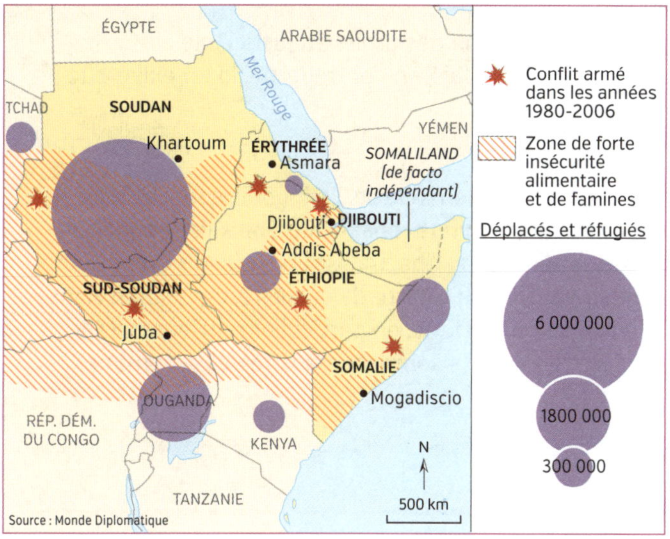

Source : *Le Monde diplomatique*.

a. Quels sont les principaux problèmes rencontrés dans cette région ?

....

....

....

....

....

b. Quelles sont les conséquences de ces problèmes ?

....

....

....

....

....

MINI-CONTRÔLE

Les investissements chinois en Afrique

En Afrique subsaharienne, recense AidData, la Chine a notamment financé un boulevard périphérique de 320 millions de dollars autour d'Addis-Abeba, une ligne ferroviaire à 3 milliards de dollars entre Addis-Abeba et le port balnéaire de Doraleh, à Djibouti, une autre ligne à 4 milliards de dollars entre Nairobi et le port de Mombasa, ou encore une route à 600 millions de dollars entre Port-Gentil et Libreville, au Gabon.

Richard Hiault, « Comment les Chinois mènent la conquête de l'Afrique », *Les Échos*, 19 février 2019.

a. Qui investit en Afrique ? Dans quel domaine ?

....

....

b. Montrez que ces investissements favorisent l'intégration au commerce international.

....

....

....

....

....

Corrigés p. 288

AVEZ-VOUS RÉUSSI ?

1 Les citoyens, le droit et la tolérance

EMC

JE RETIENS

Liberté et respect d'autrui

Dans la République française, la nation est composée de **citoyens libres et égaux en droits**. Chacun doit donc exercer sa **liberté** sans attenter à celle des autres. Le droit, qui est l'ensemble des lois votées par le Parlement, règle les rapports entre citoyens en faisant vivre les valeurs de **tolérance** et de **respect d'autrui**.

Les lois et le droit

- Le **droit civil** organise les relations entre individus (mariages, divorces…) sur la base de contrats fondés sur des obligations réciproques.
- Le **droit pénal** sanctionne les délits et les crimes. Il donne des droits au justiciable : la présomption d'innocence, le droit à un procès équitable. Mais, en contrepartie, la loi exige que chacun se reconnaisse responsable de ses actes.

Laïcité et liberté de conscience

La liberté de conscience est une liberté fondamentale en démocratie. La loi doit concilier le **respect des croyances** et coutumes religieuses avec le **vivre-ensemble**. Dans la République française, c'est le principe de **laïcité** qui réalise cet équilibre. Chacun est libre d'avoir ou non une religion, mais il ne doit pas imposer ses choix aux autres. La Charte de la laïcité, en vigueur dans les établissements scolaires, interdit toutes les **discriminations**, en particulier religieuses. Mais, en contrepartie, elle interdit le prosélytisme et le refus de se soumettre aux règles communes au nom de principes religieux.

COMMENT FAIRE

Analyser une allégorie

Une allégorie sert à représenter sous une forme humaine un principe ou une institution avec ses symboles. Par exemple, *Marianne* est une allégorie de la République française.

Médaille des avoués de l'arrondissement de Rouen, 1829.

Allégorie de la Justice

1. **Je présente mon document :** il s'agit d'une médaille de 1829 représentant la justice sous la forme d'une femme assise. C'est une allégorie.
2. **Je décris le document :** la justice tient dans une main une balance et dans l'autre un glaive. Son coude est posé sur un livre dont le titre est « LOI ».
3. **J'explique le document :** ici est représenté le fonctionnement de la justice : le livre, c'est le droit, ensemble des lois ; la balance, c'est l'objectivité de la justice qui pèse chaque cas ; le glaive, c'est la sanction qui s'applique aux coupables.

INFOS CLÉS

Droit : ensemble des règlements, codes et lois. **Athéisme :** doctrine ou attitude des personnes qui ne croient pas en un dieu. **Prosélytisme :** volonté d'imposer aux autres ses croyances ou ses opinions.

LE CONSEIL DU COACH

Trouver des exemples dans la vie quotidienne
Pour bien comprendre le cours, trouvez des exemples de la vie de tous les jours, comme des exemples de liberté, de délits et crimes. Resituer le thème dans une situation concrète permet de mieux retenir.

S'ENTRAINER

1 ✪ Le droit et les justiciables. Associez chaque terme à un (ou deux) mots-clés.

droit civil •	• présomption d'innocence
droit pénal •	• contrats
droit du justiciable •	• délits et crimes
devoir du justiciable •	• procès équitable
	• responsabilité de ses actes
	• mariage

2 ✪✪ Droit et tolérance. Complétez le texte avec les mots qui conviennent.

Le ...., c'est l'ensemble des lois qui organisent la société. Les lois sont votées par le .... élu. Les citoyens doivent exercer leur .... en respectant celle des autres, dans un esprit de ....
Ainsi, les lois sur la laïcité concilient liberté de .... et respect mutuel.

3 ✪✪✪ Les conflits de libertés

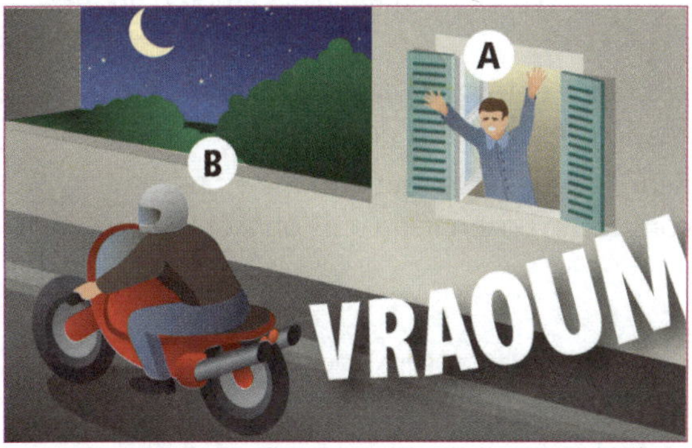

a. Quel droit revendique A ?

....

....

b. Quelle liberté exerce B ?

....

....

c. Quelle limite la loi impose-t-elle à la liberté de B ?

....

....

MINI-CONTRÔLE

La laïcité et l'école

Extraits de la Charte de la laïcité

Art. 11 Les personnels [adultes du collège] ont un devoir de stricte neutralité : ils ne doivent pas manifester leurs convictions politiques ou religieuses dans l'exercice de leurs fonctions.

Art. 14 Dans les établissements scolaires publics, les règles de vie [...] sont respectueuses de la laïcité. Le port de signes ou tenues par lesquels les élèves manifestent ostensiblement[1] une appartenance religieuse est interdit.

1. de façon très visible.

a. D'après le document, quelles règles doivent suivre à l'école les adultes et les élèves pour que tous soient respectés dans leurs croyances ?

....

....

b. D'après vous, quelle est la conséquence positive du respect de la laïcité ?

....

....

Corrigés p. 289

AVEZ-VOUS RÉUSSI ?

2 Les libertés et les droits de l'homme

EMC

JE RETIENS

La diversité des libertés

La liberté est le premier des droits proclamés par la **Déclaration des droits de l'homme de 1789**. La République française, régime démocratique, garantit à tous l'exercice des **libertés individuelles** (liberté de pensée, d'expression, de circulation…) aussi bien que des **libertés collectives** (liberté d'association, de réunion, de manifestation…).

Des droits et des libertés fragiles

Les libertés sont complétées par des droits qui les font vivre : droit d'être instruit, de s'informer, de voter. Libertés et droits sont fragiles, il faut les défendre. Ainsi, des lois réglementent l'utilisation de la vidéosurveillance ou l'usage d'Internet afin de garantir le droit de chacun à la vie privée.

Des libertés à concilier pour vivre ensemble

Il peut aussi exister des **tensions entre libertés**. La **loi** permet de les résoudre. Ainsi le Code de la route réglemente la liberté de circuler pour préserver la sécurité de tous. De même, la loi encadre le droit de grève qui ne doit pas faire obstacle au droit de travailler et à la liberté de circulation.

Une cause internationale

Le combat pour les libertés et les droits de l'homme se mène également à l'échelle du monde. C'est pourquoi la France a adhéré à la Charte des droits fondamentaux de l'Union européenne (2000), à la Déclaration universelle des droits de l'homme (1948) et à la Convention internationale des droits de l'enfant (1989).

COMMENT FAIRE

Analyser un dessin de presse

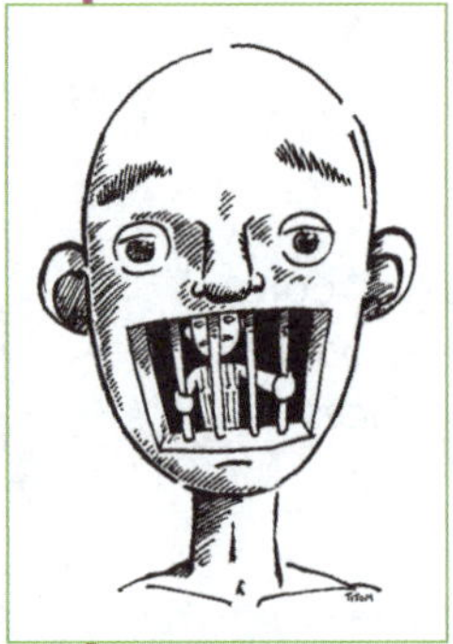

1. **Je présente mon document :** il s'agit d'un dessin diffusé par l'association d'artistes appelée Cartooning for Peace.
2. **Je décris le document :** le dessinateur a représenté ici le visage d'un homme dont la bouche est remplacée par un détenu derrière les barreaux de sa cellule.
3. **J'interprète le document :** le dessinateur veut dire que tout homme empêché d'exprimer ses idées et ses opinions est comme un prisonnier à qui l'on a ôté la liberté.

Dessin pour la liberté d'expression diffusé par l'association Cartooning for Peace (« Dessiner pour la paix »).

INFO CLÉ

Démocratie : régime politique où le pouvoir vient des citoyens libres et égaux en droits. La République française est une démocratie.

S'ENTRAINER

1 ✪ Identifier les libertés

a. Complétez le tableau en indiquant le type de liberté correspondant à chaque affirmation : *liberté d'expression, liberté de circulation, liberté de conscience, liberté de réunion, liberté d'association.*

b. Soulignez en vert si c'est une liberté individuelle, en rouge si c'est une liberté collective.

Affirmation	Type de liberté
Cette année, je pars faire un tour d'Europe.	
Jeudi, mon parti politique organise un meeting.	
Avec des amis, nous créons le club des fans de chats siamois.	
Je viens de lancer mon blog, intitulé « Vu de ma lorgnette ».	
Je suis un athée[1] convaincu.	

1. Personne qui n'adhère à aucune religion.

2 ✪✪ Exercer et défendre les libertés

Marche solidaire en soutien aux migrants.

a. Quelle action mènent ces militants ? En faveur de qui ?

....

b. Quelles libertés permettent à ces militants de mener leur action ?

....

c. Quelle liberté revendiquent-ils pour les migrants ?

....

Corrigés p. 289

3 ✪✪✪ Les conflits entre libertés

Entourez la bonne réponse.

a. Lorsque je fais grève, je ne peux pas être sanctionné si je bloque l'entrée de l'entreprise. VRAI – FAUX

b. Aucune loi ne peut limiter la liberté d'expression. VRAI – FAUX

c. Les maires peuvent installer sans aucun contrôle la vidéosurveillance dans leur commune. VRAI – FAUX

d. Un journaliste n'a pas besoin d'une autorisation préalable pour publier un article. VRAI – FAUX

MINI-CONTRÔLE

Un conflit de libertés

Doc. A. Un photographe en action

Doc. B. Ce que dit le Code pénal

> Est puni d'un an d'emprisonnement et 45 000 euros d'amende le fait, au moyen d'un procédé quelconque, de porter atteinte à l'intimité de la vie privée d'autrui [...] en fixant, sans son consentement, [...] l'image d'une personne se trouvant dans un lieu privé.

a. Quel droit peut invoquer le photographe ?

....

b. Pourquoi, selon le Code pénal, est-il en faute ?

....

....

c. Expliquez pourquoi on peut dire qu'il y a conflit de libertés.

....

....

AVEZ-VOUS RÉUSSI ? ○ ○ ○

3 Citoyen et droit de vote

EMC

JE RETIENS

La citoyenneté, une conquête de la Révolution française

Avec la Déclaration des droits de l'homme, en 1789, le citoyen remplace le sujet qui était auparavant entièrement soumis à l'autorité absolue du roi. **Les citoyens forment désormais la nation qui détient la souveraineté, c'est-à-dire le pouvoir.** Par l'**élection**, ils choisissent ceux qui gouvernent et font les lois en leur nom. C'est la **démocratie représentative**. Elle est organisée par la Constitution de la Ve République (1958).

Le droit de vote, une longue histoire

En France, les hommes ont obtenu le **droit de vote** en 1848, et les femmes en 1944. Pour que les citoyens (Françaises et Français de plus de 18 ans) exercent pleinement ce droit, il faut que la **liberté de choix** soit assurée par le **multipartisme** et le **secret du vote** dans l'isoloir. Il faut aussi que les citoyens soient librement informés par une **presse pluraliste**.

Citoyenneté et engagement

À l'exercice du droit de vote s'ajoute **l'engagement des citoyens** dans la vie démocratique à travers les **partis**, les **syndicats**, **les mouvements** et **les associations** : la **démocratie participative** complète la démocratie représentative. C'est ainsi, grâce à leur engagement dans des luttes, que les femmes ont progressivement obtenu les droits qu'on leur refusait : droit au partage de l'autorité parentale (1970), droit à l'avortement (1975), etc.

COMMENT FAIRE

Titrer et légender une photographie

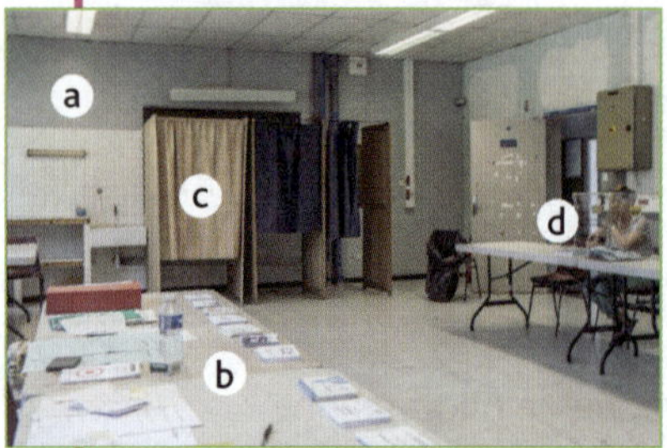

1. **Je m'interroge pour définir mon objectif :** que peut apporter le document au thème « Citoyen et droit de vote » ? Ici, le document montre tout ce qui permet de garantir un vote libre et secret.

2. **J'en déduis un titre** pour mon document : « Bureau de vote et liberté des électeurs ».

3. **Je réalise la légende :** je numérote les éléments et j'explique leur utilité pour garantir la liberté de vote : **a.** Une salle aux murs sans affiche pour ne pas influencer. **b.** Les tables avec les bulletins et les enveloppes opaques. **c.** L'isoloir où l'électeur fait son choix en toute discrétion. **d.** Une urne accueillant les enveloppes qui ne seront ouvertes qu'après la clôture du scrutin et en public.

4. **J'ajoute un commentaire personnel :** j'explique que la liberté de vote des électeurs est également assurée par le multipartisme et la liberté de la presse.

INFOS CLÉS

Multipartisme : vie politique animée par de multiples partis proposant une grande diversité d'idées et de programmes. **Presse pluraliste :** journaux nombreux permettant l'expression de tous les courants d'opinion.

LE CONSEIL DU COACH

Se projeter dans l'avenir
Même si vous n'êtes pour l'instant pas toujours convaincu(e) de l'utilité de ce droit, pensez aux superpouvoirs que cela vous donnera plus tard. Imaginez une ou deux lois qu'il vous semblerait intéressant de faire voter... puis lancez-vous dans l'apprentissage du cours.

S'ENTRAINER

1 ✪ Démocratie et droit de vote

Lisez la légende et numérotez les passages.

○ **Extrait de la Constitution 1958**

○ **Article 3** – La souveraineté nationale appartient au peuple qui l'exerce par ses représentants et par la voie du référendum. Aucune section du peuple ni aucun individu ne peut s'en attribuer l'exercice.

Le suffrage peut être direct ou indirect dans les conditions prévues par la Constitution.

○ Il est toujours universel, égal et secret.

○ Sont électeurs, dans les conditions déterminées par la loi, tous les nationaux français majeurs des deux sexes, jouissant de leurs droits civils et politiques.

① Conditions pour être citoyen.
② Caractéristiques du suffrage en démocratie.
③ Définition de la démocratie.
④ Nom du texte dont on a reproduit l'article 3.

2 ✪✪ Le combat des femmes

Des féministes dénoncent l'exclusion des femmes du droit de vote. Supplément illustré du *Petit Journal*, 17 mai 1908.

a. Quand a lieu l'évènement ?

....

....

b. Relevez deux éléments qui montrent que la scène se déroule dans un bureau de vote ?

....

....

....

c. Que font les militantes féministes avec l'urne ? Pourquoi ?

....

....

d. Quand les femmes ont-elles obtenu le droit de vote en France ?

....

....

MINI-CONTRÔLE

Doc. A

Doc. B

en soutien à Laurette Fugain l'association qui lutte contre la leucémie

Doc. C

Doc. D

a. En vous aidant des illustrations, indiquez quatre moyens par lesquels le citoyen participe à la vie démocratique.

....

....

....

....

b. Pour chaque moyen, précisez si c'est une action individuelle ou une action collective.

....

....

....

Corrigés p. 289

AVEZ-VOUS RÉUSSI ? ○ ○ ○

Bilan

HISTOIRE

1 Reliez chaque évènement à sa date.

a. prise de la Bastille •	• 1905
b. Code civil •	• 14 juillet 1789
c. congrès de Vienne •	• 1848
d. Printemps des peuples •	• 1870
e. loi de séparation des Églises et de l'État •	• 1804
f. proclamation de la IIIe République •	• 1815

.... /6

2 Reliez chaque mot à sa définition.

a. Lumières •	• Droit de vote accordé à tous les citoyens.
b. suffrage universel •	• Assemblée exceptionnelle convoquée par le roi pour résoudre une crise.
c. suffragette •	• Courant de pensée européen qui met en valeur la raison, la liberté, l'égalité.
d. États généraux •	• Femme qui militait pour le droit de vote.

.... /8

3 Cochez les bonnes réponses.

a. Le commerce triangulaire désigne :
- ☐ les échanges commerciaux, notamment d'esclaves, entre l'Europe, l'Afrique et l'Amérique au XVIIIe siècle ;
- ☐ le commerce d'instruments de musique ;
- ☐ les échanges commerciaux avec les comptoirs d'Asie au XVIIIe siècle.

b. Pourquoi l'Empire napoléonien chute-t-il ?
- ☐ L'Empire est trop grand, donc ingouvernable.
- ☐ Les souverains européens s'unissent contre la domination française.
- ☐ Napoléon meurt sans successeur.

c. Parmi ces personnages, lesquels sont des philosophes des Lumières ?
☐ Voltaire ☐ Victor Schœlcher ☐ Napoléon ☐ Rousseau ☐ Montesquieu

d. L'industrialisation désigne :
- ☐ la construction d'usines ;
- ☐ un processus de fabrication à la chaine ;
- ☐ une révolte d'ouvriers au XIXe siècle.

e. Quelle puissance européenne possède le plus grand empire colonial au XIXe siècle ?
☐ La France. ☐ La Belgique. ☐ L'Angleterre.

f. Quel régime politique accorde le suffrage universel masculin et abolit l'esclavage ?
☐ Le Second Empire. ☐ La IIe République. ☐ La IIIe République.

.... /6

Total .... /20

GÉOGRAPHIE

1 Reliez chaque définition à la notion qui lui correspond.

métropole •	• Ville qui exerce un pouvoir de commandement politique, économique ou culturel.
mondialisation •	• Concentration des populations et des activités humaines le long des littoraux.
mégalopole •	• Pays connaissant les plus grandes difficultés économiques.
migrant •	• Personne qui quitte son pays pour des raisons économiques, politiques ou climatiques.
littoralisation •	• Immense ensemble urbain relié par des voies de communication importantes.
pays les moins avancés •	• Mise en contact des différentes parties du monde par des échanges et des flux.

.... /6

2 Cochez la réponse correcte.

a. Aujourd'hui, le nombre d'urbains est supérieur au nombre de ruraux. ☐ Vrai ☐ Faux

b. L'Afrique est le continent qui possède le plus de métropoles intégrées à la mondialisation. ☐ Vrai ☐ Faux

c. Les métropoles mondiales sont en concurrence les unes avec les autres. ☐ Vrai ☐ Faux

d. Le nombre de réfugiés est en baisse dans le monde depuis quinze ans. ☐ Vrai ☐ Faux

e. L'Afrique n'est pas un territoire attractif aujourd'hui. ☐ Vrai ☐ Faux

f. La plupart des échanges se font par avion dans le monde. ☐ Vrai ☐ Faux

.... /6

3 Cochez la ou les bonnes réponses.

a. Les États-Unis sont :
- ☐ un pays en développement ;
- ☐ une puissance économique et militaire ;
- ☐ une superpuissance.

b. Les espaces maritimes sont :
- ☐ des espaces menacés par la pollution ;
- ☐ des espaces sans ressources naturelles ;
- ☐ des espaces convoités.

c. Quels territoires sont des mégalopoles ?
- ☐ De Londres à Milan.
- ☐ De New York à Washington.
- ☐ Le long du littoral chinois.

d. Les CBD sont :
- ☐ des quartiers d'affaires ;
- ☐ des quartiers périphériques ;
- ☐ des zones de loisirs.

.... /8

Total .... /20

Corrigés p. 290

Bilan

EMC

LIBERTÉS ET DROITS DE L'HOMME

1 Entourez la bonne réponse.

a. La démocratie repose sur la liberté et l'égalité en droits des citoyens. **Vrai** **Faux**
b. Les journalistes demandent l'autorisation avant de publier un article. **Vrai** **Faux**
c. Les lois organisent l'exercice des libertés. **Vrai** **Faux**
d. Dans la presse et sur Internet, les appels à la haine sont autorisés. **Vrai** **Faux**
e. Les habitants ont droit à une vie privée protégée. **Vrai** **Faux**

.... /5

POUR VIVRE ENSEMBLE, LE DROIT

2 Reliez ce qui va ensemble.

Pour vivre ensemble, nous devons observer... •	• les contrats (mariages...).
Les parlementaires (députés et sénateurs) votent... •	• le droit.
L'ensemble des règlements, codes et lois forment... •	• les délits et les crimes.
Le droit civil organise... •	• l'ensemble des lois et règlements.
Les tribunaux pénaux sanctionnent... •	• des règles de respect d'autrui.

.... /5

LA LAÏCITÉ, PRINCIPE DE LA RÉPUBLIQUE

3 Complétez le texte.

Dans la République française, c'est le principe de .... qui garantit la liberté de ...., fondamentale en .... Chacun est libre d'avoir ou non une ...., et chacun doit respecter les .... des autres. Ainsi, dans les établissements scolaires, la Charte de la .... interdit les ...., mais elle proscrit également les signes d'appartenance .... et le .... Ainsi est préservé le ....

.... /5

CITOYENS ET DROIT DE VOTE

4 Associez chaque date au fait qui lui correspond

1789 •	• droit à l'avortement
1848 •	• Constitution de la Ve République
1958 •	• Déclaration des droits de l'homme et du citoyen
1944 •	• première expérience du suffrage universel masculin
1975 •	• droit de vote des femmes

.... /5

Total .... /20

Corrigés p. 290

1 Un modèle pour interpréter les états de la matière

CHIMIE

JE RETIENS

Molécules dans un corps pur ou dans un mélange

- **Les molécules sont des particules ou « grains de matière »** qui ne sont visibles ni à l'œil nu, ni avec un microscope. Les molécules d'un corps pur, comme l'eau par exemple, sont toutes **identiques**, que le corps pur soit à l'état solide, liquide ou de vapeur. Elles gardent une même forme et ont une masse constante. **Elles ne se modifient pas lors d'un changement d'état.**
- **Dans le cas d'un mélange moléculaire**, comme l'eau sucrée, **la masse du mélange est égale à la somme des masses des molécules des constituants.**

Molécules et états de la matière

- **Dans les gaz**, comme la vapeur d'eau, les molécules se déplacent d'un mouvement incessant et désordonné. **L'état gazeux est dispersé et désordonné.**

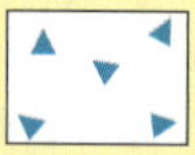

- **Dans les liquides**, comme l'eau, les molécules sont proches les unes des autres mais sont toujours en mouvement. **L'état liquide est compact et désordonné.**

- **Dans les solides**, les molécules sont proches les unes des autres et immobiles les unes par rapport aux autres. **L'état solide est compact. Les solides cristallins**, comme la glace, sont **ordonnés.**

COMMENT FAIRE

Interpréter quelques propriétés de la matière

On reconnait des substances grâce à des schémas décrivant leur état moléculaire.

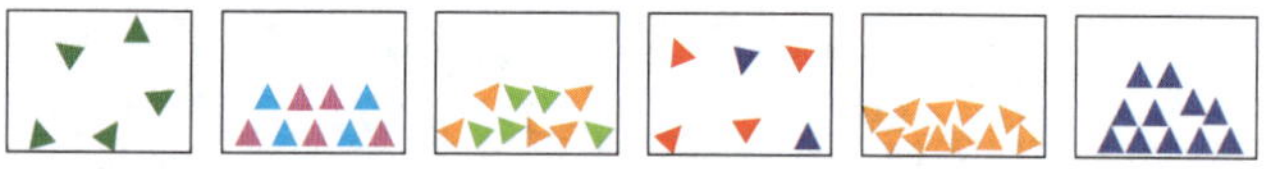

1 2 3 4 5 6

Schéma	Description
1	**Gaz** : les molécules sont dispersées et l'ensemble est désordonné.
2	**Mélange à l'état solide** : les molécules ne sont pas toutes identiques et l'ensemble est ordonné et compact.
3	**Mélange à l'état liquide** : les molécules ne sont pas toutes identiques et l'ensemble est désordonné et compact.
4	**Mélange à l'état gazeux** : les molécules ne sont pas toutes identiques et l'ensemble est désordonné et dispersé.
5	**Corps pur à l'état liquide** : l'ensemble est compact et désordonné.
6	**Corps pur à l'état solide** : l'ensemble est compact et ordonné.

Infos clés

- **Modèle :** il permet d'expliquer et de prévoir des propriétés de la matière.
- **Corps pur :** substance constituée de particules, par exemple des molécules toutes identiques.
- **Mélange :** substance constituée de plusieurs sortes de particules.

S'ENTRAINER

1 ✪ **Complétez les phrases avec les mots suivants, qui peuvent être utilisés plusieurs fois (en les accordant si nécessaire).**

nombre – immobile – dispersé – molécule – proche – désordonné – identique – compact

a. Les petits grains constituant la matière sont des .... qui, à l'état solide, sont .... et .... L'état liquide est .... et ...., l'état gazeux est .... et ....

b. Les particules constituant un corps pur sont toutes .... alors que, dans un mélange, elles ne le sont pas.

c. Lors d'un changement d'état, la masse se conserve car le .... de .... ne change pas.

2 ✪✪ **Répondez aux questions.**

On réalise la dissolution du sucre dans l'eau et l'on mesure la masse avant et après l'opération. On lit les résultats suivants.

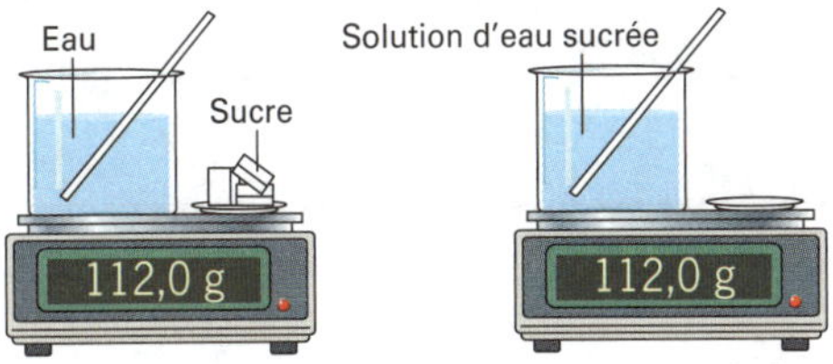

Avant la dissolution — **Après la dissolution**

a. Quelle propriété vérifiez-vous ?

....

....

....

....

b. Représentez dans les cadres ci-dessous les molécules présentes dans les trois cas.
La molécule d'eau est représentée par ▲ et celle de sucre par ●.

Eau — Sucre — Eau sucrée

Corrigés p. 290

LE CONSEIL DU COACH Pensez à bien lire la consigne et repérez bien le ou les verbes pour savoir ce que l'on vous demande de faire.

3 ✪✪✪ **Répondez aux questions.**

On place des cristaux de diiode dans un bécher fermé. On voit des vapeurs violettes se répandre dans le bécher.

a. Ce changement d'état se nomme sublimation. Quel est l'état initial du diiode et quel est son état final ?

....

....

....

....

b. En représentant les molécules de diiode par ⬬, dessinez le modèle :
– des cristaux de diiode dans le cadre 1 ;
– des vapeurs violettes quand tous les cristaux ont disparu dans le cadre 2.

1 — 2

MINI-CONTRÔLE

Le schéma suivant représente-t-il une vaporisation ou bien une fusion ? Pourquoi ?

....

....

....

....

....

AVEZ-VOUS RÉUSSI ? ○ ○ ○

2 Les atomes

CHIMIE

JE RETIENS

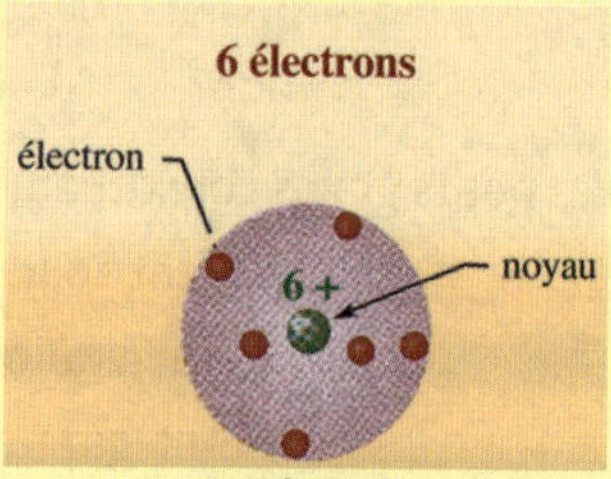

Atome de carbone

Description du modèle d'un atome

- **La structure de l'atome est lacunaire**, il est essentiellement constitué de vide.
- L'atome est composé d'**un noyau** entouré d'**électrons** en mouvement autour de lui, formant le **cortège électronique**.
- Le noyau contient des charges élémentaires positives ainsi que des particules neutres. Les dimensions du noyau sont très inférieures à celles de l'atome.
- **Les électrons sont tous identiques**. Ils portent chacun une **charge négative**. Leur masse est très inférieure à celle du noyau.
- **L'atome est électriquement neutre**, sa charge est nulle car la charge globale positive du noyau est opposée à celle de tous les électrons du cortège électronique. Par conséquent, **l'atome possède autant d'électrons que de charges élémentaires positives.**
- **La masse de l'atome est concentrée dans son noyau.**

Modélisation des atomes

- **Un atome est modélisé par une sphère**. Pour les atomes les plus courants, on utilise des modèles moléculaires : les atomes sont alors assimilés à des boules colorées.
- **Un atome est représenté par un symbole** : une lettre en majuscule d'imprimerie suivie, si nécessaire, d'une lettre en minuscule. **Exemples** : atome de carbone C, atome de calcium Ca.

COMMENT FAIRE

Utiliser la classification périodique des éléments

Légende : numéro atomique → Z ; X ← symbole de l'élément ; nom

colonnes → / périodes ↓	1	2	3	4	5	6	7	8	9	10	11	12	13	14	15	16	17	18
1	1 H hydrogène																	2 He hélium
2	3 Li lithium	4 Be béryllium											5 B bore	6 C carbone	7 N azote	8 O oxygène	9 F fluor	10 Ne néon
3	11 Na sodium	12 Mg magnésium											13 Al aluminium	14 Si silicium	15 P phosphore	16 S soufre	17 Cl chlore	18 Ar argon
4	19 K potassium	20 Ca calcium	21 Sc scandium	22 Ti titane	23 V vanadium	24 Cr chrome	25 Mn manganèse	26 Fe fer	27 Co cobalt	28 Ni nickel	29 Cu cuivre	30 Zn zinc	31 Ga gallium	32 Ge germanium	33 As arsenic	34 Se sélénium	35 Br brome	36 Kr krypton
5	37 Rb rubidium	38 Sr strontium	39 Y yttrium	40 Zr zirconium	41 Nb niobium	42 Mo molybdène	43 Tc technétium	44 Ru ruthénium	45 Rh rhodium	46 Pd palladium	47 Ag argent	48 Cd cadmium	49 In indium	50 Sn étain	51 Sb antimoine	52 Te tellure	53 I iode	54 Xe xénon

La classification périodique des éléments permet de repérer les atomes qui constituent les molécules.

Info clé

Symbolisation de quelques atomes courants

Atome de carbone : C	Atome d'hydrogène : H	Atome de Fer : Fe
Atome d'oxygène : O	Atome d'azote : N	Atome de cuivre : Cu

LE CONSEIL DU COACH

Parler à voix haute
Travaillez ce thème à l'oral, en lisant la partie « Je retiens » et en répondant à voix haute aux questions de l'exercice 1. En vous écoutant, vous allez peut-être mieux comprendre et mémoriser la leçon.

S'ENTRAINER

1 ✪ **Entourez le mot qui convient.**

a. Un atome est formé d'un **électron / noyau** autour duquel tournent un ou plusieurs **électrons / noyaux**.

b. Les électrons sont tous **différents / identiques**.

c. Les électrons portent chacun une charge électrique **positive / négative**.

d. Le noyau de l'atome est chargé **positivement / négativement**.

e. Un atome contient **moins / autant / plus** de charges positives que de charges négatives.

f. Le symbole de l'atome d'hydrogène est **H / HY / Hy**.

g. Le constituant essentiel de l'atome est **son noyau / du vide / des électrons**.

2 ✪ **Répondez à la question.**

Sur ma carte d'identité, il est écrit que mon noyau porte davantage de charges positives que le total des charges négatives portées par mes électrons. Suis-je un atome ? Justifiez votre réponse.

3 ✪✪ **Répondez aux questions.**

Un atome de fer possède 26 électrons.

a. Combien de charges élémentaires positives possède l'atome de fer ? Justifiez votre réponse.

b. Combien de charges élémentaires positives possède le noyau de l'atome de fer ? Justifiez votre réponse.

4 ✪✪✪ **Voici un modèle de l'atome de magnésium. Complétez le schéma et justifiez votre réponse.**

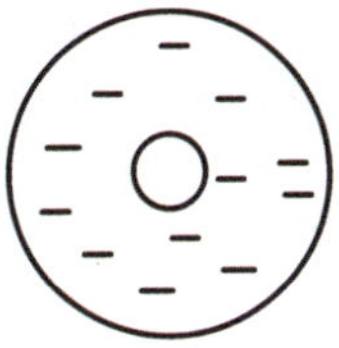

MINI-CONTRÔLE

Répondez aux questions.

Un atome d'aluminium a une masse de $m = 4{,}5 \times 10^{-26}$ kg. Son nuage électronique comprend 13 électrons.

a. Chaque électron a une masse de $m_e = 9{,}1 \times 10^{-31}$ kg. Calculez la masse de l'ensemble des électrons de l'atome.

b. Calculez pour cet atome le rapport entre la masse de l'atome et la masse des électrons.

c. Montrez que l'affirmation « la masse de l'atome est concentrée dans son noyau » est vérifiée.

Corrigés p. 291

AVEZ-VOUS RÉUSSI ?

3 Les combustions

CHIMIE

JE RETIENS

Combustion du carbone

- **Un morceau de carbone incandescent** est placé dans un flacon contenant du dioxygène. Lors de cette combustion, le dioxygène et une partie du carbone sont consommés et du **dioxyde de carbone** se forme.
- **La combustion du carbone est une transformation chimique** au cours de laquelle les réactifs, **carbone et dioxygène**, sont consommés. Un produit nouveau se forme : le **dioxyde de carbone**.

carbone + dioxygène → dioxyde de carbone

Réactifs — **Produit**

Combustion du méthane

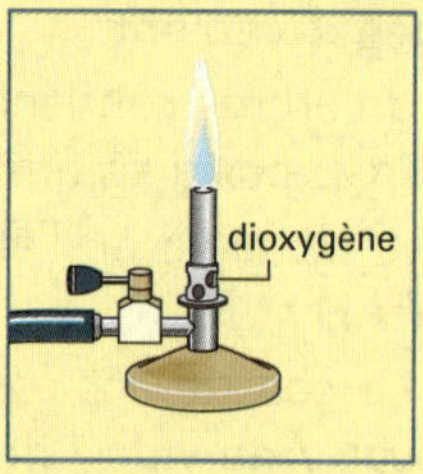

- On enflamme du méthane à la sortie d'un bec Bunsen, il brule avec une flamme transparente. Lors de cette combustion, il se forme des produits nouveaux : **du dioxyde de carbone et de l'eau**. La combustion du méthane est une transformation chimique au cours de laquelle les réactifs, **méthane et dioxygène**, sont consommés. Des produits se forment : **le dioxyde de carbone et l'eau.**

méthane + dioxygène → dioxyde de carbone + eau

Réactifs — **Produits**

- **Si la quantité de dioxygène est insuffisante**, la combustion du méthane est incomplète (flamme jaune orangé). En plus du dioxyde de carbone et de l'eau, il se forme du carbone et parfois un gaz très toxique, le monoxyde de carbone.
- **Les combustions** libèrent de l'**énergie**, on les utilise donc pour se chauffer, ou pour cuire des aliments.
- Attention aux incendies ou explosions lorsqu'un mélange d'air (le **comburant**) et de **combustible** (méthane...) est en contact avec une flamme !

COMMENT FAIRE

Identifier des gaz

- Quand on plonge une buchette incandescente dans du dioxygène, elle se rallume. Le **dioxygène** ravive les combustions.
- Le **dioxyde de carbone** réagit avec l'eau de chaux pour donner un précipité blanc de carbonate de calcium.

Infos clés

- **Comburant :** corps qui permet la combustion.
- **Combustible :** corps qui brule.

S'ENTRAINER

1 ✪ Entourez le mot qui convient.

a. Lors d'une transformation chimique, des **produits / réactifs** disparaissent et des **produits / réactifs** se forment.

b. Le méthane est le **comburant / combustible** qui brule avec le dioxygène de l'air qui est le **comburant / combustible**. Le méthane et le dioxygène sont les **produits / réactifs** de la transformation.

c. Si la pièce est mal aérée, alors la combustion peut être **complète / incomplète** et il peut se former un gaz toxique, le monoxyde de carbone.

2 ✪✪ Répondez aux questions.

Le butane est un gaz dont la combustion est utilisée dans des appareils de chauffage. Cette combustion produit du dioxyde de carbone et de l'eau (sous forme de vapeur).

a. Pourquoi pouvez-vous affirmer que cette combustion est une transformation chimique ?

....

....

b. Indiquez le nom des deux réactifs.

....

....

c. Indiquez le nom des deux produits.

....

....

d. Écrivez le bilan de la transformation.

....

....

3 ✪✪✪ Répondez aux questions.

Si l'on fait bruler de la laine de fer dans un bocal rempli de dioxygène, la combustion est très vive et projette des particules d'oxyde de fer.

a. Identifiez le combustible et le comburant.

....

....

LE CONSEIL DU COACH Avez-vous pensé à faire un schéma ?

b. Quels sont les réactifs de cette combustion ?

....

....

c. Quels sont les produits de cette combustion ?

....

....

d. Écrivez le bilan de cette transformation chimique.

....

....

MINI-CONTRÔLE

Répondez aux questions.

On enflamme un morceau de fusain de 2,8 g que l'on met dans un flacon de dioxygène bouché. À la fin de la combustion, il reste 2,3 g de fusain.

a. Quelle masse de fusain a été consommée ?

....

....

....

b. Pourquoi le fusain ne brule-t-il pas complètement ?

....

....

....

c. Sur une feuille à part, décrivez, sous la forme d'un schéma, le test du dioxygène.

d. Quel est, à votre avis, le résultat de ce test lorsque la combustion du fusain est arrêtée ?

....

....

....

Corrigés p. 291

AVEZ-VOUS RÉUSSI ? ○ ○ ○

4 CHIMIE

Des atomes aux molécules

JE RETIENS

Atomes et molécules

- **Une molécule est un assemblage d'atomes liés entre eux.**

Afin de former des liaisons, les atomes mettent en commun des **électrons**.

Exemples : *la molécule d'eau est constituée de deux atomes d'hydrogène et d'un atome d'oxygène. La molécule de dioxyde de carbone est constituée d'un atome de carbone et de deux atomes d'oxygène.*

- **Les molécules** se représentent à l'aide de **modèles** dans lesquels les atomes sont assimilés à des sphères de tailles et de couleurs différentes selon leur sorte.

Modèle de l'atome	Nom	Symbole
	Atome de carbone	C
	Atome d'hydrogène	H
	Atome d'oxygène	O
	Atome d'azote	N

Exemples de modèles moléculaires

dioxygène

dioxyde de carbone

eau

diazote

méthane

butane

COMMENT FAIRE

Écrire la formule chimique d'une molécule

La formule chimique d'une molécule comprend le symbole des atomes qui la constituent.
Le nombre d'atomes d'une même sorte est indiqué en indice à côté du symbole correspondant.
Ainsi pour la molécule d'eau :

2 atomes d'hydrogène → H_2O ← 1 atome d'oxygène

Info clé

Quelques formules de molécules à retenir :

- **H_2O :** molécule d'eau.
- **CO_2 :** molécule de dioxyde de carbone.
- **O_2 :** molécule de dioxygène.
- **N_2 :** molécule de diazote.
- **CH_4 :** molécule de méthane.
- **C_4H_{10} :** molécule de butane.

LE CONSEIL DU COACH

Surligner les mots importants
Pour mieux vous repérer, surlignez dans le texte les mots « atomes » et « molécules ». Cette leçon permet de répondre à deux grandes questions : « Qu'est-ce qu'une molécule ? » et « Comment modéliser les molécules ? » Relisez-la en ayant bien en tête ces deux questions.

S'ENTRAINER

1 ✪ **Complétez les phrases avec les mots suivants (en les accordant si nécessaire).**

atome – atome – eau – formule – formule – hydrogène – modèle – molécule – oxygène

a. Un groupe d'atomes liés entre eux constitue une .... Une molécule peut être symbolisée par une .... chimique ou par un .... moléculaire.

b. H_2O est la .... de la molécule d'............................ . Cette molécule comporte un .... d'oxygène et deux .... d'hydrogène. O est le symbole de l'atome d'............................ et H est le symbole de l'atome d' ....

2 ✪✪ **Écrivez les formules chimiques de trois molécules d'après leur description.**

a. La molécule de méthanol contient 1 atome de carbone, 4 atomes d'hydrogène et 1 atome d'oxygène : ....

b. La molécule d'acétone contient 2 atomes de carbone, 6 atomes d'hydrogène et 2 atomes d'oxygène : ....

c. La molécule de glucose contient 6 atomes de carbone, 12 atomes d'hydrogène et 6 atomes d'oxygène : ....

3 ✪✪✪ **Répondez en cochant vrai ou faux et indiquez la réponse correcte quand c'est utile.**

a. La molécule de méthane est constituée d'un atome de carbone et de quatre atomes d'hydrogène. ☐ V ☐ F

....

b. La formule de la molécule de méthane est C_4H. ☐ V ☐ F

....

c. La molécule de dioxyde de carbone a pour formule CO_2. Cette molécule est constituée d'un atome de carbone et d'une molécule de dioxygène. ☐ V ☐ F

....

MINI-CONTRÔLE

Répondez aux questions.

1

2

3

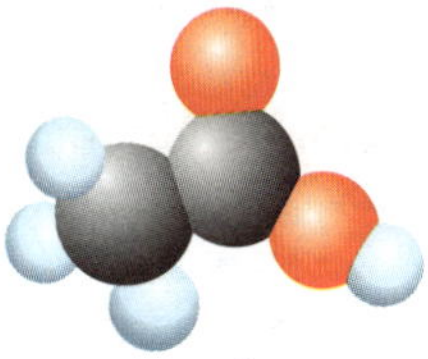

4

a. Écrivez le nom et le nombre des atomes constituant ces molécules.

1 ....
2 ....
3 ....
4 ....

b. Écrivez leurs formules chimiques.

1 ....
2 ....
3 ....
4 ....

Corrigés p. 291

AVEZ-VOUS RÉUSSI ? ◯ ◯ ◯

5 Interpréter les transformations chimiques

CHIMIE

JE RETIENS

Atomes et transformations chimiques

- Lors des combustions, comme lors de toute transformation chimique, les **réactifs** sont consommés et de nouveaux **produits** apparaissent.
- Au niveau microscopique, une transformation chimique correspond à un **réarrangement des atomes** : les atomes composant les molécules des réactifs s'associent de **manière différente** pour former les molécules des produits.

Équation de réaction

- **L'équation de réaction représente « l'écriture » d'une transformation chimique**. Elle indique, par leur formule, les réactifs et les produits de la transformation.
- **Elle précise le sens de cette transformation** et traduit, par des coefficients placés devant les formules, que les atomes présents dans les produits sont en **même nombre** que dans les réactifs.

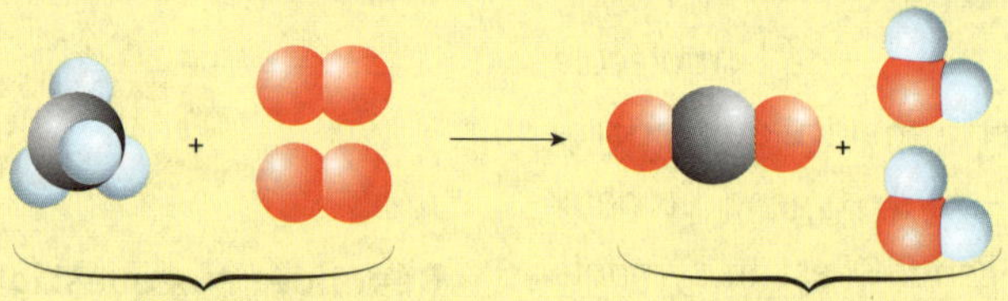

Réactifs — Produits

$$1\,CH_4 + 2\,O_2 \longrightarrow 1\,CO_2 + 2\,H_2O$$

Propriété importante

Lors d'une transformation chimique, il y a **conservation des atomes.** La masse totale des réactifs consommés est égale à la masse totale des produits formés. On dit qu'il y a **conservation de la masse.**

COMMENT FAIRE

Ajuster une équation de réaction

1. Écrire le bilan de la transformation chimique avec le nom des réactifs et des produits.
2. Remplacer chaque nom par la formule chimique correspondante.
3. Compter les atomes de chaque sorte. Si le nombre de chaque atome des réactifs n'est pas identique à celui des produits, l'équation n'est pas ajustée.
4. Ajuster d'abord les atomes qui n'interviennent que dans un seul réactif et un seul produit. Placer des **coefficients entiers** (les plus petits possibles) **devant** les formules. Ajuster ensuite les atomes intervenant dans plusieurs réactifs et plusieurs produits.
5. **Pour ajuster une équation de réaction, on ne doit pas modifier les formules chimiques**.

Info clé

Il ne faut pas confondre transformation physique et transformation chimique :
– dans une **transformation physique**, il y a **conservation des espèces chimiques** ;
– dans une **transformation chimique**, il y a **conservation des atomes**.

S'ENTRAINER

1 ✪ Indiquez dans chaque cas s'il s'agit d'une transformation chimique ou physique.

a. L'hiver, l'eau gèle : ....

b. Une buche brule dans la cheminée :

....

c. On mélange du sirop de grenadine avec de l'eau : ....

d. Un sucre se dissout dans du café :

....

e. Du vinaigre tombe sur du marbre (calcaire) et provoque une effervescence :

....

2 ✪ Dans chaque cas, complétez les noms des composés chimiques représentés puis écrivez l'équation de réaction ajustée.

a. 

Carbone + dihydrogène → ....

....

b. 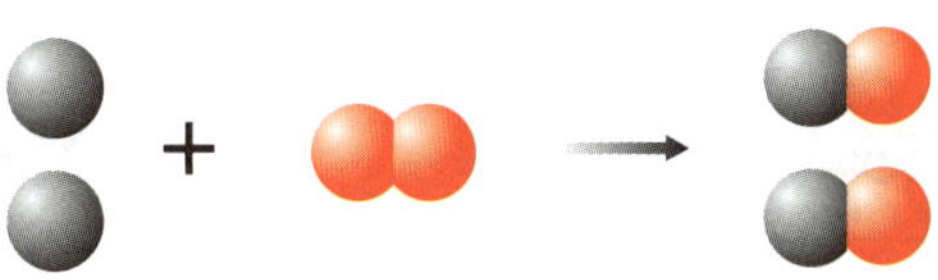

.... + dioxygène → monoxyde de carbone

....

....

3 ✪✪ Les équations de réaction ci-dessous présentent des erreurs. Entourez ces erreurs et écrivez l'équation de réaction correcte.

a. méthane + dioxygène → dioxyde de carbone + eau

$$CH_4 + 2\,O_2 \rightarrow CO_2 + 2\,H_22O$$

....

b. butane + dioxygène → dioxyde de carbone + eau

$$C_4H_{10} + O_2 \rightarrow 4\,CO_2 + 5\,H_2O$$

....

4 ✪✪✪ Répondez aux questions.

On fait bruler une matière plastique appelée polychlorure de vinyle (PVC) dans un flacon de dioxygène. On obtient un dégagement de dioxyde de carbone, de chlorure d'hydrogène (HCl) et de l'eau.

a. Quels sont les réactifs de cette combustion ?

....

....

b. Quels sont les produits de cette transformation chimique ?

....

....

c. Écrivez les formules chimiques des produits.

....

....

d. Quels sont les atomes présents dans ces molécules (noms et symboles) ?

....

....

e. Quels sont les atomes présents dans les molécules des réactifs ?

....

....

f. D'après cette combustion, pouvez-vous affirmer que la molécule de PVC contient du carbone ? du chlore ? de l'hydrogène ?

....

....

MINI-CONTRÔLE

Complétez le tableau suivant.

	CH_4 +	$2\,O_2$ →	CO_2	+ $2\,H_2O$
Avant la réaction	8	20	0	0
Quantité qui réagit				
Après la réaction				

Corrigés p. 291

AVEZ-VOUS RÉUSSI ?

6 La matière dans l'Univers

PHYSIQUE

JE RETIENS

L'Univers s'est formé il y a 13,8 milliards d'années, et notre système solaire est âgé de 4,5 milliards d'années.

L'Univers et le système solaire

- Dans l'infiniment grand, on retiendra les **étoiles** (dont le Soleil fait partie), le système solaire comportant, outre le **Soleil**, **huit planètes** (Mercure, Vénus, Terre, Mars, Jupiter, Saturne, Uranus et Neptune) ainsi que les **satellites** de ces planètes, les **astéroïdes** et les **comètes**.
- Les planètes n'appartenant pas au système solaire sont des **exoplanètes**.
- Les étoiles sont regroupées dans des **galaxies**. Il existe un très grand nombre de galaxies. La galaxie dont fait partie le Soleil est **la Voie lactée**.

L'infiniment petit

- La matière qui nous entoure, qu'elle soit inerte ou vivante, est constituée à partir d'atomes. Les éléments les plus abondants à l'échelle de l'Univers comme à l'échelle du système solaire sont l'**hydrogène H** et l'**hélium He**, qui représentent environ 99 % des éléments. À l'échelle terrestre, le plus abondant est l'**oxygène O**.
- Ces atomes peuvent s'assembler pour former des molécules. Il existe un point commun aux structures infiniment petites et infiniment grandes. Il s'agit de la **structure lacunaire**. La matière est assez bien localisée dans certaines régions de l'espace et, entre ces zones où se situe la matière, il règne le vide ou le quasi-vide.

Longueurs dans l'Univers

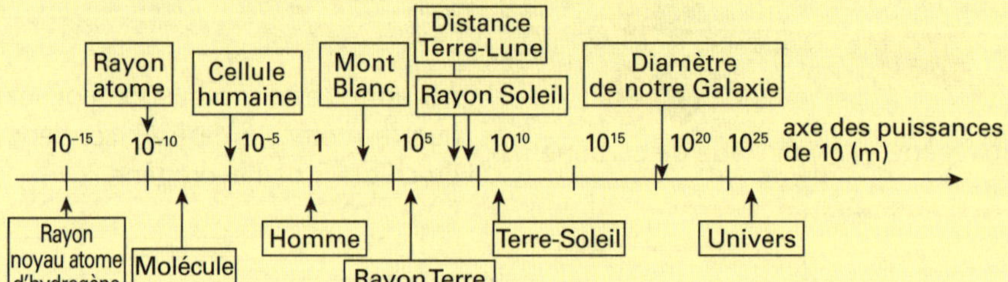

COMMENT FAIRE

Convertir une année-lumière en kilomètres

Une année-lumière ou année de lumière est la distance parcourue par la lumière en un an.
On rappelle que la vitesse de la lumière est 3.10^8 m/s. Une année comprend 365 jours de 24 heures et, en une heure, il y a 3 600 secondes ; donc 1 année = 365 × 24 × 3 600 = 31 536 000 s. En reprenant la formule $d = v \times t$, on obtient $d = 31\,536\,000 \times 3.10^8 = 9{,}46 \cdot 10^{15}$ m soit $9{,}46 \cdot 10^{12}$ km.

Info clé La notation scientifique est l'écriture d'un nombre sous la forme d'un produit du type : $a \times 10^n$, où a est un nombre décimal tel que $1 \leqslant a < 10$ et n un nombre entier positif ou négatif.

S'ENTRAINER

1 ✪ **Mettez en relation les objets avec leur taille respective.**

a. Terre •	• $2{,}4 \cdot 10^{-15}$ m
b. noyau de l'atome d'hydrogène •	• $3{,}5 \cdot 10^{6}$ m
c. Lune •	• $1{,}0 \cdot 10^{-6}$ m
d. atome d'hydrogène •	• $1{,}1 \cdot 10^{-10}$ m
e. cellule humaine •	• $1{,}3 \cdot 10^{7}$ m

2 ✪✪ **Complétez le tableau.**

Dans le tableau suivant figurent la distance *d* entre le Soleil et certaines planètes du système solaire (exprimée en millions de km), et *t* le temps mis par la lumière pour y parvenir.

Planète	Saturne	Uranus	Neptune
t		2 h 39 min	
d (millions de km)	1428		4496
d (u.a.)			

a. Complétez les deux premières lignes du tableau.

b. L'unité astronomique (u.a.) correspond à la distance Terre – Soleil soit 150 millions de km. Complétez la dernière ligne du tableau en exprimant les distances en u.a.

3 ✪✪✪ **Répondez par vrai / faux.**

Le tableau ci-dessous indique les proportions en volume des composants principaux de l'air inspiré par une personne et celles de l'air expiré.

Gaz de l'air	Air inspiré	Air expiré
Diazote	78 %	78 %
Dioxygène	21 %	16 %
Dioxyde de carbone	0,034 %	4,1 %

Cochez vrai ou faux, puis rédigez une courte justification s'appuyant sur les données du tableau.

a. L'air que l'on inspire et l'air que l'on souffle ont la même composition en volume. ☐ V ☐ F

....

Corrigés p. 292

LE CONSEIL DU COACH Avez-vous pensé à faire une pause entre deux exercices difficiles ?

b. Le dioxygène est un gaz nécessaire à la respiration. ☐ V ☐ F

....

c. En respirant dans une pièce fermée assez longtemps, la pièce ne contiendra que du dioxyde de carbone. ☐ V ☐ F

....

MINI-CONTRÔLE

Répondez aux questions.

Iota, un extraterrestre vit sur la planète Tatooine située à 0,8 u.a. de son étoile Deneb. On estime la distance de Tatooine à la Terre à 3 200 a.l.

a. Quel type de planète est Tatooine ?

....

b. À combien de kilomètres de Deneb se situe Tatooine (1 u.a. = 150 millions de kilomètres) ?

....

....

....

c. Combien de temps met la lumière produite par Deneb pour atteindre Tatooine.

....

....

....

d. La technologie de Iota, très avancée, lui permet d'observer la Terre. Que voit-il ? Justifiez votre réponse.

1. ☐ Les hommes de Néandertal
2. ☐ La construction d'Abou Simbel
3. ☐ La construction de Notre-Dame

....

....

AVEZ-VOUS RÉUSSI ? ◯ ◯ ◯

7 Les mouvements d'un objet et les interactions

PHYSIQUE

JE RETIENS

Les mouvements d'un objet

• Le mouvement d'un corps est relatif à un solide de référence appelé **référentiel**.

• La **trajectoire** est la courbe décrite par le mobile. Si cette courbe est une droite, on parle de trajectoire **rectiligne**, si c'est un cercle ou un arc de cercle, c'est une trajectoire **circulaire**.

• **La valeur de la vitesse est définie par** $v = \frac{d}{t}$, (d : distance parcourue, t : durée du parcours) mais celle-ci possède aussi un sens, celui du mouvement, et une direction indiquée par la trajectoire. La valeur de la vitesse s'exprime en m/s. Lorsque la valeur de la vitesse est constante, le mouvement est **uniforme**, si elle augmente, il est **accéléré**, si elle diminue, il est **ralenti**.

Les interactions

• **On parle d'interaction lorsqu'il y a une action entre deux objets**, un auteur et un receveur, chacun agissant sur l'autre. Il existe plusieurs types d'interaction, les interactions **de contact** lorsqu'il y a contact entre l'auteur et le receveur, et les interactions **à distance** lorsqu'il n'y a pas contact.

• Les actions exercées sur des objets permettent d'obtenir différents effets : **mise en mouvement, déformation d'un objet, modification d'une trajectoire et/ou vitesse.** Ce sont des actions mécaniques.

COMMENT FAIRE

Convertir une vitesse exprimée en km/h en m/s

Une vitesse exprimée en km/h indique le nombre de kilomètres effectués en une heure.
Il faut donc savoir convertir les kilomètres en mètres. Pour cela, il suffit de multiplier par 1 000, on obtient ainsi la vitesse en m/h. Puis sachant qu'une heure contient 3 600 s, il faut diviser la valeur par 3 600 et la vitesse est alors en m/s. Au final, on a divisé par 3,6.

Exemple : La vitesse maximale autorisée sur route est 90 km/h, c'est-à-dire 90 000 m/h donc

$$\frac{90\,000}{3\,600} = 25 \text{ m/s}$$

$$\text{Vitesse en km/h} \underset{\times 3,6}{\overset{:3,6}{\rightleftarrows}} \text{Vitesse en m/s}$$

Infos clés

- L'étude des mouvements à la surface de la Terre se fait par rapport au référentiel terrestre, c'est-à-dire, pour simplifier, par rapport au sol.
- L'étude des mouvements des satellites de la Terre se fait par rapport au référentiel géocentrique dont l'origine est le centre de la Terre.
- L'étude du mouvement des planètes du système solaire est réalisée par rapport au référentiel héliocentrique dont l'origine est le centre du Soleil.

LE CONSEIL DU COACH

Résumer la leçon

Pour apprendre efficacement, résumez avec vos propres mots les deux parties de la leçon : « Mouvements d'un objet » et « Interactions ». Et répondez à la question suivante : quels sont les deux types d'interactions entre deux objets ?

S'ENTRAINER

1 ✪ **Répondez aux questions.**

Une automobile roule à une vitesse constante de 72 km.h⁻¹.

a. Exprimez cette vitesse en m/s.

....

....

b. Quelle est la durée d'un trajet de 25 km ?

....

....

c. Quelle distance parcourt-elle en 10 secondes ?

....

....

2 ✪✪ **Répondez aux questions.**

Un joueur de football tire un coup franc, le ballon est arrêté et les joueurs de l'équipe adverse forment un mur à 9,15 m du tireur. Dans chacun des cas suivants, identifiez l'auteur, ainsi que le receveur, puis indiquez s'il s'agit d'une action de contact ou d'une action à distance. Enfin précisez les effets de celle-ci.

a. Le tireur frappe le ballon.

Auteur : ....

Receveur : ....

Action : ....

Effet : ....

b. Un défenseur frappe le ballon de la tête.

Auteur : ....

Receveur : ....

Action : ....

Effet : ....

c. La Terre attire le ballon.

Auteur : ....

Receveur : ....

Action : ....

Effet : ....

d. Le ballon frappe le filet du but.

Auteur : ....

Receveur : ....

Action : ....

Effet : ....

MINI-CONTRÔLE

Répondez aux questions.

Ce graphique représente la valeur de la vitesse instantanée d'un mobile à différents instants.

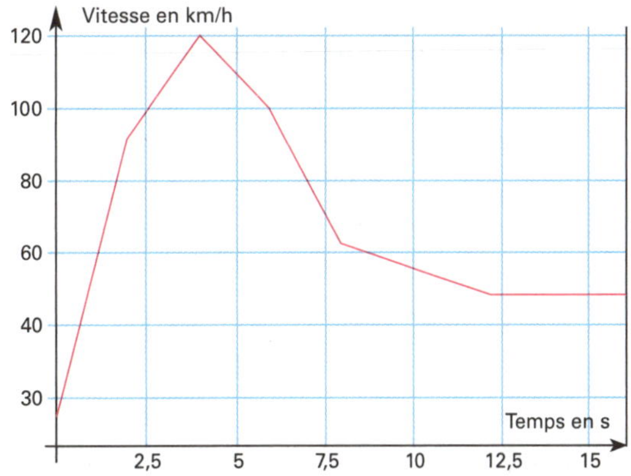

a. Comment peut-on qualifier le mouvement entre 0 et 4 s ?

....

b. Comment peut-on qualifier le mouvement entre 4 et 12 s ?

....

c. Comment peut-on qualifier le mouvement entre 12 et 15 s ?

....

d. Combien de temps a mis le mobile pour atteindre la vitesse de 48 km/h ?

....

e. Quelle est sa vitesse au bout de 15 s ?

....

Corrigés p. 292

AVEZ-VOUS RÉUSSI ?

8 Les différentes formes d'énergie

PHYSIQUE

JE RETIENS

Sources d'énergie primaires

- **Ce sont des énergies qui existent dans la nature**, à l'état brut. L'énergie des muscles, de l'eau (courant des rivières, marées, vagues), du vent, les combustibles (pétrole, charbon, biomasse…) en sont des exemples. En revanche, l'électricité statique et celle des éclairs ne sont pas des énergies primaires car elles ne sont pas exploitables par l'homme.
- Les énergies primaires peuvent être réparties en **énergies renouvelables** (soleil, eau, vent, biomasse…) et en **énergies non renouvelables** telles que les énergies fossiles (pétrole, charbon, gaz) et l'énergie nucléaire.

Sources d'énergie secondaires

- Les énergies secondaires proviennent de la **transformation par l'homme** d'énergies primaires. Par exemple, l'électricité, produite à partir du gaz, du charbon, de l'eau, du vent ou du soleil est une énergie secondaire.
- L'énergie secondaire est ensuite transformée en énergie finale, telle que la lumière (dans les lampes).

Les différentes énergies

- L'**énergie cinétique** : c'est l'énergie du mouvement, liée à la masse et à la vitesse de l'objet en mouvement.
- L'**énergie potentielle** : c'est l'énergie stockée dans les objets immobiles. Elle dépend de leur position. Comme son nom l'indique, elle existe potentiellement.
- L'**énergie chimique** : certaines réactions chimiques sont capables de briser des liaisons entre atomes, ce qui libère leur énergie.
- L'**énergie électrique** : c'est l'énergie liée à la circulation du courant électrique.
- L'**énergie thermique** : c'est tout simplement la chaleur. Elle est due à l'agitation des molécules et des atomes.
- L'**énergie nucléaire** : c'est l'énergie stockée au cœur des atomes.
- L'**énergie lumineuse** ou énergie rayonnante : c'est l'énergie fournie par les sources de lumière.

COMMENT FAIRE

Comparer des énergies

Afin de comparer les énergies, il est impératif de les exprimer dans les mêmes unités.
Dans le système international, l'unité utilisé est le joule.

Info clé Il existe de nombreuses unités d'énergie. L'unité officielle est le joule, mais les physiciens utilisent aussi l'électron volt et il existe aussi le wattheure, la calorie…

S'ENTRAINER

1 ✪ Entourez le mot ou la relation qui convient.

a. Les sources d'énergie primaires sont des sources d'énergie **exploitables / inexploitables** par l'Homme.

b. Les sources d'énergie fossiles sont **renouvelables / non renouvelables**.

c. L'énergie disponible dans les atomes est l'énergie **chimique / nucléaire**.

d. Un objet immobile **contient / ne contient pas** de l'énergie.

2 ✪✪ Répondez aux questions.

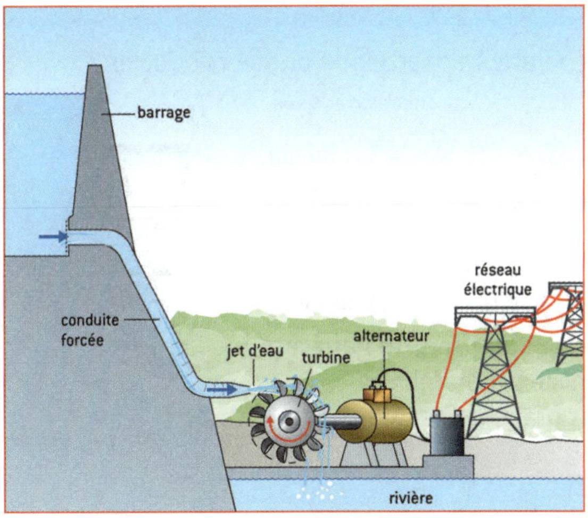

Dans une centrale hydraulique, l'eau retenue par un barrage s'écoule dans une conduite forcée en pente, dans laquelle elle acquiert une vitesse. À la sortie de la conduite, l'eau fait tourner la turbine d'un alternateur aux bornes duquel apparait une tension électrique.

a. Quel est le type d'énergie que possède l'eau du barrage ?

....

b. Quel est le type d'énergie que possède la turbine ?

....

c. Quel est le type d'énergie produite par l'alternateur ?

....

3 ✪✪✪ Répondez aux questions.

L'unité légale de l'énergie est le joule pour tous les domaines (production d'électricité, alimentation, nucléaire...).

a. Sur une plaquette de chocolat, on peut lire les indications suivantes 2315 kJ / 555 kcal. Combien de joules représente une calorie ?

....

b. Une facture d'électricité fait apparaitre une consommation de 2600 kWh. Convertissez en kJ, sachant que 1 kWh = 3600 kJ.

....

MINI-CONTRÔLE

Répondez aux questions.

Les parts des sources d'énergie primaires dans l'électricité produite en France en 2017 sont indiquées dans le diagramme suivant.
Note : Le préfixe téra (T) signifie 10^{12}.

Part des sources d'énergie primaires dans la production d'électricité en France en 2017 en TWh.

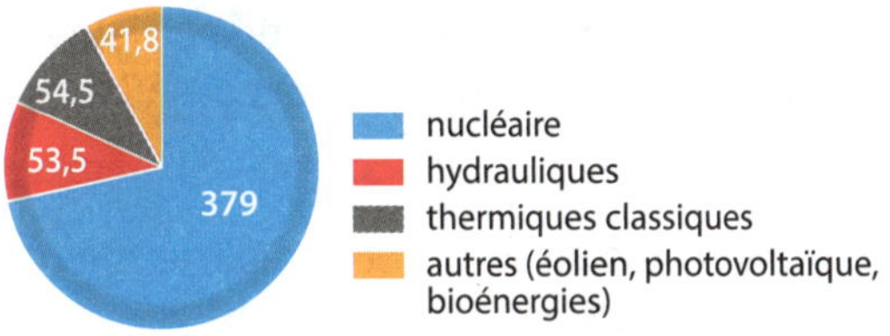

a. Calculez l'énergie électrique produite en France en 2017.

....

....

b. Déterminez les pourcentages respectifs de chacune des sources primaires.

....

....

c. Identifiez les énergies renouvelables.

....

d. Quel pourcentage représentent les énergies renouvelables ?

....

Corrigés p. 293

AVEZ-VOUS RÉUSSI ?

9 Les circuits électriques simples

PHYSIQUE

JE RETIENS

Circuit en série

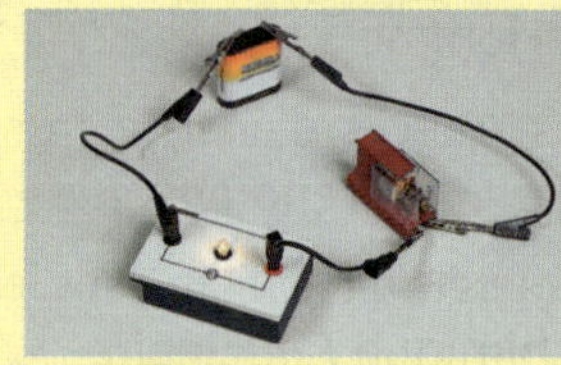

• **Un circuit en série** comporte une pile et un ensemble de dipôles formant une **« boucle simple »**.

Ce circuit série comporte une pile, un moteur et une lampe.

– L'**ordre des dipôles** est sans importance pour le fonctionnement d'un tel circuit.
– Si un courant circule dans ce circuit, le circuit est **fermé**. Il ne circule pas de courant lorsque le circuit série est **ouvert**.

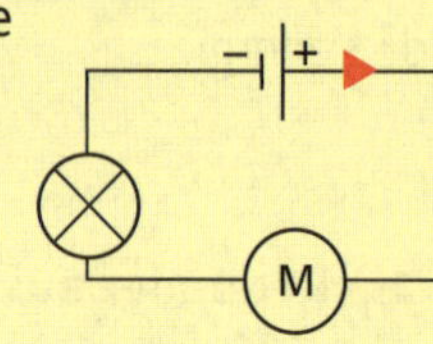

• **Le sens du courant** dépend du sens de branchement du générateur : dans le circuit fermé, à l'extérieur du générateur, le courant circule de la borne (+) à la borne (-) du générateur. C'est le **sens conventionnel du courant**.

Circuit en dérivation

Dans un circuit comportant des dérivations, le générateur appartient à plusieurs boucles.

Dans le circuit ci-contre, la lampe L_2 est montée en dérivation aux bornes de la lampe L_1. La lampe L_1 et le générateur forment une boucle, la lampe L_2 et le même générateur forment une autre boucle.

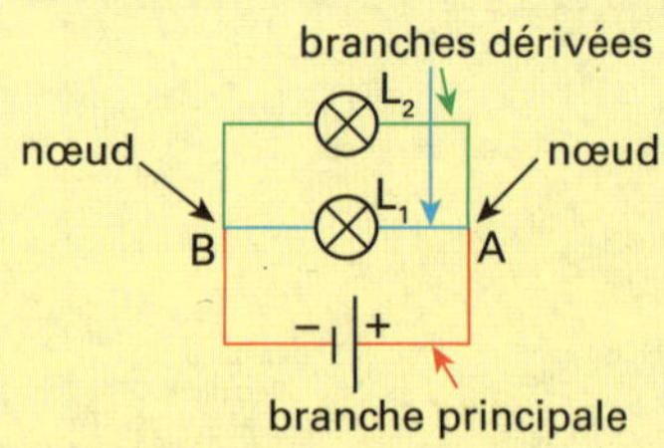

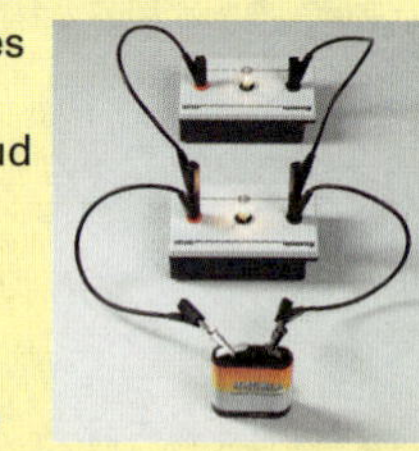

– **La branche principale** d'un tel circuit est la partie **qui contient le générateur**.
– **Une branche dérivée** est une partie du circuit sans le générateur.
– **Un nœud** est un point du circuit où au moins trois branches se rejoignent.

Interrupteur ouvert et fermé

Un interrupteur fermé se comporte comme un **conducteur**. **Un interrupteur ouvert** se comporte comme un **isolant**.

COMMENT FAIRE

Utiliser une diode dans un circuit

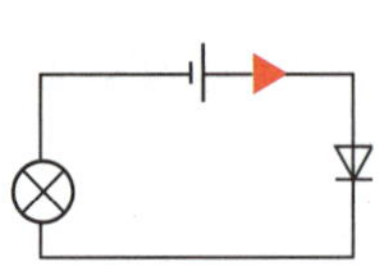

1. Lorsque la diode est montée dans le sens « passant », le courant circule (la lampe brille).

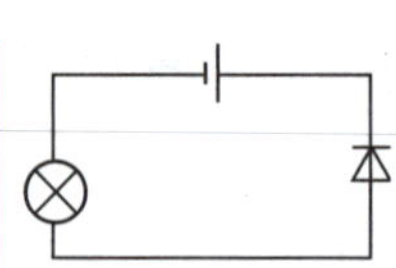

2. Lorsque la diode est montée dans le sens « bloqué », le courant ne circule pas (la lampe ne brille pas). La diode joue le rôle d'un interrupteur ouvert.

Info clé

Les schémas des dipôles à connaitre

Pile	Lampe	Résistance	Diode	Diode électroluminescente	Moteur	Interrupteur ouvert

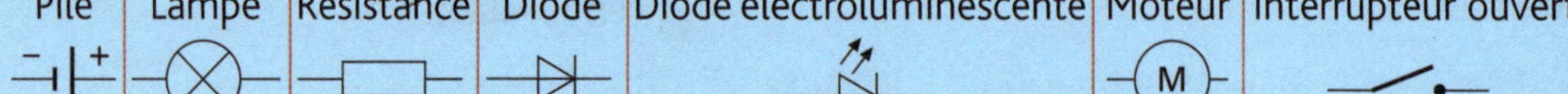

S'ENTRAINER

1 ✪ Répondez aux questions.

a. Représentez le schéma normalisé du montage ci-dessous comportant un générateur, un dipôle « résistance », un moteur et une lampe.

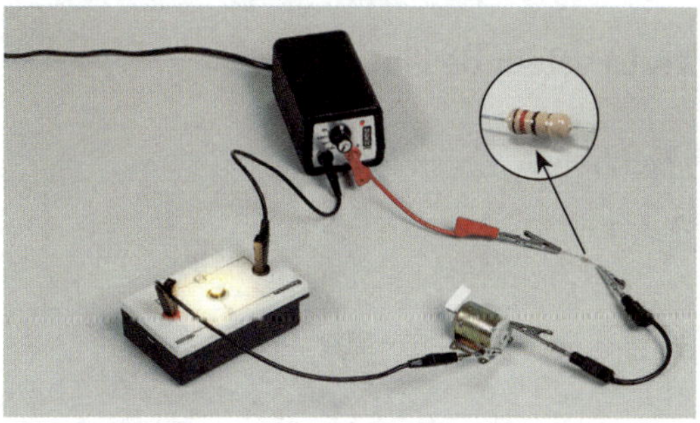

b. Le circuit comporte-t-il des dérivations ?

....

c. Indiquez sur le schéma le sens du courant dans le circuit.

2 ✪✪ Répondez aux questions.

Dans le circuit ci-contre, quand les trois interrupteurs K_1, K_2 et K_3 sont fermés, les trois lampes brillent.

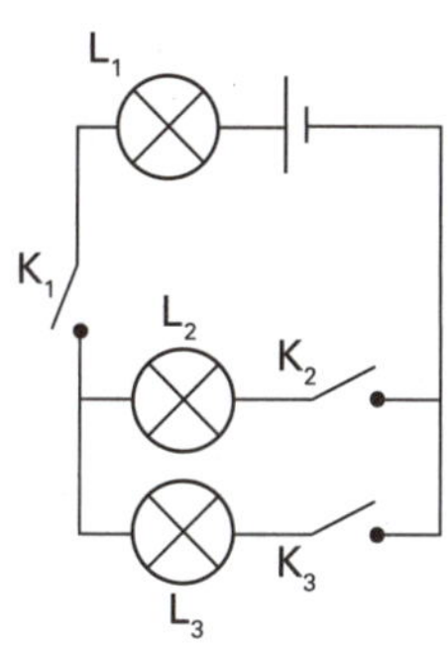

Quelles lampes brillent quand :

a. K_1 et K_2 sont fermés, K_3 est ouvert ?

....

....

b. K_1 est ouvert, K_2 et K_3 sont fermés ?

....

....

c. K_1 est fermé, K_2 et K_3 sont ouverts ?

....

....

3 ✪✪✪ Répondez aux questions.

On réalise le circuit du schéma ci-contre.

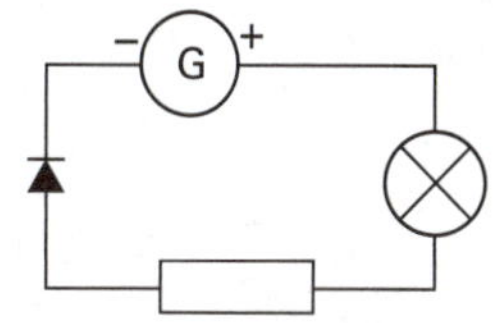

a. Indiquez par une flèche le sens du courant dans le circuit représenté.

b. On permute la place de la lampe et celle du dipôle « résistance ». Les affirmations suivantes sont-elles vraies ou fausses ? Justifiez.

– La lampe brillera moins. ☐ V ☐ F

....

– La lampe brillera avec le même éclat. ☐ V ☐ F

....

c. On reprend le montage initial mais on inverse le sens de branchement de la diode. Les affirmations suivantes sont-elles vraies ou fausses ? Justifiez vos réponses.

– La lampe ne brillera plus. ☐ V ☐ F

....

– La lampe brillera avec le même éclat. ☐ V ☐ F

....

– La lampe brillera moins. ☐ V ☐ F

....

– Il n'y aura plus de courant dans le circuit. ☐ V ☐ F

....

MINI-CONTRÔLE

Répondez aux questions.

Je suis un élément de circuit très connu et on me trouve dans toutes les installations électriques. Quand je suis monté par erreur en dérivation aux bornes d'un dipôle, je deviens dangereux pour le circuit. Selon mon état (ouvert ou fermé), je permets ou non le passage du courant.

a. Qui suis-je ?

....

b. Comment appelle-t-on l'erreur de montage décrite plus haut ?

....

Corrigés p. 293

AVEZ-VOUS RÉUSSI ? ◯ ◯ ◯

10 L'intensité du courant

PHYSIQUE

JE RETIENS

- **Un courant électrique** se caractérise par son **intensité. La valeur de l'intensité** *I* se mesure avec un **ampèremètre branché en série.**
  - **L'unité de la valeur de l'intensité** est l'**ampère**, de symbole A.
  - **Le symbole normalisé** de l'ampèremètre est : —(A)—.

Dans un circuit en série

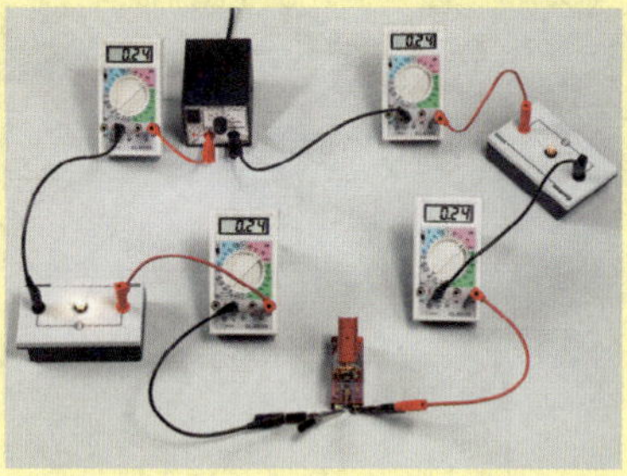

- **La valeur de l'intensité est la même en tout point du circuit.**
  Dans ce montage, les quatre ampèremètres mesurent l'intensité du courant en différents points du circuit. On trouve une seule valeur : I = 0,24 A.
- **La valeur de l'intensité** ne dépend pas de l'ordre de montage des dipôles mais des **caractéristiques de ces dipôles.**

Dans un circuit comportant des dérivations

L'intensité *I* du courant **dans la branche principale** est égale à la **somme des intensités des courants dans les branches dérivées** : c'est **la loi d'additivité des intensités** dans un circuit avec dérivations.

Dans ce montage, on mesure :
– l'intensité *I* du courant dans la branche principale : I = 0,60 A ;
– les intensités I_1 et I_2 du courant dans les branches dérivées : I_1 = 0,33 A et I_2 = 0,27A. On retrouve la loi d'additivité des intensités : $I = I_1 + I_2$.

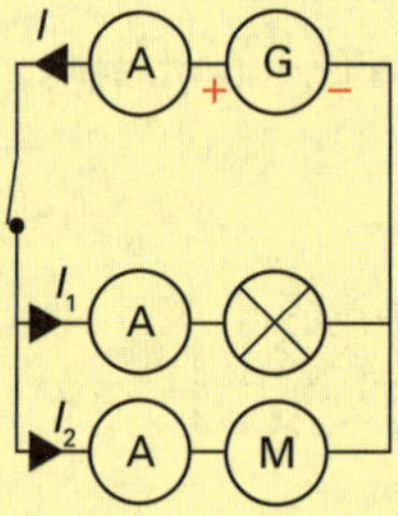

COMMENT FAIRE

Mesurer une intensité avec un multimètre

1. Placer le sélecteur de fonction sur la zone *intensité courant continu* (A ⎓).
2. Brancher le multimètre pour que le courant à mesurer rentre dans la borne 10 A et sorte par la borne COM.
3. Lire la valeur de l'intensité et adapter si nécessaire le calibre : le calibre adapté est alors immédiatement supérieur à la valeur mesurée. Lorsque le calibre utilisé est trop petit, l'affichage indique 1.

Info clé Un **fusible** est un système de sécurité qui protège les circuits électriques d'un courant d'intensité trop forte.

LE CONSEIL DU COACH

Évacuer les pensées négatives

C'est une leçon chargée en informations ! Si vous sentez arriver des pensées négatives, il faut réagir ! Faites une pause de 5 minutes pour vous faire plaisir (écouter de la musique, caresser votre chat...), puis reprenez votre travail.

S'ENTRAINER

1 ✪ **Répondez aux questions.**

Chloé et Jordan doivent mesurer l'intensité du courant dans le circuit ci-contre.

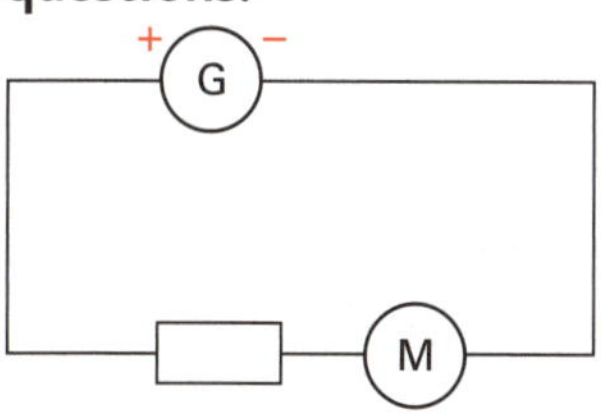

Chloé propose : « Il suffit de placer un seul ampèremètre entre le générateur et la résistance. »

Jordan répond : « Non, il faut placer aussi un ampèremètre après la résistance et un autre après le moteur car l'intensité diminue chaque fois que le courant traverse un dipôle. »

a. Complétez le schéma en ajoutant l'ampèremètre comme l'indique Chloé et la flèche représentant le courant conventionnel.

b. Qui a raison ? Justifiez votre réponse.

....

....

....

2 ✪✪ **Répondez aux questions.**

Mehdi doit déterminer la valeur de l'intensité I du courant qui traverse le générateur, celle I_1 du courant qui traverse la lampe et celle I_2 du courant qui traverse le moteur du circuit ci-après.

Il place un ampèremètre (A) en série entre le générateur et l'interrupteur, et un autre (A_1) en série dans la branche de la lampe.

Il lit sur (A) : 0,68 A et sur (A_1) : 0, 32 A.

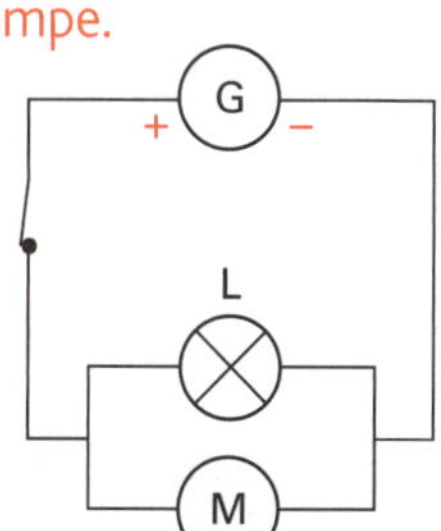

a. Placez sur le dessin les ampèremètres (A) et (A_1) et ajoutez les flèches représentant les courants I, I_1 et I_2.

b. Expliquez comment Mehdi peut déterminer la valeur de I_2 sans placer un troisième ampèremètre et calculez cette valeur.

....

....

....

MINI-CONTRÔLE

Répondez aux questions.

Sophie fait des essais sur les deux circuits représentés ci-dessous.

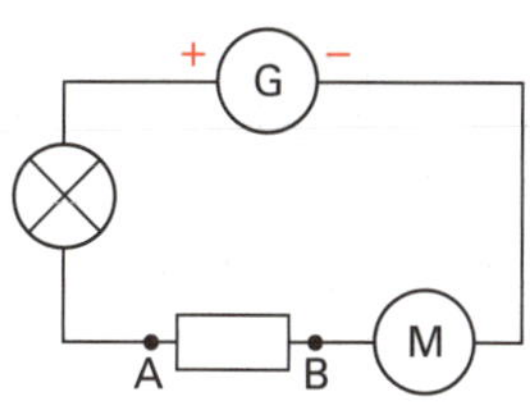

Circuit 1

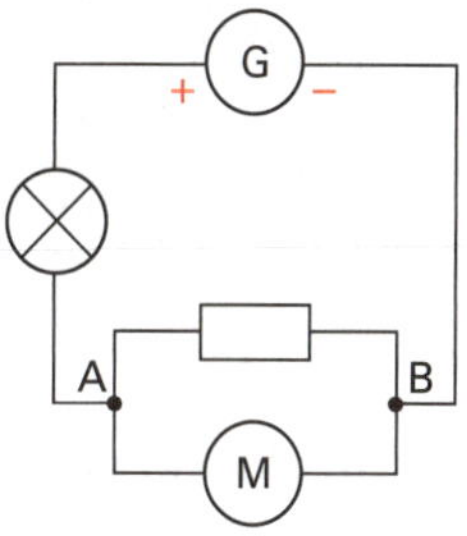

Circuit 2

– Quand elle relie les bornes A et B du circuit 1 par un fil de connexion, la lampe brille davantage et le moteur tourne plus vite.

– Quand elle relie les bornes A et B du circuit 2 par un fil de connexion, la lampe brille davantage et le moteur ne tourne plus.

1. Comment s'appelle le branchement que fait Sophie ?

....

2. À l'aide de ces observations, expliquez comment est modifiée l'intensité du courant qui traverse chaque dipôle :

a. dans le circuit 1 ;

....

....

b. dans le circuit 2.

....

....

Corrigés p. 293

AVEZ-VOUS RÉUSSI ?

11 La tension électrique

PHYSIQUE

JE RETIENS

La tension électrique aux bornes d'un dipôle se mesure avec un voltmètre branché en dérivation.

– Le symbole normalisé du voltmètre est : —(V)—.

– L'unité de tension électrique est le **volt** de symbole V.

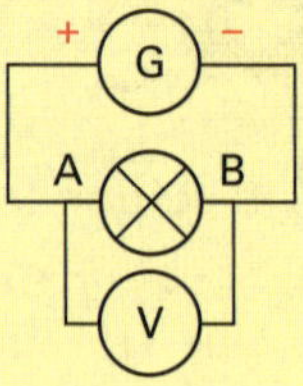

Dans un circuit comportant des dipôles montés en dérivation

La valeur de la tension est la **même aux bornes de chaque dipôle**.

Dans le montage schématisé ci-contre, les valeurs des tensions aux bornes du générateur (U_G), de la lampe (U_L) et du moteur (U_M) sont égales : $U_G = U_L = U_M$.

Dans un circuit en série

• **La tension aux bornes d'un générateur est égale à la somme des tensions aux bornes de chaque dipôle :** c'est la **loi d'additivité des tensions.**

Dans ce montage, on relève les valeurs de la tension aux bornes du générateur G (U_G = 6,03 V), de la lampe L_1 (U_{L_1} = 1,50 V), du moteur M (U_M = 0,85 V) et de la lampe L_2 (U_{L_2} = 3,68 V). On retrouve la loi d'additivité des tensions dans un circuit série : $U_{L_1} + U_M + U_{L_2} = U_G$.

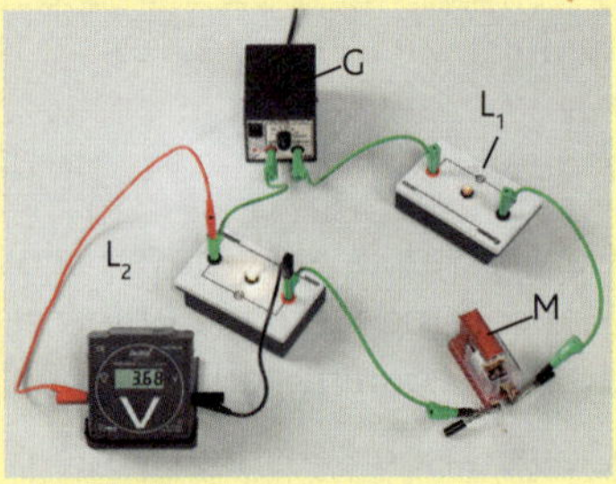

• **Dans un circuit en série**, la tension aux bornes d'un dipôle **ne dépend pas de sa position** dans le circuit.

COMMENT FAIRE

Adapter un dipôle et un générateur

L'intensité et la tension nominales indiquées sur un appareil sont les valeurs de l'intensité et de la tension qui correspondent à une utilisation normale.

L'éclat d'une lampe dépend de la tension U appliquée à ses bornes et de l'intensité I du courant qui la traverse :

– si les valeurs de U et I sont égales aux valeurs nominales, l'éclat de la lampe est normal ;

– si les valeurs de U et I sont inférieures aux valeurs nominales, l'éclat de la lampe est faible ;

– si les valeurs de U et I sont supérieures aux valeurs nominales, l'éclat de la lampe devient très fort et la lampe peut « griller ».

Infos clés

- Il peut exister une tension entre deux points d'un circuit entre lesquels ne passe aucun courant.
- Un dipôle peut être parcouru par un courant alors que la tension à ses bornes est très faible.

S'ENTRAINER

1 ✪ Répondez par vrai ou faux.

a. On mesure une tension aux bornes d'une lampe en branchant un tensiomètre à ses bornes.
☐ V ☐ F

b. L'unité de la tension est le volt.
☐ V ☐ F

c. 34 mV = 0,34 V. ☐ V ☐ F

d. Le calibre de 2 V est adapté pour mesurer une tension de 3,5 V. ☐ V ☐ F

2 ✪✪ Répondez aux questions.

Une pile permet d'alimenter deux lampes L_1 et L_2. Quand la lampe L_1 est enlevée, la lampe L_2 fonctionne toujours.

a. Les deux lampes sont-elles montées en série avec la pile ou en dérivation à ses bornes ? Justifiez votre réponse puis faites le schéma du montage.

....

....

b. Pour que les deux lampes éclairent normalement, il faut que la tension aux bornes de chacune soit de 1,5 V. Parmi les piles suivantes, choisissez celle qui est adaptée : 1,5 V ; 3 V ; 4,5 V ; 6 V ; 12 V. Justifiez votre choix.

....

....

3 ✪✪✪ Répondez aux questions.

Adrien a relevé les mesures de tension qu'il a faites avec le montage ci-contre.

U_{L1}	3,5 V
U_M	3,9 V
U_{L2}	1,6 V

a. Complétez le schéma du montage en ajoutant l'appareil nécessaire pour mesurer la tension U_M aux bornes du moteur.

b. Calculez la tension U_G aux bornes du générateur.

....

c. Parmi les calibres suivants, entourez celui qui est adapté à la mesure de U_G :

2 V ; 20 V ; 200 V ; 600 V.

Corrigés p. 294

LE CONSEIL DU COACH Relire votre cours n'est peut-être pas inutile.

MINI-CONTRÔLE

Répondez aux questions.

On dispose de trois lampes L_1, L_2 et L_3 portant respectivement sur leur culot les indications suivantes :

L_1	L_2	L_3
6 V	6 V	6 V
150 mA	0,3 A	100 mA

On réalise le montage schématisé ci-contre en utilisant une pile de 6 V.

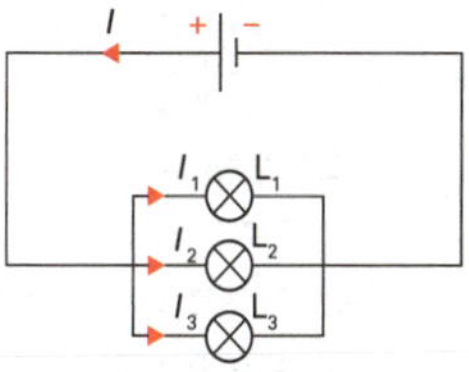

1. Quelle est la valeur de la tension aux bornes de chaque lampe ?

....

....

2. Quelles sont les valeurs de I_1, I_2 et I_3 ?

....

....

....

3. Quelle est la valeur de l'intensité I ?

....

....

4. On ajoute en dérivation aux bornes du générateur une lampe L_4 portant les indications {6 V ; 0,25 A}.

a. La tension aux bornes des lampes L_1, L_2 et L_3 est-elle modifiée par l'ajout de L_4 ? Justifiez votre réponse.

....

....

b. L'intensité I est-elle modifiée ? Si oui, quelle est sa nouvelle valeur ? Justifiez votre réponse.

....

....

AVEZ-VOUS RÉUSSI ? ○ ○ ○

12 La loi d'Ohm

PHYSIQUE

JE RETIENS

Intensité et résistance

Pour un générateur donné, **l'intensité I dans un circuit dépend de la valeur de la résistance *R*** du dipôle « résistance » : plus la valeur de la résistance est grande, plus l'intensité du courant électrique dans un circuit série est petite. L'unité de *R* est l'**ohm** (Ω).

La loi d'Ohm

$U = R \times I$: volt (V), ohm (Ω), ampère (A)

- La tension *U* aux bornes d'un dipôle « résistance » varie proportionnellement à l'intensité *I* du courant qui le traverse.

  Le montage ci-contre permet d'étudier comment varie la valeur de l'intensité *I* du courant qui traverse le dipôle « résistance » lorsqu'on fait varier la tension *U* à ses bornes.

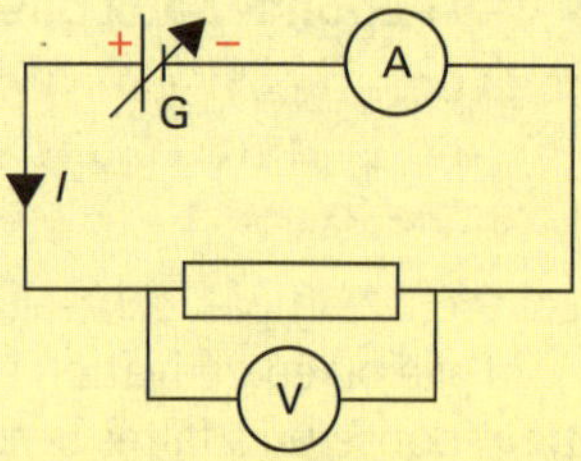

- **Ce graphique, représentant les variations de la tension *U* aux bornes du dipôle « résistance » en fonction de l'intensité *I* du courant qui le traverse**, est appelé la **caractéristique du dipôle**. Pour un dipôle « résistance », la caractéristique est une **droite qui passe par l'origine**.

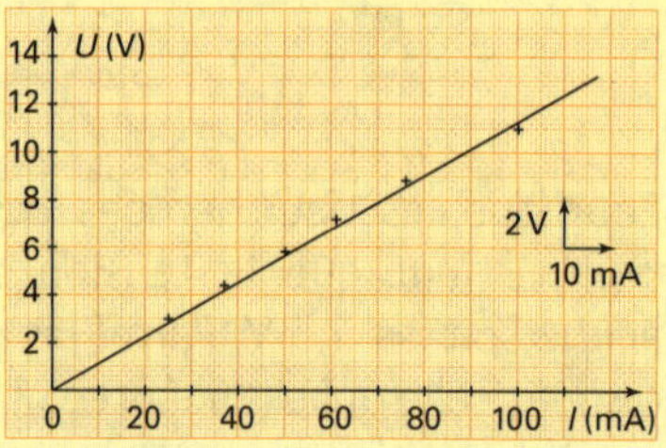

- **Le générateur fournit de l'énergie** au dipôle « résistance ». Ce dipole transfère cette énergie à l'extérieur sous forme de chaleur.

COMMENT FAIRE

Déterminer la valeur de la résistance *R* d'un dipôle ohmique

1. Avec un multimètre
On choisit la fonction « ohmmètre » du multimètre.
On relie directement le dipôle au multimètre, on choisit le calibre adapté et on lit la valeur de la résistance.

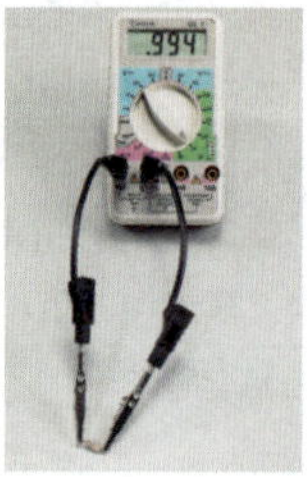

2. À partir de la caractéristique
On choisit un point sur la droite caractéristique.
On relève les valeurs de *I* et de *U* correspondantes.
On calcule la valeur de *R* par la relation

$R = \frac{U}{I}$ avec *I* en A et *U* en V.

Info clé Pour limiter l'intensité du courant dans un circuit série (afin de ne pas détériorer certains composants), on peut ajouter, en série, un dipôle « résistance » de résistance suffisamment grande.

S'ENTRAINER

1 ✪ **Indiquez la bonne réponse et donnez une justification.**

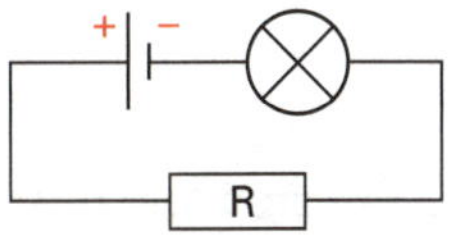

Le circuit série comporte : une pile, une lampe et un dipôle « résistance » de résistance R.

Représentez sur le schéma les appareils de mesure nécessaires pour mesurer l'intensité du courant I dans le circuit et la tension U aux bornes du dipôle « résistance ».

Si on augmente la valeur de R, l'intensité I dans le circuit :

☐ augmente ; ☐ diminue ; ☐ n'est pas modifiée ; ☐ on ne peut pas savoir.

2 ✪✪ **Pour mesurer la valeur R de la résistance, Bertrand relie le dipôle « résistance » directement aux bornes d'un ohmmètre.**

a. Avec le calibre 2 kΩ, l'affichage est : 0.147.

Quelle est la valeur lue de R ?

....

b. L'ohmmètre dispose des calibres suivants : 20 Ω ; 200 Ω ; 2 kΩ ; 20 kΩ ; 200 kΩ.

Quel est le calibre adapté à la mesure de R ? Justifiez votre choix.

....

3 ✪✪✪ **Répondez aux questions.**

Nadia a tracé la caractéristique d'un dipôle « résistance ».

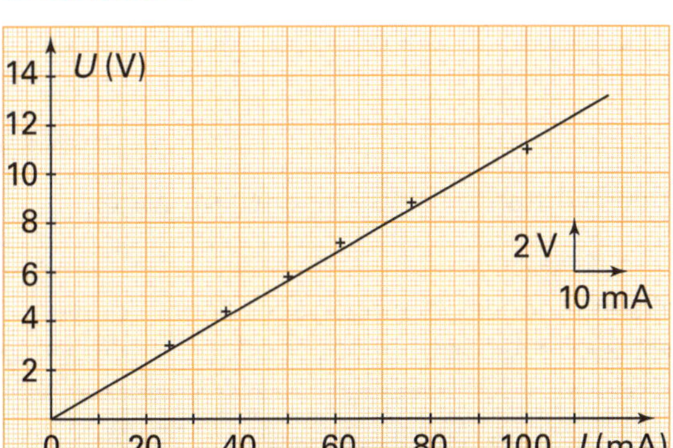

LE CONSEIL DU COACH

Restez motivé(e) !

a. Quelle est la valeur de l'intensité du courant qui traverse le dipôle quand la tension à ses bornes vaut U = 11,0 V ?

....

b. Quelle est la valeur de la tension à ses bornes quand l'intensité vaut I = 40 mA ?

....

c. Calculez la valeur de la résistance R de ce dipôle.

....

....

MINI-CONTRÔLE

Répondez aux questions.

a. Complétez le schéma du circuit ci-dessous en ajoutant entre A et B une DEL (diode électroluminescente) qui puisse briller.

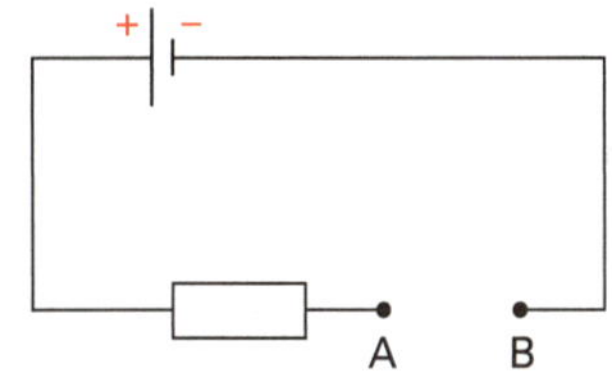

b. La tension aux bornes de la pile est : U_G = 6,0 V.

En fonctionnement normal, la tension aux bornes de la DEL est U_{DEL} = 0,7 V et l'intensité du courant qui la traverse ne doit pas dépasser la valeur de I = 200 mA.

En utilisant la loi d'Ohm, déterminez la valeur minimale de la résistance R du dipôle « résistance » qui sert de protection.

....

....

....

Corrigés p. 294

AVEZ-VOUS RÉUSSI ? ○ ○ ○

13 Les signaux lumineux et sonores

PHYSIQUE

JE RETIENS

Les signaux lumineux et sonores sont des ondes, c'est-à-dire qu'**ils ne transportent pas de matière mais de l'énergie.** Ces ondes sont caractérisées par une grandeur nommée fréquence dont l'unité est le **Hertz**.

Signaux lumineux

– **Il existe deux types de sources de lumière**, les **sources primaires** qui créent la lumière qu'elles diffusent (ex. : le soleil) et les **objets diffusants** éclairés par une source primaire.

– La lumière se propage **en ligne droite**, à partir de la source dans les milieux homogènes et transparents. On modélise donc la propagation de la lumière par un rayon lumineux, droite fléchée orientée dans le sens de propagation.

– L'œil est un détecteur de lumière.

– **La vitesse, aussi nommée célérité de la lumière, est de $3 \cdot 10^8$ m/s ou 300 000 km/s dans le vide.**

– La lumière peut transporter des informations.

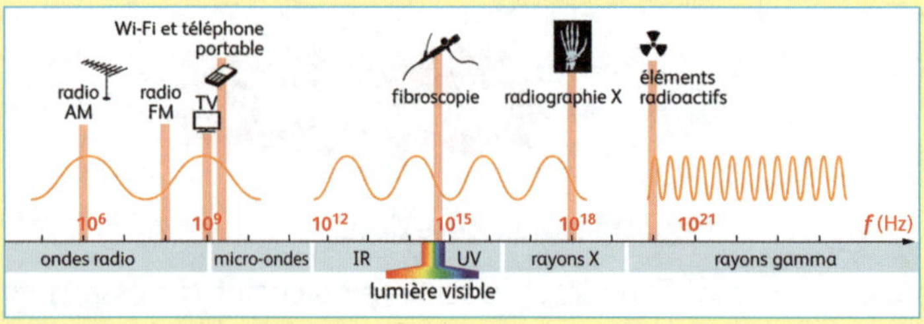

Échelle de niveaux sonores :

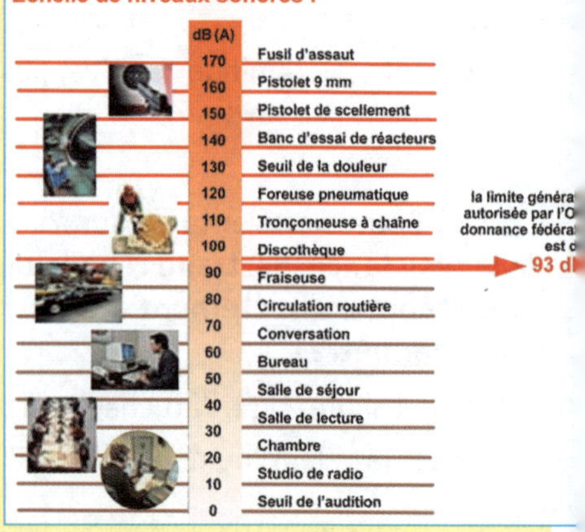

Signaux sonores

– Le son nécessite un milieu matériel tel que l'air pour se propager.

– L'oreille est un détecteur de sons.

– Les sons audibles ont des fréquences comprises entre 20 et 20 000Hz. En deçà de 20Hz, on parle d'infrasons et au-delà de 20 000Hz, ce sont des ultrasons.

– **La vitesse du son dans l'air est d'environ 340 m/s.**

– Le niveau d'intensité sonore exprimé en décibels (dB) permet de classer les sons. Le seuil minimal audible est 0 dB.

COMMENT FAIRE

Calculer une distance à partir d'une vitesse

Une vitesse v (en $m \cdot s^{-1}$) se détermine par le quotient de la distance parcourue d (en m) par la durée t (en s) : $v = \frac{d}{t}$. Ainsi la distance s'exprime par $d = v \times t$.

Exemple : Un orage se produit, vous observez les éclairs et entendez le tonnerre 5 s après. L'orage se produit à une distance $d = 340 \times 5 = 1\,700$ m, c'est-à-dire 1,7 km.

Info clé Une année-lumière (al) est la distance parcourue par la lumière dans le vide en une année.

S'ENTRAINER

1 ✪ **Entourez le mot ou la relation qui convient.**

a. La lumière se propage dans le vide avec une vitesse de **300 000 m/s ; $3 \cdot 10^5$ km/s ; 300 000 km/h**.

b. L'expression $v = \frac{d}{t}$; $v = d \times t$ permet de calculer la vitesse v quand on connait la distance d parcourue pendant la durée t.

c. L'année-lumière est une unité de **durée ; distance**.

2 ✪✪ **Répondez aux questions.**

En 1738, l'Académie des sciences française chargea Giovanni Domenico Maraldi (1709-1788) et l'abbé de La Caille (1713-1762) d'organiser des nouvelles expériences, que l'on retrouve citées dans les *Leçons de physique expérimentale* de l'abbé Nollet. Ils firent certaines de leurs opérations sur une ligne de 14 636 toises (soit 28,5 km) à l'aide de coups de canon tirés la nuit (pour voir les flammes sortir de la bouche de l'arme) entre la tour de Montlhéry et la pyramide de Montmartre.

a. Quelle est en mètres la valeur d'une toise ?

....

....

b. À votre avis, pourquoi était-il nécessaire de voir les flammes sortir du canon ?

....

....

....

c. Le principal résultat de cette expérience fut que le son parcourut 173 toises en une seconde. Indiquez ce résultat en mètre par seconde.

....

....

....

d. Que pensez-vous de la précision de ce résultat obtenu au XVIIIe siècle ?

....

....

....

3 ✪✪✪ **Répondez aux questions.**

Pour mesurer la distance Terre-Lune (notée *D*), on envoie un faisceau laser de la Terre vers des miroirs disposés sur la Lune. Ce faisceau est réfléchi et revient sur Terre environ 2,56 secondes plus tard.

a. Exprimez, en fonction de D, la distance parcourue par le faisceau de lumière lors de cette expérience.

....

....

b. Calculez la distance Terre-Lune et exprimez le résultat en m puis en km.

....

....

....

MINI-CONTRÔLE

Répondez aux questions.

Note : on prendra pour valeur de la vitesse de propagation de la lumière dans l'air la même que celle dans le vide.

1. Un bateau passe à 3 km d'un phare. Quelle durée s'écoule entre l'instant où l'éclair est émis par le phare et l'instant où le bateau reçoit le signal lumineux ?

....

....

....

2. La distance entre la Terre et le Soleil est de $1,5 \times 10^8$ km. Calculez la durée nécessaire pour que la lumière émise par le Soleil atteigne la Terre.

....

....

....

3. L'étoile Polaire est à environ 430 années-lumière de la Terre.

Quelle est la durée nécessaire pour que la lumière émise par cette étoile atteigne la Terre ?

....

....

Corrigés p. 295

AVEZ-VOUS RÉUSSI ?

Bilan

PHYSIQUE

1 Complétez avec les mots suivants : dérivation – intensité – série – voltmètre.

Pour mesurer la tension aux bornes d'un dipôle, on monte un .... en .... aux bornes de ce dipôle, alors que pour mesurer .... du courant qui le traverse l'ampèremètre est monté en ....

.... /2

2 Quelle est la valeur I de l'intensité du courant qui traverse le moteur ?

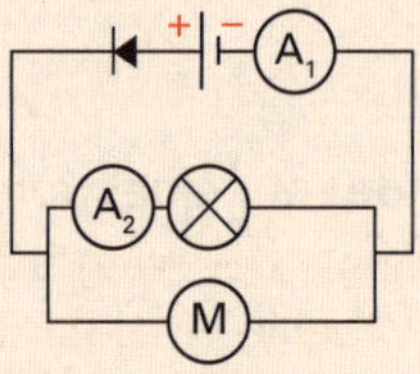

L'ampèremètre A_1 indique 0,465 A.

L'ampèremètre A_2 indique 150 mA. I = ...

.... /1

3 Quelle est la valeur U_2 de la tension aux bornes de la lampe ?

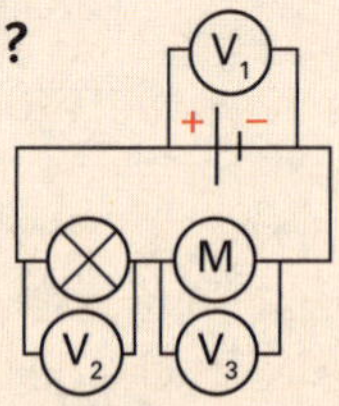

Le voltmètre V_1 indique 9,0 V.

Le voltmètre V_3 indique 5,8 V. U_2 = ...

.... /1

4 Cochez V (vrai) ou F (faux).

Lorsque, dans un circuit comprenant une pile et une lampe L_1, on ajoute une lampe L_2 en dérivation aux bornes de L_1 :

a. la tension aux bornes de la pile augmente, ☐ V ☐ F

b. l'intensité du courant qui traverse L_1 diminue. ☐ V ☐ F

.... /1

5 Entourez la bonne réponse.

Lorsque la tension aux bornes d'un conducteur ohmique de résistance R = 220 Ω est U = 4,5 V, alors l'intensité I du courant qui le traverse a une valeur de :

990 A | 20,5 mA | 224,5 A

.... /1

6 Choisissez la bonne proposition.

a. Les signaux lumineux [nécessitent un / ne nécessitent pas de] milieu matériel pour se propager alors que le son [en nécessite un / n'en nécessite pas].

b. L'année-lumière est une unité [de durée / de distance].

.... /1

7 Cochez V (vrai) ou F (faux).

a. Quelle que soit l'échelle, la matière a une structure lacunaire. ☐ V ☐ F

b. L'hydrogène est l'élément le plus abondant de l'Univers. ☐ V ☐ F

c. La distance Terre – Soleil est d'environ 150 millions de kilomètres. ☐ V ☐ F

.... /1,5

8 **Complétez les phrases par les mots suivants :** accéléré – trajectoire – ralenti – uniforme – référentiel – circulaire – rectiligne.

La .... de la Lune autour de la Terre est pratiquement .... dans le .... géocentrique alors que celle d'un coureur de 100 m est .... dans le .... terrestre. Si la valeur de la vitesse d'un mobile augmente, son mouvement est ...., par contre si elle diminue, le mouvement est .... et lorsqu'elle reste constante, le mouvement est ....

.... /4

9 **Cochez V (vrai) ou F (faux).**

a. L'énergie fournie par une combustion est une énergie nucléaire. ☐ V ☐ F

b. L'unité officielle de l'énergie est le wattheure. ☐ V ☐ F

c. Lorsqu'un objet est en mouvement, il possède de l'énergie cinétique. ☐ V ☐ F

.... /1,5

CHIMIE

10 **Complétez les phrases par les mots ou groupes de mots suivants :** électriquement neutre – positives – électrons – noyau.

L'atome est constitué d'un .... qui contient des particules neutres et des particules .... entouré d'........................ . L'atome contient autant d'électrons que de charges positives dans son noyau car il est ....

.... /2

11 **Reliez les schémas à la description qui convient.**

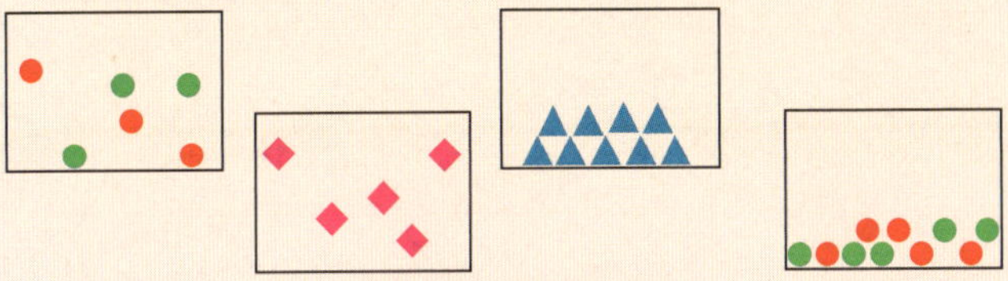

- Corps pur à l'état solide
- Mélange à l'état gazeux
- Mélange à l'état liquide
- Corps pur à l'état gazeux

.... /1

12 **Cochez V (vrai) ou F (faux).**

a. Le bilan de la combustion complète du méthane est :

carbone + dioxygène → dioxyde de carbone ☐ V ☐ F

b. Lors de la combustion du carbone, les produits sont le carbone et le dioxygène. ☐ V ☐ F

.... /1

13 **Écrivez la formule de la molécule de butane et décrivez-la.**

....

.... /1

14 **Montrez que l'équation de réaction suivante est ajustée.**

$2C_4H_{10} + 13O_2 \rightarrow 8CO_2 + 10H_2O$ ....

.... /1

Total .... /20

Corrigés p. 295

1 Les séismes et les risques sismiques

JE RETIENS

En surface

En surface, les séismes se manifestent par des **secousses**, des **vibrations** du sol.
Des **déformations** apparaissent à la surface de la Terre, les **dégâts** sont plus ou moins importants en fonction de la **magnitude** du séisme.

En profondeur

• **En profondeur**, au niveau du **foyer**, des **roches** se cassent le long d'une **faille**. Cette cassure est déclenchée lorsque les **contraintes** s'exerçant en permanence sur ces roches accumulent trop d'**énergie**.

• À partir du foyer, la déformation se propage dans toutes les directions de l'espace sous forme d'**ondes sismiques** enregistrables avec un **sismomètre**.

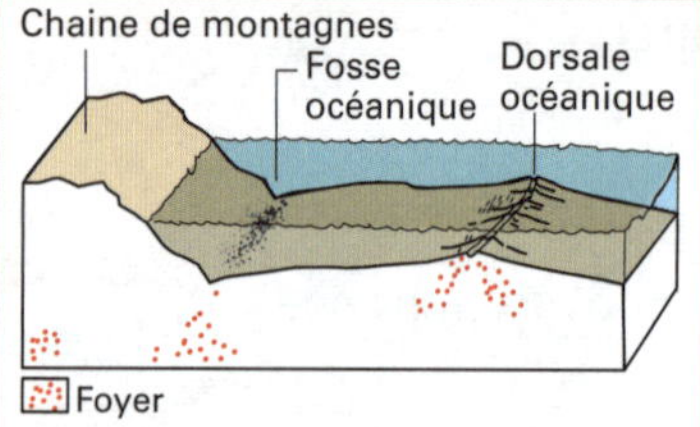

Répartition géologique des séismes

Localisation et prévention

• Les séismes se produisent surtout le long des **chaines de montagnes**, près des **fosses océaniques** et aussi le long des **dorsales**.

• Une **prévision** des risques sismiques peut faire place à une **prédiction** fiable. L'homme peut alors mettre en place un plan d'aménagement du territoire et d'information de la population.

COMMENT FAIRE

Lire et analyser un sismogramme

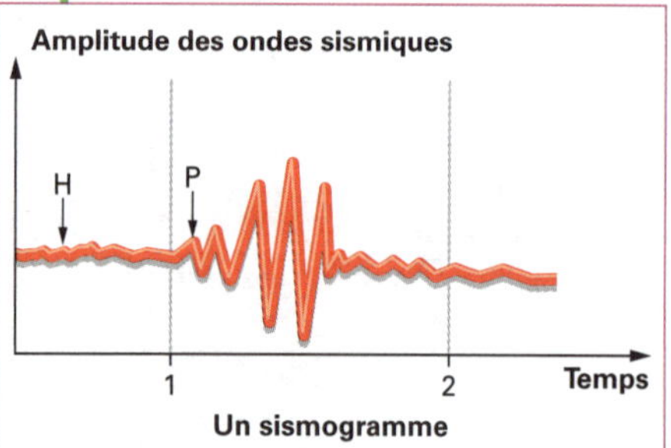

Un sismogramme

Un **sismogramme** est un enregistrement d'ondes sismiques obtenu avec un sismomètre. La durée des vibrations correspond à la différence de temps entre l'instant 2 et l'instant 1.

- Lorsqu'il n'y a pas de séisme, le tracé est quasi rectiligne. Les petites vibrations H sont simplement dues à l'activité humaine !
- Les premières ondes sismiques (P) enregistrées par le sismomètre se manifestent par des oscillations importantes et rapprochées.
- La durée des vibrations se lit sur l'axe horizontal. L'amplitude du séisme se visualise sur l'axe vertical.

Infos clés

- **Épicentre :** point particulier **à la surface** de la Terre, atteint par les premières ondes sismiques. C'est la zone la plus touchée par un séisme.
- **Foyer :** point situé **en profondeur**, où l'accumulation trop importante d'énergie provoque la rupture des roches environnantes. C'est l'origine du séisme.

S'ENTRAINER

1 ✪ **Complétez le schéma avec les légendes suivantes :**

foyer – ondes sismiques – sismomètre – dégâts – déformation du paysage – épicentre – faille.

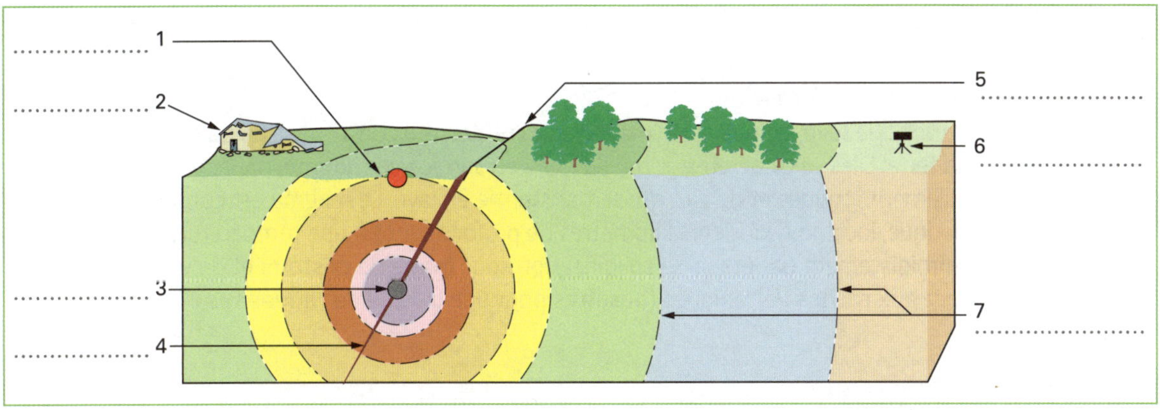

Les caractéristiques d'un séisme

2 ✪✪ **Rédigez une phrase avec chacun des groupes de mots suivants.**

a. foyer – ondes sismiques – épicentre – propager

....

....

b. accumulation – roche – énergie – cassure

....

....

c. faille – cassure – roches – déplacer

....

....

3 ✪✪✪ **Analyser des sismogrammes**

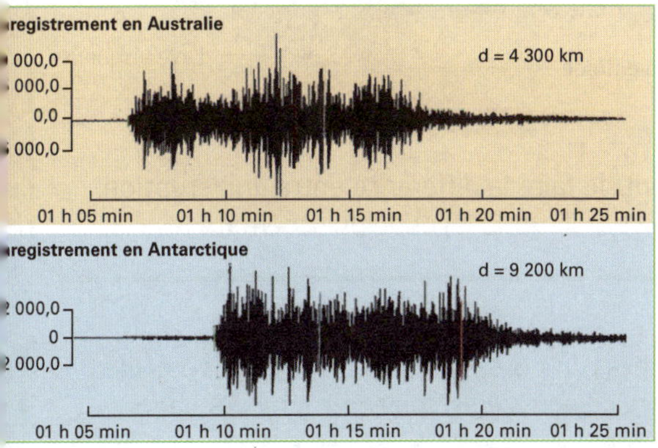

Sismogrammes enregistrés lors du séisme à l'origine du tsunami, le 26 décembre 2004.
d = distance à l'épicentre.

a. Comparez les deux enregistrements du séisme : heure de début des vibrations et amplitude, en fonction des deux stations.

....

....

....

....

b. Que pouvez-vous en conclure ?

....

....

MINI-CONTRÔLE

Calculer la vitesse des ondes sismiques

a. À partir du premier enregistrement de l'exercice précédent et sachant que le séisme a eu lieu à 23 h 59 à l'épicentre, calculez la vitesse de propagation des ondes sismiques.

....

....

....

b. Que pouvez-vous en conclure ?

....

....

....

Corrigés p. 296

AVEZ-VOUS RÉUSSI ?

2 Les volcans, témoins de l'activité interne de la Terre

JE RETIENS

Manifestations volcaniques

Ce sont des émissions de **lave**, de **gaz** et de **matériaux solides**, qui constituent un édifice volcanique à la surface de la Terre. Elles se caractérisent par l'arrivée en surface de **magma**, mélange minéral de roches partiellement fondues et de gaz, qui se transforme en lave. Le magma est contenu dans un réservoir magmatique, localisé à plusieurs kilomètres de profondeur et à une température d'environ 1 200 °C. Son refroidissement par étape, sa solidification sous forme de **cristaux** et de **verre** donnent naissance aux **roches** volcaniques (**basaltes** pour une lave fluide ; **andésites** pour une lave visqueuse).

Des éruptions différentes

Selon la fluidité des laves, les éruptions sont différentes :
– **éruption effusive :** lave **fluide** qui forme des **coulées** et projections peu violentes de gaz et de matériaux solides constituant un cône ;
– **éruption explosive :** violentes **explosions** projetant à de hautes altitudes des produits gazeux et solides (panaches), émission tardive d'une lave **visqueuse** constituant un **dôme**, nuées ardentes. Ce type d'éruption est destructeur et fulgurant.

Localisation des volcans

Les volcans ne sont pas répartis au hasard à la surface du globe. Sur les continents, des volcans actifs sont alignés, principalement autour de l'océan Pacifique. Dans les océans, les zones volcaniques se situent dans l'axe des **dorsales océaniques**.

COMMENT FAIRE

Légender un schéma à partir d'informations

	Éruption effusive	Éruption explosive
Lave	fluide	visqueuse
Projection	gaz et solides	gaz et cendres
Édifice	cône	dôme

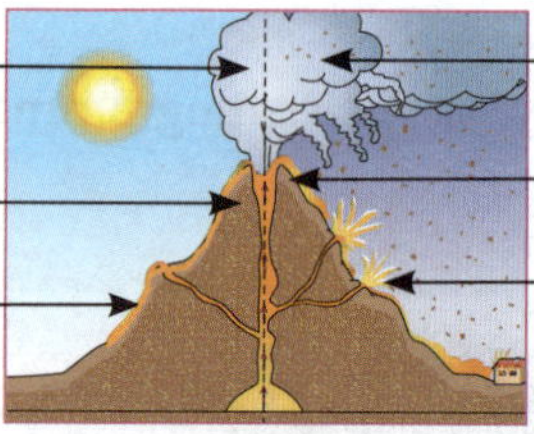

- Le tableau donne des renseignements qui permettent de faire la différence entre une éruption effusive et une éruption explosive, et qui aideront à compléter la légende du schéma.

Infos clés

- **Nuées ardentes :** phénomènes d'avalanches composées d'un mélange de gaz à haute température et de lave, entouré d'un nuage de poussières, coulant le long des flancs d'un volcan à grande vitesse.
- **Verre :** matériau amorphe issu du refroidissement rapide du magma (les minéraux n'ont pas le temps de cristalliser).

LE CONSEIL DU COACH

Dessiner une carte mentale

Comme la partie « Je retiens » est dense, essayez d'organiser les informations sous la forme d'un schéma ou croquis, cela vous permettra de trier et d'organiser les éléments essentiels à retenir sur les manifestations volcaniques et les différents types d'éruptions.

S'ENTRAINER

1 ✪ **Placez, au bout des flèches, les légendes suivantes :**
chambre magmatique – cheminée volcanique – magma – éruption – projection de lave et de cendres – coulée de lave – ancienne coulée (basalte) – cône.

1. ....
2. ....
3. ....
4. ....

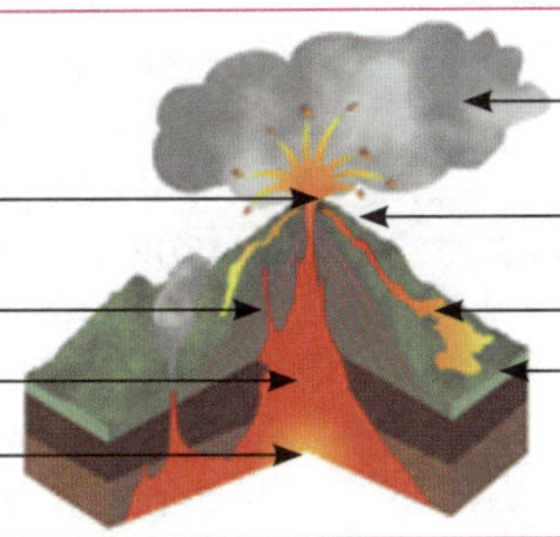

5. ....
6. ....
7. ....
8. ....

Schéma d'une éruption effusive.

2 ✪✪ **Indiquez les caractéristiques des deux types d'éruptions connus.**

Volcans / Caractéristiques	 Piton de la Fournaise	 Mont Saint Helens
Type d'éruption	....	....
Produits rejetés	....	....
Nom de l'édifice volcanique	....	....
Nom des roches obtenues	....	....
Dangerosité de l'éruption	....	....

MINI-CONTRÔLE

Complétez les légendes des photographies ci-contre avec les mots suivants :
phénocristaux – microlites – verre.

Les laves, en se refroidissant, se solidifient en roches volcaniques formées de cristaux et de verre. Plus la vitesse de refroidissement de la lave est lente, plus les cristaux sont gros.

Lave visqueuse → L'andésite est composée de cristaux de toutes tailles et de verre.

Lave fluide → Le basalte est composé de microlites (petits cristaux), de quelques phénocristaux (gros cristaux) et de verre.

Lame mince d'andésite vue au microscope optique.

1. ....
2. ....
3. ....

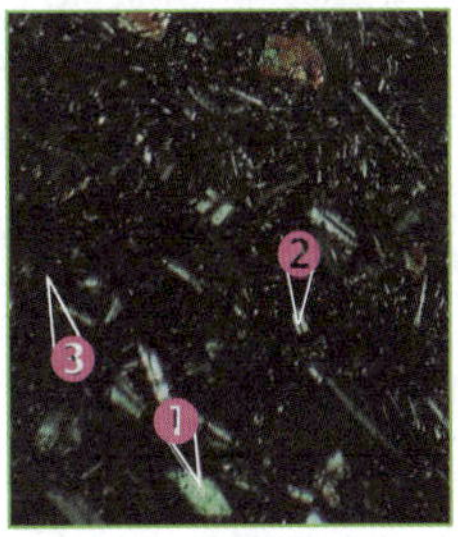

Lame mince de basalte vue au microscope optique.

1. ....
2. ....
3. ....

Corrigés p. 296

AVEZ-VOUS RÉUSSI ?

3 La tectonique des plaques

JE RETIENS

Des plaques à la surface de la Terre

- La partie externe de la Terre, appelée la **lithosphère**, est formée de plaques. La répartition des séismes et des volcans permet de délimiter ces plaques.
- Sous la lithosphère se trouve l'**asthénosphère**, qui est moins rigide.

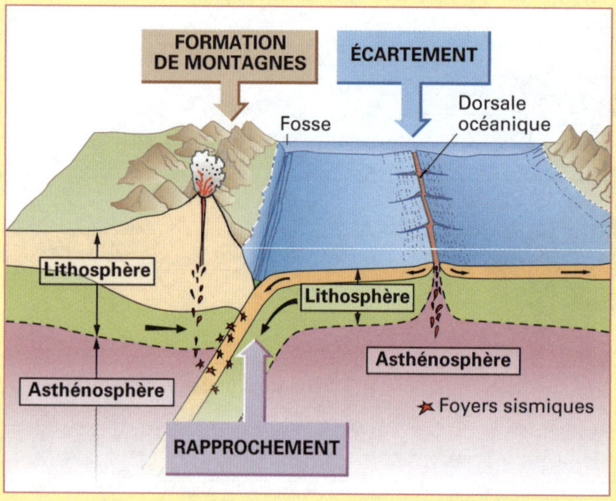

La tectonique des plaques.

Des plaques en mouvement

- **Les plaques sont animées de mouvements.** À raison de quelques centimètres par an, les plaques lithosphériques se forment et s'écartent le long des dorsales. Elles se rapprochent et s'enfouissent au niveau des fosses océaniques.
- **Le mouvement des plaques entraine** le déplacement des continents, l'ouverture et la fermeture des océans.
- **L'affrontement des plaques engendre des déformations** de la lithosphère et aboutit à la **formation de chaines de montagnes.**

COMMENT FAIRE

Mesurer le déplacement d'une plaque

Un forage au niveau de la côte atlantique a permis de dater le plancher océanique à 200 millions d'années. La distance entre la dorsale médio-atlantique et la côte atlantique française est d'environ 3 000 kilomètres.

Sur quelle distance la plaque se déplace-t-elle en une année ?

Ici, il suffit de diviser la distance entre la dorsale et le continent par les 200 millions d'années. La plaque se déplace de $\frac{3000}{200\,000\,000}$ km par an, soit $\frac{3\,000\,000\,000}{200\,000\,000}$ cm par an.

La plaque se déplace donc de 1,5 centimètre par an.

Info clé C'est Wegener (1880-1930), scientifique allemand, qui, le premier, a proposé la **théorie de la dérive des continents**, aujourd'hui universellement reconnue.

S'ENTRAINER

1 ✪ Corrigez les phrases si elles sont fausses.

a. L'asthénosphère est une zone située sur la lithosphère.

☐ Vrai ☐ Faux

....

b. Les chaines de montagnes sont formées dans les zones d'écartement des plaques.

☐ Vrai ☐ Faux

....

c. Les plaques lithosphériques se forment et s'écartent au niveau des dorsales.

☐ Vrai ☐ Faux

....

2 ✪✪ La formation de l'Himalaya

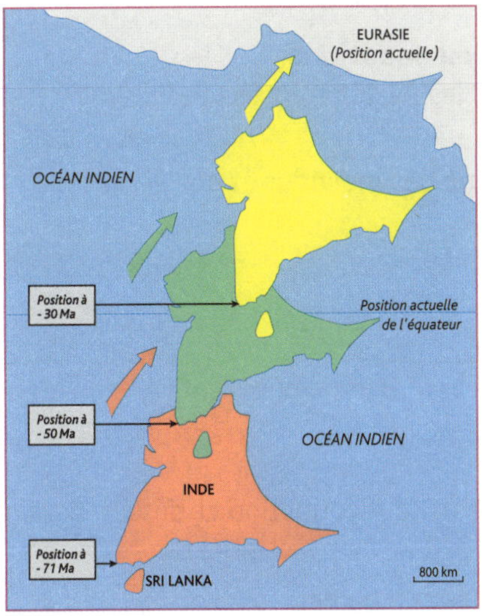

Le déplacement de l'Inde de – 71 à – 30 millions d'années.

L'Inde s'est séparée de l'Afrique il y a 85 millions d'années, au cours de la formation de l'océan Indien, et s'est rapprochée de l'Eurasie jusqu'à entrer en collision avec elle il y a moins de 30 millions d'années.

a. Comment l'Inde et l'Afrique se sont-elles séparées ?

....

....

....

LE CONSEIL DU COACH Un coup de fatigue ? Posez-vous les bonnes questions sur une alimentation équilibrée et un bon sommeil (voir Carnet p. 21).

b. À quoi est due la formation de la chaine de montagnes de l'Himalaya ?

....

....

....

MINI-CONTRÔLE

La lithosphère et l'asthénosphère

Certaines ondes produites lors d'un séisme se déplacent en profondeur et fournissent des renseignements sur la structure interne de la Terre. En effet, leur vitesse de propagation varie avec la rigidité du milieu traversé : plus la zone est rigide, plus la vitesse est grande.

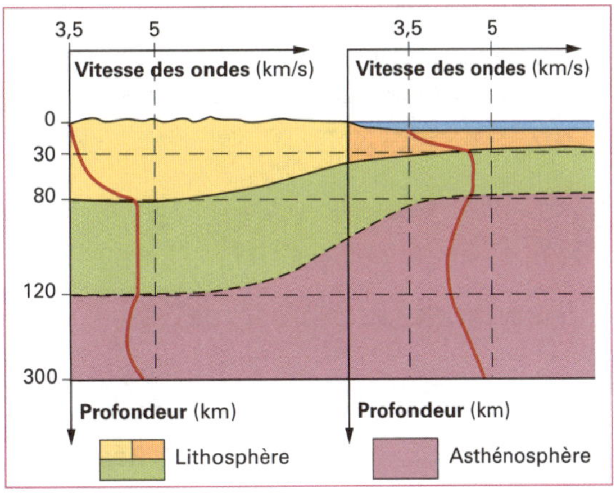

La vitesse des ondes à travers la lithosphère et l'asthénosphère.

a. Comment varie la vitesse des ondes sismiques sous les continents et sous les océans ?

....

....

....

b. Quelle conclusion pouvez-vous tirer sur la rigidité de la lithosphère et de l'asthénosphère ?

....

....

4 La reproduction sexuée des êtres vivants

JE RETIENS

La reproduction sexuée

• **La plupart des êtres vivants se reproduisent de manière sexuée.** La **reproduction sexuée** consiste en **l'union de deux gamètes** : une cellule reproductrice mâle (**spermatozoïde**) rencontre une cellule reproductrice femelle (**ovule**).
Cette **fécondation** produit une **cellule-œuf** à l'origine d'un nouvel individu.

• **La reproduction permet à une espèce de durer** dans le temps : on appelle cela la **pérennité** des espèces.

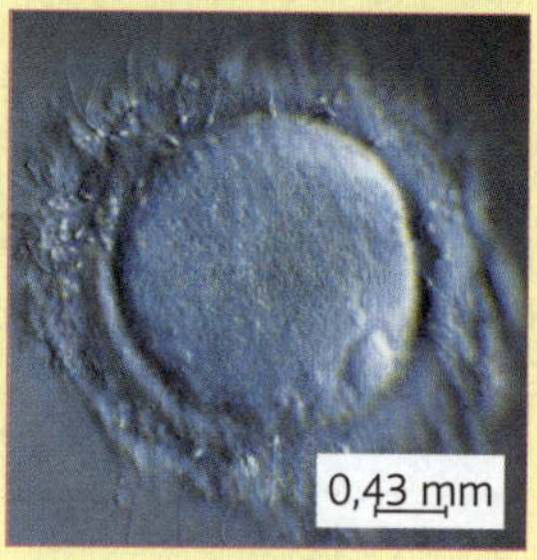

La fécondation.

Fécondation interne, fécondation externe

• **La fécondation a lieu dans l'organisme (fécondation interne) ou dans le milieu de vie (fécondation externe)** :

– la fécondation interne est surtout présente dans le **milieu terrestre.**
Le petit nombre de gamètes ou d'œufs est compensé par la **viviparité** ou la **protection des œufs** et des jeunes : c'est la stratégie de la **qualité** ;

– la fécondation externe est surtout présente dans le **milieu aquatique.**
Un grand nombre de gamètes ou d'œufs est produit, mais les pertes sont élevées : c'est la stratégie de la **quantité.**

• **Certains comportements favorisent le rapprochement** des individus et des gamètes pour faciliter la fécondation (ex. : les parades amoureuses).

COMMENT FAIRE

Faire un dessin d'observation

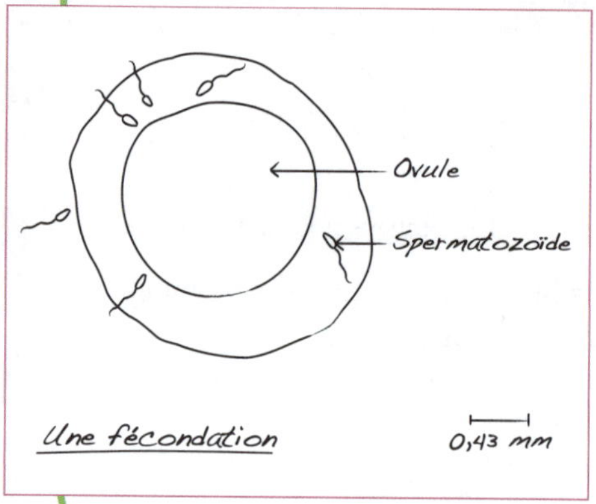

À partir de la photographie de la fécondation ci-dessus, dessinez ce que vous observez.

- **Réalisez** le dessin au crayon à papier.
- **Respectez** les proportions entre les différents éléments.
- **N'inventez pas**, ne simplifiez rien : on doit reconnaitre ce qui est observé.
- **Tracez** des flèches vers les éléments à légender : elles doivent être horizontales et parallèles.
- **Les légendes** doivent être alignées du même côté.
- **Écrivez** le titre, puis l'échelle à droite.

Info clé

Viviparité : mode de reproduction des animaux vivipares, dans lequel l'œuf achève son développement dans l'organisme maternel.

LE CONSEIL DU COACH

Apprendre en se posant des questions
Posez-vous les bonnes questions pour aborder la leçon et mieux la comprendre : Qu'est-ce que la reproduction sexuée ? Où a lieu la fécondation ?...

S'ENTRAINER

1 ✪ **À l'aide des informations ci-dessous, complétez le tableau suivant.**

1. Le fucus est une algue marine. Au moment de la reproduction, certains fucus libèrent dans le milieu extérieur une gelée rouge contenant les gamètes mâles. D'autres libèrent une gelée brune contenant les gamètes femelles.
2. Le lys est une plante à fleur. Les cellules reproductrices femelles sont enfermées dans des ovules. Le pollen, produit par les étamines, constitue les éléments reproducteurs mâles.
3. Le grillon est un insecte. Les grillons de sexes différents se rapprochent grâce au chant du mâle pour s'accoupler. Un grillon femelle peut pondre une dizaine d'œufs.

Nom de l'espèce	Type de fécondation	Milieu de reproduction	Particularités
Fucus	....	....	....
Lys	....	....	....
Grillon	....	....	....

2 ✪✪✪ **Les stratégies comportementales**

a. Décrivez la photographie ci-contre.

....

....

....

....

Ver luisant femelle.

b. Que fait le ver luisant ? Dans quel but ?

....

....

....

....

MINI-CONTRÔLE

Réalisez un dessin d'observation à partir de la photographie suivante.

Alevins de truite et œufs de truite (environ 1,5 cm).

Corrigés p. 296

AVEZ-VOUS RÉUSSI ?

5 L'influence du milieu de vie sur la reproduction

JE RETIENS

La reproduction sexuée permet aux espèces de se maintenir dans un milieu.

Les **conditions de ce milieu** peuvent influer sur la reproduction et sur le devenir d'une espèce.

Le facteur alimentaire

Les ressources alimentaires ont un effet sur la reproduction sexuée.
L'efficacité de la reproduction dépend de la quantité de nourriture disponible : plus les ressources sont abondantes, plus le nombre de jeunes arrivant à l'âge adulte est important.

Le facteur humain

• **L'homme peut aussi agir sur la reproduction** en modifiant le milieu : il peut affaiblir, préserver ou recréer une **biodiversité**.

L'utilisation de **produits polluants** (insecticides, herbicides…) par l'homme peut ainsi entrainer la disparition de certaines espèces.

• **Le développement de la lutte biologique**, au contraire, cible l'espèce à atteindre, ce qui permet de préserver les autres espèces, et donc la biodiversité.

COMMENT FAIRE

Lire un graphique

* Un **graphique** représente la relation entre deux grandeurs chiffrées. Il montre comment varie l'une d'elle, sur l'axe des ordonnées, en fonction de l'autre, sur l'axe des abscisses.

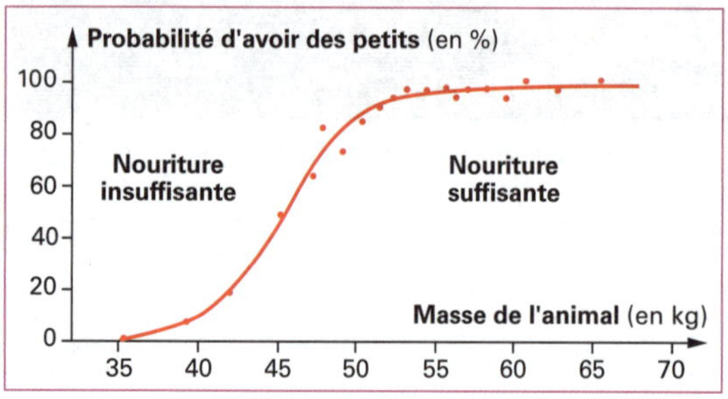

Capacité des biches à se reproduire en fonction de leur masse.

* **Le titre** indique la nature de ces grandeurs. Ici, la capacité des biches à se reproduire en fonction de leur masse.
* **Observez comment évolue la grandeur** étudiée (augmentation, diminution, constance). Ici, plus la masse de la biche est importante (donc plus elle se nourrit), plus sa probabilité d'avoir des petits augmente.
* **Tirez une conclusion.** Le graphique montre que les ressources alimentaires en quantité insuffisante influent négativement sur la reproduction des biches.

Infos clés

* **Biodiversité** : nombre d'espèces présentes dans un milieu.
* **Fécondité** : nombre de petits ou d'œufs par femelle.

S'ENTRAINER

1 ✪ **Construisez des phrases à partir des éléments suivants.**

a. fécondité – petits – nombre

....

....

b. conditions du milieu – reproduction sexuée – influer

....

....

c. homme – espèces – produits polluants – disparition

....

....

2 ✪✪ **Entourez la cause et soulignez la conséquence dans les groupes de propositions suivants.**

a. Maintien d'une espèce dans son milieu. / Interdiction de chasser pendant la période de reproduction.

b. Construction d'un barrage hydraulique. / Disparition des espèces de poissons migrateurs.

c. Lutte biologique. / Préserver la biodiversité.

d. Reproduction moins efficace. / Faibles ressources alimentaires.

3 ✪✪✪ **Déterminez l'influence de l'homme sur la reproduction.**

Le brochet, pour se reproduire, migre dans des frayères, sortes de prairies inondées, où il peut pondre ses œufs à l'abri des courants de la rivière. L'activité humaine a fait disparaitre de nombreuses frayères. L'homme tente aujourd'hui d'en réaménager.

a. Quelle est la conséquence de la disparition des frayères ?

....

....

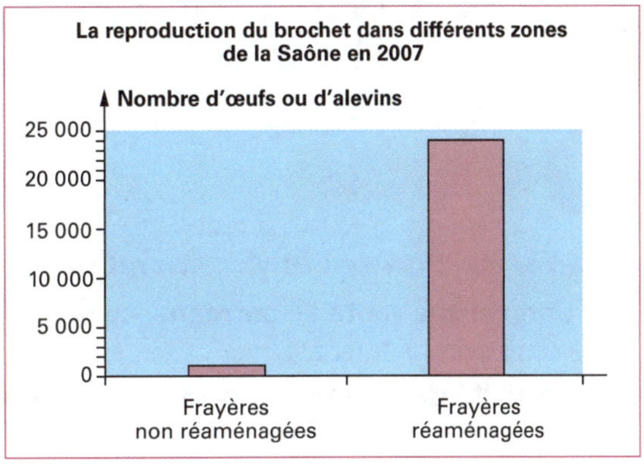

b. D'après le graphique, quels sont les résultats de l'intervention de l'homme sur la reproduction des brochets ?

....

....

....

MINI-CONTRÔLE

Lutter contre la Lucilie bouchère

La Lucilie bouchère est une mouche. La femelle pond ses œufs sur les plaies des animaux de bétail. Les larves se nourrissent de la chair des animaux vivants, qui finissent par mourir d'infections.

Une lutte efficace contre ces mouches serait de répandre des insecticides dans les zones infestées, avec le risque de détruire d'autres insectes.

Une autre méthode consiste à relâcher, dans les zones infestées, des mouches mâles rendues stériles. Les œufs produits sont incapables de se développer.

a. Comment s'appelle ce type de lutte ?

....

b. Comment ce dispositif agit-il sur la reproduction de la Lucilie bouchère ?

....

....

c. Pourquoi cette méthode préserve-t-elle la biodiversité ?

....

....

Corrigés p. 297

AVEZ-VOUS RÉUSSI ? ○ ○ ○

6 La perception de notre environnement et la commande motrice

JE RETIENS

La perception de l'environnement

- **L'organisme capte en permanence des informations** liées à des variations physico-chimiques de son environnement.
- **L'activité des récepteurs sensoriels** dispersés ou groupés en **organes des sens** est déclenchée par un **stimulus** spécifique et initie des **messages nerveux sensitifs**.
- **La propagation de ces messages nerveux** vers le **cerveau** se fait le long de **fibres nerveuses** ou **nerfs**.

Les 5 sens	le gout	l'odorat	l'ouïe	le toucher	la vue
Organes de sens	la langue	le nez	l'oreille	la peau	l'œil
Nerfs sensoriels	le nerf gustatif	le nerf olfactif	le nerf auditif	le nerf sensitif	le nerf optique
Sensations perçues	les saveurs acides, amères, salées, sucrées	les odeurs	les sons graves ou aigus	le froid, le chaud, la douleur…	l'image de l'objet

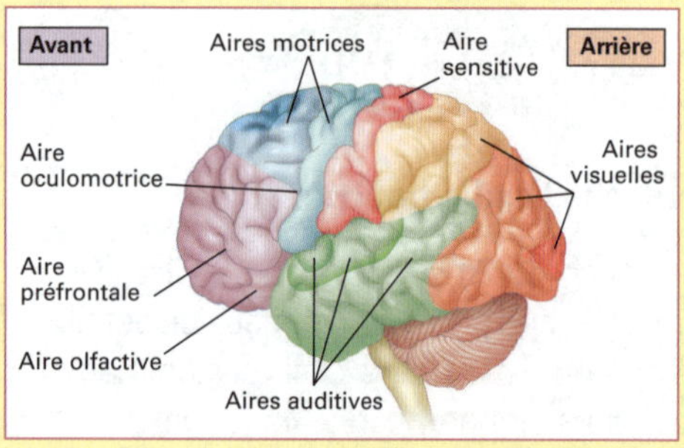

Les différentes aires cérébrales.

De la perception au mouvement

- **La perception de l'environnement et la commande motrice** sont des **phénomènes cérébraux**.
Elles s'élaborent dans des **aires cérébrales**, où aboutissent et d'où partent les messages nerveux. Cela suppose des **communications** entre les différentes régions du cerveau et la mise en jeu de la **mémoire**.
- **La propagation des messages nerveux** provenant du cerveau se fait le long de **nerfs moteurs**. Les **organes effecteurs** reçoivent des messages nerveux venant du cerveau et réagissent ainsi à la stimulation.

COMMENT FAIRE

Réaliser une dissection

- **Matériel** : un poisson de 15-20 centimètres, une pince à épiler, une paire de ciseaux fine, un bac à dissection (une grande assiette peut convenir), une loupe.
- **Protocole** :
  1. Placez le poisson en équilibre sur le « ventre » dans le bac.
  2. Sur sa partie dorsale, découpez la peau, de la tête à la queue.
  3. Au niveau de la tête, dégagez la partie plus dure qui protège le cerveau, puis en vous dirigeant vers la queue, enlevez délicatement la chair qui recouvre la moelle épinière.
- Vous pouvez alors visualiser les liens anatomiques qui existent au niveau du système nerveux et les schématiser.

Info clé Certaines substances, comme les drogues (l'alcool, le tabac, la cocaïne…) peuvent altérer le fonctionnement du cerveau de manière durable.

S'ENTRAINER

1 ✪ **À l'aide du tableau des cinq sens, page ci-contre, donnez pour chaque sens une situation de la vie quotidienne où il est plus spécifiquement mis en œuvre.**

– ....

– ....

– ....

– ....

– ....

2 ✪✪ **Détermination d'aires du cerveau**

À la suite d'un accident cérébral, un patient présente deux lésions sur son hémisphère cérébral gauche : la zone lésée A entraine une paralysie des doigts de sa main gauche ; la zone lésée B entraine une cécité partielle.

À quelles aires du cortex cérébral les zones A et B correspondent-elles ?

Zone A : ....

Zone B : ....

3 ✪✪ **Traitement et contrôle de l'information par le cerveau**

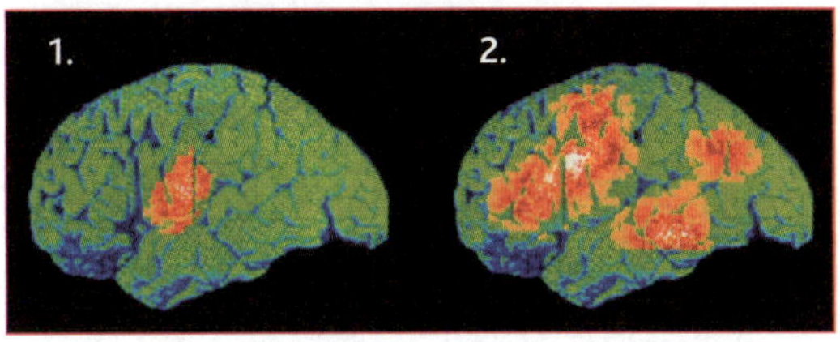

Mise en évidence des zones actives :
1. la personne parle ; **2.** la personne pense

a. Que montrent ces deux images ?

....

....

b. Quelles sont les différences entre ces deux images ?

....

....

c. Qu'en concluez-vous ?

....

....

Corrigés p. 297

4 ✪✪✪ **Complétez ce schéma qui représente le mécanisme provoquant un mouvement.**

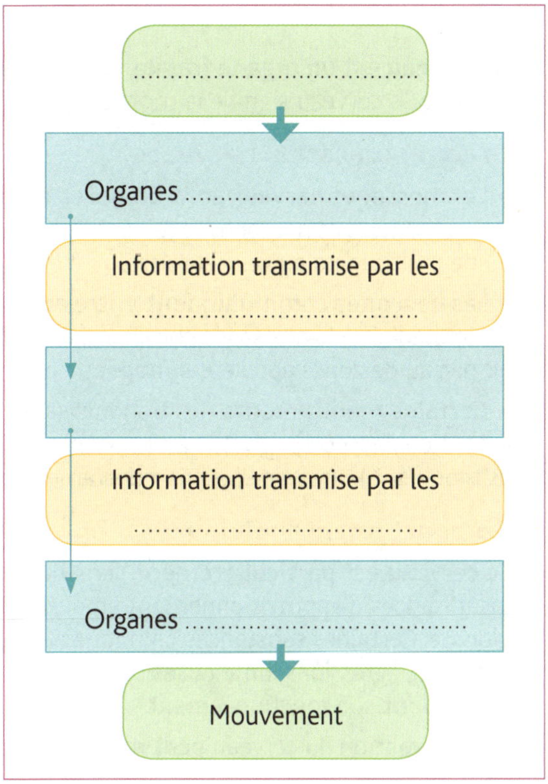

MINI-CONTRÔLE

Le rôle du nerf moteur

Une expérience a été menée sur deux grenouilles. Sur l'une d'entre elles, le nerf moteur de la patte droite est sectionné. Elle ne réagit pas lorsqu'on lui pince cette patte. La grenouille intacte fléchit cette patte quand on la pince.

a. Qu'indique cette expérience sur le rôle du nerf moteur dans le mouvement ?

....

....

b. Décrivez le trajet du message nerveux dans le cas de la première grenouille.

....

....

AVEZ-VOUS RÉUSSI ?

7 L'activité nerveuse

JE RETIENS

Le cerveau est un organe fragile, soumis pour son fonctionnement à des exigences strictes. La mort du cerveau signifie la mort de l'individu.

La communication nerveuse

- **Les messages nerveux sont élaborés et transmis** par des cellules spécialisées : les **neurones**. Les neurones reçoivent, émettent et transmettent des **signaux électriques** à une multitude d'autres neurones.
- **Les neurones communiquent entre eux** par l'intermédiaire de messages chimiques libérés au niveau de zones appelées **synapses**.
- **Certains médicaments** (les tranquillisants, les antidépresseurs) agissent à ce niveau ; ils modifient l'humeur et les comportements.

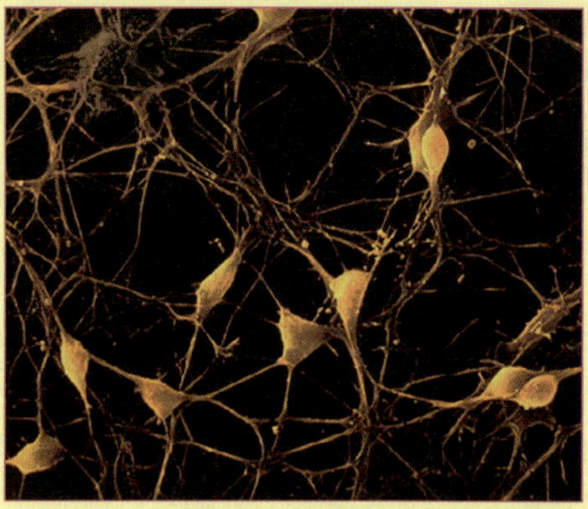

Un réseau de neurones (Gx350).

Comportement individuel

Le cerveau est particulièrement sensible aux insuffisances d'approvisionnement en dioxygène et en glucose. Certaines substances chimiques (**drogues, alcool**...), agressions lumineuses ou nuisances sonores **perturbent** son fonctionnement.

La perturbation du cerveau peut modifier l'humeur ou le comportement.

COMMENT FAIRE

Calculer la taille réelle d'un objet

- **Définissez l'objet** du schéma et mesurez-le (taille mesurée).
  Ici, le neurone entier fait 3 centimètres.
- **Recherchez le grossissement** (G) sur le document : G = 400.
- **Appliquez la formule** :
  $\text{taille réelle} = \frac{\text{taille mesurée}}{\text{grossissement}}$.
  Donc $\text{taille réelle} = \frac{3}{400} = 0{,}007\ 5$ cm, soit 75 micromètres.

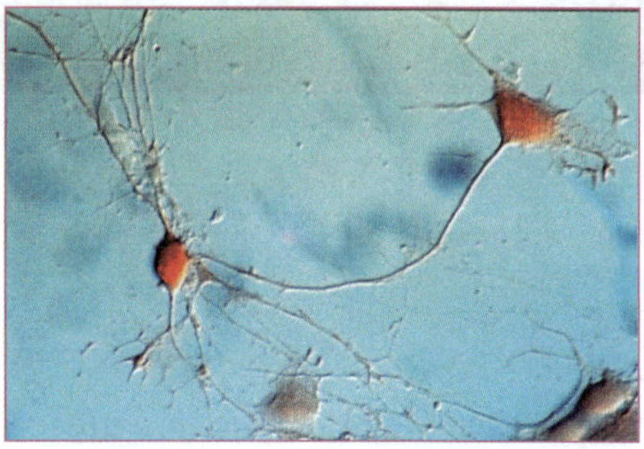

Réseau de neurones et synapses (Gx400).

Info clé À la naissance, nous possédons 100 milliards de neurones, que nous commençons aussitôt à perdre progressivement.

LE CONSEIL DU COACH

Apprendre dans différents lieux

Identifiez d'abord les thèmes essentiels de la leçon. Puis résumez-les avec vos propres mots dans différents lieux. Par exemple, reformulez ce que vous avez retenu de l'influence des médicaments sur le cerveau dans votre chambre, puis passez dans la salle à manger pour présenter la communication des neurones.

S'ENTRAINER

1 ✪ Les effets de l'alcool sur le cerveau

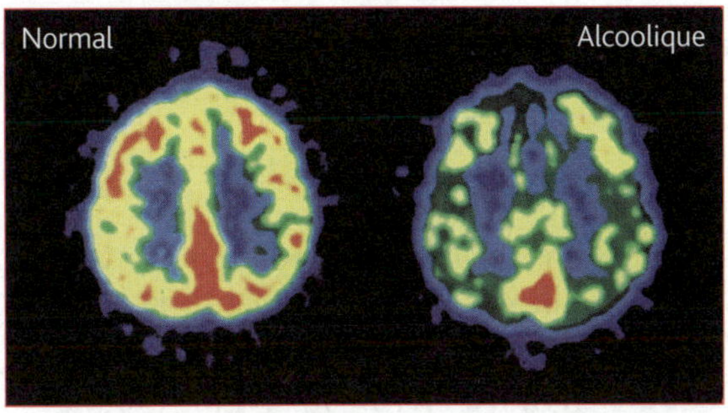

Zones rouges : actives.
Zones bleues et vertes : peu ou pas actives.

a. Comparez les deux images ci-dessus.

b. Qu'en concluez-vous sur les effets de l'alcool sur le cerveau ?

2 ✪✪✪ Les effets de la fatigue sur le système nerveux

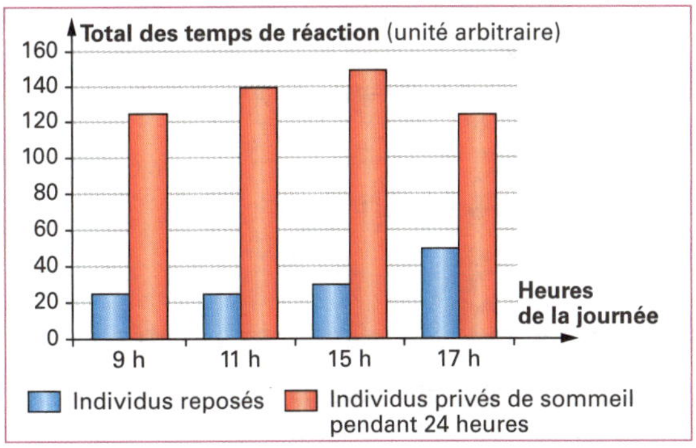

Résultats de l'expérience (d'après Sécurité routière, 2004).

Une étude a été menée sur 10 jeunes volontaires de 20-25 ans en bonne santé, pour tester leur réactivité après avoir été privés ou non de sommeil pendant 24 h.

a. Décrivez le graphique.

b. Qu'en concluez-vous sur les effets de la fatigue sur le système nerveux ?

MINI-CONTRÔLE

La synapse

Observez la photographie et son schéma, puis répondez à la question.

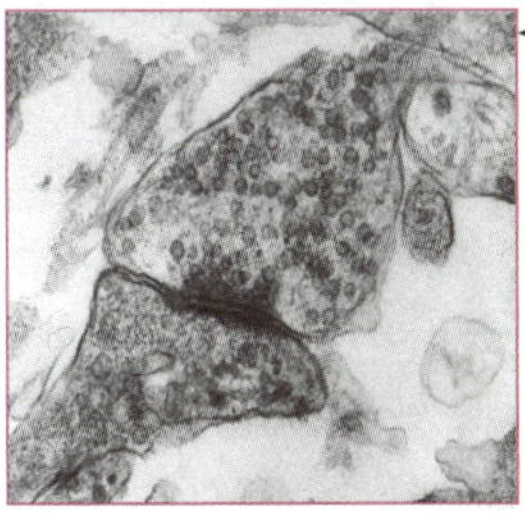

Photographie d'une synapse chimique

Schéma d'une synapse chimique

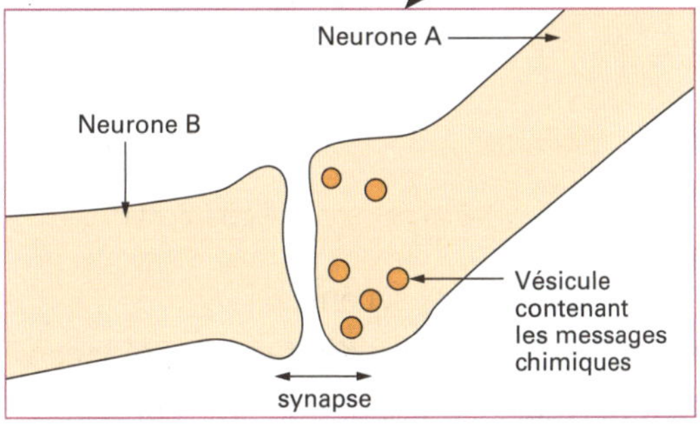

Comment le message est-il transmis d'un neurone à l'autre ?

Corrigés p. 297

AVEZ-VOUS RÉUSSI ?

FRANÇAIS
MATHS
HIST. - GÉO. - EMC
PHYSIQUE-CHIMIE
SVT
ANGLAIS
CORRIGÉS

8 La puberté

JE RETIENS

Lors de la puberté (vers 10-14 ans), la personnalité et le corps de l'**adolescent(e)** se modifient, les **caractères sexuels secondaires** apparaissent (pilosité, mue de la voix...), les **organes génitaux** ou **reproducteurs** commencent à fonctionner.

Chez les garçons

L'appareil génital masculin produit alors du sperme. Le sperme contient des millions de **spermatozoïdes**, qui sont les cellules reproductrices (gamètes) mâles mobiles. Les spermatozoïdes sont produits en **continu** par les **testicules**.

Chez les filles

- **Chez la jeune fille, les règles**, écoulements de sang au niveau du vagin, se produisent tous les 28 jours en moyenne (**cycle utérin**) et pendant une durée de 4 à 5 jours. Ces saignements proviennent de la destruction de la couche superficielle de la paroi de l'**utérus**.
- **De la puberté jusqu'à la ménopause, tous les 28 jours en moyenne,** un des ovaires expulse un **ovule** (gamète femelle) : ce phénomène s'appelle **l'ovulation**.
- Le début d'un cycle correspond au 1er jour des règles et l'**ovulation** au 14e jour.

COMMENT FAIRE

Caractériser les appareils reproducteurs masculin et féminin

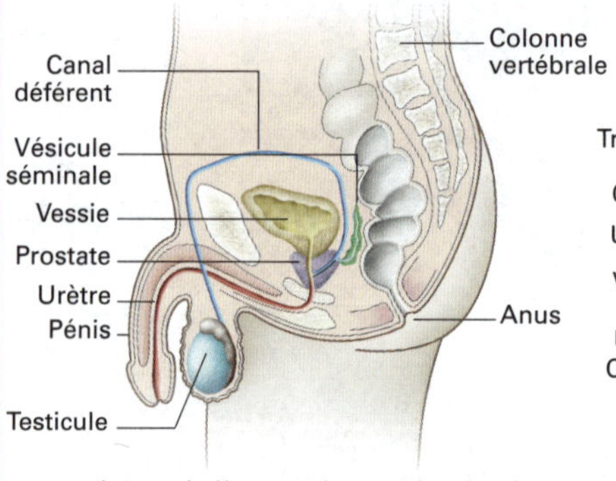

Schéma de l'appareil génital masculin.

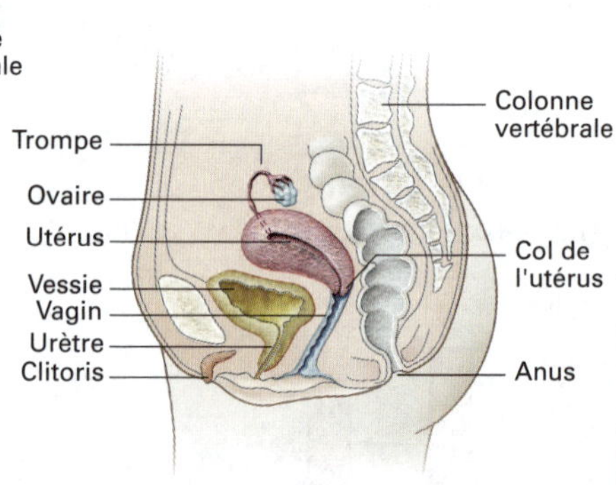

Schéma de l'appareil génital féminin.

- **Observez** les deux schémas.
- **Identifiez** les organes génitaux : la colonne vertébrale, l'anus et la vessie n'en font pas partie.
- **Relevez leurs caractéristiques et comparez-les :** ces schémas montrent que les organes génitaux masculins et féminins ne sont pas constitués des mêmes éléments, ni de la même façon. L'appareil reproducteur masculin est essentiellement externe, tandis que l'appareil féminin est interne.

Info clé Filles et garçons se distinguent par leurs organes génitaux très différents : ces organes génitaux correspondent à des **caractères sexuels primaires**.

S'ENTRAINER

1 ✪✪ Les règles

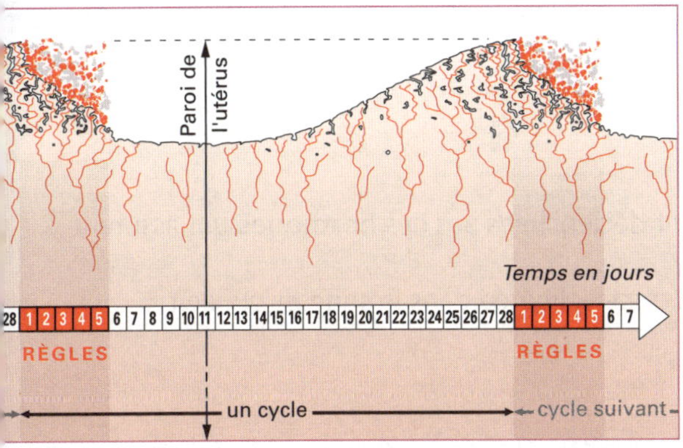

Évolution de la paroi de l'utérus.

a. Quelles sont les transformations subies par la paroi de l'utérus au cours d'un cycle ?

b. Quelle est la durée d'un cycle ?

c. À quelle période du cycle se produisent les règles ?

2 ✪✪✪ La puberté. Soulignez en bleu les transformations concernant les filles, en rouge, celles concernant les garçons.

développement de la poitrine – arrondissement des hanches et élargissement du bassin – acné – pilosité (aisselles, organes génitaux…) – premières éjaculations – apparition des premières règles – pomme d'Adam – augmentation de la taille du pénis et des testicules – élargissement des épaules et de la cage thoracique – développement de la musculature – mue de la voix (développement des cordes vocales).

LE CONSEIL DU COACH Pensez à la respiration ventrale, si vous êtes stressé(e) ou tendu(e) (voir Carnet p. 17).

MINI-CONTRÔLE

Spermatozoïde et ovule, gamètes mâle et femelle

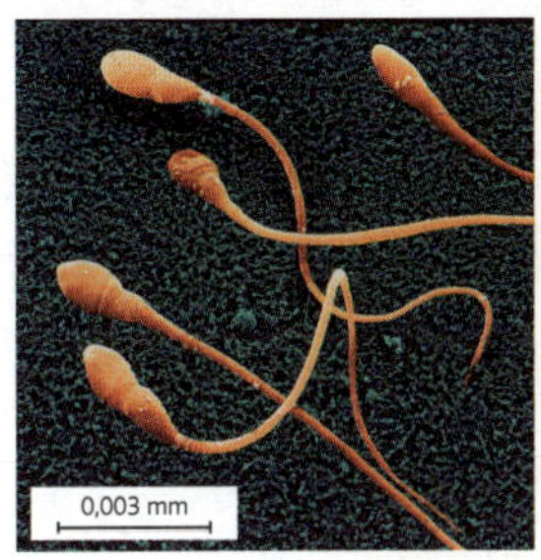

Spermatozoïdes.

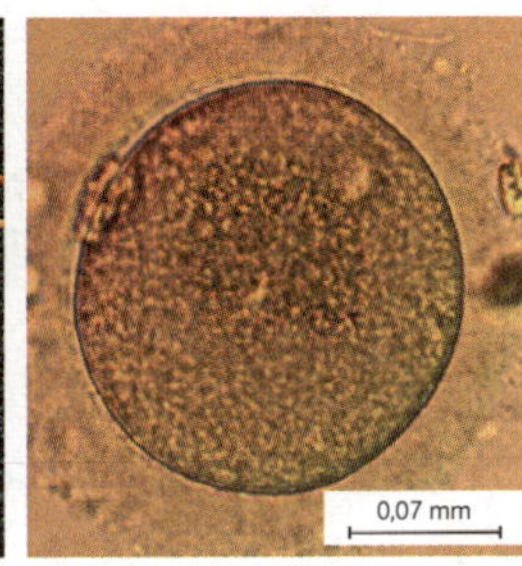

Ovule.

a. À partir de ces deux photos, complétez le tableau suivant.

	Cellule reproductrice de l'homme	Cellule reproductrice de la femme
Nom		
Forme		
Taille		

b. Par quel organe chacune de ces cellules est-elle produite ?

9 Les hormones de la puberté

JE RETIENS

Déclenchement de la puberté

Les transformations observées à la puberté sont déclenchées par des **hormones** qui assurent une relation entre les organes.
Une hormone est une substance fabriquée par un organe, libérée dans le **sang** et qui agit sur le fonctionnement d'un **organe cible**.

Manifestation de la puberté

- **À la puberté, une augmentation** progressive des concentrations sanguines de certaines hormones fabriquées par le cerveau (**hormones hypophysaires**) déclenche le développement des glandes reproductrices (testicules et ovaires).
À leur tour, les glandes reproductrices libèrent des hormones (**testostérone**, **œstrogènes** et **progestérone**) qui déclenchent l'apparition des caractères sexuels secondaires.
- Les **hormones ovariennes (œstrogènes et progestérone)** déterminent l'état de la couche superficielle de l'utérus.
La **diminution** des concentrations sanguines de ces hormones déclenche les règles.

COMMENT FAIRE

Analyser un graphique

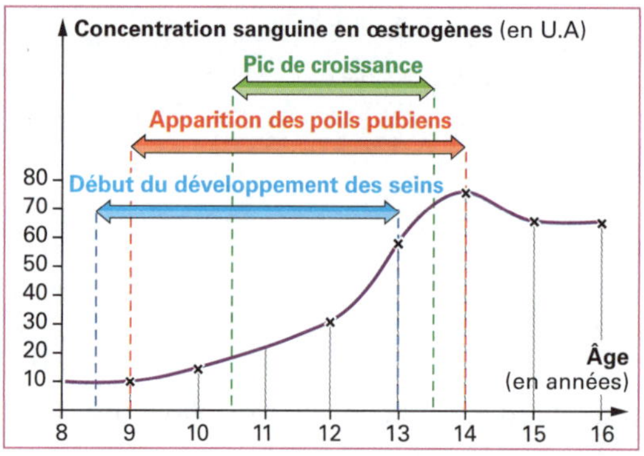

Sécrétion des ovaires et apparition des caractères secondaires chez une jeune fille au cours de la puberté.

- **Repérez ce que représente le graphique.**
Il s'agit ici de l'évolution de la concentration sanguine en œstrogènes chez la jeune fille au cours de la puberté. L'apparition de certains caractères sexuels secondaires est également indiquée.
- **Observez comment la courbe évolue.**
La concentration d'œstrogènes augmente au cours de la puberté, atteint un pic à l'âge de 14 ans, puis diminue légèrement.
- **Mettez les informations en parallèle et tirez des conclusions.**
Ce graphique confirme que l'apparition des caractères sexuels secondaires est provoquée par une poussée d'hormones.

Info clé La croissance des individus est provoquée par une hormone qui agit sur les os : l'**hormone de croissance**. Le nanisme et le gigantisme sont provoqués par un déséquilibre dans la concentration de cette hormone.

S'ENTRAINER

1 ✪ **Vrai ou faux ? Corrigez les phrases lorsque cela est nécessaire.**

a. Le fonctionnement des ovaires est lié à la production de testostérone.

☐ Vrai ☐ Faux

....

....

b. Les hormones sont des substances véhiculées dans les fibres nerveuses.

☐ Vrai ☐ Faux

....

....

c. L'apparition des caractères sexuels secondaires est due à l'augmentation de la concentration d'hormones.

☐ Vrai ☐ Faux

....

....

2 ✪✪ **Construisez des phrases avec les mots suivants en accordant si nécessaire.**

a. utérus – ovaire – hormones

....

....

b. hormones – organes cibles – libérer – sang

....

....

c. œstrogènes – puberté – ovaires – fille

....

....

d. règles – diminution – hormones ovariennes

....

....

3 ✪✪✪ **Expériences sur des souris**

Dans les années 1950, des expériences ont été faites pour comprendre les relations fonctionnelles entre les ovaires et l'utérus.

1. Ablation de l'utérus chez une souris femelle. *Résultat :* aucun effet sur le cycle ovarien.

2. Ablation des deux ovaires chez une souris femelle. *Résultat :* arrêt des cycles utérins et diminution de la taille de l'utérus.

3. Greffe d'un fragment d'utérus en un autre endroit du corps avec circulation sanguine rétablie. *Résultat :* même cycle utérin que pour une souris ayant son utérus au bon endroit.

Quelles informations apportent ces expériences sur le mode d'action des ovaires et de l'utérus ?

....

....

....

....

Corrigés p. 298

MINI-CONTRÔLE

Le développement des ovaires et des testicules

La LH et la FSH sont deux hormones hypophysaires.

	Période	Concentration en LH	Concentration en FSH
Fille	Début de la puberté	1	1,1
Fille	Fin de la puberté	4,5	3
Garçon	Début de la puberté	0,8	1
Garçon	Fin de la puberté	4	3,1

Évolution de la concentration sanguine de LH et de FSH.

a. Comment évolue la quantité de LH et FSH au cours de la puberté ?

....

....

b. Proposez une hypothèse pour expliquer le déclenchement du fonctionnement des organes reproducteurs lors de la puberté.

....

....

....

AVEZ-VOUS RÉUSSI ? ◯ ◯ ◯

10 De la fécondation à la naissance

JE RETIENS

De la fécondation à l'embryon

- **Lors d'un rapport sexuel, un spermatozoïde peut fusionner avec l'ovule** : c'est la **fécondation**, qui a lieu dans une des trompes de l'utérus. Cette fécondation interne a pour résultat la formation d'une **cellule-œuf**.
- **Tout en se divisant, la cellule-œuf descend dans l'utérus** et **s'implante** dans la paroi utérine maternelle : c'est la **nidation** de **l'embryon**. Les règles ne se produisent plus, ce qui constitue l'un des premiers signes d'une **grossesse**.
- **Le développement embryonnaire se fait dans l'utérus** : l'espèce est dite **vivipare**.

De la formation de l'embryon à la naissance

- **Les cellules qui constituent l'embryon** continuent de se diviser. À partir du 3e mois, lorsque tous les organes sont formés, l'embryon est appelé **fœtus**. Il baigne dans le liquide amniotique et effectue des **échanges** avec l'organisme maternel par le cordon ombilical relié au **placenta**. Le placenta est un organe d'échanges entre la mère et le fœtus. Les nombreux vaisseaux sanguins qui le parcourent assurent notamment la nutrition du fœtus.
- **Au bout de 9 mois de grossesse**, le fœtus est arrivé à terme. Il est expulsé par les contractions de l'utérus au cours de **l'accouchement**.

COMMENT FAIRE

Réaliser un schéma

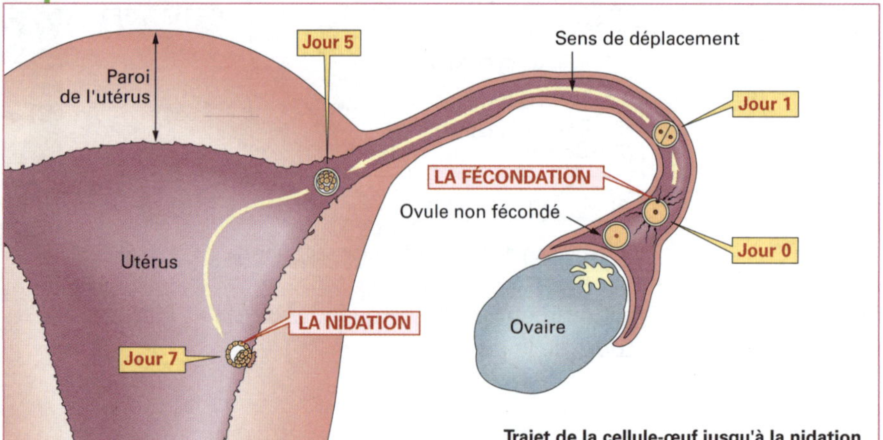

Trajet de la cellule-œuf jusqu'à la nidation.

- **Réalisez** un schéma représentant le trajet de l'embryon, de la fécondation à la nidation.
- **Représentez** d'abord l'utérus, ainsi qu'une trompe et un ovaire.
- **Sélectionnez et représentez** les étapes clés de ce trajet : la fécondation, la première division de la cellule-œuf, l'entrée dans l'utérus, puis la nidation.

Info clé Au cours de la grossesse, un **gynécologue** pratique trois **échographies** sur la future mère afin de s'assurer que tout se passe bien. L'échographie est une technique indolore et sans danger. Par émission d'ultrasons, elle permet d'obtenir une image du fœtus.

LE CONSEIL DU COACH

Repérer le vocabulaire
Repérez dans la leçon le vocabulaire (fécondation, nidation, fœtus…) et expliquez à voix haute chaque mot. En vous entendant, vous serez obligé(e) d'être plus précis(e).

S'ENTRAINER

1 ✪ Donnez la définition des mots suivants.

a. Nidation : ……………………………………

b. Viviparité : ……………………………………

c. Embryon : ……………………………………

2 ✪✪ Le placenta

Le placenta est comparable à un filtre interposé entre le sang fœtal et le sang maternel. Il arrête les éléments volumineux comme les bactéries. Il laisse passer des éléments plus petits comme le dioxygène ou les vitamines. Certaines substances toxiques comme les drogues (alcool, cocaïne, nicotine…) ne sont pas arrêtées par le placenta. Ces substances peuvent provoquer chez le fœtus un retard mental, des malformations physiques, et peuvent également réduire son développement ou augmenter les risques de naissance prématurée.

a. Quel est le rôle du placenta ?

……………………………………

……………………………………

b. Expliquez quels sont les risques pour le fœtus si la mère consomme des substances toxiques.

……………………………………

……………………………………

3 ✪✪✪ L'échographie

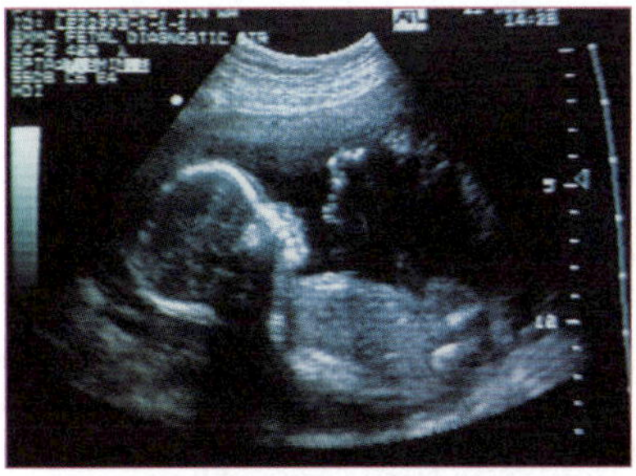

Échographie d'un fœtus au 4e mois.

a. Donnez une définition de l'échographie.

……………………………………

……………………………………

b. Décrivez la photographie.

……………………………………

……………………………………

……………………………………

……………………………………

MINI-CONTRÔLE

L'embryon devient un fœtus

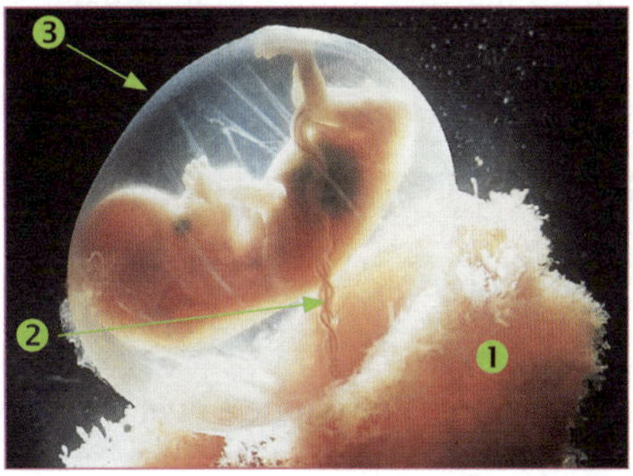

Fœtus de 3 mois (5 cm, 20 g).

Complétez les légendes et donnez le rôle de chaque élément.

1. ……………………………………

……………………………………

……………………………………

2. ……………………………………

……………………………………

……………………………………

3. ……………………………………

……………………………………

……………………………………

Corrigés p. 298

AVEZ-VOUS RÉUSSI ?

11 La contraception

JE RETIENS

La contraception permet à la femme et à l'homme de choisir d'avoir ou non un enfant.

Quelques méthodes de contraception

- La **pilule** permet le blocage de l'ovulation, empêche la prolifération de la muqueuse utérine et modifie le mucus du col de l'utérus qui freine le passage des spermatozoïdes.
- Les **préservatifs** féminin et masculin empêchent la rencontre des cellules reproductrices. **Ils protègent également des IST** (infections sexuellement transmissibles). Leur efficacité est accrue avec l'utilisation conjointe d'un **spermicide** (gel, crèmes...).
- Le **diaphragme**, le **stérilet**...

– Il existe également des méthodes chirurgicales irréversibles, comme la **ligature des trompes** pour la femme, la **vasectomie** pour l'homme...

Que faire en cas d'urgence ?

- La **pilule du lendemain**, prise au plus tard 72 heures après le rapport sexuel, permet de réduire les risques d'une grossesse non désirée et de limiter le recours à **l'IVG** (interruption volontaire de grossesse). Grâce à des doses massives d'hormones, elle bloque ou retarde L'ovulation, modifie les caractéristiques de la paroi utérine et celles du col de l'utérus.
- Il est aussi recommandé, **en cas de rapport non protégé**, de réaliser un test de dépistage dans un centre gratuit et anonyme pour écarter tout risque de transmission d'IST.

COMMENT FAIRE

Localiser l'action des différentes méthodes de contraception

Le schéma ci-dessous résume à quel niveau agissent les principaux contraceptifs chez la femme.

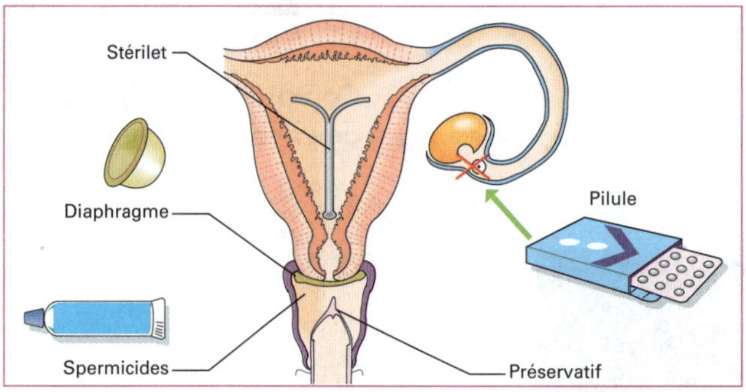

Info clé La pilule agit en intervenant sur la concentration d'hormones. C'est un contraceptif oral, puisqu'il s'avale. Il existe d'autres types de contraceptifs hormonaux, comme l'implant contraceptif, placé sous la peau, qui diffuse des hormones sur une longue durée.

S'ENTRAINER

1 ✪ Donnez la définition des mots suivants.

a. Contraception : ...

b. Spermicide : ...

c. IST : ...

2 ✪✪ Construisez des phrases avec chacun des groupes de mots suivants.

a. protéger – IST – préservatif – contraception

b. stérilet – nidation – empêcher – utérus

c. absence – grossesse – règles – signe

3 ✪✪ La pilule contraceptive

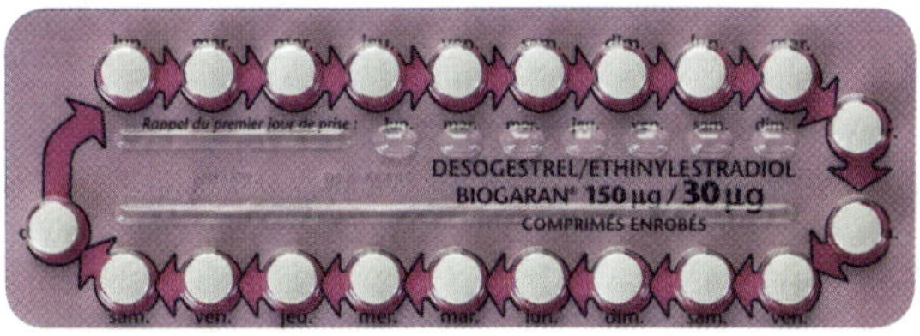

Une plaquette de pilule.

a. Qu'est-ce qu'un contraceptif oral ?

b. Pendant combien de jours consécutifs une femme doit-elle prendre cette pilule ?

Corrigés p. 298

4 ✪✪✪ À partir du graphique suivant, répondez aux questions.

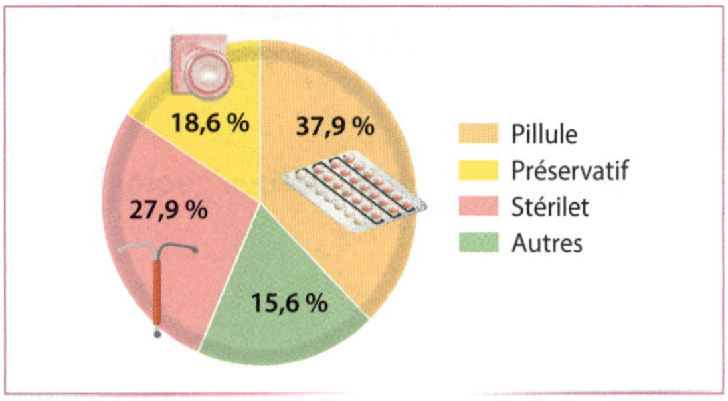

Utilisation des différents contraceptifs en France. Enquête baromètre santé 2016 INPES.

a. Quelle était la méthode contraceptive la plus utilisée en France en 2016 ?

b. Quel avantage supplémentaire apporte l'utilisation du préservatif ?

MINI-CONTRÔLE

Expliquez l'action de la pilule du lendemain au niveau de chacun des points 1, 2 et 3.

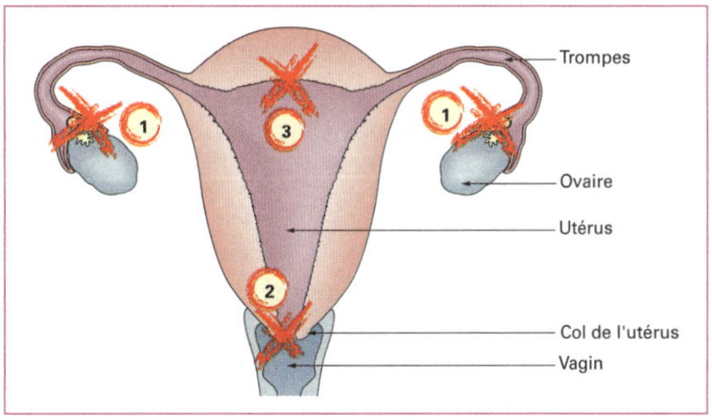

Localisation des actions de la pilule du lendemain.

1. ...

2. ...

3. ...

AVEZ-VOUS RÉUSSI ?

Bilan

L'ÉVOLUTION DES PAYSAGES

1 Quels sont les phénomènes géologiques qui modifient le paysage ? .... /3

....

2 Où sont répartis les séismes et les volcans ? .... /3

....

3 Quelles sont les conséquences des mouvements des plaques tectoniques ? .... /3

....

4 Vrai ou faux ? .... /3

a. La croute continentale a la même épaisseur que la croute océanique. ....

b. Plus on s'éloigne de la dorsale océanique, plus la croute océanique est jeune. ....

c. Le foyer est le point à la surface de la Terre qui enregistre les premières ondes. ....

5 Donnez la définition de : .... /3

a. Lithosphère : ....

b. Séisme : ....

c. Magma : ....

6 Quelles modifications subissent les ondes sismiques au passage lithosphère / asthénosphère ? .... /2

....

7 Sur une feuille à part, schématisez une subduction. .... /3

Total .... /20

LES RELATIONS AU SEIN DE L'ORGANISME

1 Comment un mouvement est-il déclenché ? .... /1

....

2 Donnez la définition de : .... /3

a. Récepteur : ....

b. Neurone : ....

c. Hormone : ....

3 Donnez quelques facteurs perturbant le fonctionnement du système nerveux. .... /2

....

4 Quelles grandes différences existe-t-il entre le mode de communication hormonale et le mode de communication nerveuse ? .... /4

....

5 Énumérez, dans l'ordre, les différentes étapes de la communication nerveuse. .... /5

....

6 Sur une feuille à part, schématisez une synapse. .... /3

7 Quelles hormones produisent les testicules et les ovaires ? .... /2

....

Total .... /20

LA REPRODUCTION SEXUÉE

1 Vrai ou faux ?

a. La fécondation interne est l'union de cellules reproductrices dans le milieu extérieur. .....

b. La puberté marque la fin des règles chez la femme. .....

c. La nidation est l'implantation de l'embryon dans la paroi de l'utérus. .... /3

2 Comment s'appellent les cellules reproductrices mâles et femelles ? .... /4

....

3 Donnez quelques exemples de méthodes de contraception. .... /3

....

4 Construisez des phrases avec les mots suivants.

a. préservatif – contraception – IST

....

b. rapport sexuel – pilule du lendemain – oubli – en cas d'urgence

....

c. homme – reproduction des espèces – agir .... /3

....

5 Sur une feuille à part, schématisez une ovulation chez la femme. .... /4

6 Donnez la définition de la biodiversité. .... /3

....

Total .... /20

Corrigés p. 299

1 Le nom et ses déterminants

JE RETIENS

	Utilisation	Exemple
Article indéfini	L'article indéfini ***a*** désigne **un élément** parmi plusieurs. Il est suivi du nom au singulier.	*I got **a** bike for Christmas.* C'est un vélo parmi d'autres, comme il en existe des milliers.
Article défini	L'article défini ***the*** évoque un ou des **éléments bien particuliers**, dont l'existence est connue de tous.	***The** Christmas holidays were great fun.* Il s'agit bien des vacances de Noël.
	The peut désigner également quelque chose qui est défini par la **situation**.	*Pass me **the** salt please.* Tout le monde sait qu'il ne peut s'agir que du sel qui se trouve sur la table.
Article démonstratif	***This*** s'emploie pour attirer l'attention sur quelque chose qui est **proche** dans le temps ou l'espace. ***That*** correspond à quelque chose qui est plus **loin**. Suivis d'un nom au pluriel, ils deviennent ***these/those***.	***This** bike is mine.* ***These** presents are mine.* ***That** bike is yours.* ***Those** presents are yours.*

COMMENT FAIRE

Distinguer les emplois de *a*

- *a* devient ***an*** devant une **voyelle** ou un ***h* non aspiré**, comme pour faire la liaison :
  ***an a**pple, **an h**our, mais **a h**ouse* (puisque le *h* est aspiré ici).
- On l'emploie également pour désigner le **métier** d'une personne :
  *My dad is **a postman**.*

Employer Ø

L'un des articles les plus importants est **l'article zéro : Ø**.
Il y a des moments où l'on n'utilise aucun article, comme lorsque l'on parle de quelque chose **en général** (nom indénombrable au singulier ou nom dénombrable au pluriel).

*I like **Ø Christmas** and I like **Ø** bikes.*
(On ne parle pas d'un Noël spécial ni de vélos en particulier.)

Vocabulaire

dessert: dessert
to spend: passer
vegetables: légumes
meat: viande
slice: tranche
meal: repas
Christmas cards: cartes de Noël
potatoes: pommes de terre
pudding: gâteau de Noël
to belong to: appartenir à
delivery man: livreur
light: lumière

S'ENTRAINER

1 ✪ **Entourez la bonne réponse.**

a. Christmas is **Ø / the / a** festive period.

b. People give **Ø / the / a** presents to each other.

c. **Ø / The / A** presents I got last year were really nice.

d. I got **Ø / the / a** computer game.

e. **Ø / The / A** special effects were brilliant.

2 ✪ **Complétez ces phrases par *that* ou *this*.**

a. I will spend .... Christmas with my grandparents.

b. Here, look at .... photo of their house.

c. .... is my grandad over there.

d. .... dog belongs to him.

3 ✪✪ **Complétez avec un article défini, indéfini ou Ø.**

a. .... most important meal on Christmas day is Christmas dinner.

b. Mum usually cooks .... turkey.

c. We have .... vegetables and potatoes with .... meat.

d. For dessert we always have .... slice of pudding with cream.

4 ✪✪ **Récrivez ces phrases en mettant les noms soulignés au pluriel et en changeant la conjugaison si nécessaire.**

a. I got a present from my mum and dad.

....

b. This computer game is really cool.

....

LE CONSEIL DU COACH Vous pouvez relire la partie « Comment faire » si cela peut faciliter la résolution des exercices.

c. The Christmas tree looked very pretty.

....

d. That light is not working.

....

e. I read my book for an hour.

....

5 ✪✪✪ **Complétez par un article indéfini, si besoin.**

a. Christmas is .... happy time.

b. We spend .... hours playing.

c. We walk for .... hour after dinner.

d. Christmas is .... eventful period.

MINI-CONTRÔLE

Traduisez ces énoncés.

a. J'aime les oranges.

....

b. Les jeux sur ordinateur sont mauvais pour les yeux (*for your eyes*).

....

....

c. Mon oncle est livreur.

....

d. Les gens adorent Noël.

....

e. J'aime écrire des cartes de Noël.

....

Corrigés p. 300

AVEZ-VOUS RÉUSSI ?

2 Les quantificateurs

JE RETIENS

Demander « combien »

- Avec ***how many***, l'objet est **dénombrable** (on peut le compter).
  ***How many** spoons* (cuillerées) *of sugar would you like in your tea?*
- Avec ***how much***, l'objet est **indénombrable** (on ne peut pas le compter).
  *– **How much** sugar would you like?*
  – Just a little please.

S'interroger sur l'existence d'un objet

- Avec une ***yes/no question* + *any***, on ignore si l'objet en question existe réellement.
  *– Have you got **any** sugar please?*
  – No, I'm sorry. There's no sugar.
- Avec une ***yes/no question* + *some***, on sait que l'objet existe réellement ; de plus, avec *some*, l'offre est polie et attend en général une réponse positive.
  *– Would you like **some** sugar in your tea?*
  – Yes, I'd love some.
  – No, thank you.

COMMENT FAIRE

Quantifier de la plus grande quantité (++++) à la plus petite (+)

Dénombrable		Indénombrable	
Quantité	Quantificateur + nom au pluriel	Quantité	Quantificateur + nom au singulier
++++	***a lot*** *(of people)*	++++	***a lot*** *(of ice-cream)*
++++ (trop)	***too many*** *(olives)*	++++ (trop)	***too much*** *(salt)*
++	***some*** *(olives)*	++	***some*** *(salt)*
+	***a few*** *(potatoes)*	+	***a little*** *(cream)*
+ (pas assez)	***not many / enough*** *(carrots)*	+ (pas assez)	***not much / enough*** *(flavour)*
0 (pas du tout)	***not any / no*** *(peas)* ***none*** (pronom)	0 (pas du tout)	***not any / no*** *(food)* ***none*** (pronom)
précise	un chiffre (1, 2, 3...)	précise	un prix (€, £, $...)

Vocabulaire

starters: hors-d'œuvre
the bill: l'addition
turnips: navets
bread: pain
meat: viande
bottle of water: bouteille d'eau
dessert: dessert
main course: plat principal

LE CONSEIL DU COACH

Se remémorer le cours du prof
Avant de débuter vos exercices, prenez 5 minutes pour faire revenir en mémoire ce que vous avez appris et compris lors de votre dernier cours d'anglais. Vous pouvez le faire à l'oral ou à l'écrit. Passez ensuite aux exercices proposés.

S'ENTRAINER

1 ✪ Complétez par *How much* ou *How many*.

a. .... children are with you?
b. .... wine would you like?
c. .... people would like starters?
d. .... is the bill please?

2 ✪✪ Complétez avec le quantificateur qui convient.

a. Don't give me .... salad please.
b. I'm not happy. There's .... butter on the potatoes.
c. Are there no glasses? No, there are ....
d. Would you like some turnips? Just .... please.
e. Yes, there's .... sugar on the table.

3 ✪✪✪ Trouvez les questions qui ont provoqué ces réponses.

a. .... ?
Yes, we have red and white wine.
b. .... ?
That will be 28 € please.
c. .... ?
We are two adults and two children.
d. .... ?
Yes, I'd love some coffee.

4 ✪✪✪ Répondez à ces questions.

a. Would you like some wine, miss?
.... (0)
b. Would you like some more sauce?
.... (+)
c. How many main courses do you want?
.... (3)
d. How much parmesan would you like on your spaghetti? .... (++++)
e. Are you happy with your tea? No, ... (++++)

MINI-CONTRÔLE

Informez le serveur de vos souhaits à l'aide des images.
✓: vous voulez, ☒: vous ne voulez pas, ?: vous posez la question.

a. 
✓ ....

b. 
☒ ....

c. 
? ....

d. 
? ....

Corrigés p. 300

3 Les comparatifs d'égalité, de supériorité et le superlatif

JE RETIENS

Le comparatif

- **Pour comparer deux éléments semblables**, on emploie le **comparatif d'égalité *as*** placé de chaque côté de l'adjectif : *Peter is **as** tall **as** Jane.*
- Pour comparer deux éléments **différents**, on emploie le **comparatif de supériorité** :

– Pour les adjectifs **à une syllabe** : **adjectif + *er* suivi de *than***
*Peter **is older than** Jane.*

– Pour les adjectifs **à deux syllabes ou plus** : ***more* + adjectif suivi de *than*** :
*English is **more** interesting **than** maths.*

Le superlatif

Pour établir la supériorité de quelque chose, on emploie **le superlatif :**

– Pour les **adjectifs courts** : ***the* + adjectif + *-est***
Peter is the oldest boy in the class.

– Pour les **adjectifs longs** : ***the most* + adjectif :**
She's the most intelligent.

COMMENT FAIRE

Repérer les autres types d'adjectifs

Formation de l'adjectif	Exemple d'adjectif	Exemple de phrase
adjectif + *r* (si l'adjectif se termine par un *-e*) + *than*	*nice* → *nicer* (sympa)	*Peter is nicer than Jim.*
adjectif en *-y* → *-ier* + *than*	*dirty* → *dirtier* (sale)	*Peter's hands are dirtier than Jane's.*
si l'adjectif se termine par une consonne : adjectif + double consonne + *-er* + *than*	*fat* → *fatter* (gros) *(big, thin, slim)* (grand, mince)	*My aunt is fatter than my mum.*
adjectifs irréguliers	*good* → *better* (bien) *bad* → *worse* (mal)	*My English is better than my Spanish.*

Les mêmes règles s'appliquent pour **le superlatif** : *the tallest, the nicest, the dirtiest, the fattest, the most interesting, the best (good), the worst (bad).*

Passer de l'égalité à la supériorité

Pour transformer l'égalité en supériorité, on ajoute simplement **la négation** :

Peter is not as tall as Jim = Peter is smaller than Jim = Jim is taller than Peter.

« Peter n'est pas aussi grand que Jim » revient à dire que « Peter est plus petit que Jim » et donc que « Jim est plus grand que Peter » !

Vocabulaire

height: la taille *(hauteur)*
short: petit *(taille)*
messy: désordonné
age: âge
weak: faible
heavy: lourd
weight: le poids
strong: fort
light: léger
strength: la force
tidy: ordonné

S'ENTRAINER

1 ✪ **Remplacez ces adjectifs par un comparatif de supériorité.**

a. Jane is (young) .... Peter.

b. Peter is (messy) .... Jane.

c. Peter's house is (good) .... Jane's.

d. Jane is (talkative = *bavarde*) .... Peter.

e. Peter is (athletic) .... Jane.

2 ✪✪ **Transformez ces adjectifs pour exprimer le superlatif.**

a. Mr Smith is (nice) .... teacher in Jane's school.

b. Jane is (pretty) .... girl in her class.

c. But Sandra is (intelligent) ....

d. Of all Peter's friends, he likes Jane (good) ....

e. He doesn't like his maths teacher. He's (bad) .... teacher he has.

3 ✪✪ **Entourez la bonne réponse.**

a. My mum is as **good / better / best** as your mum.

b. No, my mum's **good / better / best** than yours.

c. Maybe, but my mum's **more / most / better** intelligent.

d. Yes, you're right – she's the **more / most / best** intelligent woman in town.

e. Thanks Jimmy. You're the **nice / nicer / nicest** friend I have.

4 ✪✪✪ **Reformulez ces comparatifs à l'aide d'un comparatif d'égalité.**

a. Jimmy is nicer than John.

....

b. English is better than Spanish.

....

c. You're more intelligent than me.

....

d. But I'm stronger than you.

....

MINI-CONTRÔLE

Choisissez l'adjectif qui convient pour comparer ces trois personnes en utilisant le comparatif d'égalité, de supériorité ou le superlatif.

	Fred	Garry	Amy
Height	1 m 80	1 m 75	1 m 60
Age	16	16	15
Tidiness	No	No	Yes
Intelligence	++	+++	+++
Weight	75 kg	70 kg	55 kg
Strength	+++	++	+

a. Amy-Fred-height: ....

b. Fred-Garry-age: ....

c. Amy-tidiness: ....

d. Garry-Fred-intelligence: ....

e. Fred-weight: ....

f. Amy-strength: ....

Corrigés p. 300

AVEZ-VOUS RÉUSSI ?

4 L'expression de la possession :
have (got), *'s*, déterminants et pronoms possessifs

JE RETIENS

On peut exprimer la possession de plusieurs façons.

Avec le verbe *have (got)*

*Henry **has got / 's got** a brother called Sam and a sister called Sarah.*

Pour poser des questions, on place *have* **en tête de phrase** :

***Have** you got any brothers or sisters?*

Avec le génitif

- Avec le **'s de la possession** (le génitif) : *Henry'**s** brother is called Sam.*
- On le place **directement après celui qui possède.**

Quand il y a déjà un « *s* » à la fin de mots au pluriel, on ne rajoute que l'apostrophe.

The children's dog, the boys' dog…

Avec un déterminant, un pronom possessif ou un mot interrogatif

- Avec un **déterminant possessif** : ***His** brother is called Sam. (His = Henry's)*

Attention : le genre du déterminant possessif dépend de celui qui possède et non du nom qui le suit.

- Avec un **pronom possessif** : *Do you see that big house? It's **mine**. (mine = my house)*
- Avec un **mot interrogatif** : ***Whose** house is that? It's Henry's house.*

Déterminants possessifs	Pronoms possessifs
***my** house*	***mine***
***your** house*	***yours***
***his/her** house*	***his/hers***
***our** house*	***ours***
***your** house*	***yours***
***their** house*	***theirs***

COMMENT FAIRE

Distinguer les 3 *'s*

Il y a **3 *'s*** : **'s de la possession**, **'s** = ***is***, **'s** = ***has***. Attention à ne pas les confondre !

*Henry'**s** (possession) dad'**s** (is) a rich man. He'**s** (has) got a Porsche outside his house.*

Vocabulaire

grandad: papi — *granny:* mamie — *aunt:* tante
cousin: cousin/cousine — *nephew:* neveu — *uncle:* oncle
son: fils — *daughter:* fille — *niece:* nièce
father-in-law: beau-père — *mother-in-law:* belle-mère — *pet:* animal domestique

S'ENTRAINER

1 ✪ **Complétez ces phrases à l'aide de *have got* ou d'un déterminant possessif.**

a. Sarah .... two brothers.

b. .... names are Henry and Sam.

c. .... Sam .... any sisters?

d. Yes, Sarah is .... sister.

e. And Henry is .... brother.

2 ✪ **Complétez à l'aide d'un pronom possessif, d'un mot interrogatif ou du génitif en *'s*.**

a. .... dog is that?

b. That's Sarah .... dog.

c. That dog is ....

d. The dog .... name is Rover.

e. And .... fish is that?

3 ✪✪ **Indiquez s'il s'agit de *has*, *is* ou *'s*.**

a. Henry**'s** (got) two pets. → ....

b. His cat**'s** name is Tabby. → ....

c. Tabby**'s** a very fat cat. → ....

d. He**'s** also got a goldfish. → ....

e. Its name**'s** Freddy. → ....

4 ✪✪ **Remettez les mots des phrases dans l'ordre.**

a. dad / Henry / is / Harry / . / 's

....

b. mum / name / His / 's / . / is / Jenny /

....

c. ? / Tabby / cat / Whose / is /

....

d. is / Tabby / 's / Henry / . / cat /

....

Corrigés p. 300

LE CONSEIL DU COACH

Pas envie ? Faites quelques pas pour vous détendre.

5 ✪✪✪ **Réécrivez ces phrases en utilisant un déterminant ou un pronom possessif.**

a. I have got a cat. → That cat ....

b. That's Sarah's house. → That house ....

c. That's John's sister. → She ....

d. Harry and Percy have got nice parents. → .... parents ....

MINI-CONTRÔLE

Regardez cet arbre généalogique. Dites qui est qui par rapport à Henry. Variez le plus possible l'expression de la possession.

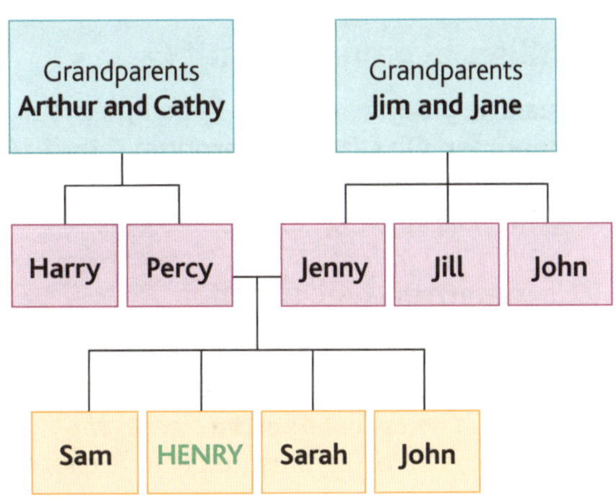

a. Arthur ....

b. .... two brothers.

c. His .... Percy.

d. Henry .... sister.

e. .... cousins?

AVEZ-VOUS RÉUSSI ?

5 Les pronoms relatifs

JE RETIENS

La proposition relative

Les pronoms relatifs servent à relier deux phrases par la subordination.

Phrase A : *That man is a policeman.* **Phrase B :** *He is walking down the street.*

A+B : *The man* ***who*** *is walking down the street is a policeman.*

- La phrase A est la **proposition principale**.
- La phrase B, qu'on insère grâce au pronom relatif, est une **proposition relative**.
- Les pronoms relatifs représentent, dans la proposition subordonnée relative, des **noms (les antécédents)**. Dans l'exemple ci-dessus, ***who*** se rapporte à *the man*.

Les différents pronoms relatifs

- ***who / that*** remplacent une personne : *The man* ***who / that****...*
- ***which / that*** remplacent une chose : *The shop* ***which / that****...*
- ***where*** remplace un lieu : *The place* ***where****...*
- ***when*** remplace une période : *In those days,* ***when****...*

COMMENT FAIRE

Utiliser le pronom relatif Ø

Quand le pronom relatif est le **complément de la proposition relative**, on peut alors le **supprimer**. On l'appelle le **pronom relatif zéro (Ø)** :

The policeman is very nice. I know ***this policeman*** (COD).
The policeman **Ø** *I know is very nice.*

Commenter avec *which*

On peut utiliser le pronom relatif ***which*** pour **commenter** ce qu'on vient de dire.
On insère alors une virgule avant ***which***.

*I found two sweaters in the clothes shop***, which** *was great!*

Dans le cas où on commente quelque chose, ***which*** ne peut pas être remplacé par ***that***.

Vocabulaire

bakery: boulangerie
to sound: avoir l'air
to open: ouvrir
jeweler's: bijouterie
clothes: vêtements
pub: bar
staff: le personnel
filling: nourrissant
to buy/bought: acheter
a bargain: une bonne affaire
to close down: fermer définitivement
music store: magasin de musique

LE CONSEIL DU COACH

Les pronoms relatifs
Pour vous aider à retenir les différents emplois des pronoms relatifs, construisez vos propres exemples en partant d'une phrase A et d'une phrase B. Vous pouvez écrire vos exemples sur une feuille à part qu'il vous sera facile de mémoriser.

S'ENTRAINER

1 ✪ Complétez par *who / which / where / when*.

a. The new shop .... sells clothes is really cool.

b. In 1994, ... I was eight, I bought my first tennis racket.

c. The lady .... works in the sports shop is really pretty.

d. France, ... people love to eat bread, has lots of bakeries.

2 ✪✪ Complétez par *that* ou Ø si cela est possible.

a. The shoes .... I bought come from Italy.

b. The lady .... sold them to me said they were a bargain.

c. The taxi-driver .... drove me home thought they were beautiful.

d. The pizza .... we had at the restaurant was lovely.

3 ✪✪ Entourez la bonne réponse.

a. The jeweler's **where / that / when** I bought my necklace is on Main Street.

b. It's beside the pub **that / where / who** does really good food.

c. The food **Ø / when / where** you get there is very filling.

d. This weekend, **where / when / who** I have time, we'll go and eat there.

4 ✪✪✪ Reliez ces phrases à l'aide d'un pronom relatif (y compris Ø si cela est possible).

a. That music store sells guitars. It has just opened.

....

....

b. The CD is great. I bought it there.

....

....

c. The sports shop has closed down. I went to it yesterday.

....

....

MINI-CONTRÔLE

Récrivez ces phrases sans relatif.

a. The shop that closed down was called *Henry's*.

....

....

b. Henry's son, who owned it, was sad.

....

....

Corrigés p. 300

AVEZ-VOUS RÉUSSI ?

6 Le présent simple, le présent en *be* + *V–ing*

JE RETIENS

Conjuguer au présent simple

On emploie la base verbale à toutes les personnes, **sauf la 3e personne du singulier**, à laquelle on rajoute la marque ***-s/-es*** à la forme affirmative.

Forme affirmative	Forme interrogative	Forme négative
I/you like football. *He/she **likes** football.* *We/you/they like football.*	*Do I/you like football?* ***Does** he/she **like** football?* *Do we/you/they like football?*	*I/you don't like football.* *He/she **doesn't** like football.* *We/you/they don't like football.*

Conjuguer au présent en *be* + *V-ing*

On conjugue l'auxiliaire ***be* suivi du verbe lexical** (qui exprime l'action) **+ *-ing*** :
I am looking at Harry Potter on TV right now. Are you looking...? He isn't looking...

COMMENT FAIRE

Employer le présent simple

– Pour parler des **habitudes** : *I get up every day at 7 o'clock.*
– Pour exprimer le **gout** : *I like computer games a lot.*
– Pour décrire des **sentiments** : *I feel very happy, it's my birthday today.*
– Pour énoncer **quelque chose qui est toujours vrai** : *There are 7 days in a week.*

- **On peut utiliser les adverbes suivants** (après le sujet et avant le verbe) : *always* (toujours) – *often/usually* (souvent) – *sometimes* (parfois) – *rarely* (rarement) – *never* (jamais).

Employer le présent en *be* + *V-ing*

– Pour évoquer **ce qui se passe en ce moment**, ce qu'on est en train de faire : *Listen, the phone is ringing.*
– Pour parler du **temps qu'il fait** : *Look, it's snowing outside.*
– Pour exprimer des **actions provisoires** (qui ne dureront pas) : *I am reading a very good book at the moment.*

- **On peut utiliser les adverbes suivants** (en tête ou en fin de phrase) : *today* (aujourd'hui) – *now* (maintenant) – *at the moment* (en ce moment).

Vocabulaire

to get dressed: s'habiller
to fall: tomber
to get up: se lever
to tidy: ranger
to work: travailler
to cycle: faire du vélo
to have breakfast: petit déjeuner
to mow the lawn: tondre le gazon
to ring: sonner

S'ENTRAINER

1 ✪ Conjuguez au présent simple.

a. Jim .... (have) breakfast every morning at half past seven.

b. I .... (get) dressed after my shower.

c. Nelly .... (go) to school by bus.

d. We .... (eat) lunch at twelve o'clock.

e. Tom and Sarah .... (walk) home from school.

2 ✪ Conjuguez ces verbes au présent en *be* + *V-ing*. Utilisez la forme contractée du verbe *be* (*Ex. : I'm, you're, he's...*).

a. Oh no! It .... (rain).

b. Go away! I .... (do) my homework.

c. Help! I .... (fall).

d. Listen! The bell ....(ring).

e. Stop that noise! We .... (look) at TV.

3 ✪✪ Pour conjuguer les verbes suivants, choisissez entre présent simple et présent en *be* + *V-ing*.

a. Where is Patrick?

– He .... (listen) to music in his room.

b. Betty and Bob usually .... (visit) us in the summer.

c. I .... (be) very tired. It's time for bed.

d. Susan .... (love) her mum very much.

e. It's very hot. The sun .... (shine = *briller*).

LE CONSEIL DU COACH

Lisez l'exercice à voix haute. Cela peut en faciliter la compréhension.

4 ✪✪✪ Complétez ces phrases à l'aide d'un verbe correctement conjugué et d'un adverbe de fréquence quand c'est possible.

Verbes : *tidy – go – obey – work – learn*
Adverbes : *always – often – never*

a. I .... my room at the weekend.

b. Charlie .... to the cinema on Sundays.

c. We .... about Ireland at the moment.

d. They are not good boys. They .... their mum.

e. My dad's busy. He .... in his office.

MINI-CONTRÔLE

Décrivez ces images en choisissant entre présent simple et présent en *be* + *V-ing*. Utilisez des adverbes quand cela est possible.

a. ....
....
....
....
....

b. ....
....
....
....
....

Corrigés p. 301

AVEZ-VOUS RÉUSSI ?

7 Le passé : prétérit simple, prétérit en *be + V-ing* et *present perfect*

JE RETIENS

Conjuguer au prétérit simple

– **Verbes réguliers** : on rajoute la marque ***-ed*** à la base verbale (BV) à toutes les personnes.

– **Verbes irréguliers** : il faut apprendre par cœur la forme du prétérit (c'est également la même à toutes les personnes). Ex. : *be* = ***was/were***, *do* = ***did***, *go* = ***went***.

Forme affirmative	Forme négative	Forme interrogative
*He liv**ed** on an island.*	*He **didn't live** in England.* (***do*** au prétérit simple + ***not*** + **BV**)	***Did** he **live** on an island?* (***do*** au prétérit simple + **BV**)

Conjuguer au prétérit en *be + V-ing*

On conjugue l'auxiliaire ***be*** au prétérit simple suivi du **verbe + *-ing***.

*Robinson Crusoe **was cooking** a fish... **Was** he **cooking** a fish...? He **wasn't cooking** a fish...*

Conjuguer au present perfect

On utilise ***have*** **(présent simple) + participe passé** (BV + *-ed* : verbes réguliers ; BV + *-en* : certains verbes irréguliers) du verbe lexical.

COMMENT FAIRE

Employer le prétérit simple

- Il permet d'évoquer des **actions accomplies,** en rupture avec le présent, (*I **looked** at Robinson Crusoe on TV last night.*), de raconter une **histoire** (*Robinson Crusoe **survived** on the island for many years.*).
- On peut employer les adverbes suivants en tête ou en fin de phrase :
  *Two years **ago*** (il y a deux ans) / ***Last** week/month/year* (la semaine dernière...) / ***Yesterday*** (hier).

Employer le prétérit en *be + V-ing*

Il permet d'évoquer une **action en cours** (prétérit en *be + V-ing*) par rapport à une **action ponctuelle** (prétérit simple), souvent avec la conjonction ***when***.

*He **was cooking** fish, **when** Man Friday approached him.*
action en cours — action ponctuelle

Employer le *present perfect*

Il permet d'évoquer une action passée mais qui a des conséquences sur le présent.

*I've **finished** my homework. Now, what can I do?*

Vocabulaire

- **Verbes irréguliers** : say – ***said***, come – ***came***, get married – ***got married***, become – ***became***, see – ***saw***, eat – ***ate***, have – ***had***, meet – ***met***, make – ***made***, spend – ***spent***
- **Verbes réguliers** : sail – ***sailed***, visit – ***visited***, discover – ***discovered***

S'ENTRAINER

1 ✪ **Conjuguez au prétérit simple ou au prétérit en *be + V-ing*.**

a. Robinson Crusoe .... (sail) on a boat to Africa.

b. He .... (swim) in the sea, when he .... (see) an island.

c. While he .... (visit) the island, he .... (discover) cannibals.

2 ✪✪ **Remettez ces phrases dans l'ordre.**

a. he / ? / friends / make / with / Did / cannibals / the

....

b. was / He / of / cannibals / the / afraid

....

c. didn't / like / the / cannibals / He

....

d. cannibals / rescued / He / man / a / the / from

....

e. name / His / was / Man Friday

....

3 ✪✪ **Complétez ces phrases au temps qui convient à l'aide des verbes irréguliers cités dans la page ci-contre.**

a. He .... a boat to escape from the island.

b. At night, he .... a fire on the beach.

c. He .... on the beach, when a ship .... to the island.

d. He .... to the ship to ask for help.

e. "I .... enough time on the island. I want to go now."

4 ✪✪✪ **Trouvez les questions correspondant à ces réponses.**

a. .... ?
I got here 20 years ago.

b. .... ?
I slept in a little house.

c. .... ?
I was reading a book.

d. .... ?
Yes, I was very lonely.

Corrigés p. 301

LE CONSEIL DU COACH Quelle satisfaction d'être arrivé(e) jusque-là. Allez ! Encore un petit effort !

MINI-CONTRÔLE

Écrivez des phrases, au passé, pour illustrer ces dessins dont le héros est Robinson Crusoe.

a. 
....
....
....
....

b. 
....
....
....
....

c. 
....
....
....
....

d. 
....
....
....
....

e. 
....
....
....
....

AVEZ-VOUS RÉUSSI ?

8 Les expressions de l'avenir, le futur

JE RETIENS

Conjuguer *will*

Pour conjuguer au futur, on emploie le verbe auxiliaire (modal) ***will*** – la même forme à toutes les personnes – suivi de la base verbale (BV).

Forme affirmative *will* + BV	Forme négative *will* + *not* + BV	Forme interrogative *will* + BV
*I/you **will** go... (I'**ll** go)* *he/she/it **will** go... (he'**ll** go)* *we/you/they **will** go... (we'**ll** go)*	*I/you **won't** go. (I **will not go**)* *he/she/it **won't** go... (he **will not go**)* *we/you/they **won't** go... (we **will not** go)*	***will** I/you go...?* ***will** he/she/it go...?* ***will** we/you/they go...?*

Employer *be + V-ing, be going to, intend to, plan to*

- **Pour s'exprimer sur un fait planifié, certain,** on emploie le présent en ***be + V-ing*** :
  *I'**m visiting** my grandparents next month.*
- **Pour s'exprimer sur un fait qui se réalisera dans un futur proche,** on emploie l'expression ***be going to*** suivie de la base verbale :
  ***I'm going to stop** now.*
- **Pour traduire une intention,** on emploie les verbes ***intend to / plan to*** suivis de la base verbale :
  *I **intend to do** a lot of work this weekend.*

COMMENT FAIRE

Distinguer les emplois de *will*

- Pour parler de la **météo** : *Tomorrow **will be** a nice day.*
- Pour exprimer les **modaux au futur** : *must = **will have to** ; can = **will be able to**.*
- Pour énoncer quelque chose de **possible**, à utiliser avec des verbes introducteurs tels que ***think, guess, suppose*** : *I think **I'll** go to the cinema tomorrow.*
- Pour parler du **futur conditionnel** (avec *If* + présent simple) : *If it rains, I'**ll** go back home.*
  (Le fait de partir [futur] ne se fait qu'à condition qu'il pleuve.)
  Pour accompagner la notion de **futur**, on peut employer les adverbes suivants (en tête ou en fin de phrase) : ***tomorrow*** = demain, ***next week*** = la semaine prochaine, ***in two days*** = dans deux jours...

Vocabulaire

sunny spells: éclaircies
collect: venir, chercher
to change one's mind: changer d'avis
sunshine: ensoleillement
showery spells: averses
hot: chaud
degrees: degrés
stormy: orageux
cold: froid

LE CONSEIL DU COACH

Apprendre en plusieurs fois

L'utilisation du futur n'est pas toujours facile en anglais... Les exercices vont vous aider à mieux maitriser ce temps. Vous pouvez vous fixer comme objectif de réaliser les trois premiers exercices et reprendre le lendemain, ce qui vous permettra de revenir sur la leçon et de mieux mémoriser les différentes expressions du futur.

S'ENTRAINER

1 ✪ **Pour chacune des phrases suivantes, choisissez le bon verbe et conjuguez-le au futur :** *not have (x 2) – come – come – take*

a. When .... you .... to see them?

b. I think I .... the train tomorrow.

c. .... you .... to see me too?

d. No, I .... time.

e. Why .... you .... time?

2 ✪✪ **Remettez les mots de ces phrases dans l'ordre.**

a. Tim / Spain / tomorrow / going / is / to

....

b. flying / to / Ireland / I'm / week / next

....

c. are / We / football / match / to / going / afternoon / this / a

....

d. to / plan / What / ? / you / do / do

....

3 ✪✪ **Commentez les images en décrivant la météo annoncée pour les jours qui viennent.**

a. 

....
....
....

b. 

....
....
....

c. 

....
....
....

4 ✪✪✪ **Conjuguez au présent simple ou au futur.**

a. If the weather .... (be) nice, he .... (be able to) see them.

b. John's parents .... (be) happy if he .... (come) to visit them.

c. If John .... (decide) to come, they .... (have) a party.

d. If it .... (not rain) they .... (go) for a picnic.

MINI-CONTRÔLE

Composez des phrases au futur avec les éléments suivants.

a. John – train – 5 o'clock ....
....

b. He – arrive – 8:15 p.m. ....
....

c. He – intend – call – parents – train station
....
....

d. They – collect – train station ....
....

Corrigés p. 301

AVEZ-VOUS RÉUSSI ?

9 La modalité

JE RETIENS

La valeur des modaux

- **Pour exprimer** l'interdiction, la permission, l'obligation, la possibilité ou la probabilité, on emploie des auxiliaires de modalité (ou **modaux**).
- **Le modal est un outil** permettant à la personne qui parle de **porter un jugement** sur ce qu'elle dit.

Conjugaison des modaux

- Les modaux sont **invariables** et toujours suivis de la **base verbale**.
  *I/You **can** jump. He/She/It **can** jump. We/You/They **can** jump.*
- Puisqu'il s'agit de verbes auxiliaires, il est inutile d'ajouter ***do*** pour les questions (où le modal se place **avant le sujet**) et les négations.
  ***Can** he jump?*
  *No, he **can't** jump. / Yes, he can jump.*

Expressions équivalentes

- On peut aussi employer des structures en ***to*** qui ont un sens très proche de celui exprimé par les modaux.
  ***Is he able to** jump? (= Can he jump?)*
  *No, he**'s not able to** jump./ Yes, he **is able to** jump.*

COMMENT FAIRE

Repérer le sens des modaux / expressions de modalité

Mode	Modal + BV	Expressions en *to* + BV
Interdiction	*can't* (interdiction pure) *mustn't* (fait appel au sens moral)	*be not allowed to* *be forbidden to* (impersonnel)*
Permission/ Possibilité	*can* *may/could* (+ poli)	*be allowed to* (permission uniquement)
Capacité/ Incapacité	*can* *can't*	*be able to* *not be able to*
Obligation/ Absence d'obligation	*must* *needn't*	*have to* *not have to*

* *Exemple : **It is forbidden to** run with the ball.*

Vocabulaire

referee: arbitre
to bounce: (faire) rebondir
to touch: toucher
to catch: attraper
P.E. (physical education): EPS
team: équipe
to kick: frapper du pied/donner un coup de pied
opponent: adversaire
to reach: atteindre
court: terrain

S'ENTRAINER

1 ✪ **Qu'expriment les phrases suivantes ? Entourez la bonne réponse.**

a. Tom, you don't have to continue if you're tired.
interdiction / incapacité / abs. d'obligation

b. You can't push your opponant.
interdiction / incapacité / abs. d'obligation

c. I have to practice more often.
permission / obligation / capacité

d. Could you explain the rules please?
capacité / obligation / possibilité

e. I'm not able to catch the ball.
interdiction / incapacité / abs. d'obligation

2 ✪ **Insérez le modal qui convient, avec ou sans la négation.**

a. Now boys, here are the rules. You .... lose the ball.

b. .... you pass me the ball please?

c. Don't argue. You .... obey the referee.

d. Oh no! I .... reach the goal.

e. This is your last chance. You .... win this match.

3 ✪✪ **Complétez par un modal ou une expression en *to*.**

a. John .... swim very well but he's learning.

b. It .... to hit your opponant.

c. Please, ... we play in the next match?

d. Yes, I am .... to cycle very well.

e. We don't .... to come tomorrow. We've done enough training.

4 ✪✪✪ **Reformulez avec une expression en *to*, à l'aide du tableau de la page ci-contre.**

Ex. : *Could we take a rest?* → *Are we allowed to take a rest?*

a. You needn't bounce the ball so much.

....

b. You can't keep the ball.

....

c. Can I throw the ball with one hand?

....

d. You must play with your team mates.

....

Corrigés p. 301

LE CONSEIL DU COACH

Vous bloquez ? Avez-vous essayé de reformuler la consigne ?

MINI-CONTRÔLE

Utilisez un modal ou une expression en *to* pour illustrer les dessins suivants : (✓ – vous pouvez ; ☒ – vous ne pouvez pas ; ? – vous posez la question.)

a. 

☒ ....

b. 

? ....

c. 

✓ ....

d. 

☒ ....

AVEZ-VOUS RÉUSSI ? ○ ○ ○

10 Le gout, le désir et la volonté

JE RETIENS

Pour exprimer le gout

- On utilise un verbe exprimant le gout suivi d'un **verbe + *-ing*** (= le gérondif).
  *What **does** Tim **like doing**? He **likes playing** football.* (Il s'agit d'une **activité**.)
- Pour dire ce que l'on n'aime pas, on rajoute la négation ***does + not***. Dans ce cas, il faut enlever la marque ***-s*** du verbe *like*. *Tim **doesn't like playing** football.*

On peut aussi utiliser un verbe différent. *Tim **dislikes playing** football.*

- On emploie également un **verbe** exprimant le gout suivi d'un **nom**.
  *What sport **does** Tim **like?** He **likes football**.*

Pour exprimer le désir

- On emploie ***want*** ou ***would like*** suivis de l'infintif (***to*** + base verbale).

Would like est plus nuancé, plus poli, moins affirmatif.
*What **does** Tim **want?** – He **wants to be** a good football player.*
*What **would** Tim **like?** – He **would like ('d like) to play** for the school football team.*

- Pour énoncer **ce que l'on ne désire pas**, on rajoute simplement **la négation**.
  *Tim **doesn't want to loose** the match.*

COMMENT FAIRE

Exprimer la préférence : gérondif ou infinitif

- On emploie le verbe ***prefer*** + gérondif (verbe + *-ing*) + ***to...***
  *Tim **prefers** playing football **to** playing rugby. (Tim **prefers** football **to** rugby.)*
- Pour exprimer un **souhait** (conditionnel en français) : ***would prefer ('d prefer)*** + infinitif + ***than***
  *Tim **would (He'd) prefer** to play for the A-team **than** for the B-team.*

Nuancer le « degré d'attraction »

- Plusieurs expressions verbales peuvent remplacer *like* ou *not like* :

Positif → Nom/V+*ing*	Négatif → Nom/V+*ing*	Neutre → Nom/V+*ing*
+ *be interested in* ++ *be fond of* ++ *love / adore* +++ *be crazy about*	- *(do) not like* - *dislike* - - *hate* - - - *can't stand*	*(do) not mind*

Vocabulaire

to swim: nager
listening to music: écouter de la musique
collecting stamps: collectionner des timbres
horse-riding: équitation
dance / dancing: danser
car racing: course de voitures
to do sport: faire du sport
reading: lire

S'ENTRAINER

1 ✪ **Complétez à l'aide d'un nom ou d'un verbe + *-ing*.**

a. Patsy likes .... in the sea.

b. Peggy doesn't like the .... The water is too cold.

c. Benny is very fond of fast ....

d. Willy's interested in .... stamps.

2 ✪✪ **Complétez ces phrases avec un verbe ou une expression indiquant le gout.**

a. Mike (+) .... listening to pop music on the radio.

b. He (-) .... classical music.

c. Mike and Molly (++) .... dancing together.

d. However they (--) .... ballet.

3 ✪✪ **Remettez les mots de ces phrases dans l'ordre.**

a. like / would / I / to / visit / Spain

....

b. We / go / stay / than / at / home / shopping / 'd / prefer / to

....

c. want / doesn't / match / to / He / miss / the

....

d. a / like / ? / you / Would / of / tea / cup

....

4 ✪✪✪ **Reformulez ces phrases et précisez l'activité dont il est question.**

Ex. : Jason likes TV. Jason is fond of looking at TV.

a. Steve likes tennis. ....

....

b. Mel hates documentaries. ....

....

c. Do you like English? ....

....

Corrigés p. 302

LE CONSEIL DU COACH Rappelez-vous votre profil d'apprenant et utilisez les bons outils (voir Carnet p. 4).

5 ✪✪✪ **Complétez ces phrases pour exprimer la préférence.**

a. John prefers car .... to horse ....

b. He'd .... to see a car race .... a horse race.

c. Jane and Jack .... listening to music .... doing sport.

d. They'd prefer .... to music than .... for a swim.

MINI-CONTRÔLE

Décrivez ces images pour dire ce que ces personnages aiment ou n'aiment pas faire.

a.

....

....

....

....

b.

....

....

....

....

c.

....

....

....

....

AVEZ-VOUS RÉUSSI ?

11 L'expression de l'ordre

JE RETIENS

Comment donner des ordres affirmatifs ? (obligation)

On emploie la base verbale **sans le sujet**. Il n'y a aucune terminaison.
La ponctuation finale est souvent un point d'exclamation (**!**).

*Barry, **tidy** your bedroom!*

Comment donner des ordres négatifs ? (interdiction)

On utilise l'auxiliaire ***do*** + la négation ***not*** suivis de la base verbale.

*Betty, **don't go** to bed too late!*

Comment faire une suggestion ?

On emploie l'expression ***let's*** (= *let us*) suivie de la base verbale.

***Let's go** home!*

COMMENT FAIRE

Interpréter et reformuler un ordre

- Pour les **ordres positifs**, on emploie ***want*** au présent simple + **COD** + ***to*** + base verbale.
  *Barry's mum **wants him** (Barry) **to tidy** his room.*
- Pour les **ordres négatifs**, on ajoute la négation avec l'auxiliaire ***do*** (***don't/doesn't***).
  *Betty's mum **doesn't want her** (Betty) **to go** to bed late.*

Donner l'ordre d'arrêter ou de commencer une activité

On emploie la base verbale du verbe ***stop/start*** suivie d'un **verbe + *-ing***.

***Stop looking** at TV!* ***Start doing your** homework now!*

Remplacer le COD par un pronom

Pronom sujet	Pronom objet
I, you, he / she / it	*me, you, him / her / it*
we, you, they	*us, you, them*

Vocabulaire

to mow: tondre
to tidy: ranger
to clean: nettoyer
to turn on/off: allumer/éteindre
to wash: (se) laver
to brush: (se) brosser
the lawn: la pelouse
to wash up: faire la vaisselle
to mess: salir
to go outside: sortir
to make noise: faire du bruit

LE CONSEIL DU COACH

Dessiner
Pour apprendre cette leçon de manière active, soyez créatif ! Prenez une feuille et des crayons de couleur, visualisez trois situations où des personnages doivent obéir à des ordres et dessinez les scènes. Vous noterez ensuite la légende en anglais (évidemment !).

S'ENTRAINER

1 ✪ **Entourez le mot qui convient.**

a. **Don't / Doesn't / Do** fall off your bike!
b. **Turning / Turn / Turns** off the TV please.
c. Let's **make / made / making** a cake!
d. Stop **play / playing / plays** the computer!

2 ✪ **Complétez ces phrases pour formuler un ordre ou une suggestion.**

a. Now, we're finished our homework. ………… play outside!
b. The music is too loud. Please, ………………………… the radio!
c. Now boys, your room is tidy. ………………………… mess it up again!
d. I can't hear the music. Please, ………………………… making so much noise!

3 ✪✪ **Donnez des ordres à l'aide des images suivantes : ✓ = ordre positif ; ☒ = ordre négatif.**

a. 
✓ ……………………………………………
……………………………………………
……………………………………………

b. 
☒ ……………………………………………
……………………………………………
……………………………………………

c. 
☒ ……………………………………………
……………………………………………
……………………………………………

4 ✪✪ **Complétez avec un pronom objet.**

a. Dad wants ………………… (me and John) to tidy the garden.
b. That man wants ………………… (Henry) to clean his windows.
c. John and Sally's parents want ……………… to go to bed.

5 ✪✪✪ **Reformulez ces ordres en utilisant *want* + COD + *to*.**

*Ex. : **Your mum:** Do the hoovering!*
→ Your mum wants you to do the hoovering.

a. **My mum:** Stop eating so fast!
→ ……………………………………………………………
b. **Their dad:** Help me wash the car boys!
→ ……………………………………………………………
c. **Our teacher:** Do all of your homework!
→ ……………………………………………………………
……………………………………………………………
d. **His brother:** Move over!
→ ……………………………………………………………

MINI-CONTRÔLE

En associant les mots suivants aux verbes qui leur correspondent, donnez l'ordre de commencer (C) ou d'arrêter (A) ces activités.

a. the lawn (C) : ……………………………………
b. computer (A) : ……………………………………
c. TV (A) : ……………………………………
d. your room (C) : ……………………………………

Corrigés p. 302

AVEZ-VOUS RÉUSSI ? ◯ ◯ ◯

12 La forme passive – La subordonnée de condition avec *if*

JE RETIENS

Pour construire une phrase à la forme passive

- On emploie : **l'auxiliaire *be* conjugué + le participe passé du verbe.**
- La forme passive se conjugue à tous les temps, mais le plus souvent au passé (prétérit).

	Forme affirmative	Forme négative	Forme interrogative
Présent Prétérit	*He **is given** a key.* *He **was given** a key.*	*He **isn't given** a key.* *He **wasn't given** a key.*	***Is** he **given** a key?* ***Was** he **given** a key?*

Pour construire une phrase avec une subordonnée de condition en *if*

Condition à la réalisation d'un évènement futur	Condition d'une situation iréelle
if + présent (prop. subordonnée) + *will* + verbe (prop. principale). ***If** it's sunny, I'**ll go** out.*	*if* + prétérit (prop. subordonnée) + *would* + verbe (prop. principale). ***If** I **was** rich, I **would drive** a limousine.*

COMMENT FAIRE

Employer la forme passive

La forme passive permet d'exprimer des actions subies par le sujet. On met ainsi l'accent sur le résultat de l'action.

Forme active :	*They* (sujet)	*killed* (verbe)	*him*. (COD)
Forme passive :	*He* (sujet)	*was killed* (verbe)	*(by them)*. (complément d'agent)

Ce qui nous intéresse est placé en premier. La question de savoir qui l'a tué est secondaire.

Employer une subordonnée de condition avec *if*

On emploie la construction ***if* + prétérit / *would* + verbe** pour exprimer une condition iréelle, irréalisable.
Celle-ci peut venir en début ou en fin de phrase, selon l'importance qu'on veut y prêter.

***If** I **was** tall, I **would play** basketball.*
(le fait d'être grand est plus important)

*I **would play** basketball **if** I **was** tall.*
(le basket est plus important)

Vocabulaire

to star: jouer le rôle principal
career: carrière
actor/actress: acteur/actrice
director: réalisateur
to retire: prendre sa retraite
to act: jouer
to direct: réaliser
to nominate: nominer
role: rôle
a play: spectacle
movie: film
the chance: l'occasion
to select: sélectionner
talented: doué

S'ENTRAINER

1 ✪ **Complétez en conjuguant *be* au prétérit.**

a. Paul Newman .... born in 1925.

b. You .... encouraged to act by your parents.

c. We .... told he was a good actor.

d. .... they given advice?

e. I .... chosen by my school teacher to star in a school play.

2 ✪✪ **Complétez à la forme passive, au prétérit.**

a. Paul .... (interview) hundreds of times during his career.

b. He and his wife .... (select) in many films together.

c. He .... (ask) to act in several films.

d. They .... (transport) to Hollywood in a limousine.

e. A statue .... (make) to honour him.

3 ✪✪ **Conjuguez ces verbes au temps adapté.**

a. If I .... (be) allowed, I .... (become) a pilot.

b. If he .... (have) time, he .... (drive) racing cars.

c. He .... (have) more children, if he .... (not be) so busy.

d. His parents .... (be) very unhappy, if they .... (can not) see him.

e. .... you go to America if you .... (have) the chance?

4 ✪✪✪ **Reformulez à la forme passive.**

a. The navy did not accept him as a pilot.

He wasn't .... *(by the navy).*

b. They sent him to a different camp.

....

....

c. His superiors ordered him to train as a gunner.

....

....

d. Did they treat him properly?

....

....

5 ✪✪✪ **Remettez les mots des phrases dans l'ordre.**

a. I / teacher / I / work / no / would / was / a / give / pupils / my / If

....

b. he / he / drive / cinema / to / would / car / had / the / a / If

....

c. grandparents / be / if / visited / My / would / happy / I / them

....

d. If / walk / the / would / weather / you / was / good

....

Corrigés p. 302

MINI-CONTRÔLE

Choisissez un temps adapté pour compléter à la forme passive ou active.

a. Paul Newman .... (nominate) for many Oscars during his career.

b. He .... (die) in 2008.

c. He .... (name) the most generous celebrity in the same year.

d. Thousands of fans .... (shock) by his death.

e. He .... (be) one of the best actors of his generation.

AVEZ-VOUS RÉUSSI ?

Bilan

1 Complétez avec *a, an, the, these, Ø*.

a. We put up .... Christmas tree today. – **b.** It's .... enormous tree. – **c.** We also put up .... decorations. – **d.** We put .... star on .... top of it. – **e.** Mum doesn't like .... Christmas. – **f.** It's such .... busy time. – **g.** And .... everything is so expensive .... days.

.... /4,5

2 Complétez par *a lot, much, many, some, any*.

a. How .... pizzas do you want? – **b.** There's too .... cheese on this pizza. – **c.** Yes, and there's .... of olives on it too. – **d.** I don't want .... tomato on my pizza, please. – **e.** Can I have .... water, please?

.... /2,5

3 Vrai [v] ou faux [f] ? Cochez la bonne réponse.

	Jim	Bob	Joe
Happy	Yes	Yes	No
Elegant	No	Yes	Yes

	V	F
a. Joe is the saddest of the three.	☐	☐
b. Jim is more elegant than Joe.	☐	☐
c. Joe is happier than Bob.	☐	☐

.... /1,5

4 Complétez ces phrases avec *'s, her, hers, 's got*.

a. That dog is .... – **b.** Her uncle gave it to her for .... birthday. – **c.** Her uncle .... name is Benny. – **d.** The dog .... kennel is in the garden. – **e.** It .... a ball to play with in the garden.

.... /2,5

5 Entourez la forme qui convient.

a. When **were you given / you gave** this exercise?
b. I **studied / was studied** this chapter today.
c. I **was taken / took** a break when I finished.
d. He **told / was told** to help me.
e. The film **directed / was directed** by Paul Newman.

.... /2,5

6 Entourez la bonne réponse.

a. I always **go / am going** to school by bus. – **b.** The bus **arrives / is arriving** at 8 o'clock. – **c.** He **eats / is eating** his dinner right now. – **d.** Look, the film **is starting / starts**. – **e.** I **feel / am feeling** sick.

.... /2,5

7 Trouvez les questions ou les réponses qui conviennent.

a. ....? The boat went to sea 10 months ago.
b. Who was Robinson Crusoe's friend? ....
c. ....? He was fishing when he saw the boat.
d. ....? Yes, he was very happy to see the boat.

.... /4

8 Remettez les mots de ces phrases dans l'ordre.

a. to / intend / What / ? / do / he / does ....
b. are / They / the / to / going / cinema / evening / this
....
c. I / week / going / am / to / next / Ireland ....
d. I / are / to / going / see / doctor / the / sister / and / 5 o'clock / at / My
....
e. exam / doing / an / I'm / week / next ....

.... /5

9 Reformulez avec un auxiliaire de modalité : *can't, mustn't, may...*

a. Do I have to play? ....?
b. I'm not able to play football. ....
c. You're not allowed to take a break. ....
d. It's forbidden to chew gum while playing. ....
e. Please, I would like to stop. ....

.... /5

10 Complétez par un verbe + *-ing* ou *to* + base verbale (gérondif ou infinitif).

a. He's crazy about .... (*cycle*). – b. He'd prefer .... (*have*) a bike than a moped. – c. I prefer .... (*jog*) myself. – d. I'd like .... (*get*) a new track-suit for my birthday. – e. What do you want .... (*do*) tomorrow?

.... /5

11 Soulignez les mots qui conviennent.

a. Mum wants me **to wash / washing / wash** the dishes.
b. Let's **turn / to turn / turning** on the TV!
c. **Go / Going / Gone** outside to play, boys!
d. Stop **to annoy / annoying / annoy** your dad.
e. **Do / Doesn't / Don't** forget your coats!

.... /5

Total .... /40

Corrigés p. 302

Corrigés

FRANÇAIS

1. Types et formes de phrases p. 5

1 a. Phrase déclarative (point) – b. Phrase interrogative (point d'interrogation) – c. Phrase impérative (point ou point d'exclamation) – d. Phrase déclarative (point) – e. Phrase impérative (point ou point d'exclamation).

2 a. Phrase négative – b. Phrase déclarative – c. Phrase exclamative – d. Phrase interrogative.

3 a. Le développement d'Internet **ne** risque **pas** de faire disparaitre la presse traditionnelle. – b. On **ne** lit **plus** beaucoup de journaux. – c. Les élèves de ce collège **n'**écrivent **pas** un journal.

4 a. Cet article scientifique paraitra demain. – b. Est-il toujours abonné à ce magazine de sport ? – c. Achète ce nouveau magazine !(.) – d. Je n'ai pas publié d'article intéressant !

DICTÉE

Orthographe lexicale : « pourrissement » : double la consonne « r » et la consonne « s ». – **Orthographe grammaticale :** « Les cellules des aliments » : sujet séparé du verbe « être » par le groupe « comme tout organisme vivant ».

2. Phrase simple et phrase complexe p. 7

1 Phrases b, c, d.

2 a. [L'histoire du *Colonel Chabert* commence en 1817] [lorsque le héros revient à Paris]. – b. [Le héros a été sauvé de la mort à la bataille d'Eylau par une famille de paysans] : [cette famille l'a soigné]. – c. [Guéri, le héros décide de regagner Paris] [mais son retour est compliqué] [et ce voyage prend dix ans].

3 a. juxtaposées – b. coordonnées – c. coordonnées.

4 a. [L'épouse du colonel Chabert s'était remariée] [car elle croyait son premier époux mort]. Deux propositions indépendantes – b. [Elle refuse de reconnaitre son premier mari] [et elle le traite d'imposteur]. Deux propositions indépendantes – c. [Maitre Derville met tout en œuvre pour aider le héros] [parce qu'il croit en son honnêteté]. Proposition principale et proposition subordonnée – d. [Il déploie toute son énergie pour défendre les intérêts du héros] [qui lui semblent légitimes]. Proposition principale et proposition subordonnée.

5 a. Je crois qu'il a lu ce roman de Balzac. – b. Ce roman, qui parle d'un héros des guerres napoléoniennes, a été publié en 1844.

MINI-CONTRÔLE

<u>Le vieux soldat était sec et maigre.</u> <u>Son front, volontairement caché sous les cheveux de sa perruque lisse, lui donnait quelque chose de mystérieux.</u> <u>Ses yeux paraissaient recouverts d'une taie transparente.</u> [...] [Les bords du chapeau qui couvraient le front du vieillard projetaient un sillon noir sur le haut du visage.] La phrase complexe comporte une proposition principale et une proposition subordonnée.

3. Les classes de mots variables p. 9

1 a. déterminant interrogatif – déterminant démonstratif – b. article défini – article indéfini – article indéfini – c. déterminant indéfini – déterminant possessif.

2 a. **qui** (pronom relatif). – b. **tu** (pronom personnel) ; **celui-là** (pronom démonstratif). – c. **Que** (pronom interrogatif). – d. **La mienne** (pronom possessif).

3 a. je (pronom personnel sujet) ; l' (pronom personnel objet COD) – b. nous (pronom personnel objet COD) – c. Vous (pronom personnel sujet) ; elle (pronom personnel sujet) – d. ils (pronom personnel sujet) ; la (pronom personnel objet COD).

4 a. pronom indéfini – b. déterminant indéfini – c. pronom indéfini.

5 a. Maupassant a envoyé des lettres à [tous] (**dét. indéfini qui indique la quantité**) les écrivains importants de son époque. – b. La correspondance de Maupassant avec d'[autres] (**déterminant indéfini qui indique l'identité**) écrivains permet de comprendre sa vocation littéraire – c. Cette correspondance nous fait également découvrir [tel] ou [tel] (**déterminants indéfinis qui indiquent l'identité**) aspect méconnu de la personnalité de l'écrivain.

DICTÉE

Temps : imparfait, passé simple, plus-que-parfait de l'indicatif.
Orthographe lexicale : « s'épaississait » double la consonne *s*.

4. Les classes de mots invariables p. 11

1 a. *La Mare au diable* est un roman dédié <u>par</u> George Sand <u>à</u> Chopin. – b. Ce livre raconte l'histoire <u>de</u> Germain <u>et</u> <u>de</u> Marie. – c. George Sand a <u>souvent</u> dit <u>qu'</u>elle avait écrit ce petit roman <u>en</u> <u>peu</u> <u>de</u> jours. – d. Ce roman est <u>assurément</u> l'un <u>des</u> (<u>de</u> + les) <u>plus</u> célèbres <u>de</u> l'écrivain.

2 a. **Dans** (**préposition**) *La Petite Fadette*, on découvre les jumeaux Landry et Sylvinet. – b. Ces deux frères vivent à la campagne **car** (**conjonction de coordination**) leur père possède une ferme. – c. Ils se séparent à quatorze ans **parce qu'** (**conjonction de subordination**) ils doivent subvenir aux besoins de leur famille. – d. Les parents de Landry ne voulaient **absolument** (**adverbe**) pas consentir à ce mariage **quand** (conjonction de subordination) ils apprirent la nouvelle.

3 a. **après :** adverbe – b. **après (1831) :** préposition – c. **loin de (Paris) :** préposition – d. **loin :** adverbe.

4 a. **plus** porte sur l'adverbe **fréquemment** – b. **plus** porte sur le verbe **souhaitait** (négation **ne... plus**) – c. **très** porte sur l'adjectif **célèbres**.

5 a. **jamais :** second élément de la négation **ne... jamais** – b. **Vraiment :** exclamation – c. **pourquoi :** interrogation.

DICTÉE

Orthographe grammaticale : « quelle » est un déterminant interrogatif qui s'accorde en genre et en nombre avec le nom « direction ». – « celle » est un pronom démonstratif au féminin singulier qui remplace le nom « direction ».

5. Les fonctions p. 13

1 a. Jean Valjean et Cosette (sont) – b. Cosette (dut) ; sa mère (était) – c. Jean Valjean (promet) ; qui (incarne) ; il (s'occupera) ; il (veillera).

2 a. Petite, Cosette était maigre et laide. Attributs du sujet « Cosette » après le verbe d'état « être ». – b. Jean Valjean parut immédiatement digne de confiance à monseigneur Myriel. Attribut du sujet « Jean Valjean » après le verbe d'état « paraitre ». – c. Javert était considéré comme un policier implacable. Attribut du sujet « Javert » après le verbe d'état « être considéré comme ».

3 a. pour avoir volé un pain : c.c. de cause / dans une boulangerie : c.c. de lieu – b. Pour être apprécié des lecteurs : c.c. de conséquence – c. Avec ses personnages : c.c. de moyen / pour plaire au lecteur : c.c de but.

4 COD : plusieurs enfants (a.), l' (b.), les vêtements, qu' (c.) ; COI : lui (b. ne pensaient pas à lui) ; lui (c. avaient donné).

5 a. Pas de complément d'agent. – b. par Javert : complément d'agent (Javert le poursuit longtemps). – c. par plusieurs réalisateurs : complément d'agent (Plusieurs réalisateurs ont adapté au cinéma *Les Misérables*).

MINI-CONTRÔLE

Sujets : « M. Madeleine [fut nommé] », nom propre – « Javert », nom propre – « il », pronom personnel – « un dogue », groupe nominal. – **COD :** « M. Madeleine [vit M. Madeleine] », nom propre – « toute autorité », groupe nominal – « cette sorte de frémissement », groupe nominal – « qu' », pronom relatif – « un loup », groupe nominal. – **COI :** « lui », pronom personnel. – **Attribut du sujet :** « maire », nom commun.

6. Le groupe nominal et ses expansions p. 15

1 a. Alexandre Dumas est l'[auteur] de plusieurs [romans] historiques. – b. La [reine] de France est protégée par les [mousquetaires], des [manœuvres] de Richelieu. – c. D'Artagnan ne réussit pas à sauver Constance Bonacieux, dont il est épris, de la [vengeance] de la cruelle Milady.

2 a. [jeune] → d'Artagnan – b. [long] → visage ; [crochu] → nez – c. [violent] → combat ; [grand] → courage.

3 a. **homme très perfide :** apposition entre virgules et désigne Richelieu. – b. **belle et honnête :** apposition entre virgules et désigne Constance / **de Milady :** complément du nom relié par la préposition *de*. – c. **roi faible :** apposition entre virgules et désigne Louis XIII / **de son Premier ministre :** complément du nom relié par la préposition *de*.

4 a. [Ce roman] de cape et d'épée fut immédiatement un succès. – b. Pour écrire [ces aventures] mouvementées, Dumas fit des recherches. – c. Les mousquetaires ne cessent de s'opposer [au cardinal de Richelieu], ministre de Louis XIII.

5 a. D'Artagnan, très courageux, ne reculait pas devant le danger. – b. D'Artagnan dut s'opposer à Milady, qui était la perfidie incarnée. – c. Les braves Athos, Porthos et Aramis devinrent amis avec d'Artagnan.

DICTÉE

Temps : imparfait et passé simple de l'indicatif. – **Orthographe grammaticale :** « hérissés » s'accorde au masculin pluriel avec « cheveux » ; « semblait » a pour sujet le pronom « qui » mis pour Athos. – **Orthographe lexicale :** « voix » ne doit pas être confondu avec ses homonymes « voie » (route) et « vois » (forme verbale).

7. La subordonnée relative et les subordonnées complétives p. 17

1 a. Dans *La Vénus d'Ille*, le narrateur ne croit pas que le mariage d'Alphonse et sa fiancée soit un mariage heureux. → conjonctive introduite par *que*. – b. Le narrateur se demande pourquoi il est mal à l'aise en découvrant la statue. → interrogative indirecte. – c. Il semble évident que le jeune marié a été victime d'un assassinat. → conjonctive introduite par *que*.

2 a. J'ai acheté ce recueil de contes **qui** était épuisé depuis plusieurs années. – b. Cette nouvelle **à laquelle** tu fais allusion est une des plus sombres dans l'œuvre de Maupassant. – c. Ce conte **dont** tu nous parles s'intitule *Sur l'eau*.

3 a. On se demande en lisant *La Vénus d'Ille* si la statue est la meurtrière. – b. On se demande en lisant *La Vénus d'Ille* pourquoi l'enquête a échoué.

Corrigés

4 a. Mérimée souhaite que les évènements **fassent naitre** l'inquiétude. Emploi du subjonctif après un verbe de volonté. – b. On peut croire que cette statue **a** un pouvoir maléfique. Emploi de l'indicatif après un verbe d'opinion. – c. Est-il possible d'imaginer que la statue **a tué** / **ait tué** le jeune homme ? Indicatif ou subjonctif après une principale interrogative malgré un verbe de pensée.

MINI-CONTRÔLE

que quelque jour nouveau soit venu éclairer cette mystérieuse catastrophe : conjonctive introduite par *que*, COD ; que la statue n'existe plus : conjonctive introduite par *que*, COD.

8. Les compléments circonstanciels p. 19

1 a. temps – b. cause – c. conséquence – d. lieu – e. moyen.

2 a. verbe à l'infinitif précédé d'une préposition – b. adverbe – c. pronom précédé d'une préposition – d. proposition subordonnée conjonctive circonstancielle – e. adverbe.

3 a. Je reste chez moi [quand il fait mauvais]. → temps – b. Il était malade [si bien qu'il n'a pas pu sortir]. → conséquence – c. J'ai contacté un artisan [pour qu'il rénove ma maison]. → but – d. Il ne sort pas [parce qu'il pleut]. → cause.

4 a. Quand j'ai appris ton départ, j'ai été très triste. → temps → *À la nouvelle de ton départ* – b. Il travaille avec calme. → manière → *calmement* – c. À force de se coucher tard, il est fatigué. → cause → *parce qu'il se couche tard*.

DICTÉE

Temps : présent de l'indicatif. – **Orthographe grammaticale :** « endormis » prend un *-s* car le participe passé employé avec l'auxiliaire *être* s'accorde en genre et en nombre avec le sujet « Certains volcans ». – **Orthographe lexicale :** « éruption » ne prend qu'un *-r* à la différence d'*irruption*.

9. La cohérence textuelle : les mots de liaison p. 21

1 a. Mlle Grandet s'ennuyait à Saumur. Pendant ce temps, Charles voyageait en Inde. (TEMP) – b. En mourant, M. Grandet légua toute sa fortune à sa fille. Elle devint donc une héritière convoitée. (LOG) – c. La maison de Grandet était sans luxe. Dans ce lieu, la vie était austère. (SPA).

2 a. [Dans cette petite ville] : **groupe nominal introduit par une préposition** – b. [car] : **conjonction de coordination** – c. [c'est pourquoi] : **adverbe de coordination** (précédé de *c'est*).

3 a. Grandet était toujours vêtu de la même manière, **si bien que** son avarice éclatait au grand jour : relation logique de conséquence – b. Personne n'osait affronter le regard de Grandet **car** ses yeux étaient inquiétants : relation logique de cause – c. Mlle Grandet était certes malheureuse **mais** elle respectait son père… : relation logique d'opposition.

4 [Un mercredi… année 16] – [au moment où] – [Bientôt] – [puis] : les faits sont présentés dans leur succession chronologique.

5 Or (**logique**) – Avec le temps (**temporel**) – car (**logique**) : ces connecteurs expliquent quand et pourquoi Cibot exerce encore son métier de tailleur.

DICTÉE

Orthographe grammaticale : « amènent » s'accorde avec le sujet *qui* mis pour « affaires » – « huit » et « cinq » ne prennent jamais de *s* – **Orthographe lexicale :** « verre » ne doit pas être confondu avec ses homonymes « vert » et « vers ».

10. La cohérence textuelle : les reprises nominales et pronominales p. 23

1 a. Dans l'une des nouvelles de Flaubert, on découvre *Félicité*. (Elle) est au service de madame Aubain. – b. Félicité vit à *Pont-l'Évêque*. (Cette petite ville) est très calme. – c. *Les romans* de Flaubert sont réalistes. (Ses œuvres) évoquent des lieux réels.

2 a. **Flaubert** publie *Madame Bovary* en 1857. [Il] publiera *Salammbô* en 1862. – b. *Madame Bovary* est **un roman**. L'action de [ce roman] se déroule en Normandie. – c. Ce roman a pour héroïne **madame Bovary**. [Cette femme] fait le malheur de ceux qui l'aiment. – d. **Emma Bovary** se marie avec un médecin de campagne. [Elle] croit avoir trouvé le bonheur.

3 a. **Emma Bovary** a une fille. **Elle** ne s'occupe pas beaucoup de cette enfant. – b. Madame Bovary tombe sous le charme d'**un riche paysan**. **Celui-ci** est un personnage peu sympathique. – c. Prête-moi **ton exemplaire** de *Madame Bovary*. Je ne sais pas où j'ai mis **le mien**.

4 a. As-tu lu le roman de Flaubert dont je te parle ? **Ce roman** est très intéressant. – b. J'adore les héroïnes chez Flaubert. **Toutes ses héroïnes** sont toujours des personnages étonnants.

5 a. ***L'Éducation sentimentale*** est très célèbre. **Ce roman** parait en 1869. – b. **Emma Bovary** est un personnage surprenant. **L'héroïne** ne laisse pas les lecteurs indifférents. – c. **Flaubert** est très connu de son vivant. **L'écrivain** a été admiré de ses contemporains.

MINI-CONTRÔLE

Madame Aubain : sa maitresse; une personne agréable. – Félicité : elle.
Mme Aubain est la maitresse de Félicité qui travaille à son service. Elle n'a pas un caractère agréable.

11. Énoncés et situation d'énonciation p. 25

1 Le Comte – Heureusement le Docteur est ici. Quel bruit entends-je ?
La Comtesse – Du bruit ?
Le Comte – On a fait tomber un meuble.
La Comtesse – Je... Je n'ai rien entendu, pour moi.
Le Comte – Il faut que vous soyez furieusement préoccupée.

Beaumarchais, *Le Mariage de Figaro*.

2 Pronom personnel et déterminants possessifs de la 3e personne : « Il », « sa », « son » – Temps verbaux : imparfait (« mendiait »), plus-que-parfait (« avait connu », « avait eu », « avaient fait ») – Indices spatio-temporels : « À l'âge de quinze ans », « Depuis ce temps-là ».

3 [Les deux chaumières [...] à côté d'elle :] – [« Oh ! [...] poussière ! »] – Le passage coupé de la situation d'énonciation pose le cadre de l'histoire par le biais d'un narrateur omniscient. Le passage ancré dans la situation d'énonciation permet de rapporter directement les paroles d'un des personnages et de donner vie au récit.

4 a. **Demain**, nous irons au cinéma. – b. Nous avons étudié **hier** une nouvelle de Maupassant. – c. Nous célébrons **aujourd'hui** le bicentenaire de sa naissance.

DICTÉE

Temps verbal : imparfait de l'indicatif. – **Orthographe grammaticale :** « vraie » prend un *-e* car l'adjectif est au féminin singulier (accord avec « douleur »). – Les adjectifs « sévères » et « blanches » prennent un *-s* car ils sont au pluriel (le premier s'accorde avec « principes », le second avec « pièces »). – **Orthographe lexicale :** « difficulté » se termine en *-té* comme la plupart des noms féminins en *-té* et en *-tié*.

12. Les paroles rapportées p. 27

1 a. Au château d'If, Edmond Dantès demandait souvent à l'abbé Faria pourquoi il avait été emprisonné. – b. L'abbé Faria lui répétait qu'il avait été la victime d'un complot et qu'il devait se venger. – c. Quand le comte de Morcerf découvrit la véritable identité du comte de Monte-Cristo, il ne put pousser qu'un cri : « Edmond Dantès ! »

2 a. Durant son emprisonnement, Edmond Dantès se demandait : « Aurai-je la possibilité de me venger ? » – b. « Il existe une seule possibilité de s'échapper du château d'If », expliqua l'abbé Faria à Edmond Dantès. – c. « Il faudra profiter de ma mort, disait l'abbé Faria, et déjouer alors la vigilance des gardiens. »

3 a. À la mort de l'abbé Faria, Dantès peut dire qu'il sera libre le lendemain et qu'il fuira de là. – b. Monte-Cristo, quand il revoit Mercédès de Morcerf, n'ose lui demander si elle se souvient de lui.

4 a. Durant son emprisonnement, Edmond Dantès ne savait pas s'il **avait** la possibilité de prouver son innocence. – b. Jusqu'à la fin du roman, le lecteur se demande si le comte de Monte-Cristo **accomplira** l'ensemble de son plan. – c. L'abbé Faria comprit dès qu'il vit Dantès que cet homme **était** innocent.

MINI-CONTRÔLE

Alors elle rompit le silence pour s'écrier :
« Vous êtes des lâches, vous êtes des misérables assassins, vous vous mettez à dix pour égorger une femme : prenez garde, si je ne suis point secourue, je serai vengée.
– Vous n'êtes pas une femme, dit froidement Athos, vous n'appartenez pas à l'espèce humaine, vous êtes un démon échappé de l'enfer et que nous allons y faire entrer. »

13. L'analyse du verbe p. 29

1 a. connut (**indicatif**) – b. ayant été blessé (**participe**) – sera sauvé (**indicatif**) – c. souhaite (**indicatif**) – soient punis (**subjonctif**) – d. voudrait (**conditionnel**) – contraindre (**infinitif**) – aider (**infinitif**).

2 a. cherche (**présent**) – b. est devenu (**passé composé**) – c. souhaitait (**imparfait**).

3 a. Hier, j'ai rencontré mon voisin. → Action accomplie – b. J'aime bien ce livre. → Action inaccomplie – c. Il a chanté à la fête du village. → Action accomplie – d. Il termine ses devoirs. → Action inaccomplie.

4 a. La neige recouvrait le sol, les arbres n'avaient plus de feuilles. → Imparfait de description. b. Les joueurs sortirent du vestiaire, arrivèrent sur le terrain puis le match commença. → Passé simple qui indique que des actions se succèdent. – c. Un cri retentit brusquement. → Passé simple qui indique une action qui se produit à un moment précis – d. Alors qu'il faisait beau, un orage éclata. → Imparfait qui indique une action en cours de déroulement / Passé simple qui indique une action qui se produit à un moment précis. – e. Tous les jours, il se levait à 6 heures. → Imparfait de répétition.

DICTÉE

Temps : imparfait, passé simple. – **Orthographe grammaticale :** « étendu », « interrompu » : participes passés employés avec l'auxiliaire « être » et accordés avec les sujets masculins singuliers (« Fortunato » et « il »).

Corrigés

14. La forme impersonnelle et la forme passive p. 31

1 b. Il est tombé – d. Il est – e. Il reste.

2 a. voix active – b. voix passive – c. voix passive – d. voix active.

3 a. Fortunato était aimé de son père. – b. Fortunato est poussé par le bandit Gianetto à mentir à la police. – c. La mort de monsieur Della Rebbia sera vengée par sa fille Colomba.

4 a. Les jeunes lisent encore aujourd'hui avec plaisir les nouvelles de Mérimée. – b. Orso Della Rebbia a tué les deux frères Barricini l'un après l'autre. – c. Colomba est souvent comparée aux grandes héroïnes de théâtre par les lecteurs.

DICTÉE

Temps : imparfait, passé simple. **Orthographe grammaticale :** « vêtue », « montée » : participes passés employés comme adjectifs et accordés avec le nom féminin singulier « femme ». – « suivie » : participe passé employé avec l'auxiliaire « être » et accordé avec le sujet féminin singulier « elle ».

15. L'indicatif p. 33

1 a. Dans ses nouvelles, Buzzati **crée** un univers angoissant. – b. Les héros de Buzzati **vivent** souvent des aventures vraiment surprenantes. – c. Dans la nouvelle *Les Souris*, la famille Corio **finit** par devenir prisonnière des rats qui **prennent** le pouvoir.

2 a. Le héros du *Veston ensorcelé* **fit** une rencontre qui **bouleversa** sa vie. – b. Le veston, qu'il **acquit** facilement, **fut** rapidement une source de malheur. – c. Il **dut** bruler le veston pour fuir le maléfice.

3 a. avait fait ; avait bouleversé – b. avait acquis ; avait été – c. avait dû.

4 a. voulait : imparfait de répétition – b. avait : imparfait de description – c. prit, partit, brula : passés simples qui indiquent la succession des actions.

5 a. Le héros **possédait** ce vêtement étrange depuis quelque temps quand il **décida** de le porter.
1. « possédait » : imparfait qui indique un arrière-plan, une action inachevée coupée par le passé simple « décida ».
2. « décida » : passé simple qui indique une action unique, se détachant en premier plan.
b. Le tailleur Corticella **était** un homme poli même si son regard **paraissait** inquiétant.
1. « était » : imparfait descriptif.
2. « paraissait » : imparfait descriptif.
c. Quand il eut brulé le veston, le héros **perdit** sa fortune puis **constata** la disparition de sa somptueuse villa.
1. « perdit » : passé simple qui marque une action postérieure à celle indiquée par le passé antérieur « eut brulé ».
2. « constata » : passé simple qui marque une action postérieure à celle indiquée par le passé antérieur « eut brulé ».

MINI-CONTRÔLE

a. Le passé simple est le temps dominant. – b. Le passé simple marque la succession des actions.

16. Les particularités de quelques verbes du 3e groupe au présent de l'indicatif p. 35

1 je peux, tu peux, il/elle/on peut, nous pouvons, vous pouvez, ils peuvent – je veux, tu veux, il/elle/on veut, nous voulons, vous voulez, ils/elles veulent.

2 je convaincs, tu convaincs, il/elle/on convainc, nous convainquons, vous convainquez, ils/elles convainquent – je fais, tu fais, il/elle/on fait, nous faisons, vous faites, ils/elles font.

3 je tressaille, tu tressailles, il/elle/on tressaille, nous tressaillons, vous tressaillez, ils/elles tressaillent – je m'enfuis, tu t'enfuis, il/elle/on s'enfuit, nous nous enfuyons, vous vous enfuyez, ils/elles s'enfuient.

4 a. elle va – b. tu reçois – c. nous fuyons – d. vous faites – e. tu offres – f. vous voyez – g. tu vaincs – h. il cueille.

5 a. nous voyons – b. vous dites – c. tu vas – d. j'ouvre – e. vous fuyez – f. tu peux – g. il veut – h. tu cueilles.

6 a. il sait – b. je reçois – c. tu dois – d. il va – e. vaut – f. enfuyez-vous.

DICTÉE

Temps verbal : présent de l'indicatif dans les paroles rapportées directement. – **Orthographe grammaticale :** « où » prend un accent grave car c'est un adverbe interrogatif – « descendu » est un participe passé qui s'accorde au masculin singulier avec le sujet « il ». – **Orthographe lexicale :** « sain » signifie « bon pour la santé » et ne doit pas être confondu avec son homonyme « saint ».

17. Le présent du subjonctif p. 37

1 a. il disparaisse – b. on ait – d. elle prenne – e. nous sachions – g. on dise – h. il croie.

2 a. Qu'il **fasse** ce travail dès que possible. – b. **Soit** un triangle ABC. – c. Que l'on **finisse** ce travail immédiatement ! – d. Qu'il **sache** cela ! C'est surprenant.

3 a. réagisses : **sentiment de surprise** – b. prenne, cesse : **souhait**, **ordre** (selon le contexte d'emploi) – c. poursuive : **supposition**.

4 a. évite : indicatif ou subjonctif → les deux modes sont possibles : le subjonctif dans une conjonctive introduite par *que* après une principale comportant un verbe de pensée marque un degré d'incertitude plus grand que l'indicatif. – b. entraine : indicatif dans une conjonctive introduite par *que* après une principale comportant un verbe de pensée. – c. entraine : subjonctif dans une conjonctive introduite par *que* après une principale comportant un verbe de sentiment – d. évacuent : subjonctif dans une conjonctive introduite par *que* après une principale comportant un verbe d'ordre.

MINI-CONTRÔLE

réagisse – soit rompu – soit – soit menée.

18. Le présent du conditionnel p. 39

1 a. nous aurions – b. je dirai – c. nous serons – d. tu verrais – e. on sauvegarderait – f. vous réfléchirez – g. vous feriez – h. je croirais.

2 a. Avec un peu de calme, je terminerais ce travail rapidement. – b. On démolirait ce mur si on en avait l'autorisation. – c. Il partirait la semaine prochaine. – d. Souhaiteriez-vous que je vienne vous voir ?

3 a. Nous devrions trouver différentes espèces de chenilles dans le jardin. – b. Selon les scientifiques, il serait urgent de veiller à la préservation des insectes. – c. J'aimerais que l'on découvre de nouvelles sortes d'insectes. – d. Auriez-vous la gentillesse de me prêter votre livre ?

4 a. Tu pourrais au moins me présenter des excuses. – b. Nous voudrions passer nos prochaines vacances à l'étranger. – c. Que feriez-vous à ma place ? – d. Avec de nouvelles lunettes, il verrait beaucoup mieux. – e. Si vous en étiez d'accord, je viendrais à 15 heures – f. Saurait-il où se trouve le bureau du directeur ?

5 a. demande polie – b. fait incertain – c. résultat d'une condition – d. action future venant après une action située dans le passé (futur du passé) – e. résultat d'une condition.

DICTÉE

Temps : présent de l'indicatif, présent du conditionnel.– **Orthographe grammaticale :** « ne serait-il pas urgent de réagir » présente une inversion du sujet « il », donc impose le trait d'union. – **Orthographe lexicale :** « pesticides » et « herbicides » sont formés à l'aide du suffixe *-cide* (« qui provoque la mort »).

19. L'impératif p. 41

1 a. Venez ! – d. mangeons – f. Chante !

2 a. Fais – b. Cueille – c. Viens – d. Regarde – e. Sois – f. Pars.

3 Aie, ayons, ayez
Vois, voyons, voyez
Fais, faisons, faites
Veuille, voulons, veuillez

4 a. IND – b. IND – c. IMP – d. IMP.

5 a. ordre – b. défense – c. conseil – d. défense.

6 a. Ne sors pas ! – b. Qu'elle sorte sur le champ ! – c. Sortir/Sors le plat du four au bout d'une heure de cuisson.

MINI-CONTRÔLE

a. Ne fais pas attention à ce que je dis. – b. Ne va pas à la boulangerie à pied. – c. Ne lui dites pas la vérité. – d. Ne me téléphone pas ce soir.

20. Les accords dans le groupe nominal p. 43

1 a. toutes – b. Nul – c. chaque – d. aucune – e. Leur.

2 a. deux-cents : « cent » prend un *-s* car il n'est pas suivi d'un autre nombre. – b. quatre-vingts : « vingt » prend un *-s* car il n'est pas suivi d'un autre nombre. – c. Quatre-vingt-cinq : « vingt » ne prend pas de *-s* car il est suivi d'un autre nombre. – d. Deux-cent-trente : « cent » ne prend pas de *-s* car il est suivi d'un autre nombre.

3 a. nouvelles : l'adjectif est au féminin pluriel car il s'accorde avec « poésies », nom au féminin pluriel ; connu : l'adjectif est au masculin singulier car il s'accorde avec « artiste », nom au masculin singulier. – b. littéraires/différents : les deux adjectifs sont au masculin pluriel car ils s'accordent avec « poésie » et « roman », nom au féminin singulier et nom au masculin singulier (masculin + féminin = accord au masculin pluriel). – c. éblouissants : l'adjectif est au masculin pluriel car il s'accorde avec « inspiration » et « talent », nom au féminin singulier et nom au masculin singulier (masculin + féminin = accord au masculin pluriel) ; variée : l'adjectif est au féminin singulier car il s'accorde avec « œuvre », nom au féminin singulier.

4 a. une couverture noire. – b. aux couleurs fauves et marron : pas d'accord de « marron » car cet adjectif est formé à partir d'un nom ; « fauve » fait exception – c. la mer bleue, la plage aux couleurs jaune pâle (pas d'accord car adjectif de couleur composé), les couleurs roses du soleil – d. les roses pourpres.

MINI-CONTRÔLE

a. Dans l'herbe noire / Les Kobolds vont. – b. Le ciel est, par-dessus le toit, / Si bleu, si calme ! – c. La lune est rouge au brumeux horizon ; – d. Sont-ils noirs ou bleus / Tes yeux ?

21. Les accords du verbe avec son sujet p. 45

1 a. Les fables de Jean de La Fontaine (groupe nominal) sont fréquemment lues. – b. La Fontaine (nom propre), qui (pronom relatif) a vécu sous le règne de Louis XIV, voulait donner avec ses fables une leçon de morale aux hommes. – c. J' (pronom personnel) ai appris cette fable par cœur : elle (pronom personnel) a pour titre *La Laitière et le Pot au lait*.

2 a. Lamartine **est** le célèbre auteur des *Méditations poétiques*. – b. Hugo, ce grand poète du XIXe siècle, **évoque** souvent dans ses poèmes sa fille Léopoldine. – c. Verlaine et Rimbaud **veulent** moderniser la poésie.

3 a. **Toi** qui as lu ces poèmes, qu'en penses-tu ? – b. **Ces poésies** qui viennent d'être publiées sont très réussies. – c. **Virgile et Horace**, qui sont latins, sont toujours étudiés.

4 a. [Vous et lui] **adorez** : pronom de la 2e personne du pluriel et pronom de la 3e personne du singulier (sujet multiple). – b. [On] **apprend** : pronom de la 3e personne du singulier. – c. [Peu d'élèves] **lisent** : GN avec adverbe de quantité.

5 a. Dans l'Antiquité vécu**t** Homère. Le sujet est inversé car le complément circonstanciel « dans l'Antiquité » est placé en tête de phrase. – b. Sans doute apprécièr**ent**-ils... Le sujet est inversé car un adverbe est placé en tête de phrase. – c. Ce poète maintenant oublié connu**t**-il... Le sujet est inversé car c'est une phrase interrogative formulée dans un niveau de langue soutenu.

DICTÉE

Temps : imparfait et passé simple. – **Orthographe grammaticale :** « un pauvre enfant » est le sujet inversé du verbe « venir ».

22. Les accords du participe passé p. 47

1 a. Le participe passé est employé avec l'auxiliaire « avoir ». – b. Les deux participes passés « reconnu » et « admiré » sont employés sans auxiliaire. – c. Le participe passé est employé avec l'auxiliaire « être ». – d. Le participe passé « redouté » est employé sans auxiliaire.

2 a. Sherlock Holmes accompagné... (masculin singulier).
– b. J'ai lu ces romans écrit**s**... (masculin pluriel).
– c. Les énigmes imaginé**es**... (féminin pluriel).

3 a. Maigret est toujours coiff**é** d'un chapeau mou. – b. Grâce aux dialogues, les lecteurs sont renseign**és** sur les personnages. – c. Un crime est souvent perpétr**é** dès le début des récits policiers. – d. À la télévision, les séries policières sont deven**ues** des succès. **Règle d'accord :** employé avec l'auxiliaire « être », le participe passé s'accorde avec le sujet.

4 a. Les différents personnages que tu as découvert**s** dans ce roman policier ne sont pas toujours sympathiques. – b. Quelles héroïnes avez-vous appréci**ées** dans ce roman ? – c. Quelle histoire étrange cet auteur a-t-il imaginé**e** ! – d. Cette intrigue, je l'ai vraiment trouvé**e** très réussie.

5 a. les (je les ai tous lus) – b. l' (on l'a toujours admirée).

MINI-CONTRÔLE

La passante était tomb**ée** sans un cri. Mme Smith avait soupir**é**. Elle avait pens**é** : « Comme c'est facile ! Plus facile encore que la première fois ! » De fait, elle n'avait pas éprouv**é** cette moiteur qui, l'avant-veille, avait ralenti son geste [...].

23. Les homophones p. 49

1 a. « **Dès** demain » : préposition; « **des** mesures » : article – b. « **Quant** à toi » : préposition; « **quand** » : conjonction de subordination – c. « **On** a » : pronom personnel; « **on n'**a pas » : pronom personnel et négation – d. « **sûr** » : adjectif; « **sur** le règne de Louis XIV » : préposition.

2 a. je ne sais **qu'en** penser – b. **on** a découvert – c. **qu'il a** fait construire – d. Je **l'ai** aperçu.

3 a. **mûrs** (= récoltables) – b. **Quant à toi** (toujours suivi de *à*) – c. **qui l'a** (= qui l'avait) – d. **près** (= à côté) – e. **dés** (= petits cubes).

DICTÉE

Orthographe grammaticale : « ahurie », « essoufflée » prennent un *-e* car ces adjectifs s'accordent avec le pronom « elle », mis pour « la noce ». – **Orthographe lexicale :** « ça » est la contraction de « cela » – « là » indique le lieu et ne doit pas être confondu avec l'article « la ».

24. La formation des mots et les familles de mots p. 51

1 a. **hyper**tendu – b. **in**correct – c. **co**locataire – d. **dés**herber – e. **trans**lucide.

2 a. lis**ible** : qui peut être lu – b. pâl**ot** : qui est très pâle – c. créat**eur** : qui fait l'action de créer – d. garçonn**et** : qui est petit – e. roug**eâtre** : d'un vilain rouge.

3 a. **in**adapté – b. **il**lisible – c. **dé**brancher – d. **im**possible – e. **anti**pollution.

4 a. longuement – b. puissamment – c. largement – d. violemment – e. vivement.

5 a. maniaque : ce mot n'est pas formé sur le radical *man-* qui désigne la main – b. incorrigible : cet adjectif contient le préfixe *in-* qui signifie « le contraire de », et non « dans » comme pour les autres mots – c. jouet : ce nom n'a pas de suffixe diminutif.

6 a. roug**ir**, roug**eâtre**, roug**eur** – b. dent**iste**, dent**ition**, **é**dent**é** – c. **ag**grav**er**, grave**ment**, grav**ité** – d. bord**ure**, **dé**bord**er**, **a**bord**er**.

MINI-CONTRÔLE

a. Il roule mal : c'est un vrai **chauffard**. – b. Il a le don de **prédire** l'avenir. – c. Ces précautions sont **inutiles**. – d. Il ne sait pas bricoler : il est **malhabile**. – e. Sa générosité et sa **bonté** sont très grandes. – f. L'**étroitesse** de la galerie souterraine empêche l'avancée des spéléologues.

25. Le sens des mots : champ sémantique, champ lexical p. 53

1 b. balle – d. rayon.

2 a. sport – b. mer – c. musique – d. guerre – e. cinéma.

3 a. Donne-moi la **recette** de ce couscous. → Ensemble des ingrédients et opérations nécessaires pour réaliser un plat cuisiné. – b. Ce spectacle a fait **recette**. → Ce spectacle a eu du succès. – c. Il a représenté une maison au **centre** de son dessin. → En plein milieu du dessin. – d. Ce **centre** commercial est récent. → Ensemble de magasins regroupés sur un même lieu. – e. Il **s'est blessé** en bricolant. → Il s'est fait mal, a provoqué une lésion. – f. J'**ai été blessé** par ton attitude. → J'ai été offensé, meurtri.

4 a. Champ lexical de la météo : *averse, diluvien, tempête, ouragan*. – b. Champ lexical de la peur : *inquiétude, crainte, effrayer, terrifié*. – c. Champ lexical de la chaleur : *chaud, canicule, fournaise*.

DICTÉE

Temps : Imparfait, passé simple. – **Orthographe grammaticale :** « vint », passé simple du verbe « venir » ; « semblaient » a pour sujet le pronom relatif « qui », mis pour « nuages éperdus ». – **Orthographe lexicale :** « cimes » ne prend pas d'accent circonflexe sur le *i*.

26. L'explicite et l'implicite p. 55

1 a. Victor Hugo est né en 1802. → Information explicite – b. Va te coucher. Nous faisons un long voyage demain. → Information implicite (le voyage va te fatiguer) – c. Victor Hugo a vécu sur l'île de Guernesey. → Information explicite – d. Tu sors ? Prends un parapluie. → Information implicite (il pleut).

2 a. Le voilà : il est deux heures du matin ! → Il a encore traîné toute la soirée. – b. On ne l'a pas revu à la salle de sport depuis trois mois. → Il a peut-être été malade. – c. Il est à l'heure ce matin pour prendre le bus qui le conduit au collège. → Contrairement aux autres jours, il n'est pas en retard pour prendre son bus.

3 Ce texte explique un phénomène d'ordre scientifique. Il est donc explicatif et comporte des informations explicites.

4 Il s'agit du portrait d'une enfant de huit ans, Cosette. On déduit de ce portrait que la jeune fille est en mauvaise santé, qu'elle est craintive et que tout l'effraie.

DICTÉE

Temps : imparfait de l'indicatif. – **Orthographe grammaticale :** « obliques », « fendus », « noirs, longs et luisants » sont des adjectifs attributs du sujet : ils s'accordent en genre et en nombre avec « yeux » et « cheveux ». – **Orthographe lexicale :** « amande » désigne le fruit. Le nom s'écrit donc avec la voyelle *a* à la différence du nom « *amende* » qui désigne une sanction financière.

27. Le récit complexe p. 57

1 **Retour en arrière** : trois mois auparavant, il y a trois mois, la veille. – **Anticipation** : dans quelques mois, dans huit jours.

2 a. Il voyagea […]. **Des années passèrent**. […] Vers la fin de mars 1867, à la nuit tombante, comme il était seul dans son cabinet, une femme entra.
b. Joseph médita toute la nuit. **À l'aube**, quand il s'endormit enfin, sa résolution était prise.

3 […] Des papiers jonchaient le sol. Neil avait dû faire des découpages. […] Un feu luisait dans la cheminée. Il avait demandé à Bill de l'allumer avant de partir.
L'outil grammatical utilisé est le plus-que-parfait de l'indicatif.

4 [Une demi-heure plus tard], je pénétrais dans la maison de l'Anglais avec le commissaire central et le capitaine de gendarmerie. […]
Or une nuit, [trois mois après le crime], j'eus un horrible cauchemar.
La première ellipse souligne la curiosité du narrateur mais aussi sa rapidité à se rendre sur les lieux du crime pour aider la gendarmerie à résoudre l'enquête. **La seconde** crée le suspense : pourquoi ce cauchemar trois mois après le crime ? L'intérêt de l'intrigue est relancé.

MINI-CONTRÔLE

Ordre retenu : b, a, c.

28. Le texte théâtral p. 59

1 a. C'est un **monologue** : le personnage est seul sur scène. – b. C'est un **dialogue** : deux personnages sont sur scène.

2 PERRICHON, ***(assis)*** […]
HENRIETTE, ***(lui présentant un verre d'eau)*** […]
PERRICHON, ***(il boit)*** […]

3 [Approchons … Ciel !] : échange de répliques, c'est-à-dire de propos courts.
[Ne faites pas semblant … solliciter ;] : tirade d'Angélique.

FRANÇAIS MATHS HIST. – GÉO. – EMC PHYSIQUE-CHIMIE SVT ANGLAIS CORRIGÉS

Corrigés

4 M. Jourdain *(après avoir fait deux révérences, se trouvant trop près de Dorimène)* – Un peu plus loin, Madame.
Dorimène – Comment ?
M. Jourdain – Un pas de plus, s'il vous plaît.
Dorimène – Quoi donc ?

DICTÉE

Temps : principalement le présent car l'énoncé est ancré dans la situation d'énonciation. – **Orthographe grammaticale :** « perdu » est un participe passé employé comme adjectif qui s'accorde en genre et en nombre avec le pronom « m' » mis pour Figaro. « on n'en a mis » contient la négation *n'*.

29. Justifier son point de vue et écrire un paragraphe argumentatif p. 61

1 Philosopher, c'est donner la raison des choses, ou du moins la chercher; [car tant qu'on se borne à voir et à rapporter ce qu'on voit, on n'est qu'historien]. [Quand on calcule et mesure les proportions des choses, leur grandeur, leur valeur, on est mathématicien].

Denis Diderot, « *Philosophie* » *L'Encyclopédie*

Sens des connecteurs : les connecteurs expriment la cause (car) et l'hypothèse (quand = si).

2 **Point de vue :** La peur [...], c'est quelque chose d'effroyable, une sensation atroce, comme une décomposition de l'âme, un spasme affreux de la pensée et du cœur dont le souvenir seul donne des frissons d'angoisse. **Argument :** Cela a lieu dans certaines circonstances anormales, sous certaines influences mystérieuses, en face de risques vagues. **Exemple :** Un homme qui croit aux revenants, et qui s'imagine apercevoir un spectre dans la nuit, doit éprouver la peur en toute son épouvantable horreur.

3 **Reformulation du point de vue :** les vacanciers ne prennent pas le temps de voir les choses qui les entourent. **Argument :** pour voir réellement le monde qui nous entoure, être sensible aux choses, il faut prendre son temps. **Exemple :** « Un torrent est toujours un torrent », un torrent vu rapidement ressemble à n'importe quel autre torrent.

MINI-CONTRÔLE

Le jour me fatigue et m'ennuie. Il est **en effet** brutal et bruyant. **C'est pourquoi** je me lève avec peine, je m'habille avec lassitude, je sors avec regret, et chaque pas, chaque mouvement, chaque geste, chaque parole, chaque pensée me fatigue comme si je soulevais un écrasant fardeau.

30. Le texte poétique p. 63

1 a. Ce poème comprend trois strophes. – b. Des quatrains.

2 a. rimes croisées – b. rimes embrassées.

3 a. Je fais souvent ce rêve étrange et pénétrant. – b. Priez pour le pauvre Gaspard. – c. Assez de malheureux ici-bas nous implorent.

MINI-CONTRÔLE

L'amour nous fait trembler

L'amour nous fait trembler comme un jeune **feuillage**,
Car chacun de nous deux a peur du même **instant**.
« Mon bien-aimé, dis-tu très bas, je t'aime **tant**...
Laisse... Ferme les yeux... Ne parle pas... Sois **sage**... »

Je te devine proche au feu de ton **visage**.
Ma tempe en fièvre bat contre ton cœur **battant**.
Et, le cou dans tes bras, je frissonne en **sentant**
Ta gorge nue et sa fraîcheur de **coquillage**.

Écoute au gré du vent la glycine **frémir**.
C'est le soir ; il est doux d'être seuls sur la **terre**,
L'un à l'autre, muets et faibles de **désir**.

D'un baiser délicat tu m'ouvres la **paupière** ;
Je te vois, et, confuse, avec un long **soupir**,
Tu souris dans l'attente heureuse du **mystère**.

Bilan Français p. 64

GRAMMAIRE

1 Cocher : a. la : article défini – c. ici : adverbe – e. venir : verbe – f. grand : adjectif.

2 a. La pâleur de son visage est grande. – b. Ta petite voiture roule vite. – c. Cet homme, très pâle, est fatigué.

3 a. Il a lu un livre **qui** est captivant. – b. La maison **dont** tu parles est ancienne. – c. L'endroit **où** tu vas est magnifique.

4 a. *Je me demande qui est là.* Subordonnée interrogative indirecte.
b. *Vois-tu le château qui domine la vallée ?* Subordonnée relative.
c. *Je pense qu'il va pleuvoir.* Subordonnée conjonctive par *que*.
d. *J'ignore ce que tu veux.* Subordonnée interrogative indirecte.

CONJUGAISON

1 a. Il court. – b. Il est venu. – c. Elle s'est enfuie.

2 a. Vrai. – b. Faux. Il croie (subjonctif présent). – c. Faux. Je serai (futur de l'indicatif). – d. Vrai.

3 a. forme passive – b. forme active. – c. forme passive. – d. forme active

VOCABULAIRE

1 a. repartir → mot ayant un préfixe et un suffixe – b. chemin de fer → mot composé – c. large, largeur, élargir → famille de mots – d. courageusement → mot ayant un suffixe.

2 a. Champ lexical de la médecine.
b. Champ lexical de l'école.
c. Champ lexical de la marine.
d. Champ lexical du football.

ORTHOGRAPHE

1 a. Cet homme est grand. – b. Tout le livre est bien. – c. Quelle heure est-il ?

2 a. des yeux vert foncé – b. de jolis livres – c. des livres et des revues intéressants – d. des pulls marron

3 a. La foule arrive. – b. On part. – c. Il les voit. – d. Ici se trouvent des villages.

4 a. Ils sont venus. – b. Quelle histoire elle a vécue ! – c. Elle a aimé l'histoire que tu as racontée. – d. Elles sont parties.

5 a. Quand – b. m'ont offert – c. sur – d. l'ai acheté.

EXPRESSION

1 a. Vrai – b. Faux – c. Vrai – d. Vrai.

2 Souligner : strophe – rejet.

3 a. 2 – b. 1.

4 a. justifie – b. Un exemple – c. d'actualité (d'énonciation).

5 a. allitération – b. décasyllabe – c. tercet – d. rime – e. sonnet.

MATHS

1. Somme et différence de deux nombres relatifs p. 69

1 a. + b. + c. – d. – e. –.

2
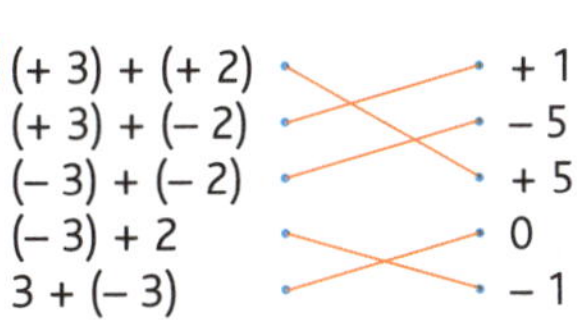

3
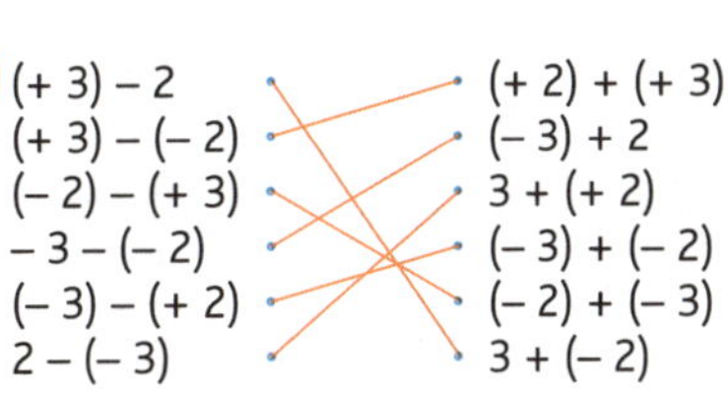

4 A = 8 + (+ 3) + (– 6)
= 11 + (– 6)
= + 5
B = 8 – (– 3) + (– 6)
= 8 + (+ 3) + (– 6)
= 11 + (– 6)
= + 5
C = – 8 – 3 – (– 6)
= – 11 + (+ 6)
= – 5

5 a.
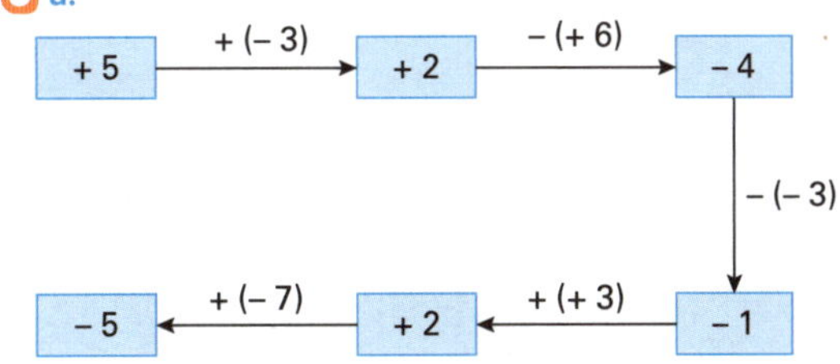

b.
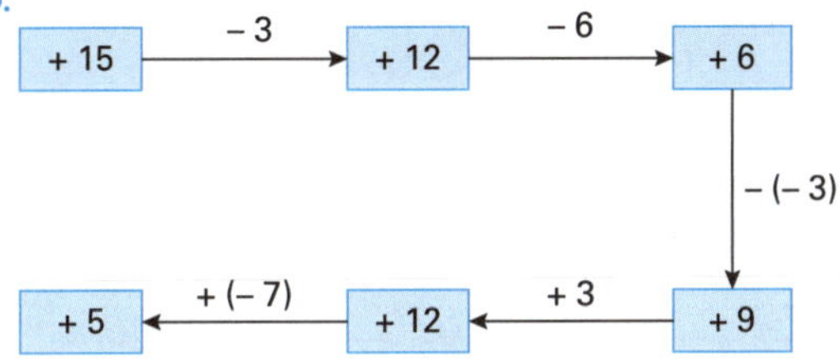

6 A = (+ 10) – 2 × 8 – (– 4) = (+ 10) – 16 + (+ 4) = – 6 + (+ 4) = – 2
B = (1 – (– 1 – (1 – (– 1)))) × 2 = (1 – (– 1 – (1 + (+ 1)))) × 2 = (1 – (– 1 – (2))) × 2 = (1 – (– 3)) × 2 = (1 + (+ 3)) × 2 = 4 × 2 = 8

MINI-CONTRÔLE

a. (– 3) + (+ 9) = + 6 b. (– 3) – (+ 9) + (+ 7) = – 5
c. 5 – 7 + 2 – 6 – 1 = – 7

2. Multiplication de deux nombres relatifs p. 71

1 a. + b. – c. + d. – e. –.

2
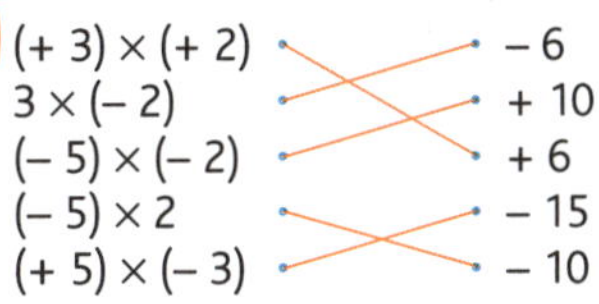

3
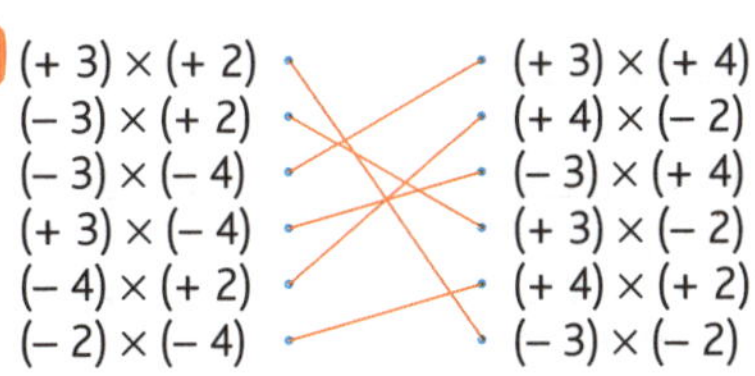

Corrigés

4 $A = (+3) \times (-6) = -18$
$B = (-2{,}5) \times (-4) = +10$
$C = (-1) + (+1) \times (-9) = -1 + (-9) = -10$
$D = (-1) \times (+1) + (-9) = -1 + (-9) = -10$
$E = (-1) \times (+1) \times (-9) = (-1) \times (-9) = (+9)$

5

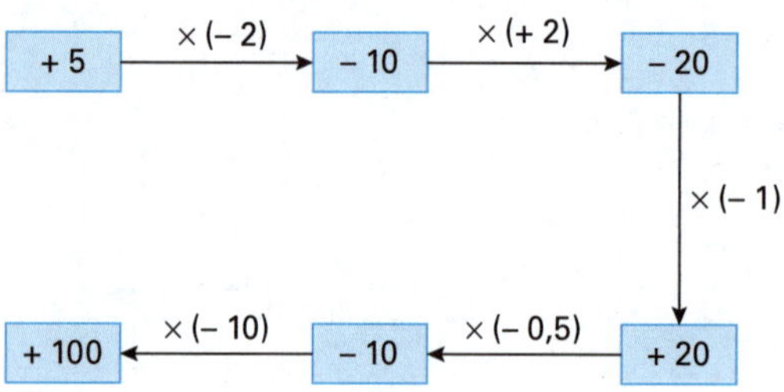

6 $A = (-1) \times (+2) \times (-3) \times (-4) \times (-5) \times (+10)$
$= +1\,200$
$B = (-1) \times (+2) \times (+3) \times (-4) \times (-5) \times (+10)$
$= -1\,200$
$C = (-1) \times (+2) \times (-3) \times \ldots \times (+6)$
$= -720$
$D = (-7) \times (-6) \times (-5) \times \ldots \times (+6) \times (+7)$
$= 0$

MINI-CONTRÔLE

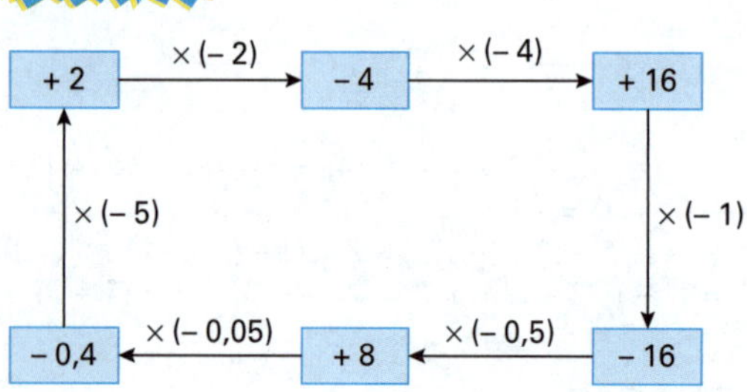

3. Quotient de deux nombres relatifs p. 73

1 a. + b. – c. + d. – e. –.

2

$(+3) \div (+2)$	$+2{,}5$
$3 \div (-2)$	$+1{,}5$
$(-5) \div (-2)$	$-2{,}5$
$(-5) \div 2$	$-1{,}6$
$(+8) \div (-5)$	$-1{,}5$

3 a. $-3{,}5 \times (-2) = 7$ b. $10 \times (-0{,}7) = -7$
c. $-7 \times \dfrac{8}{7} = -8$ d. $9 \div (-6 \div 2) = -3$

4 $A = (+30) \div (-60) = -0{,}5$
$B = (-2{,}5) \div (-10) = +0{,}25$
$C = (-1) - (+1) \div (-1) = -1 - (-1) = -1 + 1 = 0$
$D = \dfrac{(-1)}{(+1)} + (-1) = -1 + (-1) = -2$

5 $A = \dfrac{(-1) \times (+2) \times (-3)}{(-4) \times (-5) \times (-6)}$ est de signe négatif car A contient 5 facteurs négatifs et 5 est impair.
$B = \dfrac{(-1) \times (-2)}{(+3) \times (-4) \times (-5) \times (+10)}$ est de signe positif car B contient 4 facteurs négatifs et 4 est pair.
$C = (-1) \times (+2) \times (-3) \times \ldots \times (+20)$ est de signe positif car C contient 10 facteurs négatifs et 10 est pair.
$D = (-1) \times (+2) \times (+3) \times (-4) \times (+5) \times (+6) \times \ldots \times (+27)$ est de signe négatif
car D contient 9 facteurs négatifs et 9 est impair.

MINI-CONTRÔLE

a. $(-9) \div (-10) = +0{,}9$.
b. $\dfrac{12}{-21} = -\dfrac{4}{7}$
c. $\dfrac{M \times (-24)}{(+3) \times (-5)} = -16$ lorsque $M = -10$.

4. Somme et différence de deux nombres rationnels en écriture fractionnaire p. 75

1 a. $\dfrac{3}{7} = \dfrac{3 \times 5}{7 \times 5} = \dfrac{15}{35}$
b. $\dfrac{-5}{11} = \dfrac{-5 \times 4}{11 \times 4} = \dfrac{-20}{44}$
c. $\dfrac{3}{-8} = \dfrac{3 \times (-3)}{-8 \times (-3)} = \dfrac{-9}{24}$

2 a. $\dfrac{1}{9} - \dfrac{5}{9} = \dfrac{-4}{9}$
b. $\dfrac{-1}{3} + \dfrac{2}{3} = \dfrac{1}{3}$
c. $\dfrac{8}{9} - \dfrac{1}{18} = \dfrac{15}{18}$
d. $\dfrac{17}{15} + \dfrac{2}{5} = \dfrac{23}{15}$

3

$\dfrac{-7}{4} + \dfrac{2}{3} =$	$\dfrac{-2}{15}$
$\dfrac{-1}{3} + \dfrac{1}{5} =$	$\dfrac{-1}{12}$
$\dfrac{1}{4} - \dfrac{1}{3} =$	$\dfrac{29}{15}$
$\dfrac{7}{3} + \dfrac{-2}{5} =$	$\dfrac{-13}{12}$

4 $A = \dfrac{7}{8} - \dfrac{3}{20} = \dfrac{7 \times 5}{8 \times 5} - \dfrac{3 \times 2}{20 \times 2} = \dfrac{35}{40} - \dfrac{6}{40} = \dfrac{29}{40}$
$B = \dfrac{7}{24} + \dfrac{5}{32} = \dfrac{7 \times 4}{24 \times 4} - \dfrac{5 \times 3}{32 \times 3} = \dfrac{28}{96} - \dfrac{15}{96} = \dfrac{13}{96}$
$C = \dfrac{-13}{22} - \dfrac{10}{33} = \dfrac{-13 \times 3}{22 \times 3} - \dfrac{10 \times 2}{33 \times 2} = \dfrac{-39}{66} - \dfrac{20}{66} = \dfrac{-59}{66}$

5

$A = \frac{7}{6} - \left(\frac{-1}{2} + \frac{1}{3}\right) = \frac{7}{6} - \left(\frac{-3}{6} + \frac{2}{6}\right) = \frac{7}{6} - \left(\frac{-1}{6}\right) = \frac{8}{6} = \frac{4}{3}$

$B = \frac{7}{10} - \left(\frac{-3}{2} + \frac{2}{5}\right) = \frac{7}{10} - \left(\frac{-15}{10} + \frac{4}{10}\right) = \frac{7}{10} - \left(\frac{-11}{10}\right)$

$= \frac{7}{10} + \frac{11}{10} = \frac{18}{10} = \frac{9}{5}$

6 $A = \frac{1}{2} - \frac{1}{3} + \frac{1}{4} = \frac{6}{12} - \frac{4}{12} + \frac{3}{12} = \frac{5}{12}$

$B = \frac{-2}{3} + \frac{3}{5} - \frac{5}{7} = \frac{-70}{105} + \frac{63}{105} - \frac{75}{105} = \frac{-82}{105}$

MINI-CONTRÔLE

$\frac{1}{2} - \frac{1}{3} + \frac{1}{4} - \frac{1}{6} + \frac{(-3)}{12} = 0$

5. Produit de deux nombres rationnels en écriture fractionnaire. Inverse d'un nombre p. 77

1 a. $\frac{3}{7} \times \frac{4}{5} = \frac{3 \times 4}{7 \times 5} = \frac{12}{35}$

b. $\frac{-5}{11} \times \frac{-4}{3} = \frac{-5 \times (-4)}{11 \times 3} = \frac{20}{33}$

c. $\frac{3}{8} \times \frac{5}{3} = \frac{3 \times 5}{8 \times 3} = \frac{15}{24}$

2 a. $\frac{2}{9} \times \frac{5}{9} = \frac{10}{81}$ b. $\frac{-1}{3} \times \frac{2}{3} = \frac{-2}{9}$

c. $\frac{8}{9} \times \frac{18}{5} = \frac{16}{5}$ d. $\frac{10}{9} \times \frac{3}{25} = \frac{2}{15}$

3

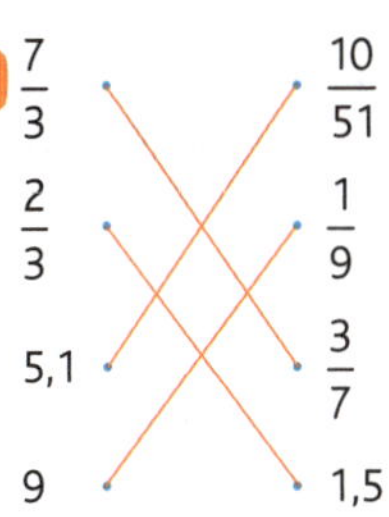

4 $A = \frac{7}{8} \times \frac{3}{20} = \frac{7 \times 3}{8 \times 20} = \frac{21}{160}$

$B = \frac{7}{8} \times \frac{4}{21} = \frac{\cancel{7}}{\cancel{4} \times 2} \times \frac{\cancel{4}}{\cancel{7} \times 3} = \frac{1}{6}$

$C = \frac{-15}{22} \times \frac{33}{-10} = + \frac{\cancel{5} \times 3}{2 \times \cancel{11}} \times \frac{3 \times \cancel{11}}{2 \times \cancel{5}} = \frac{9}{4}$

$D = \frac{-16}{-15} \times \frac{35}{-24} = - \frac{2 \times \cancel{8}}{3 \times \cancel{5}} \times \frac{\cancel{5} \times 7}{\cancel{8} \times 3} = - \frac{14}{9}$

5 $A = \frac{7}{6} \times \frac{-1}{2} \times \frac{6}{5} = - \frac{7 \times 1 \times \cancel{6}}{\cancel{6} \times 2 \times 5} = - \frac{7}{10}$

$B = \frac{7}{3} \times \frac{-3}{2} \times \frac{-2}{-5} = - \frac{7 \times \cancel{3} \times \cancel{2}}{\cancel{3} \times \cancel{2} \times 5} = \frac{-7}{5}$

6

$A = \frac{-7}{3} \times \frac{5}{4} \times \frac{-9}{10} = + \frac{7 \times 5 \times 9}{3 \times 4 \times 10} = \frac{7 \times \cancel{5} \times \cancel{3} \times 3}{\cancel{3} \times 4 \times \cancel{5} \times 2} = \frac{21}{8}$

$B = \frac{27}{-20} \times \frac{-77}{-18} \times \frac{-25}{91} = + \frac{\cancel{9} \times 3 \times \cancel{7} \times 11 \times 5 \times \cancel{5}}{\cancel{5} \times 4 \times \cancel{9} \times 2 \times \cancel{7} \times 13}$

$= + \frac{3 \times 11 \times 5}{4 \times 2 \times 13} = \frac{175}{104}$

MINI-CONTRÔLE

$\frac{1}{2} \times \frac{3}{4} \times \frac{5}{6} \times \ldots \times \frac{11}{12} = \frac{1}{2} \times \frac{3}{4} \times \frac{5}{6} \times \frac{7}{8} \times \frac{9}{10} \times \frac{11}{12}$

$= \frac{1}{2} \times \frac{\cancel{3}}{4} \times \frac{\cancel{5}}{\cancel{3} \times 2} \times \frac{7}{8} \times \frac{\cancel{3} \times 3}{\cancel{5} \times 2} \times \frac{11}{\cancel{3} \times 4}$

$= \frac{1 \times 7 \times 3 \times 11}{2 \times 4 \times 2 \times 8 \times 2 \times 4} = \frac{231}{1024}$

6. Quotient de deux nombres rationnels en écriture fractionnaire p. 79

1 a. $\frac{1}{8}$ b. $\frac{5}{7}$ c. $\frac{-1}{3}$ d. $\frac{-9}{4}$.

2 a. $\frac{2}{9} \div \frac{5}{9} = \frac{2}{9} \times \frac{9}{5}$ b. $\frac{-7}{3} \div \frac{4}{5} = \frac{-7}{3} \times \frac{5}{4}$

c. $\frac{2}{3} \div \frac{6}{7} = \frac{2}{3} \times \frac{7}{6}$

3

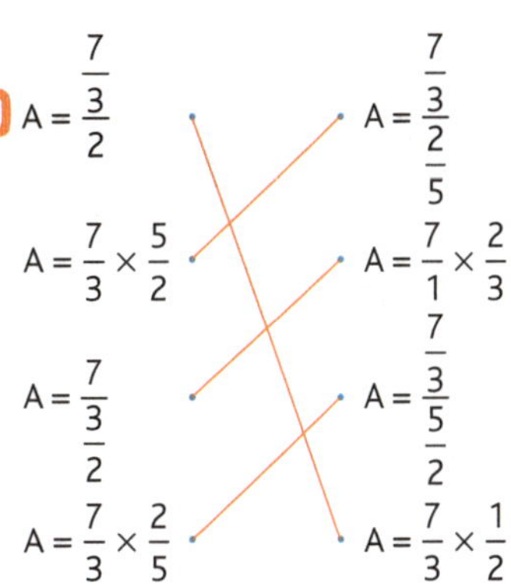

4 $A = \frac{7}{8} \div \frac{3}{11} = \frac{7}{8} \times \frac{11}{3} = \frac{7 \times 11}{8 \times 3} = \frac{77}{24}$

$B = \frac{7}{8} \div \frac{4}{21} = \frac{7}{8} \times \frac{21}{4} = \frac{7 \times 21}{8 \times 4} = \frac{147}{32}$

$C = = \frac{7}{8} \div \frac{21}{4} = \frac{7}{8} \times \frac{4}{21} = \frac{7 \times 4}{2 \times 4 \times 3 \times 7} = \frac{1}{6}$

Corrigés

5

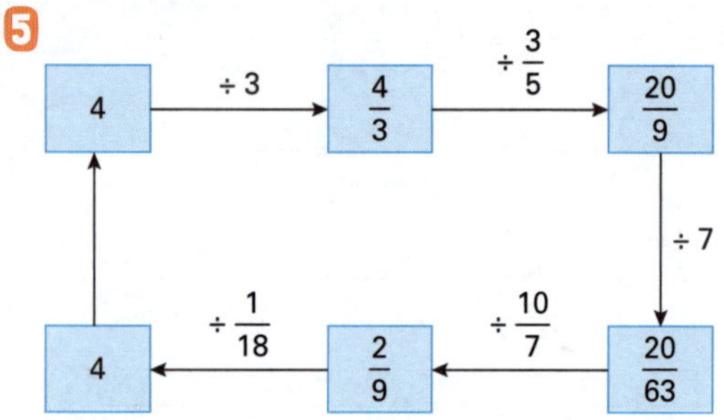

6 $A = \frac{-1}{2} + \frac{5}{4} \div \frac{-9}{5} = \frac{-1}{2} + \frac{5}{4} \times \frac{5}{-9} = \frac{-1}{2} - \frac{25}{36}$

$= \frac{-1 \times 18}{2 \times 18} - \frac{25}{36} = \frac{-18}{36} - \frac{25}{36} = \frac{-43}{36}$

$B = \frac{-1}{2} \div \frac{5}{4} + \frac{-9}{5} = \frac{-1}{2} \times \frac{4}{5} + \frac{-9}{5} = \frac{-2 \times 2}{2 \times 5} + \frac{-9}{5}$

$= \frac{-2}{5} + \frac{-9}{5} = \frac{-11}{5}$

MINI-CONTRÔLE

a. $\frac{-7}{2}$; b. $\frac{1}{3}$; c. $\frac{28}{45}$.

7. Entiers : nombres premiers, puissances p. 81

1 a. $2^{\boxed{6}}$; b. $3^{\boxed{3}} \times 7^{\boxed{4}}$; c. $\boxed{2}^2 \times \boxed{5}^3$
d. $\boxed{3}^2 \times \boxed{2}^3 \times \boxed{7}^3$; e. $\boxed{2}^2 \times \boxed{5}^4$

2 A est positif ; B est négatif ; C est positif ; D est positif ; E est négatif.

3 a. Vraie – b. Fausse – c. Fausse – d. Fausse.

4 a. $162 = 2 \times 81 = 2 \times 9 \times 9 = 2 \times 3^2 \times 3^2 = 2^1 \times 3^4$
b. $64 = 8 \times 8 = 2^3 \times 2^3 = 2^6$
c. $2000 = 2 \times 1000 = 2 \times (2 \times 5)^3 = 2 \times 2^3 \times 5^3 = 2^4 \times 5^3$
d. $350 = 35 \times 10 = 5 \times 7 \times 2 \times 5 = 2^1 \times 5^2 \times 7^1$
e. $715 = 5 \times 143 = 5 \times 11 \times 13 = 5^1 \times 11^1 \times 13^1$
f. $\frac{350}{2000} = \frac{2^1 \times 5^2 \times 7^1}{2^4 \times 5^3} = \frac{7^1}{2^3 \times 5^1} = \frac{7}{40}$

$\frac{162}{64} = \frac{2^1 \times 3^4}{2^6} = \frac{3^4}{2^5} = \frac{81}{32}$

$\frac{715}{350} = \frac{5^1 \times 11^1 \times 13^1}{2^1 \times 5^2 \times 7^1} = \frac{11^1 \times 13^1}{2^1 \times 5^1 \times 7^1} = \frac{143}{70}$

5 $A = (-1)^{52} = 1$; $B = 2^5 = 32$; $C = \frac{64}{16} = 4$
$D = \frac{10^3}{100} = 10$; $E = (-5)^2 \times 4 = 100$

MINI-CONTRÔLE

Il y aura 2^{63} grains de blé sur la dernière case ($1 = 2^0$ sur la 1re case, $2 = 2^1$ sur la 2e case, $4 = 2^2$ sur la 3e...).

$2^{63} \simeq 9{,}2 \times 10^{18}$, soit plus de 9 milliards de milliards de grains de blé.

8. Puissance de 10. Notation scientifique p. 83

1

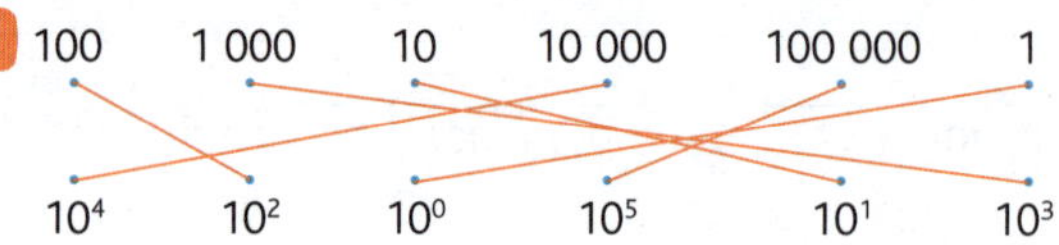

2 a. $10^{-2} = 0{,}01$ b. $10^{-5} = 0{,}00001$ c. $10^{-1} = 0{,}1$
d. $10^{-4} = 0{,}0001$

3

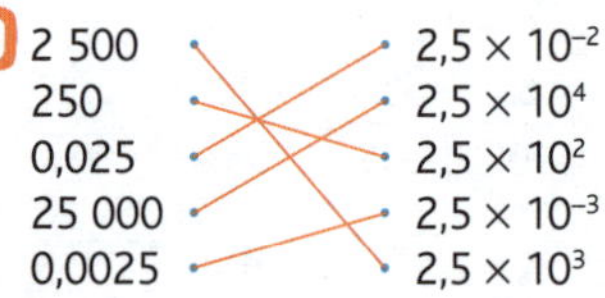

4 a. 1 dm = 10^8 nm.
b. 10 Go = 10^7 ko.
c. 200 µg = 2×10^{-4} g.
d. 1 nm = 10^{-12} km.
e. 15 dL = $1{,}5 \times 10^{-2}$ hL.
f. 80 ms = 8×10^7 ns.
g. 1000 Gt = 10^{12} t.
h. 1 t = 10^3 kg = 10^{15} ng = 10^{-3} Gg.

5 $A = 8{,}6 \times 10^4 = 86\,000$
$B = 2{,}125 \times 10^{-4} = 0{,}0002125$
$C = 1{,}9 \times 10^9 = 1\,900\,000\,000$
$D = 3{,}75 \times 10^{-6} = 0{,}00000375$
$E = 1{,}23 \times 10^1 = 12{,}3$

6 a. $350\,000 = 3{,}5 \times 100\,000 = 3{,}5 \times 10^5$
b. $0{,}00000008 = 8 \times 0{,}00000001 = 8 \times 10^{-8}$
c. $0{,}0000008125 = 8{,}125 \times 0{,}0000001 = 8{,}125 \times 10^{-7}$
d. $712\,000\,000 = 7{,}12 \times 100\,000\,000 = 7{,}12 \times 10^8$
e. $25\,000\,000 \times 10^8 = 2{,}5 \times 10\,000\,000 \times 10^8 = 2{,}5 \times 10^{15}$
f. $0{,}0123 \times 10^{-7} = 1{,}23 \times 0{,}01 \times 10^{-7} = 1{,}23 \times 10^{-9}$

MINI-CONTRÔLE

Par ordre croissant de taille : atome de fer < embryon d'une semaine < bactérie < alvéole pulmonaire < épaisseur d'une carte nanoSIM.

9. Carré et racine carrée d'un nombre p. 85

1

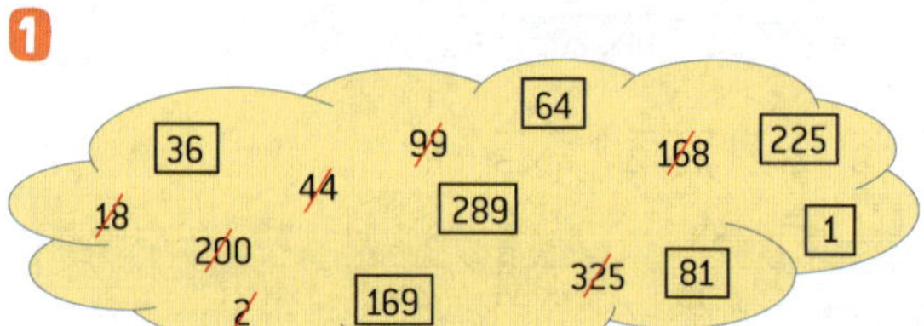

En effet : $36 = 6^2$; $169 = 13^2$; $289 = 17^2$; $64 = 8^2$; $81 = 9^2$; $1 = 1^2$; $225 = 25^2$.

2 a.

$\sqrt{16}$	16
$\sqrt{256}$	11
$\sqrt{121}$	4
$\sqrt{49}$	7

b.

$\sqrt{5}$	2,449
$\sqrt{3}$	1,414
$\sqrt{2}$	2,236
$\sqrt{6}$	1,732

c. Benjamin a observé que comme $2 < 3 < 4 < 6$ et que $1{,}414 < 1{,}732 < 2{,}236 < 2{,}449$ on pouvait associer 2 (la plus petite valeur de la série 1) à 1,414 (plus petite valeur de la série 2) et ainsi de suite. Il a eu de la chance car cette technique n'aurait pas fonctionné si l'exercice avait proposé des racines carrées de nombres compris entre 0 et 1...

3 a. $10 < \sqrt{101} < 11$ car $100 < 101 < 121$
b. $6 < \sqrt{38} < 7$ car $36 < 38 < 49$
c. $3 < \sqrt{11} < 4$ car $9 < 11 < 16$
d. $14 < \sqrt{200} < 15$ car $196 < 200 < 225$
e. $12 < \sqrt{150} < 13$ car $144 < 150 < 169$
f. $18 < \sqrt{345} < 19$ car $324 < 345 < 361$

4 a. Il s'agit de C car sa décomposition en facteurs premiers fait apparaitre 2^3 et 3 n'est pas une puissance paire.
b. $\sqrt{A} = 2^2 \times 5^1$, $\sqrt{B} = 2^1 \times 5^2$, $\sqrt{C}$ n'est pas un entier d'après **a.**, $\sqrt{D} = 2 \times 3 \times 7$
c. En calculant A, B et D on trouve A = 400, B = 2 500 et D = 1 764. On a donc $\sqrt{400} = 2^2 \times 5^1 = 4 \times 5 = 20$
$\sqrt{2\,500} = 2^1 \times 5^2 = 2 \times 25 = 50$ et $\sqrt{1\,764} = 2 \times 3 \times 7 = 42$

5 a. $A = 2 + \sqrt{9} - \sqrt{4} = 2 + 3 - 2 = 3$
b. $B = 6 - (\sqrt{1})^3 + (\sqrt{7})^2 = 6 - (1)^3 + 7 = 6 - (-1) + 7$
$= 12$
c. $C = 4\sqrt{16} - 16\sqrt{4} = 4 \times 4 - 16 \times 2$
$= 16 - 32 = 16$

MINI-CONTRÔLE

$\sqrt{2+\sqrt{2+\sqrt{2+\sqrt{2+\sqrt{1+3}}}}} = \sqrt{2+\sqrt{2+\sqrt{2+\sqrt{2+\sqrt{4}}}}}$
$= \sqrt{2+\sqrt{2+\sqrt{2+\sqrt{2+2}}}} = \sqrt{2+\sqrt{2+\sqrt{2+\sqrt{4}}}}$
$= \sqrt{2+\sqrt{2+\sqrt{2+2}}} = \sqrt{2+\sqrt{2+\sqrt{4}}} = \sqrt{2+\sqrt{2+2}} = \sqrt{2+\sqrt{4}}$
$= \sqrt{2+2} = \sqrt{4} = 2$

10. Tester une expression littérale p. 87

1 a. $9 + 2x + 1$ est la somme de 9, $2x$ et 1. – b. $9 \times 2x + 1$ est la somme de $9 \times 2x$ et 1. – c. $9(2x + 1)$ est le produit de 9 et $2x + 1$. – d. $9 \times 2x \times 1$ est le produit de 9, $2x$ et 1. – e. $3x^2$ est le produit de 3, x et x.

2 a. $2 + 4(a - 3) = 2$ lorsque $a = 3$. – b. $2 + 4(a - 3) = 6$ lorsque $a = 4$. – c. $2 + 4(a - 3) = 12$ lorsque $a = 5{,}5$. – d. $2 + 4(a - 3) = -2$ lorsque $a = 2$.

3 a. $4 \times 2 - 3 \times 1 = 8 - 3 = 5$
b. $4 \times (-1) - 3 \times (-2) = -4 + 6 = +2$
c. $4 \times (-1{,}5) - 3 \times (-3) = -6 - (-9) = -6 + 9 = 3$

4 a. Faux. – b. Faux. – c. Faux. – d. Faux.

5

$2 + x = 2 - x$	$x = 1$
$2 + 3x - 1 = 4 - (-2x + 2)$	$x = 0$
$x(x - 1) = 2 - (x^2 - 1)$	$x = 2$
$x(x - 1) = 7 - (x^2 + 1)$	$x = -1$

6 a. Si on choisit 0, le programme A donne – 2 et le programme B donne 3. – b. Si on choisit – 3, le programme A donne – 14 et le programme B donne – 6. – c. Si on choisit un nombre x, le programme A donne $4x - 2$ et le programme B donne $3(x + 1)$. – d. Si on choisit 5, les deux programmes donnent le même résultat : $4 \times 5 - 2 = 18$ et $3(5 + 1) = 18$.

MINI-CONTRÔLE

Le triple de la somme d'un nombre et de 5 c'est $3 \times (x + 5)$, donc le triple de x ($3x$) auquel on ajoute le triple de 5, qui est 15.
La somme de 15 et du produit de ce nombre et de 3 c'est $15 + 3 \times x$.
La proposition est donc vraie.

11. Réduire une expression littérale p. 89

1 a. $2 \times x - 3 \times 5 = 2x - 15$
b. $x \times 3 + 4 \times x - x \times x = 3x + 4x - x^2 = 7x - x^2$
c. $x \times x \times x - 1 \times x + 5 \times x \times x = x^3 - x + 5x^2$
d. $x \times 8 + x^2 \times 3 - 3 \times 4 = 8x + 3x^2 - 12$

2 (entourés : $2x^2$, $2 \times x^2$, $x \times x + x \times x$, $x \times 2 \times x$, $2 \times x \times x$)

$2x^2$	$2 \times x^2$	
$2x \times 2x$	$2 + x + x$	$x \times x + x \times x$
$x \times x \times x + x$	$x \times 2 \times x$	$x + x \times x + x$
	$2 \times x \times x$	

3

$2 + x \times x + 6 \times x$	$12x^2 + x$
$2 \times x + x + 6 \times x$	$3x + 8$
$2 \times x \times x + 6 + x$	$9x$
$2 + x + x + 6 + x$	$2x^2 + x + 6$
$2 \times x \times x \times 6 + x$	$x^2 + 6x + 2$

4 a. $3 + (x - 7) = 3 + x - 7$; b. $7 - (x - 3) = 7 - x + 3$;
c. $(3x - 4) - (x + 5) = 2x - 9$;
d. $-(4x - 1) + (2x + 5) = -2x + 6$

5 a. $2x^3 - 5x + 12 - x^3 + 3x - 2x^2 + 8x - 2$
$= x^3 - 2x^2 + 6x + 10$
b. $x^2 - 3x + 4 - 2x + 3x^2 - 2x + 5 - 4x$
$= 4x^2 - 11x + 9$
c. $4x - (x + 2 - 3x^2) - (3x^3 - 2x^2 + x)$
$= 4x - x - 2 + 3x^2 - 3x^3 + 2x^2 - x$
$= -3x^3 + 5x^2 + 2x - 2$

6 a. $x \xrightarrow{\times 3} x \times 3 = 3x \xrightarrow{-4} 3x - 4$
b. $x \xrightarrow{+1} x + 1 \xrightarrow{+2x} x + 1 + 2x \xrightarrow{-5} x + 1 + 2x - 5$
c. $x + 1 + 2x - 5 = 3x - 4$

Corrigés

MINI-CONTRÔLE

Triangle équilatéral de côté « $8 - 2x$ » :
$8 - 2x + 8 - 2x + 8 - 2x = -6x + 24$
Rectangle :
$4x + 1 + 3 - x + 4x + 1 + 3 - x = 6x + 8$

12. Développer, factoriser une expression littérale p. 91

1

$2(x + 3)$	$3x - 6$
$3(x + 2)$	$-2x + 6$
$-2(x - 3)$	$3x + 6$
$-3(2 - x)$	$2x + 6$

2

$2x^2 - 12$ $\quad x(x - 6)$ $\quad 2x^2 - 6$

$2x(x - 6)$ $\quad x(x + 6)$ $\quad x^2 - 6x$ $\quad 2x(x + 3)$

$2x(x - 3)$ $\quad x^2 + 6x$ $\quad 2x^2 + 6x$

3 a. $9x + 6 = 3 \times 3x + 3 \times 2 = 3(3x + 2)$
b. $x^2 - 6x = x \times x - 6 \times x = x(6 - x)$
c. $4x^2 + 10x = 2x \times 2x + 2x \times 5 = 2x(2x + 5)$

4 a. $12x - 30 = 6(2x - 5)$
b. $15x^2 + 18x = 3x(5x + 6)$
c. $27x^2 + 3 = 3(9x^2 + 1)$

5 a. $3(2x - 7) - 5$
$= 3 \times 2x - 3 \times 7 - 5$
$= 6x - 21 - 5$
$= 6x - 26$
b. $x(x - 4) + 2x$
$= x^2 - 4x + 2x$
$= x^2 - 2x$
c. $5x + 4x(2x - 7)$
$= 5x + 4x \times 2x - 4x \times 7$
$= 5x + 8x^2 - 28x$
$= 8x^2 - 23x$

6 a. $x \xrightarrow{+6} x + 6 \xrightarrow{\times x} x(x + 6) \xrightarrow{+9} x(x + 6) + 9$
b. $x \xrightarrow{\times 2} 2x \xrightarrow{+3} 2x + 3 \xrightarrow{\times 3} 3(2x + 3) \xrightarrow{+x^2} 3(2x + 3) + x^2$
c. $x(x + 6) + 9 = x^2 + 6x + 9$ et $3(2x + 3) + x^2 = 6x + 9 + x^2$
$= x^2 + 6x + 9$. Les 2 programmes donnent le même résultat.

MINI-CONTRÔLE

$87 \times 972 + 32 \times 87 - 87 \times 4$
$= 87(972 + 32 - 4)$
$= 97 \times (1\,004 - 4)$
$= 87 \times 1\,000$
$= 87\,000$

13. Équations du premier degré à une inconnue p. 93

1 a. Vrai – b. Faux.

2

$7 = 8 - x$	4
$2x - 1 = x + 1$	2
$3x - 5 = 7$	3
$x - 2 = 3x - 8$	1

3 $3x + 2 = 9$ $\quad x + 1 = 9 - x$

$x^2 - 7 = 9$ $\quad \dfrac{x + 2}{9} = \dfrac{2}{3}$

$1 + x = 20 - x^2$ $\quad 2x - 5 = -9 + 3x$

4 a. $x - 3 = 3x + 2$ équivaut à $x - 1 = 3x + 4$ car on a ajouté 2 dans chaque membre.
b. $x - 3 = 3x + 2$ équivaut à $x - 3 - 3x = 3x + 2 - 3x$ car on a ôté $3x$ dans chaque membre.
c. $x - 3 = 3x + 2$ équivaut à $2x - 6 = 6x + 4$ car on a multiplié par 2 chaque membre.

5 a. $8x - 7 = 4x + 9$
Donc $8x - 7 + 7 = 4x + 9 + 7$,
soit $8x = 4x + 16$.
Puis $8x - 4x = 4x + 16 - 4x$,
soit $4x = 16$.
Enfin $\dfrac{4x}{4} = \dfrac{16}{4}$ d'où $x = 4$. La solution est 4.
b. $2(x - 7) + 3 = 4 - 2(x + 1)$
D'abord $2(x - 7) + 3 = 2x - 2 \times 7 + 3 = 2x - 11$
et $4 - 2(x + 1) = 4 - 2 \times x - 2 \times 1 = -2x + 2$.
Donc $2x - 11 + 11 = -2x + 2 + 11$,
soit $2x = -2x + 13$.
Puis $2x + 2x = -2x + 13 + 2x$,
soit $4x = 13$.
Enfin $\dfrac{4x}{4} = \dfrac{13}{4}$ d'où $x = \dfrac{13}{4} = 3{,}25$. La solution est $\dfrac{13}{4}$.

6

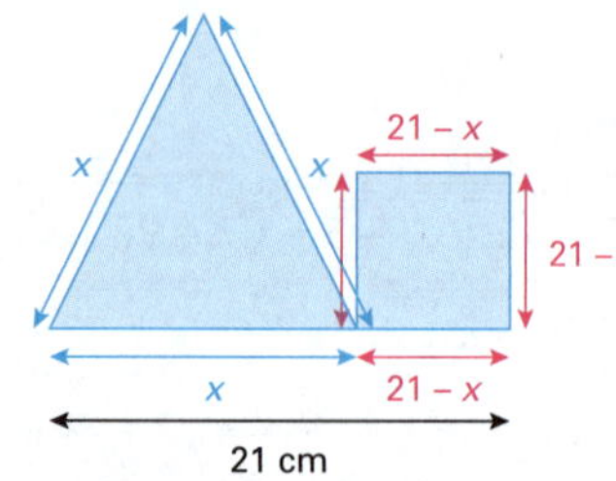

a. Si on note x le côté du triangle, alors le côté du carré vaut : $21 - x$.
b. Le périmètre du triangle est donc : $3x$,
et celui du carré : $4(21 - x)$.
c. L'équation correspondant à l'égalité des 2 périmètres est $3x = 4(21 - x)$, soit $3x = 84 - 4x$
d'où $3x + 4x = 84 - 4x + 4x$, donc $7x = 84$ et $x = \dfrac{84}{7} = 12$.
Le triangle et le carré ont le même périmètre lorsque $x = 12$ cm.

MINI-CONTRÔLE

Pour un disque de rayon R, le périmètre vaut $2\pi R$ et l'aire vaut πR^2. Si l'aire et le périmètre sont de même valeur, alors $\pi R^2 = 2\pi R$ d'où $\dfrac{\pi R^2}{R} = \dfrac{2\pi R}{R}$ puisque $R \neq 0$, d'où $\pi R = 2\pi$,

puis $\frac{\pi R}{\pi} = \frac{2\pi}{\pi}$ car $\pi \neq 0$ et ainsi $R = 2$.
Le seul disque ayant une aire égale en valeur à son périmètre est le disque de rayon 2 cm.

14. Proportionnalité : propriétés, ratio p. 95

1 a. Vrai car on multiplie par $\frac{7}{3}$ pour passer de la 1re ligne à la 2e. – b. Faux, car $3 \times 6 = 18$ mais $5{,}5 \times 6 = 33$ (et non 32).

2 a.

2	**2,8**
5	7

car $2{,}8 = \frac{2 \times 7}{5}$

b.

4	6
6	9

car $6 = \frac{4 \times 9}{6}$

c.

2,1	1,4
4,5	3

car $4{,}5 = \frac{2{,}1 \times 3}{1{,}4}$

3 a. 4:3 – b. 3:5 – c. 12:11 – d. 3:1.

4 a.

Filles	**12**	**40**
Elèves	**30**	100

Il y a 40 % de filles dans cette classe.
b. Un élève a eu plus de 15 sur 20 lors de 7 contrôles sur 22 cette année, c'est à dire dans environ **31,82** % des cas, car :

Notes supérieures à 15	**7**	≈ 31,82
Notes obtenues	**22**	**100**

5 Joe, Jack, William et Averell se partagent 574 lentilles avec le ratio 2:3:4:5.

Ratio	2	3	4	5	**14**
Lentilles	82	123	164	205	574

× 41

À l'issue du partage, Joe reçoit 82 lentilles, Jack 123, William 164 et Averell 205.

6

Nombre de blocs	7	5	2,8
Masse (kg)	37,8	**27**	**15,12**

a. Une colonne composée de 5 de ces blocs identiques pèse 27 tonnes car $27 = \frac{37{,}8 \times 5}{7}$.
b. Le bloc supérieur intact à 80 % représente 0,8 bloc, donc la colonne a la même masse que 2,8 blocs, soit 15,12 tonnes.

MINI-CONTRÔLE

Notons l la largeur du rectangle, alors à cause du ratio, la longueur est de $\frac{4}{3}l$.

Ratio	3	4
Dimensions (cm)	l	$\frac{4}{3}l$

Ainsi on a $l \times \frac{4}{3}l = 27$ d'où $l \times 4l = 81$ et $l^2 = \frac{81}{4}$ d'où $l = \sqrt{\frac{81}{4}} = \frac{9}{2} = 4{,}5$.

Ainsi la largeur du rectangle est de 4,5 cm et sa longueur est de $\frac{4}{3} \times 4{,}5 = 6$ cm.

15. Proportionnalité : représentation graphique p. 97

1 Le seul graphique correspondant à une situation de proportionnalité est celui-ci :

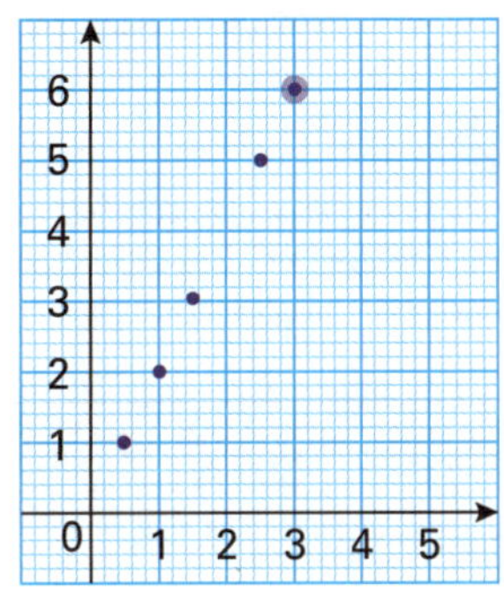

2

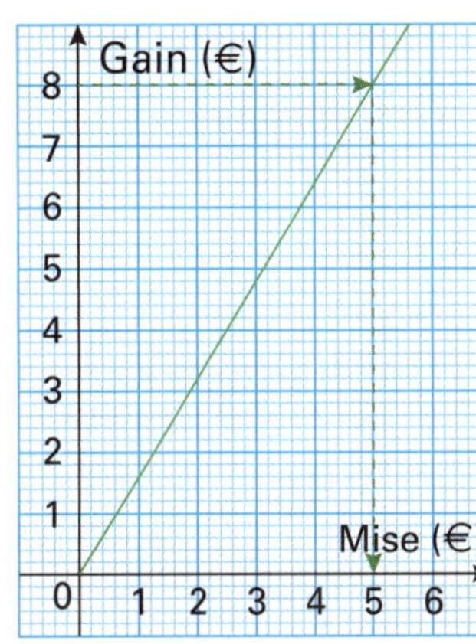

a. On est situation de proportionnalité car le graphique est une droite qui passe par l 'origine du repère.
b. On doit miser 5 € pour espérer gagner 8 € (voir graphique).
c. Un joueur ayant misé 30 € a misé 6 fois plus qu'un joueur ayant misé 5 €. Comme on est en situation de proportionnalité, il gagne 6 fois plus, soit 48 €.
d. Un joueur ayant misé 7 € gagne 11,2 € :

Mise (€)	5	7
Gain (€)	8	$\frac{8 \times 7}{5} = 11{,}2$

Corrigés

3 a.

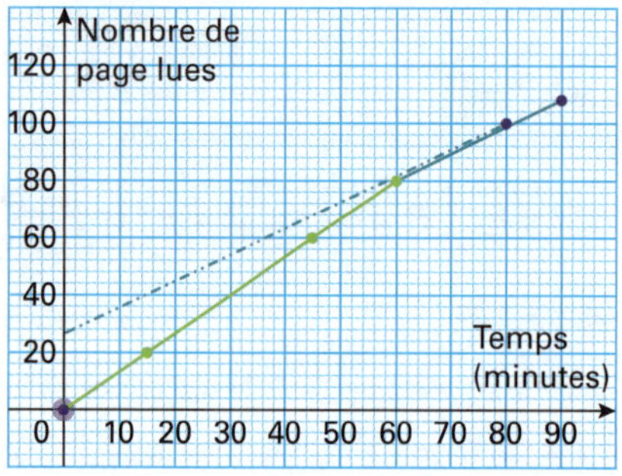

b. Le nombre de pages lues pendant la première heure a été proportionnel au temps passé car les quatre premiers points (jusqu'à 60 minutes) sont alignés avec l'origine du repère.

c. Le nombre de pages lues en 90 minutes n'a pas été proportionnel au temps passé car on voit qu'entre 60 et 90 minutes les points ne sont plus alignés avec ceux de la première heure, ni avec l'origine du repère.

MINI-CONTRÔLE

Parmi ces cinq courbes, seules les courbes orange et bleue représentent une situation de proportionnalité car ce sont des droites passant par l'origine du repère.

16. Statistiques : moyenne, médiane p. 99

1 a. La moyenne de Yann est $\frac{13+8+15+10+12}{5}$ soit $\frac{58}{5} = 11,6$.

b. On ordonne : 8-10-**12**-13-15. Il y a 5 valeurs. 5 étant impair, la médiane de Yann est la valeur centrale : 12.

2 a. En janvier, il y a 31 jours, numérotés de 1 à 31. On a les 15 premiers du 1 au 15, le 16, puis les 15 derniers du 17 au 31. Il y a 31 valeurs, 31 est impair, la médiane est la valeur centrale, c'est bien le 16. Yazid a raison.

b. En février, il y a généralement 28 jours : les 14 premiers du 1 au 14 et les 14 derniers du 15 au 28. La médiane est alors soit le 14, soit le 15. Les années bissextiles, février comporte 29 jours : les 14 premiers du 1 au 14, le 15, les 14 derniers du 16 au 29. La médiane ces années-là est donc le 15. En aucun cas ce ne peut être le 16 : Yazid a tort.

c. Avril compte 30 jours : les 15 premiers du 1 au 15, les 15 derniers du 16 au 30. Il y a 30 valeurs, 30 est pair, la médiane est donc soit le 15, soit le 16. Yazid a raison, on peut choisir le 16 comme jour médian (mais on peut aussi choisir le 15).

d. Il y a 365 valeurs, 365 est impair, la médiane sera donc la valeur centrale, le 183e jour de l'année : en effet on a les 182 premiers jours, le 183e, les 182 derniers. Il y a 181 jours du 1er janvier au 30 juin. Le jour médian de l'année, le 183e, est donc le 2 juillet.

3 a. 3 élèves ont 0 frère ou sœur, 11 en ont 1, 4 en ont 2, 4 en ont 3, 3 en ont 4 (2 + Anna).

D'où : $\frac{3\times0+11\times1+4\times2+4\times3+3\times4}{3+11+4+4+3} = \frac{43}{25} = 1,72$.

Un élève de cette classe a donc en moyenne 1,72 frère ou sœur.

b. On ordonne la série des frères et sœurs :
0-0-0-1-1-1-1-1-1-1-1-1-**1**-1-2-2-2-2-3-3-3-3-4-4-4.
Il y a 25 valeurs, 25 est impair, la médiane est donc la valeur centrale, la 13e : 1 frère ou sœur.

c. Avoir 1,72 frère ou sœur ne signifie pas grand-chose à cause du 0,72 : on parle ici d'êtres humains ! En revanche, dire que plus de la moitié des élèves ont au moins un frère ou une sœur, et qu'en même temps plus de la moitié des élèves ont au plus un frère ou une sœur est quelque chose de réel et de significatif.

4 Ordonnons ces séries :
4-6-7-**7**-**8**-9-9-9 : cette série a 8 valeurs, 8 est pair, la médiane est donc toute valeur entre la 4e et la 5e, donc la médiane est un nombre au choix entre 7 et 8.
2-6-8-**9**-9-10-11 : cette série a 7 valeurs, 7 est impair, la médiane est donc la valeur centrale : la 4e. Donc la médiane est 9.
Dan a donc tort : 9 n'est pas un nombre compris entre 7 et 8, donc les deux séries ne peuvent pas avoir la même médiane.

MINI-CONTRÔLE

La série incomplète est : 3-15-8-13-11-12-8-....
Ordonnons les 7 valeurs connues : 3-8-8-11-12-13-15.
La valeur inconnue peut a priori se placer n'importe où dans la série, mais il faudra que cette valeur inconnue soit la médiane de la série. Vu que la série complétée aura 8 valeurs, que 8 est pair, la médiane sera une valeur comprise entre la 4e et la 5e valeur de la série. On ne peut donc placer cette valeur inconnue qu'autour de 11 : soit juste avant, entre 8 et 11, soit juste après, entre 11 et 12. Il faut de plus que la moyenne et la médiane de la série soient identiques. Calculons la moyenne des 7 valeurs connues :
$\frac{3+8+8+11+12+13+15}{7} = \frac{70}{7} = 10$.

Si la valeur inconnue (la 8e valeur) est entre 11 et 12, la moyenne sera alors entre $\frac{70+11}{8} = \frac{81}{8} = 10,125$ et $\frac{70+12}{8} = \frac{82}{8} = 10,25$.

Or la valeur inconnue devant être égale à la moyenne de la série, elle ne peut en même temps être entre 11 et 12, et aussi entre 10,125 et 10,25. Ce cas est donc impossible.
Reste l'autre :
Si la valeur inconnue (la 8e valeur) est entre 8 et 11, la moyenne sera alors entre $\frac{70+8}{8} = \frac{78}{8} = 9,75$ et $\frac{70+11}{8} = \frac{81}{8} = 10,125$.

La valeur 10 semble bien indiquée, puisqu'il faut un nombre à la fois entre 8 et 11 mais aussi entre 9,75 et 10,125 et cette fois c'est possible. Vérifions avec 10 : la série serait 3-8-8-**10**-**11**-12-13-15 et 10 est bien une médiane possible. De plus $\frac{70+10}{8} = \frac{80}{8} = 10$: on conclut que la valeur manquante est 10.

17. Probabilités p. 101

1 ☐ obtenir Pile en lançant une pièce de monnaie
☑ obtenir Pile ou Face en lançant une pièce de monnaie
☑ obtenir moins de 7 en lançant un dé à 6 faces
☐ obtenir moins de 7 en lançant un dé à 8 faces
☑ obtenir un jour de naissance compris entre 1 et 31
☑ obtenir plus de – 3 en lançant un dé à 4 faces

2 ☐ obtenir Pile en lançant une pièce de monnaie
☑ obtenir 4 en lançant une pièce de monnaie
☑ obtenir plus de 7 en lançant un dé à 6 faces
☐ obtenir plus de 7 en lançant un dé à 8 faces
☑ obtenir un jour de naissance compris entre 32 et 35
☑ obtenir Pile en lançant un dé à 6 faces

3 a. obtenir Pile en lançant une pièce de monnaie :
→ obtenir « Face »
b. obtenir « midi » en demandant l'heure à quelqu'un
→ obtenir « n'importe quelle heure sauf Midi »
c. obtenir moins de 4 en lançant un dé à 6 faces
→ obtenir « 5 ou 6 en lançant un dé à 6 faces »
d. obtenir plus de 4 en lançant un dé à 8 faces
→ obtenir « strictement moins de 4 », soit « 1, 2,3 »
e. obtenir un nombre positif en choisissant un nombre au hasard
→ obtenir « un nombre strictement négatif »

4 a. **A** = « obtenir 3 »
$p(A) = \frac{1}{6}$ car seule l'issue « 3 » est favorable parmi les 6 possibles.
b. **B** = « obtenir un diviseur de 10 » :
→ $p(B) = \frac{3}{6} = \frac{1}{2}$ car seules les issues « 1, 2, 5 » sont favorables parmi les 6 possibles.
c. **C** = « obtenir strictement plus que 4 » :
→ $p(C) = \frac{2}{6} = \frac{1}{3}$ car seules les issues « 5, 6 » sont favorables parmi les 6 possibles.
d. **D** = « obtenir la lettre Z » :
→ p (D) = 0 car D est un évènement impossible.
e. **E** = « obtenir un nombre pair ou impair » :
→ p(E) = 1 car E est un évènement certain.
f. **F** = « obtenir la moitié d'un nombre premier » :
→ $p(F) = \frac{1}{6}$ car seule l'issue 1 est favorable parmi les 6 possibles : 1 est la moitié de 2 qui est un nombre premier mais 2, 3, 4, 5, 6 sont les moitiés de 4, 6, 8, 10, 12 qui ne sont pas premiers.

5 a. Chaque entier entre 0 et 20 sera attribué au hasard, et ce une seule fois. La moyenne sera donc de 10 car $\frac{0 + 1 + 2 + 3 + ... + 18 + 19 + 20}{21} = \frac{210}{21} = 10.$
Ce sera la même au premier contrôle qu'au deuxième, puisque le professeur procède de la même façon.
b. p(« il met strictement plus de 18/20 ») = $\frac{2}{21}$ car seules les issues « 19, 20 » sont favorables parmi les 21 possibles.
On passe par l'évènement contraire, plus rapide à calculer :
p(« il met strictement plus de 2/20 ») = 1 – p(« il met moins de 2/20 ») = $1 - \frac{3}{21} = \frac{18}{21} = \frac{6}{7}$ car seules les issues « 0, 1, 2 » sont favorables à l'évènement contraire parmi les 21 possibles.
p(« il ne met pas un nombre premier comme note »)
$= \frac{13}{21}$ car seules les issues « 0, 1, 4, 6, 8, 9, 10, 12, 14, 15, 16, 18, 20 » sont favorables parmi les 21 possibles.
p(« il met au moins 10/20 ») = $\frac{11}{21}$ car il y a 11 entiers de 10 à 20, donc 11 issues favorables sur 21 possibles.

MINI-CONTRÔLE

Le footballeur a marqué 37 pénaltys sur 51, soit une fréquence de $\frac{37}{51} \approx 0{,}725$. Au bout d'un an, en marquant 1 pénalty sur deux, et en en tirant dix, il en aura réussi 5, soit une fréquence de $\frac{37 + 5}{51 + 10} = \frac{42}{61} \approx 0{,}689$.
Au bout de deux ans elle sera de $\frac{42 + 5}{61 + 10} = \frac{47}{71} \approx 0{,}662$.
Au bout de 3 ans elle sera de $\frac{47 + 5}{71 + 10} = \frac{52}{81} \approx 0{,}642$.
Le joueur n'aura, à ce rythme, la confiance de son entraineur que pendant deux ans. En ratant le 74e pénalty (il en aura alors réussi 48), il perdra la confiance de son entraineur au cours de la 3e année $\left(\frac{48}{74} \approx 0{,}649 \leqslant 0{,}65\right)$.

18. Notion de fonction p. 103

1 a. $3 \xrightarrow{x^2} 9 \xrightarrow{-4} 5$
b. Par la fonction f, 3 a pour image 5.
c. On dit alors que 5 est l'image de 3 par f.
d. 3 est l'antécédent de 5 par la fonction f.
e. $f(3) = 5$
f. Pour tout nombre x, on a $f(x)= x^2 - 4$.

2 a. $g(2) = \frac{4}{2} + 1$ donc $g(2) = 2 + 1 = 3$
b. L'image de 1 par g est 5 car $g(1) = \frac{4}{1} + 1 = 4 + 1 = 5$
c. Si 4 est l'antécédent de 2 par g, alors 4 a pour image 2 par g. Calculons $g(4)$: $g(4) = \frac{4}{4} + 1 = 1 + 1 = 2$ il est donc vrai de dire que 4 est l'antécédent de 2 par g.
d. Voici le bon ordre des instructions qui composent la fonction g :
1. [Prendre l'inverse] 2. [Multiplier par 4] 3. [Ajouter 1]

3 a. $p(x) = x + x + x + x = 4x$
b. $a(x) = x \times x = x^2$
c.

x	0	0,5	1	2	3	4	5
$p(x)$	**0**	**2**	**4**	**8**	**12**	**16**	**20**

x	0	0,5	1	2	3	4	5
$a(x)$	**0**	**0,25**	**1**	**4**	**9**	**16**	**25**

Corrigés

d. e.

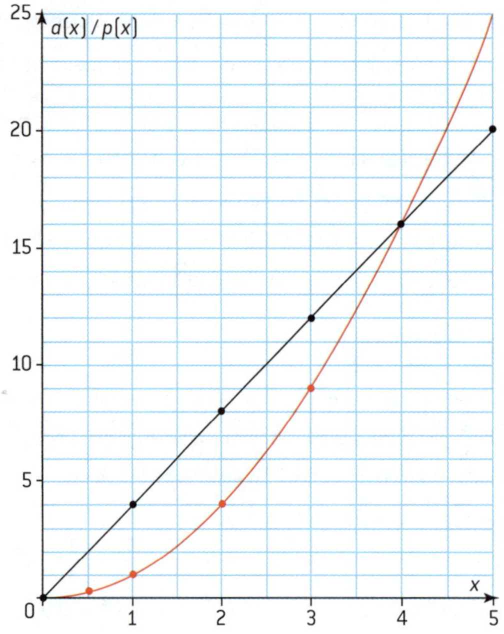

MINI-CONTRÔLE

a. On a : $(-3) \rightarrow 9 \rightarrow 15 \rightarrow 16$ car $(-3)^2 = 9$; $9 - 2 \times (-3) = 9 + 6 = 15$ et $15 + 1 = 16$ ainsi on a bien $f(-3) = 16$

b. $f(5) = 16$ car $5 \rightarrow 25 \rightarrow 15 \rightarrow 16$

c. $g(-3) = (-3-1)^2 = (-4)^2 = 16$ et $g(5) = (5-1)^2 = 4^2 = 16$.

d. Comme on trouve les images pour -3 et 5 par f et par g, on peut conjecturer que f et g ont la même expression algébrique. Si on applique à x le programme de f, on trouve $f(x) = x^2 - 2x + 1$, on conjecture donc que, pour tout x, $(x-1)^2 = x^2 - 2x + 1$.

19. Grandeurs composées p. 105

1 1 Mo = 1 000 ko, d'où le tableau de proportionnalité :

Poids en ko	125	135 000
Temps en s	1	

On le complète par produit en croix : $\dfrac{135\,000 \times 1}{125} = 1\,080$.

Luc met 1 080 s à télécharger son fichier de 135 Mo. Or 1 080 = 60 × 18 et 60 s = 1 min, donc le téléchargement dure 18 minutes.

2 a. $0{,}87 \text{ g/cm}^3 = \dfrac{0{,}87 \text{ g}}{1 \text{ cm}^3} = \dfrac{0{,}87 \text{ g} \times 1\,000\,000}{1 \text{ cm}^3 \times 1\,000\,000}$

$= \dfrac{870\,000 \text{ g}}{1\,000\,000 \text{ cm}^3} = \dfrac{870 \text{ kg}}{1\,000\,000 \text{ cm}^3}$

$= \dfrac{870 \text{ kg}}{1 \text{ m}^3}$

b. 1 m^3 de ce liquide pèse 870 kg, donc 50 m^3 pèseront 50 × 870 kg soit 43 500 kg ou 43,5 T. Comme $43{,}5 \leqslant 44$, on peut remplir de ce liquide ce bassin sans souci.

3 À mi-parcours, Elias a utilisé sa batterie 2,5 h en 4G. Il a donc consommé 2,5 × 31,25 W de sa batterie, soit 78,125 W. À la gare il consomme 4 h en wifi soit 4 × 25 W, donc 100 W supplémentaires. Pour finir le voyage, il aura besoin de la même quantité que lors de la 1re partie de 2,5 h, soit 78,125 W. Or 78,125 + 100 + 78,127 = 256,25 W, ce qui dépasse la capacité de sa batterie qui est de 250 W. Elias devra donc profiter de sa halte à la gare pour recharger sa batterie s'il veut l'utiliser tout le voyage.

4 Ferrari : 360 km/h

Corvette : $200 \text{ mph} = \dfrac{200 \text{ miles}}{1 \text{ h}} = \dfrac{200 \times 1{,}609 \text{ km}}{1 \text{ h}}$

$= \dfrac{321{,}8 \text{ km}}{1 \text{ h}} = 321{,}8 \text{ km/h}$

Faucon pèlerin en piqué :

$111 \text{ m/s} = \dfrac{111 \text{ m}}{1 \text{ s}} = \dfrac{111 \times 3\,600 \text{ m}}{3\,600 \text{ s}} = \dfrac{399\,600 \text{ m}}{1 \text{ h}}$

$= \dfrac{399{,}6 \text{ km}}{1 \text{ h}} = 399{,}6 \text{ km/h}$

Le plus rapide est donc le faucon pèlerin, puis la Ferrari et enfin la Corvette.

5 a. $\dfrac{2\,173\,500}{650} \approx 3\,343{,}85$. Il faudrait donc 3 344 s pour que la Garonne remplisse le Stade de France.
Or 3 344 = 60 × 55 + 44 donc il lui faudrait 55 minutes et 44 secondes, soit effectivement moins d'une heure.

b. Le volume du Stade de France est 2 173 500 m^3 soit 2 173 500 000 dm^3 et donc 2 173 500 000 L, pour un poids donc de 2 173 500 000 kg soit 2 173 500 T, ce qui donne en écriture scientifique $2{,}1735 \times 10^6$ T.

MINI-CONTRÔLE

Le sol du nouveau bassin a une surface de 60 m^2 (5 × 12 = 60).

La charge maximale supportable par le sol du bassin est de $\dfrac{2 \text{ T}}{\text{m}^2}$ soit 60 × 2 : 120 tonnes.

Notons p la profondeur du bassin. Le volume de ce bassin, un pavé droit, sera donc de $p \times 12 \times 5$ m^3 soit 60 $p$$m^3$. Or 1 m^3 de ce liquide a pour masse 0,87 T d'après l'exercice 2. Ainsi 60 $p$$m^3$ auront pour masse $60p \times 0{,}87$ T c'est-à-dire $52{,}2\,p$T.

Il faut donc avoir $52{,}2p \leqslant 120$ soit $p \leqslant \dfrac{120}{52{,}2} \approx 2{,}299$ m.

La profondeur maximale de ce bassin doit donc être de 2,29 m pour avoir une petite marge de sécurité.

20. Se repérer dans l'espace p. 107

1

A : 3	le milieu de [DC] : 3
E : 0	le milieu de [DH] : 1,5
F : 0	le milieu de [FG] : 0
C : 3	le milieu de [AG] : 1,5

2

H : (2 ; 0 ; 0)	le milieu de [DC] : (0 ; 0 ; 3)
B : (– 2 ; 3 ; 3)	le milieu de [DH] : (2 ; 0 ; 1,5)
F : (– 2 ; 3 ; 0)	le milieu de [FG] : (– 2 ; 1,5 ; 0)
C : (– 2 ; 0 ; 3)	le milieu de [AG] : (0 ; 1,5 ; 1,5)

3

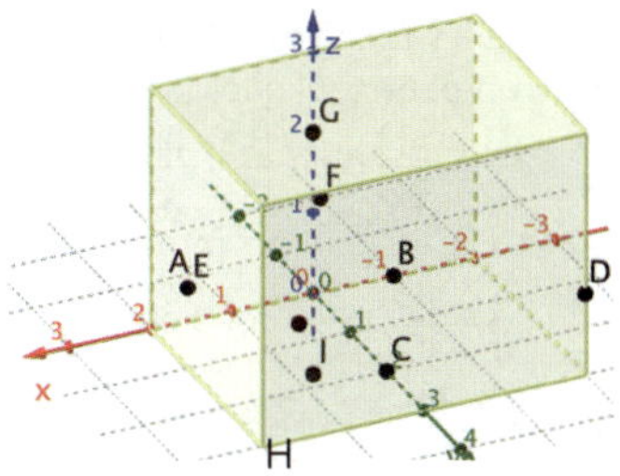

4 a. A(petite face) = $4 \times 6 = 24$ cm²;
A(moyenne face) = $4 \times 12 = 48$ cm²;
A(grande face) = $12 \times 6 = 72$ cm²
b. *V*(pavé) = $4 \times 6 \times 12 = 288$ cm³
c. On divise par 4 les dimensions de ce pavé, donc les aires sont divisées par $4^2 = 16$ et le volume par $4^3 = 64$.
On obtient donc pour le pavé réduit :
A(petite face) = $24 \div 16 = 1{,}5$ cm²;
A(moyenne face) = $48 \div 16 = 3$ cm²;
A(grande face) = $72 \div 16 = 4{,}5$ cm²;
V(pavé) = $288 \div 64 = 4{,}5$ cm³.

MINI-CONTRÔLE

a. On calcule l'effet sur le volume : il a été multiplié par 1 296 ÷ 162 c'est-à-dire 8. Le coefficient *k* d'agrandissement vérifie donc $k^3 = 8$; ainsi $k = 2$.
b. Le côté agrandi du carré de base mesure alors 2×30, soit 60 cm.

21. Pyramides et cônes p. 109

1

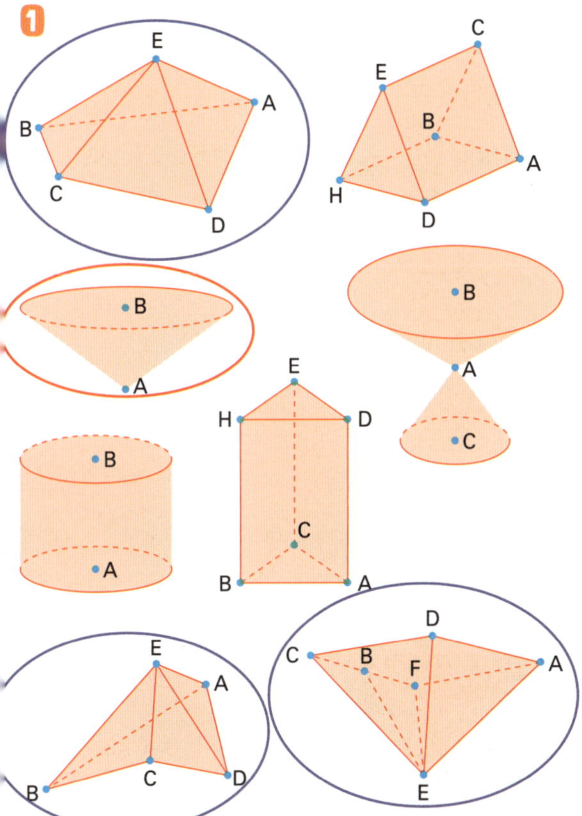

2 a. $V = \dfrac{\pi \times 10^2 \times 30}{3} \approx 3\ 142$ cm³
b. $V = \pi \times 6^2 \times 30 \approx 3\ 393$ cm³
c. $V = \dfrac{18^2 \times 30}{3} = 3\ 240$ cm³.
d. Par ordre croissant de contenance : conique – pyramidal – cylindrique.

3 Le volume de la pyramide de base est :
$V = \dfrac{9^2 \times 6}{3} = 162$ cm³.
Celui de la pyramide ôtée est : $V = \dfrac{3^2 \times 2}{3} = 6$ cm³.
Le volume de l 'objet final est donc de 156 cm³ (162 – 6 = 156).

MINI-CONTRÔLE

Ratio	3	4
Dimensions (cm)	12	**16**

Le rayon de base vaut 12 cm, donc la hauteur du cône est de 16 cm puisque tous deux sont dans le ratio 3:4.
Ainsi le volume du cône vaut :
$V = \dfrac{\pi \times 12^2 \times 16}{3} \approx 2\ 413$ cm³.

22. Géométrie : notions essentielles p. 111

1 a. hauteur – b. médiatrice et hauteur – c. médiatrice – d. hauteur – e. hauteur – f. médiatrice.

2 a. $\widehat{ABD} = 90°$ car la somme des angles du triangle ABD vaut 180°.
b. (BD) est une hauteur du triangle ADC car (BD) passe par le sommet D et que (BD) ⊥ (AC).
c. Comme (DE) ⊥ (BD) et que (BC) ⊥ (BD) alors on peut affirmer que : (DE) // (BC).
d. $\widehat{EDC}$ et $\widehat{BCD}$ sont des angles alternes-internes formés par les droites parallèles (DE) et (BC) et par la sécante (DC). Ainsi $\widehat{BCD} = \widehat{CDE} = 45°$.
e. $\widehat{BDC} = 45°$ donc le triangle BCD est rectangle et isocèle en B car $\widehat{BCD} = \widehat{BDC}$.
f. $\widehat{ADC} = 52 + 45 = 97°$.
g. (AD) // (EC) car $\widehat{ADC}$ et $\widehat{DCE}$ sont des angles alternes-internes et que $\widehat{ADC} = \widehat{DCE} = 97°$.

3 a. D'après le codage, E est situé sur la médiatrice de [AB].
b. D'après **a.** on peut écrire EA = EB et en déduire que le triangle ABE est isocèle en E.
c. D'après **b.** on a alors $\widehat{EBA} = \widehat{EAB} = 60°$.
d. D'après **c.** on a $\widehat{AEB} = 180 - (60 + 60) = 60°$. Ainsi on peut affirmer que le triangle ABE est même un triangle équilatéral.

Corrigés

4 (AF) // (CD) donc les angles alternes-internes, $\widehat{BAE}$ et $\widehat{ADC}$ sont égaux et $\widehat{ADC} = 28°$.
Ensuite $\widehat{FDE} = \widehat{CDF} - \widehat{ADC} = 86 - 28 = 58°$.
Enfin $\widehat{BEA}$ et $\widehat{FDE}$ sont correspondants, formés par les parallèles (BC) et (FD) et par la sécante (AD).
Donc $\widehat{BEA} = \widehat{FDE} = 58°$.

MINI-CONTRÔLE

a. Si T est sur la médiatrice de [DF] alors : TD = TF.
b. Si ABC est isocèle en B alors : $\widehat{BAC} = \widehat{BCA}$.
c. Si DEF est isocèle en F avec $\widehat{EFD} = 40°$ alors : $\widehat{FED} = 70°$.

23. Théorème de Thalès (1) : calculer une longueur p. 113

1

a. Non, car on ignore si (EB)//(FC) et on n'a rien pour le prouver.	b. Oui, car $\widehat{ABE} = \widehat{ACF}$ par codage, et ce sont des angles correspondants, ce qui prouve que (EB)//(FC).
c. Non, car même si on peut utiliser le théorème pour écrire des fractions égales, on ne connait pas FC et donc on ne peut obtenir BE.	d. Oui, car on a (BE)//(CF) et les bonnes dimensions pour obtenir BE grâce à un produit en croix.

2 a. Les triangles ABC et ART sont emboités avec (BC)//(TR) et R ∈ [AB]. D'après le théorème de Thalès, on a :
$\frac{AB}{AR} = \frac{AC}{AT} = \frac{BC}{RT}$.
b. Les triangles LJK et LGH sont emboités avec (JK)//(GH). D'après le théorème de Thalès, on a :
$\frac{LJ}{LG} = \frac{LK}{LH} = \frac{JK}{GH}$.
c. Les triangles FCE et FHT sont emboités avec (CE)//(HT). D'après le théorème de Thalès, on a :
$\frac{FC}{FH} = \frac{FE}{FT} = \frac{CE}{HT}$.

3 Comme les triangles STV et SUW sont emboités avec (TV)//(UW), on peut appliquer le théorème de Thalès qui donne : $\frac{ST}{SU} = \frac{SV}{SW} = \frac{TV}{UW}$ d'où $\frac{4,5}{SU} = \frac{3}{5} = \frac{TV}{4}$.
On en déduit $\frac{4,5}{SU} = \frac{3}{5}$, d'où :
$SU = \frac{4,5 \times 5}{3} = \frac{22,5}{3} = 7,5$ et $\frac{3}{5} = \frac{TV}{4}$ d'où $TV = \frac{3 \times 4}{5} = 2,4$.

MINI-CONTRÔLE

Comme les triangles JIH et JMG sont emboités avec (IH)//(MG), on peut appliquer le théorème de Thalès qui donne : $\frac{JI}{JM} = \frac{JH}{JG} = \frac{IH}{MG}$ d'où $\frac{4}{6} = \frac{JH}{JG} = \frac{IH}{MG}$ (*).

Par ailleurs, comme les triangles JAH et JBG sont emboités avec (AH)//(BG), on peut appliquer le théorème de Thalès qui donne : $\frac{JA}{JB} = \frac{JH}{JG} = \frac{AH}{BG}$ d'où $\frac{JA}{JB} = \frac{JH}{JG} = \frac{3,6}{BG}$ (**).
Dans les égalités (*) et (**) on retrouve chaque fois la fraction $\frac{JH}{JG}$ d'où : $\frac{4}{6} = \frac{JH}{JG} = \frac{3,6}{BG}$ donc on a :
$\frac{4}{6} = \frac{3,6}{BG}$ et $BG = \frac{6 \times 3,6}{4} = \frac{21,6}{4} = 5,4$.

24. Théorème de Thalès (2) : prouver que deux droites sont parallèles p. 115

1 a. On ne peut pas savoir car on ignore si D ∈ (AB) ou si D ∈ (AC).
b. On calcule $\frac{AB}{AE} = \frac{4}{9}$ et $\frac{AC}{AD} = \frac{3}{12} = \frac{1}{4}$ or $\frac{AC}{AD} = \frac{1}{4} = \frac{9}{36}$ et $\frac{AB}{AE} = \frac{4}{9} = \frac{16}{36}$ donc $\frac{AB}{AE} \neq \frac{AC}{AD}$: (BC) n'est pas parallèle à (DE).
c. AB = 4, AC = 3, AD = 12, AE = 9, B ∈ [AD], C ∈ [AE] : on calcule $\frac{AB}{AD} = \frac{4}{12} = \frac{1}{3}$ et $\frac{AC}{AE} = \frac{3}{9} = \frac{1}{3}$ donc $\frac{AB}{AE} = \frac{AC}{AD}$: (BC) est parallèle à (DE).

2 • D'une part $\frac{AB}{AR} = \frac{5}{20} = \frac{1}{4}$
• D'autre part $\frac{AC}{AT} = \frac{4}{16} = \frac{1}{4}$
• On a donc $\frac{AB}{AR} = \frac{AC}{AT}$, et aussi B ∈ [AR] et C ∈ [AT]
• D'après la réciproque du théorème de Thalès, les droites (BC) et (RT) sont parallèles.

3 • D'une part $\frac{AD}{AE} = \frac{6,25}{8,75} = \frac{5}{7}$
• D'autre part $\frac{AC}{AB} = \frac{9,4}{13,16} = \frac{5}{7}$
• On a donc $\frac{AD}{AE} = \frac{AC}{AB}$, et aussi C ∈ [AB] et D ∈ [AE]
• D'après la réciproque du théorème de Thalès, les droites (DC) et (BE) sont parallèles : on peut poser la toiture.

MINI-CONTRÔLE

a. Pour avoir (WV)//(XY) il faut $\frac{ZW}{ZY} = \frac{ZV}{ZX}$ soit $\frac{4}{4+x} = \frac{1,5}{1,8}$ car ZY = ZW + WY = 4 + x. Par produit en croix, on a $4 + x = \frac{4 \times 1,8}{1,5}$ soit $4 + x = 4,8$ d'où $x = 4,8 - 4 = 0,8$.
b. Pour avoir (WV)//(XY), il faut $\frac{ZW}{ZY} = \frac{ZV}{ZX}$ soit $\frac{8}{x} = \frac{x}{18}$.
On multiplie par 18 de chaque côté pour trouver $\frac{144}{x} = x$ puis par x de chaque côté pour avoir $144 = x^2$ d'où $x = \sqrt{144} = 12$.

25. Théorème de Pythagore (1) : calculer une longueur p. 117

1 a. Dans ABC, l'hypoténuse est AC. – b. Dans AEF, l'hypoténuse est AE. – c. Dans ADC, l'hypoténuse est AD.

2 a. Dans ABC : $AC^2 = AB^2 + BC^2$. – b. Dans EBC : $EC^2 = EB^2 + BC^2$. – c. Dans DEF : $DE^2 = DF^2 + FE^2$.

3 a. D'après le codage, BEC est un triangle rectangle en B. On peut donc écrire le théorème de Pythagore :
$EC^2 = EB^2 + BC^2$ d'où $6{,}25^2 = 5^2 + BE^2$,
ou encore $39{,}0625 = 25 + BE^2$.
Ainsi $BE^2 = 14{,}0625$ et $BE = \sqrt{14{,}0625} = 3{,}75$ cm.

b. De même, BAC est un triangle rectangle en B. On peut donc écrire le théorème de Pythagore :
$AC^2 = AB^2 + BC^2$ d'où $13^2 = 5^2 + AB^2$,
ou encore $169 = 25 + AB^2$.
Ainsi $BA^2 = 144$ et $BA = \sqrt{144} = 12$ cm.

c. B, E, A sont alignés donc :
$EA = BA - BE = 12 - 3{,}75 = 8{,}25$ cm.

4 a. $\widehat{ADE} = 180 - (60 + 30) = 90°$. ADE est donc un triangle rectangle en D et on peut ainsi appliquer le théorème de Pythagore.
b. $AE^2 = AD^2 + DE^2$ d'où $4^2 = 2^2 + DE^2$ car AD = 2 cm puisque D est le milieu de [AB].
Ainsi $16 = 4 + DE^2$ et $DE^2 = 12$. D'où $DE = \sqrt{12}$ cm.

5 BE = BG = EG car ces 3 longueurs sont celles des diagonales de 3 faces (superposables) du cube. Le périmètre de BEG vaut donc 3 BE.
EAB est un triangle rectangle en A puisque ABFE est un carré (face d'un cube).
Le théorème de Pythagore donne : $BE^2 = BA^2 + AE^2$ d'où $BE^2 = 5^2 + 5^2$ soit $BE^2 = 25 + 25 = 50$.
Le périmètre de BEG vaut donc $3\sqrt{50}$ cm.

MINI-CONTRÔLE

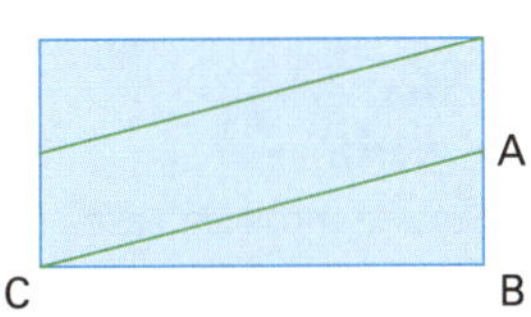

Si on dessine en vraie grandeur le patron du cylindre, la face latérale est un rectangle de largeur 15 cm et de longueur $2\pi \times 4$ soit 8π cm. La trace de l'escargot sur la face du patron est représentée ci-dessus en vert. En appliquant le théorème de Pythagore dans ABC, on trouve que $AC = \sqrt{7{,}5^2 + (8\pi)^2}$ cm, soit $AC \approx 26{,}23$ cm.
La trace de l'escargot mesure ainsi environ 52,46 cm.

26. Théorème de Pythagore (2) : prouver qu'un triangle est rectangle p. 119

1 L'élève n'a pas calculé le carré du plus grand côté pour le comparer à la somme des carrés des deux plus petits côtés. Puisque le plus grand côté est DA (17 cm), il aurait dû comparer DA^2 (289) à $DB^2 + BA^2$, qui donne aussi 289, et conclure que DAB est bien rectangle en B !

2 a. Vrai – b. Vrai – c. Faux – d. Vrai – e. Faux.

3 a. D'une part : $AC^2 = 20^2 = 400$.
D'autre part : $AB^2 + BC^2 = 16^2 + 12^2 = 256 + 144 = 400$.
Puisque $AB^2 + BC^2 = AC^2$, la réciproque du théorème de Pythagore permet de dire que ABC est rectangle en B.
b. Puisque ABC est rectangle en B, alors BCE aussi. On peut donc lui appliquer le théorème de Pythagore :
$EC^2 = EB^2 + BC^2$ donc $EC^2 = 9^2 + 12^2$
d'où $EC^2 = 81 + 144 = 225$ et $EC = \sqrt{225} = 15$ cm.

4 Le plus grand côté est 49 mm, or $49^2 = 2\ 401$.
D'autre part, $40^2 + 30^2 = 1\ 600 + 900 = 2\ 500$.
Comme $2\ 500 \neq 2\ 401$, le quadrillage n'est pas à angle droit et la machine a besoin d'un réglage !

5 Dans GCD :
D'une part $GD^2 = 29^2 = 841$.
D'autre part $GC^2 + CD^2 = 21^2 + 20^2 = 441 + 400 = 841$.
Ainsi, par la réciproque du théorème de Pythagore, GCD est rectangle en C.
Comme GC = HD et que GH = CD, DCGH est un parallélogramme.
Avec un angle droit en C, DCGH devient un rectangle.
Dans EAD :
D'une part $ED^2 = 34^2 = 1\ 156$.
D'autre part $EA^2 + AD^2 = 21^2 + 28^2 = 441 + 784 = 1\ 225$.
Comme $1\ 156 \neq 1\ 225$, EAD n'est pas rectangle en A.
Ce solide n'est donc pas un pavé droit.

MINI-CONTRÔLE

1er triangle : 3, 4, 5 – 2e triangle : 5, 12, 13 – 3e triangle : 7, 24, 25 – 4e triangle : 9, 40, 41 – 5e triangle : 20, 21, 29.

27. Cosinus d'un angle aigu p. 121

1

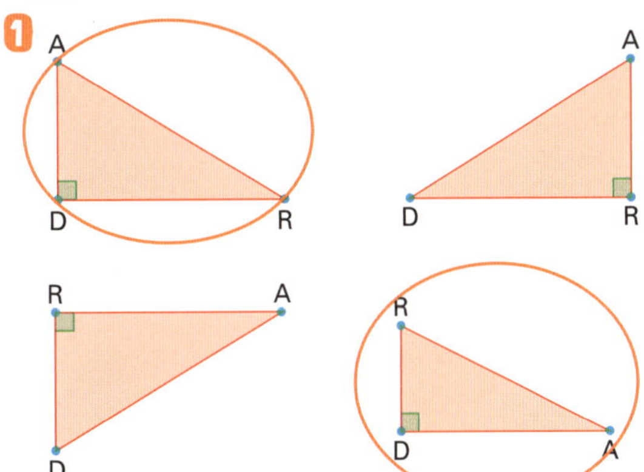

2 a. $\cos \widehat{AEC} = \dfrac{CE}{AE}$ – b. $\cos \widehat{BAC} = \dfrac{BA}{AC}$ – c. $\cos \widehat{FAE} = \dfrac{FA}{EA}$.

3 a. Dans BCE rectangle en B, on a $\cos \widehat{BCE} = \dfrac{BC}{EC}$ d'où $\cos \widehat{BCE} = \dfrac{12}{15}$.
Ainsi on a $\widehat{BCE} \approx 37°$.
b. Dans BCA rectangle en B, on a $\cos \widehat{BCA} = \dfrac{BC}{AC}$ d'où $\cos \widehat{BCA} = \dfrac{12}{20}$.
Ainsi on a $\widehat{BCA} \approx 53°$.

c. $\widehat{BAC} = 90 - \widehat{BCA} \approx 37°$ dans ABC rectangle en B.
$\widehat{BEC} = 90 - \widehat{BCE} \approx 53°$ dans EBC rectangle en B.
$\widehat{ECA} = \widehat{BCA} - \widehat{BCE} \approx 16°$.

4 Dans BAD rectangle en B, on a $\cos \widehat{BDA} = \frac{BD}{AD}$ donc $\cos 52° = \frac{BD}{6}$ et $BD = 6 \cos 52°$ cm.
D'où $BD \approx 3{,}69$ cm.
Dans CED rectangle en C, on a $\cos \widehat{CDE} = \frac{DC}{DE}$ donc $\cos 45° = \frac{5}{DE}$ soit $\frac{\cos 45°}{1} = \frac{5}{DE}$ cm.
D'où $DE = \frac{5 \times 1}{\cos 45°} \approx 7{,}07$ cm.

5 Grâce au théorème de Pythagore appliqué au triangle BCD rectangle en C, on trouve $BD = \sqrt{32}$ cm, d'où $BH = \frac{\sqrt{32}}{2}$ cm.
Grâce au théorème de Pythagore appliqué au triangle BSH rectangle en H on trouve $SB = \sqrt{33}$ cm,
$\left(SB^2 = \left(\frac{\sqrt{32}}{2}\right)^2 + 5^2 = 8 + 25 = 33\right)$.
Ainsi, dans SBH rectangle en H : $\cos \widehat{SBH} = \frac{BH}{SB}$, donc
$\cos \widehat{SBH} = \frac{\frac{\sqrt{32}}{2}}{\sqrt{33}}$ et $\widehat{SBH} \approx 60{,}5°$.

MINI-CONTRÔLE

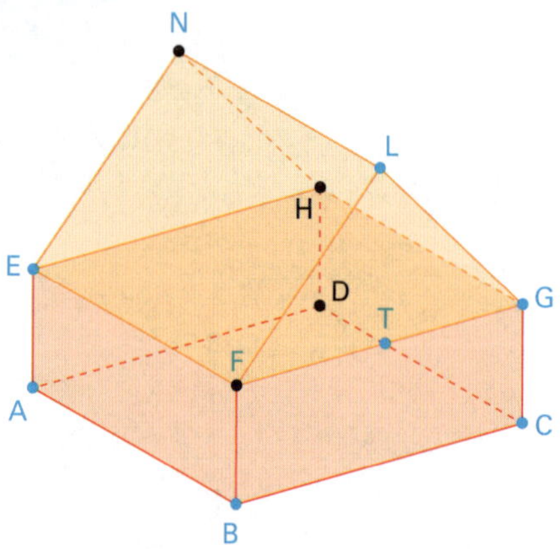

Il faut calculer LF dans un premier temps. Pour cela, dans LFT rectangle en T (en effet, (LT) est la médiatrice de [FG] car TF = TG et LF = LG), on a : $\cos \widehat{TFL} = \frac{TF}{LF}$ soit donc $\frac{\cos 30°}{1} = \frac{4}{LF}$ et $LF = \frac{4 \times 1}{\cos 30°} = \frac{4}{\cos 30°}$ m.
Le pan de toit ENLF a alors une aire de EF × LF, soit $\frac{15 \times 4}{\cos 30°} \approx 69{,}2$ m².
Tom peut donc couvrir son toit au maximum de 69 m² de panneaux photovoltaïques.

28. Translations p. 123

1 a. en vert b. en rouge c. en bleu

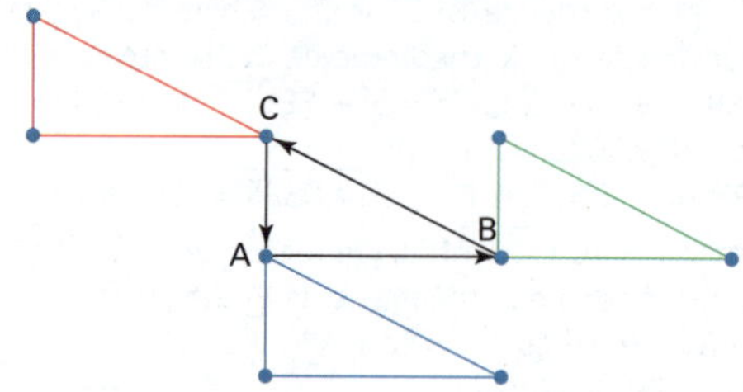

2 a. Par une translation l'image d'une droite est une droite parallèle, donc (AB)//(BE).
b. On en déduit que $\widehat{ABE} = 180°$ car deux parallèles ayant un point en commun (ici : B) sont confondues. Ainsi : A, B, E sont alignés.
c. Par définition de la translation, le même glissement dans la même direction envoie C sur D et A sur B. Ainsi : (AB)//(CD).
d. $\widehat{ABC}$ et $\widehat{BCD}$ sont alternes-internes, formés par la sécante (BC) et les parallèles (AB) et (DC), on a donc $\widehat{ABC} = \widehat{BCD}$.

3 La symétrie de centre D donne le motif n° 1, puis la translation qui envoie A en E crée le motif n° 2. La translation qui envoie D en F (c'est la même que celle qui envoie A sur E), appliquée deux fois de suite, donne alors le motif n° 3. On applique enfin cette translation une fois au motif n° 1, elle donne le motif n° 4, et on l'applique au n° 4, ce qui donne le motif n° 5.

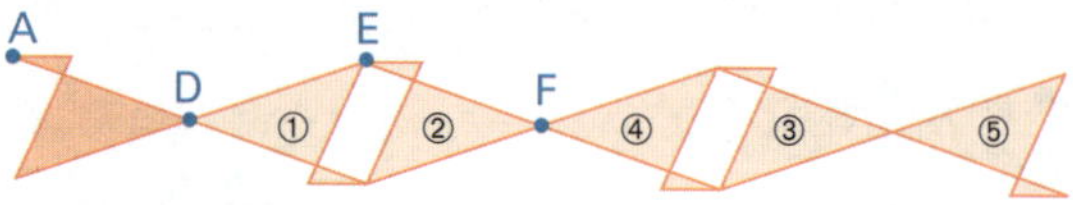

MINI-CONTRÔLE

a. Voici le motif de base :

b. Les 2 translations qui engendrent ce pavage sont représentées en noir ci-dessous. Leurs directions sont bien perpendiculaires.

29. Algorithmique : comprendre une variable, une condition p. 125

1 a. Si A = 1 (étape 1) alors B = 1 + 2 = 3 (étape 2) puis A = 3 × 3 = 9 (étape 3) et B = 9 – 3 = 6 (étape 4). Valeurs finales : A = 9, B = 6.
b. Si A = 0 (étape 1) alors B = 0 + 2 = 2 (étape 2) puis A = 3 × 2 = 6 (étape 3) et B = 6 – 3 = 3 (étape 4). Valeurs finales : A = 6, B = 3.
c. Si A = –2 (étape 1) alors B = –2 + 2 = 0 (étape 2) puis A = 0 × 0 = 0 (étape 3) et B = 0 – 3 = –3 (étape 4). Valeurs finales : A = 0, B = –3.

2 a. Étape 3 : si A = 4 et B = 5, alors B = 4 + 5 = 9 (étape 3), puis A = 4 – 9 = –5 (étape 4), puis B = –5 – 9 = –14 (étape 5). Ainsi en sortie A vaut –5 et B vaut –14.
b. Étape 3 : si A = 5 et B = 4, alors B = 4 + 5 = 9 (étape 3), puis A = 5 – 9 = –4 (étape 4), puis B = –4 – 9 = –13 (étape 5). Ainsi en sortie A vaut –4 et B vaut –13.

3 a. A désigne le nombre de jours de location d'une voiture, vu ce à quoi sont associés les nombres 15 et 20 dans l'énoncé.
B désigne le nombre de km roulés avec cette voiture, vu ce à quoi sont associés les nombres 0,8 et 0,6 dans l'énoncé.
C désigne le prix total de la location si la voiture louée est de catégorie « essence ».
D désigne le prix total de la location si la voiture louée est de catégorie « diesel ».
b. Étape 3 : A = 4, B = 900, C = 15 × 4 + 0,8 × 900 = 60 + 720 = 780 et D = 20 × 4 + 0,6 × 900 = 80 + 540 = 620
c.

```
Si (C < D)
  Afficher « Le tarif est C euros, et votre voiture roule
  à l'essence »
    Sinon
  Afficher « Le tarif est D euros, et votre voiture roule
  au diesel »
    FinSi
```

MINI-CONTRÔLE

Début
Variable : V
1. Mesurer V
2. Si (V ⩽ **100**)
      V = V – 5
      Si (V ⩽ 90)
      Afficher « non verbalisable »
      Sinon
      Afficher « verbalisable »
      FinSi
   Sinon **V = 0,95*V**
   Afficher **« verbalisable »**
   FinSi
Fin

30. Manipuler une variable, une condition avec Scratch p. 127

1 a. Si lors de l'étape 1, Réponse = 5, alors à l'étape 2 : Nombre = 5. À l'étape 3 Nombre prend la valeur 3 × 5 donc Nombre = 15. À l'étape 4 Nombre prend la valeur 15 + 4 donc Nombre = 19. À l'étape 5 le lutin dit : « 19 ».
Si lors de l'étape 1, Réponse = –5, alors à l'étape 2 : Nombre = –5. À l'étape 3 Nombre prend la valeur 3 × (–5) donc Nombre = – 15. À l'étape 4 Nombre prend la valeur –15 + 4 donc Nombre = –11. À l'étape 5 le lutin dit : « –11 ».
b. Si lors de l'étape 1, Réponse = 5, alors à l'étape 2 : Nombre = 5. À l'étape 3 Nombre prend la valeur 5 + 4 donc Nombre = 9. À l'étape 4 Nombre prend la valeur 3 × 9 donc Nombre = 27. À l'étape 5 le lutin dit : « 27 ».

2 a. L'expérience choisit un nombre au hasard entre 1 et 3, donc il y a 3 issues : obtenir 1, 2 ou 3. L'évènement Pile se produit uniquement lorsque le « 1 » est obtenu, et l'évènement « Face » lorsque 2, ou même 3, est obtenu. Deux fois plus d'issues élémentaires correspondent à l'évènement « Face », donc celui-ci a deux fois plus de chances d'être obtenu.
b. Pour simuler une pièce non truquée, il faut qu'autant d'issues élémentaires correspondent à « Pile » et à « Face ». On peut donc modifier la ligne 5 en choisissant un nombre aléatoire entre 1 et 2 (et non plus 3).
c. En ligne 4, on remplace 10 par 100 de sorte à répéter 100 fois l'expérience. Ensuite, en ligne 5, on choisit un nombre aléatoire entre 1 et 5. Enfin dans le Si/alors/sinon, on échange de place les deux doubles blocs du Si et du Sinon.

3

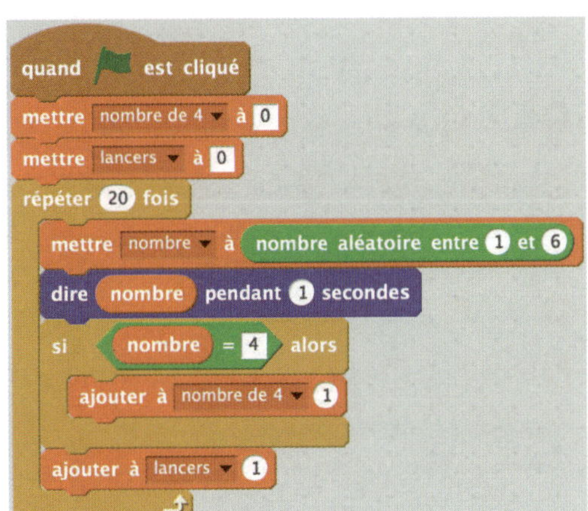

MINI-CONTRÔLE

a. Ce script permet de tracer un polygone régulier de côté 30 dont le nombre de côtés est choisi par l'utilisateur et stocké puis utilisé dans la variable réponse.
b. Jusqu'à 17 côtés, le polygone tracé est entièrement visible, mais dès 18 côtés ce n'est plus le cas.

Corrigés

c.

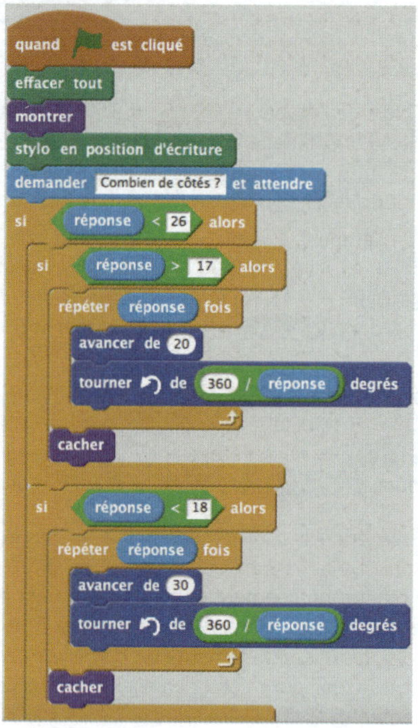

Bilan Maths p. 128

NOMBRES ET CALCULS

1 b. – 2 a. – 3 b. et c. – 4 b. – 5 a. – 6 c. – 7 b. – 8 a. et c. – 9 c. – 10 a.

CALCUL LITTÉRAL

1 b. – 2 a. et b. et c. et d. – 3 a. – 4 c. – 5 a. – 6 d. – 7 b. – 8 a. et b. et c. – 9 d. – 10 a.

ORGANISATION ET GESTION DE DONNÉES

1 d. – 2 d. – 3 a. – 4 c. – 5 a. – 6 a. – 7 b. – 8 c. – 9 c. – 10 a.

ESPACE ET GÉOMÉTRIE – ALGORITHMIQUE ET PROGRAMMATION

1 b. – 2 b. – 3 a. – 4 a. – 5 c. – 6 c. – 7 c. – 8 a. – 9 b. – 10 b.

HISTOIRE-GÉOGRAPHIE

1. Les traites négrières et l'esclavage p. 133

1 L'activité commerciale de Bordeaux au cours du XVIIIe siècle est en constante augmentation. 78 milliers de tonneaux ont été échangés en 1715 contre 255 milliers entre 1782 et 1787, soit une multiplication par trois ! Par ailleurs, nous constatons une diversification des origines et des destinations de ce commerce : le commerce européen perd de l'importance au bénéfice du commerce transatlantique.

MINI-CONTRÔLE

Exemple de réponse :

Les traites négrières reposent sur l'exploitation et le travail forcé des femmes et des hommes d'Afrique. Ils sont capturés, transportés et traités de manière inhumaine pour favoriser le développement économique de l'Europe.

Les esclaves ne peuvent pas se déplacer librement, ni se nourrir correctement. Ils sont battus et leurs maitres ont droit de vie ou de mort sur eux !

Comment peut-on accepter cela ? Ne sont-ils pas des êtres humains ? Peut-on accepter de faire perdre leur humanité à d'autres hommes au prétexte de notre enrichissement ? La liberté est un droit sacré qu'il faut accorder à tous les hommes.

2. L'Europe des Lumières p. 135

1

Principales idées	Philosophes	Une de ses œuvres
La séparation des pouvoirs	Montesquieu	*De l'Esprit des lois*
La liberté de culte	Voltaire	*Candide*
Plus d'égalité entre les hommes	Rousseau	*Du contrat social*
Combattre l'ignorance	Diderot et d'Alembert	L'*Encyclopédie*

2 a. Ce document date de 1751, il s'agit de la première page de l'*Encyclopédie* de Diderot (philosophe) et d'Alembert (mathématicien). b. Les auteurs souhaitaient recenser toutes les connaissances de leur époque, afin de les diffuser pour lutter contre l'ignorance et faire triompher la raison.

MINI-CONTRÔLE

a. Dans ce document, Voltaire critique la société d'ordres : pour lui, la place de chacun dans la société doit dépendre de son mérite et non de sa naissance. Il encourage aussi la tolérance religieuse qui permet de vivre en paix. b. Voltaire risque la censure. Il est, de plus, menacé à cause de ses écrits. À la fin de sa vie, il se réfugie en Suisse, où il peut écrire librement.

3. Les contestations de la monarchie absolue en France (XVIIIe siècle) p. 137

1 a. La France dépense 620 millions de livres en 1788, avec seulement 503 millions de recettes. Les dépenses étant supérieures aux recettes, il y a déficit des finances. b. La dépense la plus importante concerne le remboursement de la dette, en raison des emprunts effectués pour aider les Amériques à obtenir leur indépendance. c. Pour trouver une solution à la crise, Louis XVI décide l'ouverture des états généraux.

2 a. Le roi pose avec les symboles de la monarchie absolue : le manteau bleu à fleurs de lys doublé d'hermine, le sceptre, le collier de l'ordre du Saint-Esprit et la couronne. b. Il s'agit d'un portrait officiel qui montre l'attachement du roi à son pouvoir divin et absolu.

MINI-CONTRÔLE

a. Il s'agit d'un extrait du cahier de doléances du tiers état des communes d'Arcueil et de Cachan, daté d'avril 1789.
b. Le tiers état demande que les impôts et les taxes soient payés par les trois ordres et que la justice soit la même pour tous, sans distinction liée à la naissance.
c. Ce document réclame la fin des privilèges sur lesquels repose la société d'ordres.

4. La Révolution française et la République (1789-1804) p. 139

1 a. Olympe de Gouges s'inspire ici de la Déclaration des droits de l'homme et du citoyen et affirme les droits des femmes. b. Olympe de Gouges affirme l'égalité des femmes et des hommes. Surtout, elle demande des droits politiques pour les femmes : pouvoir voter afin de devenir citoyenne.

MINI-CONTRÔLE

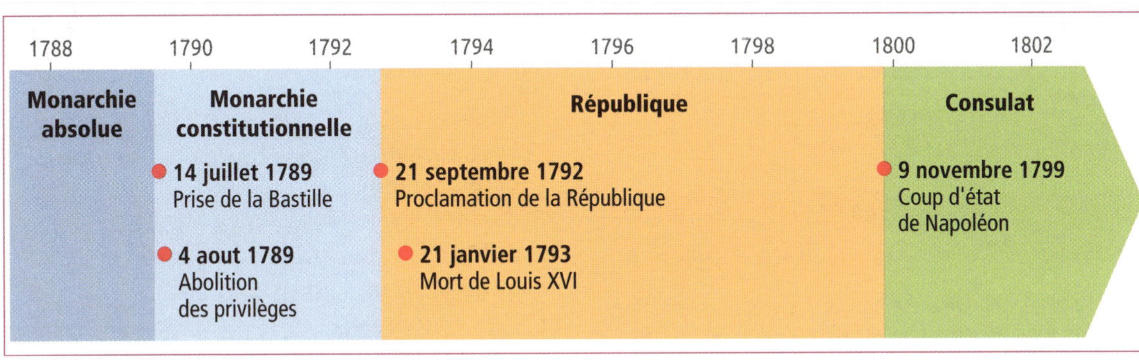

5. L'Empire napoléonien (1804-1815) p. 141

1 a. Le Code civil affirme que, désormais, les Français sont égaux devant la loi et qu'ils possèdent des droits civils.
b. « La femme [doit] obéissance à son mari ». c. Nous constatons que la société est très hiérarchisée, aussi bien dans la famille sous l'autorité du père que dans l'entreprise sous l'autorité de l'employeur.

MINI-CONTRÔLE

a. Il s'agit de la cérémonie du sacre de Napoléon Ier, le 2 décembre 1804. b. Napoléon cherche à donner de lui l'image d'un monarque qui respecte les acquis de la Révolution française. c. Son héritage est révolutionnaire car il conserve certains principes comme l'égalité ou le respect des religions, mais il est aussi monarchique car il se fait sacrer et il instaure un pouvoir personnel.

6. La France et l'Europe (1789-1815) p. 143

1 a. En 1791, de nombreux Italiens, notamment « le peuple piémontais [qui] sentit le charme de la liberté », sont favorables aux idées de la Révolution et veulent mettre fin à la société féodale. b. En Allemagne, les populations sont rapidement déçues par le comportement des troupes dans les territoires conquis. Les pillages et la violence entrainent des révoltes.

MINI-CONTRÔLE

a. En 1811, c'est l'apogée de l'Empire car jamais autant de territoires n'ont été sous domination française.

Corrigés

b. Le Royaume-Uni de Grande-Bretagne et d'Irlande et le royaume du Portugal sont les deux principaux ennemis de la France en 1811. c. En 1815, la France a perdu de nombreux territoires en raison de ses défaites militaires comme à Waterloo le 18 juin 1815. Suite à cela, au congrès de Vienne, les puissances européennes se sont partagées l'Empire sans tenir compte des aspirations des peuples.

7. L'Europe de la révolution industrielle (XIXe siècle) p. 145

1 a. En 1906, la mine de Courrières, dans le Nord, connait un immense coup de grisou qui va entrainer la mort de 1 219 mineurs. b. Les mineurs risquent leur vie au travail. Ils ne portent pas de protections. c. Pour obtenir de nouveaux droits, les mineurs vont se mettre en grève.

MINI-CONTRÔLE

	Texte A	Texte B
Auteur	le ministre de l'Intérieur	Karl Marx et Friedrich Engels
Date	1849	1848
Rôle de l'État dans l'économie	laisser-faire	centraliser les modes de production
Courant de pensée	libéralisme	socialisme

8. Les révolutions de 1848 en Europe p. 147

1 a. La IIe République a été proclamée le 24 février 1848, et la situation économique est difficile pour les ouvriers. b. Afin de répondre aux demandes des travailleurs à propos de leurs conditions de travail et devant le nombre important de personnes sans emploi, le gouvernement provisoire décide de créer des ateliers nationaux et de baisser le temps de travail.

2 Les révolutionnaires réclament plus de droits pour le citoyen (revendication libérale), mais aussi le droit des « peuples à disposer d'eux-mêmes », et parfois l'unité, comme c'est le cas pour l'Allemagne.

MINI-CONTRÔLE

a. Le tableau figure Alphonse de Lamartine refusant le drapeau rouge pour la nouvelle République française. La scène se déroule le 25 février 1848, devant l'Hôtel de ville de Paris. b. Nous reconnaissons le drapeau tricolore bleu, blanc, rouge, qui symbolise l'union des Français. c. Le drapeau rouge a été refusé car il symbolise à la fois la Terreur de 1793 et le socialisme naissant.

9. Conquêtes et sociétés coloniales p. 149

1 a.

Empire colonial	Colonies
France	Maroc, Indochine, Madagascar
Grande-Bretagne	Australie, Canada, Empire des Indes
Portugal	Angola, Cap Vert
Pays-Bas	Indes néerlandaises
Allemagne	Cameroun, Sud-Ouest africain
Italie	Libye, Somalie

b. L'Afrique est presque entièrement colonisée en 1914.

MINI-CONTRÔLE

a. Le drapeau tricolore figure sur ce tableau. Il est le symbole de la République française depuis 1848. b. Nous voyons des esclaves s'enlaçant pour célébrer leur liberté acquise devant le drapeau tricolore. L'auteur de ce tableau, le peintre François Biard, veut montrer le rôle joué par la République dans l'abolition de l'esclavage.

10. Les Français et le vote de 1814 à 1870 p. 151

1

Régime	Dates	Type de suffrage
monarchie constitutionnelle	1814-1830	suffrage censitaire
monarchie de Juillet	1830-1848	suffrage censitaire
IIe République	1848-1852	suffrage universel masculin
Second Empire	1852-1870	suffrage universel masculin
IIIe République	À partir de 1870	suffrage universel masculin

2 a. Un gros homme (il s'agit du roi Louis-Philippe) est en train de récompenser des électeurs après une élection. b. L'auteur, Daumier, dénonce la corruption liée au suffrage censitaire sous la Restauration en montrant le roi récompensant les « électeurs obéissants » qui ont voté pour lui.

MINI-CONTRÔLE

a. Nous apprenons qu'en 1848, tous les hommes votent, mais qu'ils votent tous en même temps et probablement pour le même candidat. Il est aussi question de personnes qui peuvent influencer les électeurs jusqu'au bureau de vote. b. Il faut que les électeurs aient reçu une éducation leur permettant de comprendre les enjeux du vote. Il faut aussi que le vote soit individuel et secret.

11. La IIIe République (1870-1914) p. 153

1 a. Cette scène se déroule lors de l'inauguration de la statue de la place de la République, à Paris, le 14 juillet 1883. De jeunes enfants en uniforme défilent devant la statue. b. La cérémonie affiche les symboles républicains comme les drapeaux tricolore, les initiales RF (pour République française), ainsi que la branche de laurier que brandit la statue de Marianne et son bonnet phrygien.

2 a. Il s'agit ici de l'affaire Dreyfus, qui oppose d'un côté les dreyfusards, républicains et parlementaristes, aux anti-dreyfusards, souvent antisémites et antirépublicains. b. Zola est un dreyfusard, ce qui signifie qu'il croit en l'innocence de Dreyfus et qu'il demande la révision de son procès.

MINI-CONTRÔLE

a. La IIIe République nait dans un contexte de défaite militaire face aux Prussiens. b. Les Parisiens se révoltent et mettent en place la Commune de Paris. Ils refusent la défaite, souhaitent poursuivre les combats et instaurer une République sociale et démocratique. La IIIe République est dirigée au départ par des royalistes. c. La Commune de Paris se termine par une répression sanglante qui fait plus de 10 000 morts du côté des Parisiens.

12. Les conditions féminines au XIXe siècle p. 155

1 a. 35,2 % des femmes, soit plus d'un tiers d'entre elles, ont un emploi rémunéré en 1896. Ce chiffre est en constante augmentation au XIXe siècle. b. Elles sont 51,4 % dans l'industrie textile.

2 a. C'est la représentation d'une famille dans un intérieur bourgeois. La mère, debout, vêtue de noir et dans une posture rigide, et ses filles forment un groupe distinct du père, assis et presque de dos. b. On peut comprendre en regardant ce tableau que la femme bourgeoise est au service de son mari et se charge de l'éducation des enfants.

MINI-CONTRÔLE

a. L'auteur de ce document est Hubertine Auclert, une suffragette française. b. Elle réclame une plus grande égalité entre hommes et femmes, la liberté de conscience et d'opinion, et le droit de vote pour les femmes. c. Les femmes paient des impôts et doivent bénéficier de la disparition des privilèges, comme les hommes avant elles.

13. Espaces et paysages de l'urbanisation p. 157

1 Urbanisation : Développement des villes – CBD : Quartier des affaires – Métropole : Grande ville concentrant population, richesses, activités.

2 Bombay (Mumbai). Localisation : Inde. Description : vue aérienne d'un bidonville (quartier fabriqué à partir de matériaux de récupération). Densité : forte. Fonction : habitation.
Los Angeles. Localisation : États-Unis. Description : vue aérienne d'un quartier périphérique composé de maisons individuelles et de routes. Densité : moyenne. Fonction : habitation.

MINI-CONTRÔLE

a. À droite, l'immeuble vertical, avec ses piscines et son court de tennis, signale un quartier riche. À gauche se trouve un bidonville, un quartier fait de maisons construites avec des matériaux de récupération. b. Une partie de la population urbaine des métropoles de pays émergents, comme le Brésil, n'a pas accès aux services urbains comme l'eau courante et l'électricité. Il existe une très forte ségrégation socio-spatiale (les personnes de même milieu social vivent dans les mêmes quartiers).

14. Les métropoles connectées à la mondialisation p. 159

1 a. L'Europe, l'Amérique du Nord et l'Asie pacifique sont les continents qui comptent le plus de métropoles intégrées à la mondialisation. b. Il y a trois mégalopoles, qui se trouvent en Europe (mégalopole européenne), aux États-Unis (mégalopole nord-américaine) et au Japon (mégalopole japonaise). c. Les métropoles intégrées à la mondialisation sont reliées entre elles par des flux d'informations, d'hommes et de marchandises.

MINI-CONTRÔLE

a. Il s'agit d'un quartier composé d'immeubles, et notamment de gratte-ciels. b. Shanghai est une ville-monde, grâce à sa population importante et Pudong, son quartier des affaires. Elle est reliée au reste des grandes métropoles par son fleuve, la mer et son aéroport. Elle a un fort pouvoir économique et culturel. C'est la capitale économique de la Chine.

15. Les villes peu connectées à la mondialisation p. 161

1 a. Vrai. La majorité des villes en marge de la mondialisation se trouvent dans les pays les plus pauvres. b. Vrai. La majorité des villes en marge de la mondialisation se trouvent en Afrique et en Asie.

2 a. Après la Seconde Guerre mondiale, Glasgow a vu une partie de sa population quitter la ville, en raison de difficultés économiques. b. La ville s'apauvrit car ce sont principalement les ouvriers qualifiés et les professions libérales qui quittent Glasgow chaque année.

Corrigés

MINI-CONTRÔLE

a. Le nord de la France connait une crise économique. Les usines se sont arrêtées et sont devenues des friches industrielles. b. La région tente de réagir en développant des écoquartiers à la place des friches industrielles et en y installant des entreprises.

16. Un monde de migrants p. 163

1 a. Le nombre de réfugiés est en constante augmentation depuis 2006. b. Ces migrations de réfugiés s'expliquent par des raisons politiques. Les réfugiés fuient la guerre ou l'oppression.

2 Les Népalais espèrent trouver des emplois bien rémunérés pour subvenir aux besoins de leurs familles. En réalité, ils travaillent dans des conditions très dures et ne sont pas toujours payés.

MINI-CONTRÔLE

a. Les principales régions d'arrivée sont l'Europe, l'Amérique du Nord, le Golfe persique (ou Golfe arabique) et l'Afrique australe. b. Les principales régions de départ sont l'Afrique subsaharienne, l'Amérique du Sud et le sous-continent Indien. c. Il existe de nombreux déplacements de population à l'intérieur de zones développées, comme l'Europe, par exemple.

17. Le tourisme et ses espaces p. 165

1 a. Le moyen de transport le plus utilisé par les touristes est l'avion, qui représente plus de la moitié des déplacements. b. Ce moyen de transport est aujourd'hui le plus rapide et de plus en plus bon marché, mais il pollue énormément.

2 a. L'Amérique, le Japon et l'Europe sont les principaux foyers émetteurs de touristes dans le monde. b. Il s'agit de l'Amérique du Nord (États-Unis), de l'Europe (France, Espagne, Italie) et de l'Asie (Chine).

MINI-CONTRÔLE

a. Sur cette photographie, nous voyons des immeubles d'habitations et une remontée mécanique. b. Ces aménagements entrainent une dégradation du milieu naturel et de l'environnement.

18. Les mers et les océans au cœur de la mondialisation p. 167

1 a. Les principaux ports mondiaux sont situés en Asie du Sud-Est, en Europe et en Amérique du Nord. b. Les principaux flux maritimes relient entre eux les zones de la Triade (Asie, Europe, Amérique du Nord) et les principaux ports mondiaux.

2 a. Il s'agit d'une plateforme pétrolière en feu, secourue par des navires qui tentent d'éteindre les flammes. b. Cette photographie illustre la pollution aux hydrocarbures (marée noire) que peuvent connaitre les espaces maritimes.

MINI-CONTRÔLE

a. Il s'agit de l'océan glacial Arctique, rendu navigable par le réchauffement climatique. b. Cet espace permet une navigation plus rapide entre l'Europe (Le Havre) et l'Asie (Tokyo) et possède des ressources en hydrocarbures.

19. Les États-Unis, un territoire dans la mondialisation p. 169

1 a. Il s'agit d'un tableau présentant les cinq films ayant rapporté le plus de recettes dans l'histoire du cinéma par nationalité. b. Nous constatons que les cinq premiers films sont américains. Ainsi, ils participent à la diffusion du mode de vie américain et donc à la constitution du soft power, faisant des États-Unis une puissance culturelle.

2 a. Il s'agit d'une photographie prise dans le quartier de Boyle Heights, à Los Angeles. On distingue des boutiques dont les enseignes sont écrites en espagnol. b. Ce document nous montre que les États-Unis sont une puissance démographique qui attire une population venant des pays du Sud (Boyle Heights est un quartier hispanique).

MINI-CONTRÔLE

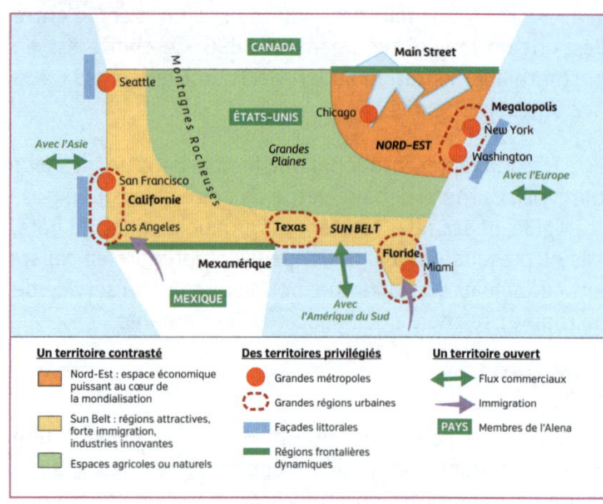

20. L'Afrique dans la mondialisation p. 171

1 a. Les touristes sont accueillis dans des paillotes le long de la plage de sable blanc, à proximité d'une palmeraie. b. Ces aménagements permettent l'accueil de touristes étrangers, et donc l'apport de devises, utiles au développement du pays.

2 a. La Corne de l'Afrique est confrontée à des conflits armés et à une forte insécurité alimentaire liée à la sècheresse. b. Ces problèmes entrainent des famines, des migrations et des difficultés pour se développer.

MINI-CONTRÔLE

a. La Chine investit en Afrique notamment dans le domaine des transports. b. La Chine finance des infrastructures de transport qui permettent de connecter les métropoles africaines au reste des réseaux mondiaux. Ces investissements ne profitent pas toujours aux populations locales.

EMC

1. Les citoyens, le droit et la tolérance p. 173

1

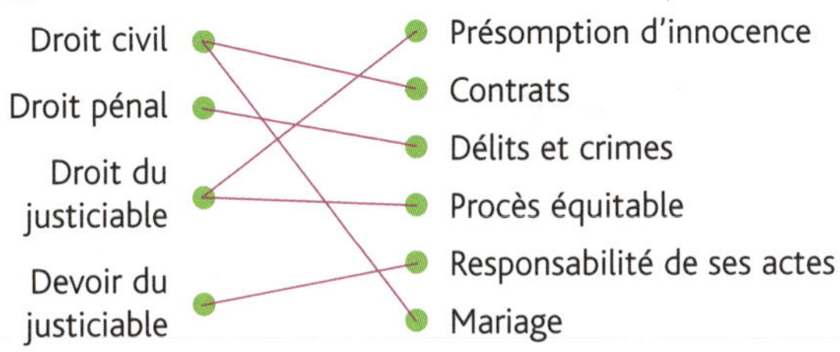

2 Le **droit**, c'est l'ensemble des lois qui organisent la société. Les lois sont votées par le **Parlement** élu. Les citoyens doivent exercer leur **liberté** en respectant celle des autres, dans un esprit de **tolérance**. Ainsi, les lois sur la laïcité concilient liberté de **conscience** et respect mutuel.

3 a. A revendique le droit au repos. b. B revendique la liberté de circulation. c. La loi interdit les nuisances sonores, notamment la nuit.

MINI-CONTRÔLE

a. Afin que chacun soit respecté dans ses croyances, les adultes du collège ne doivent pas manifester leurs convictions religieuses. Tous, adultes et élèves, doivent s'abstenir de porter des signes ou tenues manifestant une appartenance religieuse.
b. La laïcité permet à chacun de se sentir accepté et respecté par les autres.

2. Les libertés et les droits de l'homme p. 175

1 a. b.

Affirmation	Type de liberté
Cette année, je pars faire un tour d'Europe.	**Liberté de circulation**
Jeudi, mon parti politique organise un meeting.	**Liberté de réunion**
Avec des amis, nous créons le club des fans de chats siamois.	**Liberté d'association**
Je viens de lancer mon blog, intitulé « Vu de ma lorgnette ».	**Liberté d'expression**
Je suis un athée convaincu.	**Liberté de conscience**

2 a. Ces militants ont organisé une « marche solidaire » en faveur des migrants. b. La liberté d'expression et la liberté de manifestation permettent à ces militants de conduire leur action. c. Ces militants réclament pour les migrants la liberté de circulation.

3 a. Vrai. b. Faux. c. Faux. d. Vrai.

MINI-CONTRÔLE

a. Le photographe peut invoquer le droit à l'information, mais aussi la liberté de la presse. b. La loi punit le photographe car il prend un cliché d'une personne se trouvant dans une propriété privée sans en avoir l'autorisation. Il ne respecte ni la vie privée, ni l'intimité de la personne photographiée. c. Il y a un conflit entre la liberté de la presse, qui estime que sa mission est d'informer les citoyens sur tous les sujets, et le droit de chacun à préserver sa vie privée de toute publicité.

3. Citoyen et droit de vote p. 177

1 4 – 3 – 2 – 1.

2 a. L'évènement représenté sur le document a eu lieu en 1908. b. Le drapeau, le buste de Marianne, l'urne, les bulletins. c. Les militantes féministes renversent l'urne pour protester contre l'exclusion des femmes du droit de vote. d. Les Françaises ont obtenu le droit de vote en 1944.

MINI-CONTRÔLE

a. Les citoyens participent à la vie politique : en exerçant leur droit de vote qui leur permet de choisir, entre autres, le président de la République et les députés ; en devenant membres d'une association ; en participant à des manifestations pour défendre leurs idées ; en s'informant grâce aux médias pour se faire une opinion et fonder leurs choix.
b. Voter et s'informer sont des actions citoyennes individuelles. Agir au sein d'une association et participer à une manifestation sont des actions citoyennes collectives.

Bilan HIST. - GÉO. - EMC p. 178

HISTOIRE

1 prise de la Bastille : 14 juillet 1789 – Code civil : 1804 – congrès de Vienne : 1815 – Printemps des peuples : 1848 – loi de séparation des Églises et de l'État : 1905 – proclamation de la IIIe République : 1870.

Corrigés

2 Lumières : courant de pensée européen qui met en valeur la raison, la liberté, l'égalité. – suffrage universel : droit de vote accordé à tous les citoyens. – suffragette : femme qui militait pour le droit de vote. – États généraux : assemblée exceptionnelle convoquée par le roi pour résoudre une crise.

3 a. Le commerce triangulaire désigne : les échanges commerciaux, notamment d'esclaves, entre l'Europe, l'Afrique et l'Amérique au XVIIIe siècle. b. L'Empire napoléonien chute parce que les souverains européens s'unissent contre la domination française. c. Les philosophes des Lumières : Voltaire, Rousseau et Montesquieu. d. L'industrialisation désigne : un processus de fabrication à la chaine. e. La puissance européenne qui possède le plus grand empire colonial au XIXe siècle est l'Angleterre. f. Le régime politique qui accorde le suffrage universel masculin et abolit l'esclavage est la IIe République.

GÉOGRAPHIE

1 métropole : ville qui exerce un pouvoir de commandement politique, économique ou culturel. – mondialisation : mise en contact des différentes parties du monde par des échanges et des flux. – mégalopole : immense ensemble urbain relié par des voies de communication importantes. – migrant : personne qui quitte son pays pour des raisons économiques, politiques ou climatiques. – littoralisation : concentration des populations et des activités humaines le long des littoraux. – pays les moins avancés : pays connaissant les plus grandes difficultés économiques.

2 a. Vrai. – b. Faux. – c. Vrai. – d. Faux. – d. Faux. – f. Faux.

3 a. Les États-Unis sont une puissance économique et militaire et une superpuissance. – b. Les espaces maritimes sont des espaces menacés par la pollution et des espaces convoités. – c. De Londres à Milan et de New York à Washington. – d. Les CBD sont des quartiers d'affaires.

EMC

1 a. Vrai. – b. Faux. – c. Vrai. – d. Faux. – e. Vrai.

2 Pour vivre ensemble, nous devons observer des règles de respect d'autrui.
Les parlementaires (députés et sénateurs) votent l'ensemble des lois et règlements.
L'ensemble des règlements, codes et lois forment le droit.
Le droit civil organise les contrats (mariages...).
Les tribunaux pénaux sanctionnent les délits et les crimes.

3 Dans la République française, c'est le principe de laïcité qui garantit la liberté de conscience, fondamentale en démocratie. Chacun est libre d'avoir ou non une religion, et chacun doit respecter les convictions des autres. Ainsi, dans les établissements scolaires, la Charte de la laïcité interdit les discriminations, mais elle proscrit également les signes d'appartenance religieuse et le prosélytisme. Ainsi est préservé le vivre-ensemble.

4

- 1789 – Déclaration des droits de l'homme et du citoyen
- 1848 – première expérience du suffrage universel masculin
- 1958 – Constitution de la Ve République
- 1944 – droit de vote des femmes
- 1975 – droit à l'avortement

PHYSIQUE-CHIMIE

1. Un modèle pour interpréter les états de la matière p. 183

1 a. Les petits grains constituant la matière sont des molécules qui, à l'état solide, sont proches et immobiles. L'état liquide est compact et désordonné, l'état gazeux est désordonné et dispersé. – b. Les particules constituant un corps pur sont toutes identiques alors que, dans un mélange, elles ne le sont pas. – c. Lors d'un changement d'état, la masse se conserve car le nombre de molécules ne change pas.

2 a. On vérifie que la masse se conserve lors d'une dissolution.

b.

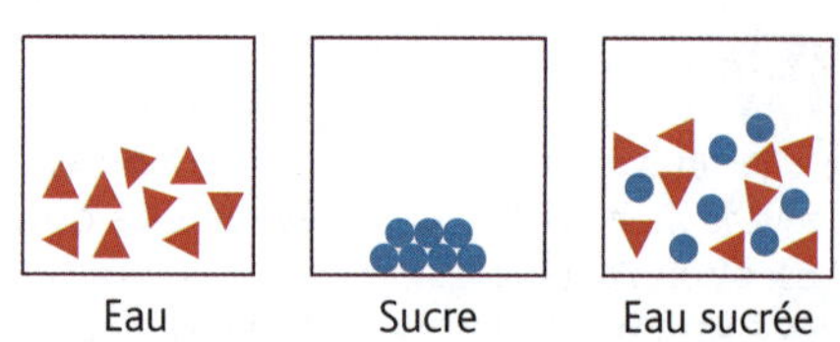

3 a. L'état initial du diiode est solide, son état final est gazeux.

b.

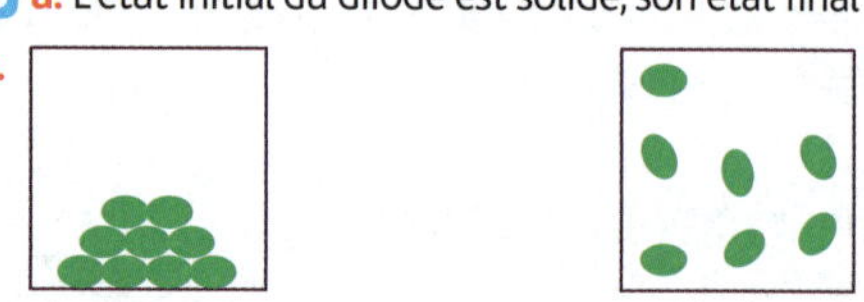

MINI-CONTRÔLE

Le schéma représente une vaporisation car on constate que l'état des molécules dans le fond est compact et désordonné, c'est-à-dire liquide, alors que, dans la partie supérieure, l'état est dispersé et désordonné, c'est-à-dire gazeux.

2. Les atomes p. 185

1 a. Un atome est formé d'un noyau autour duquel tournent un ou plusieurs électrons.
b. Les électrons sont tous identiques.
c. Les électrons portent chacun une charge électrique négative.
d. Le noyau de l'atome est chargé positivement.
e. Un atome contient autant de charges positives que de charges négatives.
f. Le symbole de l'atome d'hydrogène est H.
g. Le constituant essentiel de l'atome est du vide.

2 Je ne suis pas un atome car un atome porte autant de charges positives dans son noyau que d'électrons.

3 a. L'atome de fer porte 26 charges positives dans son noyau car il possède autant de charges positives que d'électrons.
b. Le noyau de l'atome de fer possède 26 charges positives puisque c'est dans le noyau que se situent les charges positives.

4

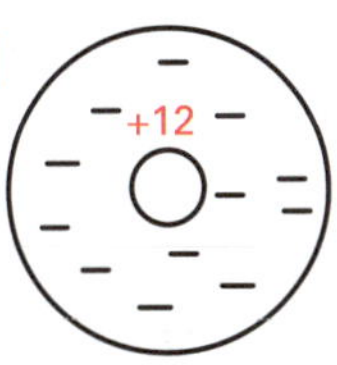

Le noyau contient 12 charges positives afin que l'atome soit neutre.

MINI-CONTRÔLE

a. La masse de l'ensemble des électrons est : $13 \times 9{,}1 \times 10^{-31} = 1{,}18 \times 10^{-29}$ kg.

b. Le rapport entre la masse de l'atome et la masse des électrons est :

$$\frac{4{,}5 \times 10^{-26}}{1{,}18^{-29}} = 3\,813.$$

c. D'après le calcul précédent, l'atome est environ 3 800 fois plus lourd que les électrons. Cela signifie donc que la masse de l'atome se situe essentiellement dans son noyau.

3. Les combustions p. 187

1 a. Lors d'une transformation chimique, des réactifs disparaissent et des produits se forment. – b. Le méthane est le combustible qui brule avec le dioxygène de l'air qui est le comburant. Le méthane et le dioxygène sont les réactifs de la transformation. – c. Si la pièce est mal aérée, alors la combustion peut être incomplète et il peut se former un gaz toxique, le monoxyde de carbone.

2 a. Cette combustion est une transformation chimique car les substances (produits) obtenues à l'issue de la combustion sont différentes de celles (réactifs) présentes au départ. – b. Les réactifs sont le butane et le dioxygène. – c. Les deux produits de la transformation sont le dioxyde de carbone et la vapeur d'eau. – d. Butane + dioxygène → dioxyde de carbone + eau.

3 a. Le combustible, corps qui brule, est le fer et le comburant, corps qui permet la combustion, est le dioxygène. – b. Les réactifs de cette combustion sont le fer et le dioxygène. – c. Les produits de cette combustion sont les oxydes de fer. – d. Fer + dioxygène → oxydes de fer.

MINI-CONTRÔLE

a. La masse de fusain consommée pendant la combustion est 2,8 – 2,3 = 0,5 g. – b. Le fusain ne brule pas complètement car il est en excès.

c.

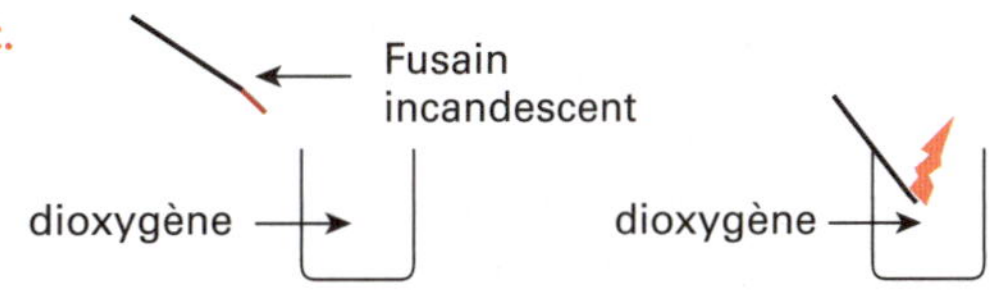

d. Ce test est négatif, car s'il restait du dioxygène, la combustion ne s'arrêterait pas.

4. Des atomes aux molécules p. 189

1 a. Un groupe d'atomes liés entre eux constitue une molécule. Une molécule peut être symbolisée par une formule chimique ou par un modèle moléculaire. – b. H_2O est la formule de la molécule d'eau. Cette molécule comporte un atome d'oxygène et deux atomes d'hydrogène. O est le symbole de l'atome d'oxygène et H est le symbole de l'atome d'hydrogène.

2 a. La formule de la molécule de méthanol est CH_4O.
b. La formule de la molécule d'acétone est $C_3H_6O_2$.
c. La formule de la molécule de glucose est $C_6H_{12}O_6$.

3 a. Vrai. – b. Faux. La formule de la molécule de méthane est CH_4. – c. Faux. La molécule de dioxyde de carbone est constituée d'un atome de carbone et de deux atomes d'oxygène.

MINI-CONTRÔLE

a. **1** Cette molécule est constituée de 2 atomes de carbone et 6 atomes d'hydrogène. **2** Cette molécule est constituée d'un atome de carbone, d'un atome d'azote, de 2 atomes d'oxygène et de 3 atomes d'hydrogène. **3** Cette molécule est constituée de 2 atomes de carbone, d'un atome d'oxygène et de 6 atomes d'hydrogène. **4** Cette molécule est constituée de 2 atomes de carbone, 2 atomes d'oxygène et 4 atomes d'hydrogène. – b. **1** C_2H_6. **2** CNO_2H_3. **3** C_2OH_6. **4** $C_2O_2H_4$.

5. Interpréter les transformations chimiques p. 191

1 a. L'hiver, l'eau gèle : transformation physique. – b. Une buche brule dans la cheminée : transformation chimique. – c. On mélange du sirop de grenadine avec de l'eau : transformation physique. – d. Un sucre se dissout dans du café : transformation physique. – e. Du vinaigre tombe sur du marbre (calcaire) : transformation chimique.

Corrigés

2 a. carbone + dihydrogène → méthane
$C + 2\,H_2 \rightarrow CH_4$
b. carbone + dioxygène → monoxyde de carbone
$2\,C + O_2 \rightarrow 2\,CO$

3 a. $CH_4 + 2\,O_2 \rightarrow CO_2 + 2(H_2 2O)$
$CH_4 + 2\,O_2 \rightarrow CO_2 + 2\,H_2O$
b. ( ) C_4H_{10} + ( ) O_2 → (4) CO_2 + (5) H_2O
$2\,C_4H_{10} + 13\,O_2 \rightarrow 8\,CO_2 + 10\,H_2O$

4 a. Les réactifs sont le polychlorure de vinyle et le dioxygène. – b. Les produits sont le dioxyde de carbone, le chlorure d'hydrogène et l'eau. – c. Les formules chimiques respectives des produits sont CO_2, HCl et H_2O. – d. Les atomes présents dans ces molécules sont des atomes de carbone C, d'oxygène O, d'hydrogène H et de chlore Cl. – e. Lors d'une transformation chimique, les atomes se conservent, on retrouve donc les mêmes atomes que ceux présents dans les produits. – f. Les atomes présents dans les produits sont des atomes de carbone, d'hydrogène, de chlore et d'oxygène. Or, les atomes présents dans les réactifs sont des atomes d'oxygène (dioxygène) et les atomes des molécules du PVC. On peut donc affirmer que le PVC contient les atomes de carbone, d'hydrogène et de chlore.

MINI-CONTRÔLE

	CH_4 +	$2\,O_2$ →	CO_2	+ $2\,H_2O$
Avant la réaction	8	20	0	0
Quantité qui réagit	8	16	0	0
Après la réaction	0	4	8	16

On remarque que, par rapport aux coefficients de l'équation de réaction, la quantité de méthane a été multipliée par 8 et celle de dioxygène par 10. C'est donc le méthane qui limitera la transformation chimique, il réagira en totalité alors que seulement 16 (2 × 8) molécules de dioxygène réagiront.
Les produits ne sont pas présents au début de cette transformation et ne réagissent pas non plus.
À l'issue de cette transformation, il n'y aura plus de méthane, les molécules de dioxygène qui n'auront pas réagi seront toujours présentes. Il se sera formé autant de molécules de dioxyde de carbone que de molécules de méthane auront disparu (ici 8), de même il se sera formé autant de molécules d'eau que de molécules de dioxygène auront disparu (car leur coefficient est le même).

6. La matière dans l'Univers p. 193

1

a. Terre — b. noyau de l'atome d'hydrogène — c. Lune — d. atome d'hydrogène — e. cellule humaine

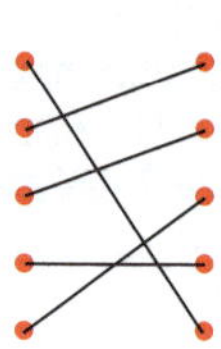

$2{,}4 \cdot 10^{-15}$ m — $3{,}5 \cdot 10^{6}$ m — $1{,}0 \cdot 10^{-6}$ m — $1{,}1 \cdot 10^{-10}$ m — $1{,}3 \cdot 10^{7}$ m

2 a. et b.

Planète	Saturne	Uranus	Neptune
t	4 760 s = 1 h 19 min 20 s	2 h 39 min = 9 540 s	14 986,67 s ≈ 4 h 9 min 47 s
d (millions de km)	1 428	2 862	4 496
d (u.a.)	9,52	19,08	29,97

3 a. Faux, l'air que l'on expire contient moins de dioxygène et plus de dioxyde de carbone que celui que l'on inspire.
b. Vrai, puisque l'air que l'on expire en contient moins que celui que l'on inspire, on en déduit que le corps en conserve une partie.
c. Faux, la pièce contiendra toujours du diazote.

MINI-CONTRÔLE

a. Tatooine est une exoplanète. – b. Tatooine se situe à 0,8 × 150 = 120 millions de kilomètres. – c. La lumière de Deneb met $120 \cdot \dfrac{10^6}{300\,000} = 400$ s pour atteindre Tatooine. – d. 2. Iota observe la Terre telle qu'elle était, il y a 3 200 ans, il peut donc observer la construction d'Abou Simbel.

7. Les mouvements d'un objet et les interactions p. 195

1 a. $\dfrac{72}{3{,}6} = 20$ m/s. – b. La durée d'un trajet de 25 km est $t = \dfrac{25}{72} = 0{,}34$ h c'est-à-dire 20 min 50 s. – c. En 10 secondes, l'automobile parcourt $d = 20 \times 10 = 200$ m.

2 a. Le tireur frappe le ballon.
Auteur : le tireur.
Receveur : le ballon.
Action : de contact.
Effet : mise en mouvement.
b. Un défenseur frappe le ballon de la tête.
Auteur : le défenseur.
Receveur : le ballon.
Action : de contact.
Effet : modification de la vitesse et de la trajectoire.
c. La Terre attire le ballon.
Auteur : la Terre.
Receveur : le ballon.
Action : à distance.
Effet : modification de la vitesse et de la trajectoire.
d. Le ballon frappe le filet du but.
Auteur : le ballon.
Receveur : le filet.
Action : de contact.
Effet : déformation du filet.

MINI-CONTRÔLE

a. Entre 0 et 4 s, le mouvement est accéléré. – b. Entre 4 et 12 s, le mouvement est ralenti. – c. Entre 12 et 15 s, le mouvement est uniforme. – d. Le mobile a mis 12 s pour atteindre la vitesse de 48 km/h. – e. Au bout de 15 s, la vitesse est toujours de 48 km/h.

8. Les différentes formes d'énergie p. 197

1 a. Les sources d'énergie primaires sont des sources d'énergie exploitables par l'Homme. – b. Les sources d'énergie fossiles sont non renouvelables. – c. L'énergie disponible dans les atomes est l'énergie nucléaire. – d. Un objet immobile contient de l'énergie.

2 a. L'eau du barrage possède de l'énergie potentielle. – b. La turbine possède de l'énergie cinétique. – c. L'alternateur produit de l'énergie électrique.

3 a. Une kilocalorie représente $\frac{2\,315}{555} = 4{,}17$ kJ, donc 1 cal = 4,17 J. – b. 2600 × 3600 = 9360000 kJ.

MINI-CONTRÔLE

a. L'énergie électrique produite en France en 2017 est 379 + 41,8 + 54,5 + 53,5 = 528,8 TWh. – b. 528,8 TWh représente 100 %, donc 379/528,8 = 71,6 % pour l'énergie nucléaire, 10,3 % pour les centrales thermiques à flamme, 10,1 % pour les centrales hydrauliques et 7,9 % pour les autres sources d'énergie. – c. Les énergies renouvelables sont les énergies hydrauliques et celles désignées par « Autres » puisqu'elles prennent en compte l'énergie éolienne. – d. Les énergies renouvelables représentent donc 10,1 + 7,9 = 18 %.

9. Les circuits électriques simples p. 199

1 a. Schéma du montage.

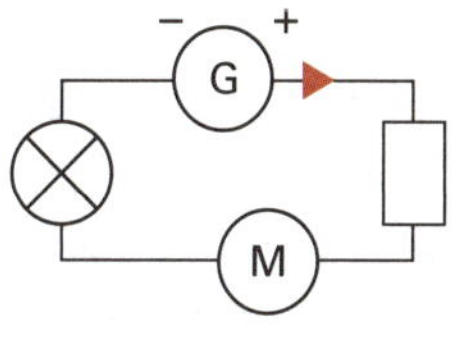

b. Le circuit forme une seule boucle : c'est un circuit en série qui ne comporte pas de dérivations. – c. Le courant circule dans le circuit comme indiqué par la flèche rouge (sur la photo du montage, le fil rouge est relié à la borne positive du générateur).

2 a. Quand K_1 et K_2 sont fermés, les lampes L_1 et L_2 brillent car elles sont dans une « boucle » fermée comportant la pile. L_3 ne brille pas car la branche correspondante est ouverte. – b. Quand K_1 est ouvert, les deux boucles contenant la pile, L_1 et L_2 (ou L_3) sont ouvertes : il n'y a aucun courant dans le circuit et les trois lampes ne brillent pas. – c. Quand K_2 et K_3 sont ouverts, il n'existe aucune boucle fermée contenant la pile. Aucune lampe ne brille.

3 a. Le courant circule dans le circuit en sortant du générateur par la borne positive comme l'indique la flèche rouge.

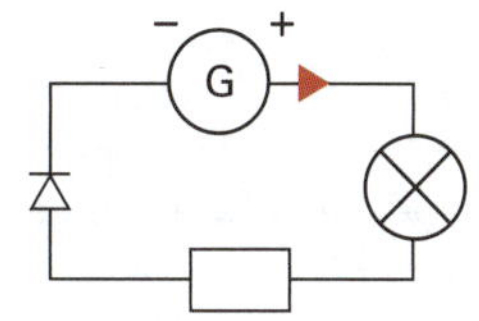

b. Faux. La lampe brillera avec le même éclat. – Vrai. Si on permute les deux dipôles « résistance » et lampe, la lampe brillera avec le même éclat car la place des dipôles ne modifie pas le circuit série et l'intensité du courant ne changera pas. – c. Vrai. La lampe ne brillera plus. – Faux. – Faux. – Vrai. Il n'y aura plus de courant dans le circuit. Si on inverse le sens de la diode, elle fonctionne alors comme un interrupteur ouvert. Le circuit se comporte comme un circuit ouvert dans lequel aucun courant ne circule et la lampe ne brille plus.

MINI-CONTRÔLE

a. L'élément de circuit à découvrir est un interrupteur : c'est un dipôle présent dans toutes les installations électriques, qui permet de fermer (ou d'ouvrir) les circuits et donc qui permet (ou non) le passage du courant. – b. L'erreur de montage décrite correspond à un court-circuit quand l'interrupteur est fermé : celui-ci est équivalent à un fil de connexion branché en dérivation aux bornes du dipôle. Le court-circuit peut être à l'origine d'incendies.

10. L'intensité du courant p. 201

1 a.

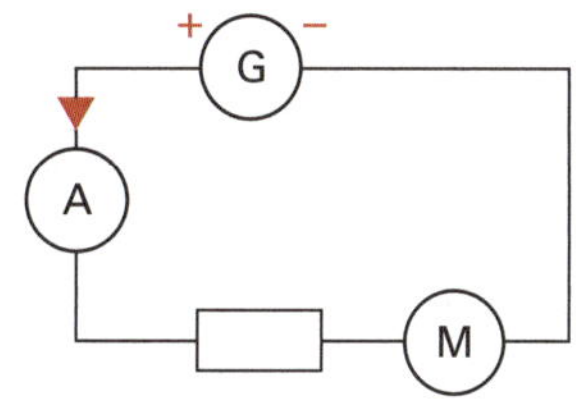

b. C'est Chloé qui a raison car, dans un circuit en série, l'intensité du courant a la même valeur en tout point, il est donc inutile de mettre plusieurs ampèremètres (ils indiqueront tous la même valeur).

2 a.

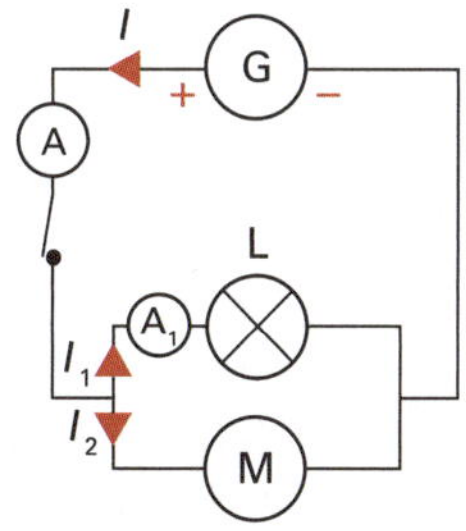

b. Dans un circuit comportant des dérivations, l'intensité dans la branche principale (ici I) est égale à la somme des

Corrigés

intensités dans les branches dérivées (ici I_1 et I_2). On a donc $I = I_1 + I_2$ soit $I_2 = I - I_1$ ou $I_2 = 0{,}68 - 0{,}32 = 0{,}36$ A.

MINI-CONTRÔLE

1. Lorsque Sophie relie les bornes A et B par un fil de connexion, elle réalise un court-circuit.

2. a. Dans le circuit 1, comme la lampe brille davantage et que le moteur tourne plus vite, on en déduit que l'intensité du courant qui traverse la lampe et le moteur a augmenté. *Remarque :* le court-circuit réalisé par Sophie revient à supprimer l'influence du dipôle « résistance » dans le circuit 1. – b. Dans le circuit 2, comme la lampe brille davantage, on en déduit que l'intensité du courant qui traverse la lampe a augmenté. Le fil branché aux bornes du dipôle « résistance » a aussi court-circuité le moteur. Le moteur ne tourne plus car l'intensité du courant dans sa branche a beaucoup diminué et n'est plus suffisante pour qu'il puisse tourner. *Remarque :* le court-circuit réalisé par Sophie revient à supprimer l'influence du dipôle « résistance » et du moteur dans le circuit 2.

11. La tension électrique p. 203

1 a. Faux. On mesure une tension aux bornes d'une lampe en branchant un voltmètre à ses bornes. – b. Vrai. – c. Faux. 34 mV = 0,034 V. – d. Faux. Le calibre doit être supérieur à la valeur à mesurer.

2 a. Les deux lampes sont montées en dérivation car si elles étaient montées en série, en enlevant la lampe L_1 on ouvrirait le circuit série, aucun courant ne circulerait et la lampe L_2 ne fonctionnerait pas.

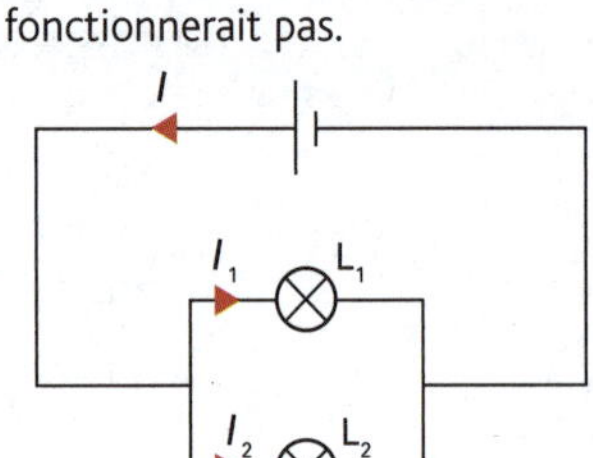

b. Dans ce circuit, la tension aux bornes de chaque lampe est égale à la tension aux bornes de la pile. Il faut donc choisir la pile de 1,5 V qui correspond à la valeur de la tension nominale.

3 a.

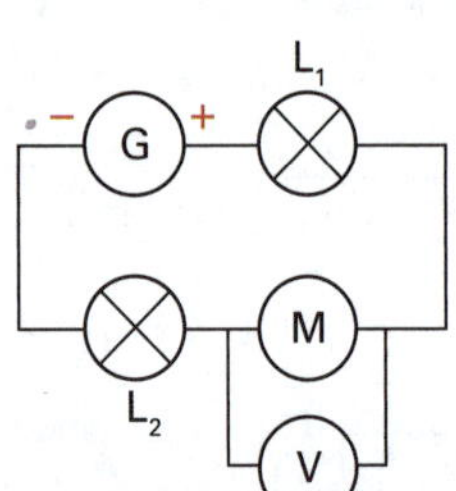

b. Dans un circuit série, la tension aux bornes du générateur est égale à la somme des tensions aux bornes des différents dipôles. $U_G = U_{L1} + U_{L2} + U_M$, soit $U_G = 3{,}5 + 3{,}9 + 1{,}6 = 9{,}0$ V.

c. Le calibre adapté est immédiatement supérieur à la valeur de U_G, c'est donc le calibre 20 V.

MINI-CONTRÔLE

1. Les trois lampes sont montées en dérivation aux bornes de la pile, la tension aux bornes de chacune est donc égale à la tension aux bornes de la pile, soit $U = 6$ V.

2. La tension aux bornes de chaque lampe étant égale à leur tension nominale, l'intensité du courant qui les traverse est égale à l'intensité nominale, soit $I_1 = 150$ mA, $I_2 = 0{,}3$ A et $I_3 = 100$ mA.

3. L'intensité I du courant dans la branche principale est égale à la somme des intensités I_1, I_2 et I_3 des courants dans les branches dérivées, soit $I = I_1 + I_2 + I_3 = 0{,}150 + 0{,}3 + 0{,}100$, soit $I = 0{,}55$ A.

4. a. La lampe L_4 étant montée en dérivation aux bornes de la pile, la tension à ses bornes est de 6 V. L'ajout de la lampe L_4 ne modifie pas la tension aux bornes des autres lampes puisque celles-ci sont toujours montées en dérivation aux bornes de la pile. – b. L'intensité I est modifiée, $I = I_1 + I_2 + I_3 + I_4$ (car il y a une nouvelle branche dérivée parcourue par le courant d'intensité I_4). La valeur de l'intensité du courant qui traverse L_4 est $I_4 = 0{,}25$ A car la lampe L_4 fonctionne sous sa tension nominale. La nouvelle valeur de I est donc : $I = 0{,}150 + 0{,}3 + 0{,}100 + 0{,}25$ soit $I = 0{,}80$ A.

12. La loi d'Ohm p. 205

1 a.

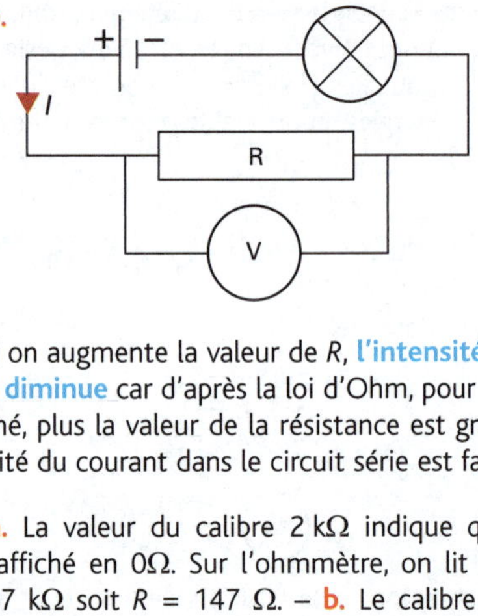

b. Si on augmente la valeur de R, l'intensité I dans le circuit diminue car d'après la loi d'Ohm, pour un générateur donné, plus la valeur de la résistance est grande plus l'intensité du courant dans le circuit série est faible.

2 a. La valeur du calibre 2 kΩ indique que le résultat est affiché en 0Ω. Sur l'ohmmètre, on lit une valeur de 0,147 kΩ soit $R = 147$ Ω. – b. Le calibre adapté est le calibre immédiatement supérieur à la valeur de la résistance : ici 200 Ω.

3 a. On lit sur le graphique : le point de la droite d'ordonnée $U = 11$ V a une abscisse $I = 97$ mA. – b. On lit sur le graphique : le point de la droite d'abscisse $I = 40$ mA a une ordonnée $U = 4{,}5$ V (attention à l'échelle des ordonnées). – c. D'après la loi d'Ohm, $R = \frac{U}{I}$ (avec U en V et I en A) soit pour $U = 11$ V et $I = 97$ mA $= 0{,}097$ A, on calcule $R = \frac{11}{0{,}097}$ soit $R = 113$ Ω.

MINI-CONTRÔLE

a.

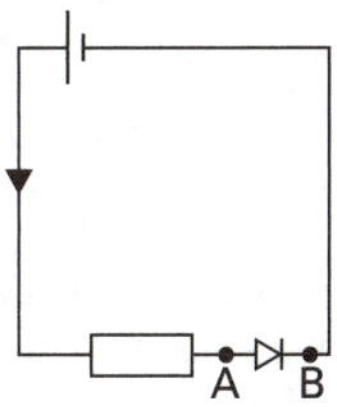

b. La valeur minimale R_{min} de R est telle que lorsque la tension aux bornes du dipôle « résistance » vaut $U_R = 5{,}3$ V, alors l'intensité est au maximum de $I = 200$ mA $= 0{,}2$ A. D'après la loi d'Ohm, R_{min} vaut alors $R_{min} = U_R \ / \ I$ soit $R_{min} = 26{,}5\ \Omega$.

13. Les signaux lumineux et sonores p. 207

1 a. La lumière se propage dans le vide avec une vitesse de 300 000 km/h. – b. L'expression $v = \frac{d}{t}$ permet de calculer la vitesse v quand on connait la distance d parcourue pendant la durée t. – c. L'année-lumière est une unité de distance.

2 a. Une toise vaut 28 500 ÷ 14 636 = 1,95 m environ. – b. Il était nécessaire de voir les flammes sortir du canon afin de déterminer le moment où était émis le son (on suppose dans ce cas que la durée mise par la lumière pour atteindre l'œil de l'observateur est négligeable). – c. Si le son parcourt 173 toises par seconde, il parcourt 173 × 1,95 = 337,35 m en une seconde. – d. Compte tenu de la technologie dont disposaient les scientifiques au XVIIIe siècle, on peut dire que ce résultat est assez précis.

3 a. Pendant cette expérience, la lumière fait un aller-retour Terre-Lune. Elle a parcouru la distance $2\ D$.
b. En $t = 2{,}56$ s, la lumière a parcouru la distance $2\ D$ à la vitesse de propagation de 3×10^8 m/s.
On a donc $2\ D = 3 \times 10^8 \times 2{,}56 = 7{,}68 \times 10^8$ m
soit $D = \frac{7{,}68 \times 10^8}{2} = 3{,}84 \times 10^8$ m soit $D = 3{,}84 \times 10^5$ km.

MINI-CONTRÔLE

1. La durée t qui s'écoule pour que l'éclair se propage à la vitesse de 3×10^8 m/s sur une distance $D = 3$ km est $t = \frac{D}{v}$
soit $t = \frac{3000}{3 \times 10^8}$. $t = 0{,}000\,01$ s ou $t = 0{,}01$ m/s.

2. $t = \frac{1{,}5 \times 10^{11}}{3 \times 10^8}$ soit $t = 500$ s (ici la distance est exprimée en m et la vitesse en m/s).

3. Pour que la lumière émise par l'étoile Polaire atteigne la Terre, il faut 430 années.

Bilan Physique-Chimie p. 208

PHYSIQUE

1 Pour mesurer la tension aux bornes d'un dipôle, on monte un voltmètre en dérivation aux bornes de ce dipôle, alors que pour mesurer l'intensité du courant qui le traverse l'ampèremètre est monté en série.

2 La diode est dans la branche principale, elle est donc traversée par le même courant que l'ampèremètre A_1, on a donc $I = 0{,}465$ A.

3 La tension aux bornes du générateur est égale à la somme des tensions aux bornes des autres dipôles. Le voltmètre V_1 indique la tension aux bornes du générateur $U_1 = 9{,}0$ V et le voltmètre V_3 indique la tension aux bornes du moteur $U_3 = 5{,}8$ V
$U_2 = U_1 - U_3$, $U_2 = 9{,}0 - 5{,}8 = 3{,}2$ V.

4 a. Vrai. En effet, chaque lampe est montée en dérivation aux bornes de la même pile, la tension aux bornes de chacune est donc égale à la tension aux bornes de la pile. – b. Faux. En effet, la tension aux bornes de L_1 n'est pas modifiée, L_1 est donc traversée par un courant qui garde la même intensité.

5 $I = \frac{U}{R}$ soit $I = \frac{4{,}5}{220} = 0{,}020\,5$ A soit $I = 20{,}5$ mA.

6 a. Les signaux lumineux **ne nécessitent pas de** milieu matériel pour se propager alors que le son **en nécessite un**. – b. L'année-lumière est une unité **de distance**.

7 a. Vrai. – b. Vrai. – c. Vrai.

8 La trajectoire de la Lune autour de la Terre est pratiquement circulaire dans le référentiel géocentrique alors que celle d'un coureur de 100 m est rectiligne dans le référentiel terrestre. Si la valeur de la vitesse d'un mobile augmente, son mouvement est accéléré, par contre si elle diminue, le mouvement est ralenti et lorsqu'elle reste constante, le mouvement est uniforme.

9 a. Faux, c'est une énergie chimique car elle est issue d'une transformation chimique. – b. Faux, c'est le joule. – c. Vrai.

CHIMIE

10 L'atome est constitué d'un noyau qui contient des particules neutres et des particules positives entouré d'électrons. L'atome contient autant d'électrons que de charges positives dans son noyau car il est électriquement neutre.

11

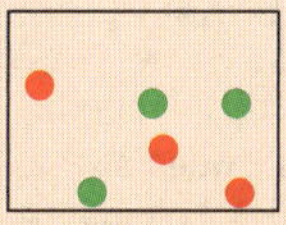
Mélange à l'état gazeux

Corps pur à l'état gazeux

Corrigés

Corps pur à l'état solide

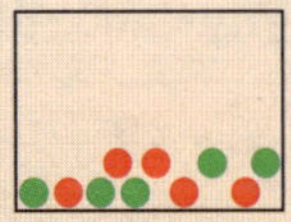

Mélange à l'état liquide

12 a. Faux. – b. Faux.

13 La molécule de butane, de formule C_4H_{10}, contient 4 atomes de carbone et 10 atomes d'hydrogène.

14 *Une équation de réaction est ajustée lorsque des atomes de même nature sont présents en quantité égale du côté des réactifs et du côté des produits.*
Il y a, du côté des réactifs, 8 atomes de carbone, 20 atomes d'hydrogène et 26 atomes d'oxygène, tout comme du côté des produits. Cette équation de réaction est ajustée.

SVT

1. Les séismes et les risques sismiques p. 211

1 **1.** épicentre – **2.** dégâts – **3.** foyer – **4.** faille ; **5.** déformation du paysage – **6.** sismomètre – **7.** ondes sismiques.

2 a. Les ondes sismiques se propagent à partir du foyer et atteignent l'épicentre. – b. L'accumulation d'énergie au niveau des roches finit par provoquer leur cassure. – c. Les roches ayant subi une cassure se déplacent le long d'une faille.

3 a. Le séisme à l'origine du tsunami du 26 décembre 2004 est enregistré à 01 h 06 min en Australie et à 01 h 09 min en Antarctique. L'amplitude des ondes sismiques enregistrées est 5 fois moins importante en Antarctique qu'en Australie. – b. On peut en conclure que plus on s'éloigne de l'épicentre, moins l'amplitude des ondes sismiques est importante.

MINI-CONTRÔLE

a. Début du séisme à 23 h 59 min. Enregistrement du séisme en Australie à 01 h 06 min. Temps mis par les ondes pour parcourir la distance entre l'épicentre et la station d'enregistrement en Australie : 07 min, soit t = 420 s. Distance entre l'épicentre et la station d'enregistrement en Australie : d = 4 300 km. Or $v = \frac{d}{t}$, soit $v = \frac{4\,300}{420}$, soit v = 10 km/s. – b. Les séismes sont des évènements très brefs. La vitesse de propagation des ondes sismiques est très élevée et explique donc en partie la rapidité de ces phénomènes géologiques.

2. Les volcans, témoins de l'activité interne de la Terre p. 213

1 **1.** éruption – **2.** cheminée volcanique – **3.** magma – **4.** chambre magmatique – **5.** projection de lave et de cendres – **6.** cône – **7.** coulée de lave – **8.** ancienne coulée (basalte).

2 **Piton de la Fournaise** : effusive ; fontaine de lave, fumée (gaz et cendres), projections de lave solidifiée ; cône ; basalte ; peu dangereuse – **Mont Saint Helens** : explosive ; lave, cendres, panache, nuées ardentes, bombes volcaniques ; dôme ; andésite ; très dangereuse.

MINI-CONTRÔLE

Andésite : 1. Phénocristaux ; 2. Microlites ; 3. Verre. **Basalte :** 1. Phénocristaux ; 2. Microlites ; 3. Verre.

3. La tectonique des plaques p. 215

1 a. Faux. L'asthénosphère est une zone située sous la lithosphère. – b. Faux. Les chaines de montagnes sont formées dans les zones de rapprochement. – c. Vrai.

2 a. La séparation de l'Inde et de l'Afrique est due à l'ouverture d'un océan (le futur océan Indien). Une dorsale océanique a commencé à créer de la lithosphère océanique éloignant les deux lithosphères continentales l'une de l'autre. – b. La formation de la chaine de montagnes de l'Himalaya est due à la subduction de la lithosphère océanique précédant l'Inde et à la collision de celle-ci avec le continent eurasiatique. La collision date de moins de 30 millions d'années.

MINI-CONTRÔLE

a. La vitesse de propagation des ondes sismiques sous les continents comme sous les océans augmente de façon relativement régulière en s'enfonçant dans la Terre, tant que les matériaux traversés restent rigides. Vers 80 km pour les continents et vers 30 km pour les océans, la vitesse des ondes se stabilise pour diminuer vers 120 km sous les continents et 80 km sous les océans. – b. On peut en conclure que la lithosphère est plus rigide que l'asthénosphère.

4. La reproduction sexuée des êtres vivants p. 217

1 **Fucus :** fécondation externe ; aquatique ; deux types de cellules sexuelles sur le même individu. – **Lys :** fécondation interne ; terrestre ; cellules reproductrices femelles enfermées dans des « sacs ». – **Grillon :** fécondation interne ; terrestre ; accouplement.

2 a. On observe un ver luisant femelle, sur une plante. Au niveau de l'abdomen, il émet des signaux lumineux. – b. Le ver luisant femelle émet des signaux lumineux pour attirer le mâle. Cette stratégie comportementale favorise le rapprochement des partenaires sexuels.

MINI-CONTRÔLE

Pour ce schéma, il faut respecter l'échelle et être le plus précis possible (légendes, échelle...).

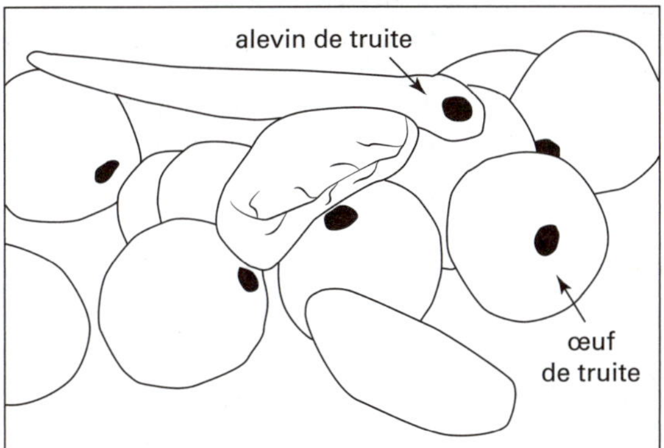

Alevins de truite et œufs de truite (environ 1,5 cm)

5. L'influence du milieu de vie sur la reproduction p. 219

1 a. La fécondité est le nombre de petits par femelle. – b. Les conditions du milieu influent sur la reproduction sexuée. – c. L'Homme en utilisant des produits polluants provoque la disparition d'espèces.

2 a. Maintien d'une espèce dans son milieu / interdiction de chasser pendant la période de reproduction.

b. Construction d'un barrage hydraulique / disparition des espèces de poissons migrateurs.

c. Lutte biologique / préserver la biodiversité.

d. Reproduction moins efficace / faibles ressources alimentaires

3 a. La disparition des frayères, due à l'activité humaine, entraine la disparition du lieu de pontes des œufs de brochets, et donc la reproduction des brochets diminue. – b. Dans les frayères réaménagées par l'homme, le nombre d'alevins est de 24 000 tandis que dans les frayères non réaménagées, on n'en compte que 1 000. La reproduction des brochets est donc cette fois-ci positivement influencée par l'intervention de l'homme.

MINI-CONTRÔLE

a. C'est la **lutte biologique**. b. Répandre une énorme quantité de mouches mâles stériles empêche la reproduction de cette espèce : les œufs issus de la fécondation sont incapables de se développer. c. Cette méthode de lutte biologique permet de cibler l'action. Seule l'espèce « Lucilie bouchère » rencontre des difficultés lors de sa reproduction. Les autres espèces ne sont pas touchées. Cette méthode est spécifique, à la différence des insecticides qui détruisent tous les insectes rencontrés.

6. La perception de notre environnement et la commande motrice p. 221

1 (Exemples de réponses) **Le gout** : la confiture dans la bouche. – **L'odorat** : l'odeur du chocolat chaud. – **L'ouïe** : la sonnerie du collège. – **Le toucher** : les clefs au fond du sac. – **La vue** : La météo à la télé.

2 Zone A : aires motrices.
Zone B : aires visuelles.

3 a. Les images obtenues montrent des zones actives différentes en fonction de l'activité du sujet. – b. Sur la première image, l'aire auditive est stimulée ; sur la deuxième, plusieurs aires sont stimulées. – c. Il y a une complexité supplémentaire lorsque le sujet pense : plusieurs aires interviennent en même temps (permettant la mémorisation, l'intégration des informations et la réponse adaptée à la stimulation).

4 Stimulation ; yeux ; nerfs optiques ; cerveau ; nerfs moteurs ; jambes.

MINI-CONTRÔLE

a. Le nerf moteur transmet le message aux organes effecteurs. – b. Le message nerveux moteur qui part du cerveau s'arrête au niveau de la patte sectionnée. Les organes effecteurs sont isolés.

7. L'activité nerveuse p. 223

1 a. Dans le cerveau d'un individu alcoolique, il y a moins de zones activées. – b. L'alcool agit sur les neurones et empêche leurs actions sur des zones du cerveau, notamment celles impliquées dans la prise de décision et le jugement.

2 a. Les individus reposés ont un temps de réaction compris entre 20 et 50 unités. Les individus privés de sommeil ont un temps de réaction compris entre 120 et 150 unités. – b. La fatigue augmente le temps de réaction des individus.

MINI-CONTRÔLE

Le message est transmis d'un neurone à l'autre au niveau des synapses par l'intermédiaire de messages chimiques.

8. La puberté p. 225

1 a. La paroi de l'utérus subit plusieurs transformations au cours d'un cycle : destruction de la couche superficielle en début de cycle ; épaississement de la couche superficielle en milieu de cycle ; augmentation de la vascularisation à la fin du cycle. – b. La durée d'un cycle est d'environ 28 jours. – c. Les règles se produisent au début du cycle.

Corrigés

2 Filles : développement de la poitrine, arrondissement des hanches et élargissement du bassin, acné, pilosité (aisselles, organes génitaux...), apparition des premières règles. – Garçons : acné, pilosité (aisselles, organes génitaux...), premières éjaculations, pomme d'Adam, augmentation de la taille du pénis et des testicules, élargissement des épaules et de la cage thoracique, développement de la musculature, mue de la voix (développement des cordes vocales).

MINI-CONTRÔLE

a.

	Cellule reproductrice de l'homme	Cellule reproductrice de la femme
Nom	spermatozoïde	ovule
Forme	« têtard »	sphérique
Taille	$\simeq$ 0,1 mm	$\simeq$ 1,9 mm

1 cm représente 0,003 mm, donc 3,5 cm représentent $3{,}5 \times 0{,}003 = 0{,}010\ 5$ mm.

b. L'ovule est produit par les ovaires et le spermatozoïde par les testicules.

9. Les hormones de la puberté p. 227

1 a. Faux. Le fonctionnement des ovaires est lié à la production d'hormones hypophysaires. – b. Faux. Les hormones sont des substances véhiculées par le sang. – c. Vrai.

2 a. Les ovaires produisent des hormones qui agissent sur l'utérus. – b. Les hormones sont libérées dans le sang et agissent sur des organes cibles. – c. Les œstrogènes sont les hormones produites par les ovaires, qui déclenchent la puberté chez la jeune fille. – d. Les règles sont déclenchées par la diminution des concentrations sanguines des hormones ovariennes.

3 **Expérience 1** : L'utérus n'a aucun effet sur les ovaires. **Expérience 2** : Les ovaires produisent des substances qui agissent sur le cycle utérin et sur la taille de l'utérus. **Expérience 3** : Ces substances sont véhiculées par le sang. **Conclusion** : Les ovaires produisent des hormones qui contrôlent les variations cycliques de la paroi de l'utérus.

MINI-CONTRÔLE

a. Pour le garçon comme pour la fille, les concentrations de LH et FSH dans le sang augmentent entre le début et la fin de la puberté. – b. Hypothèse : ces substances sont fabriquées à la puberté par l'hypophyse et sécrétées dans le sang. Ces hormones ont pour cible les organes reproducteurs.

10. De la fécondation à la naissance p. 229

1 a. Nidation : implantation de l'embryon dans la paroi utérine. – b. Viviparité : mode de reproduction des animaux vivipares ; l'œuf achève son développement dans l'organisme maternel. – c. Embryon : stade de développement d'un organisme qui débute avec la fécondation et s'achève lorsque toutes les ébauches d'organes sont formées.

2 a. Le placenta permet de filtrer le sang arrivant et repartant du fœtus. Il permet de protéger, d'alimenter le fœtus. – b. Si la mère consomme des drogues, le fœtus les consomme aussi puisque le placenta laisse passer les substances toxiques comme l'alcool, la nicotine. Le fœtus risque d'être malformé ou d'avoir un retard mental.

3 a. L'échographie est une technique d'imagerie médicale utilisant les ultrasons pour modéliser le fœtus dans le ventre maternel. – b. On observe les différentes parties du fœtus que l'on peut mesurer : la tête, les membres, l'abdomen...

MINI-CONTRÔLE

1. Placenta : organe d'échanges entre la mère et le fœtus. – **2.** Cordon ombilical : élément contenant des vaisseaux sanguins et reliant le fœtus au placenta. **3.** Liquide amniotique : liquide dans lequel baigne le fœtus.

11. La contraception p. 231

1 a. Contraception : ensemble des méthodes permettant à la femme et à l'homme de choisir le moment d'avoir ou non un enfant. – b. Spermicide : substance chimique qui tue les spermatozoïdes, placée dans le vagin sous forme d'« ovule » (sorte de suppositoire) ou de crème. – c. IST : Infection Sexuellement Transmissible. Une IST se transmet par contact entre le pénis et le vagin. Les symptômes sont variés : brulure en urinant, fatigue intense, démangeaisons, petits boutons... La plupart des IST se soignent, mis à part le SIDA qui reste une IST mortelle.

2 a. Le préservatif est un moyen de contraception qui permet de se protéger contre les IST. – b. Le stérilet empêche la nidation de l'embryon dans l'utérus. – c. L'absence de règles peut être un signe de début de grossesse.

3 a. Un contraceptif oral est un produit de contraception pris par voie orale (la bouche) comme la pilule. – b. Une femme doit prendre cette pilule pendant 21 jours consécutifs.

4 a. La méthode contraceptive la plus utilisée en France en 2016 était la pilule. – b. L'avantage supplémentaire que l'utilisation du préservatif apporte est la protection contre les IST.

MINI-CONTRÔLE

1. Retarde ou bloque l'ovulation. **2.** Modifie les caractéristiques du col de l'utérus et empêche la remontée des spermatozoïdes. **3.** Modifie la paroi interne utérine et empêche la nidation.

BILAN SVT p. 232

L'ÉVOLUTION DES PAYSAGES

1 Les volcans, les séismes et le mouvement des plaques tectoniques modifient le paysage.

2 Les séismes et les volcans sont situés essentiellement au niveau des dorsales océaniques, des fosses océaniques et des chaines de montagnes.

3 Les conséquences des mouvements des plaques tectoniques sont des rapprochements de croutes lithosphériques avec création de chaines de montagnes et de fosses océaniques, ou des écartements de croutes créant des dorsales océaniques et donc des océans.

4 a. Faux. La croute continentale est plus épaisse que la croute océanique. – b. Faux. Plus on s'éloigne de la dorsale océanique, plus la croute océanique est âgée. – c. Faux. L'épicentre est le point à la surface de la Terre qui enregistre les premières ondes. Le foyer est le point situé en profondeur où l'accumulation trop importante d'énergie provoque la rupture des roches environnantes.

5 a. Lithosphère : couche superficielle rigide du globe terrestre comportant les croutes continentale et océanique ainsi que le manteau supérieur. – b. Séisme : série de secousses plus ou moins violentes du sol. – c. Magma : mélange de roches et de gaz en quantité variable, partiellement fondu.

6 La vitesse des ondes sismiques diminue au passage lithosphère / asthénosphère.

7

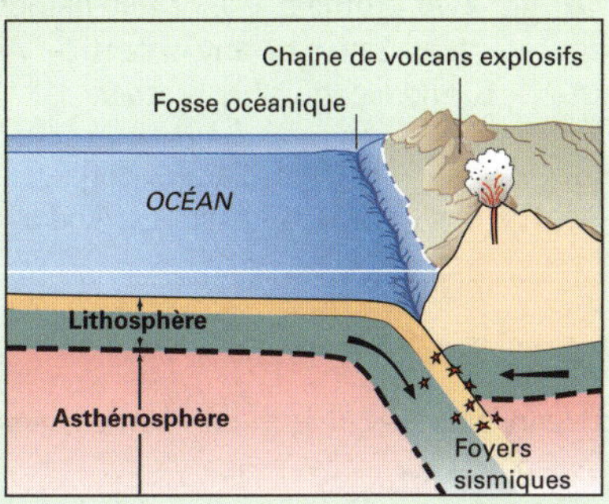

Une subduction.

LES RELATIONS AU SEIN DE L'ORGANISME

1 Un mouvement est déclenché par un stimulus provenant de notre environnement.

2 a. Récepteur : organe captant les stimulations de l'environnement. – b. Neurone : cellule nerveuse pouvant créer et transmettre des messages nerveux. – c. Hormone : substance libérée dans le sang par un organe particulier et qui agit sur des organes cibles en modifiant leur fonctionnement.

3 Les drogues, la fatigue, la pollution sonore peuvent perturber le fonctionnement du système nerveux.

4 **La communication hormonale** se fait grâce aux hormones qui circulent dans le sang et qui agissent directement sur un organe cible. **La communication nerveuse** se fait *via* les neurones et nécessite une phase de traitement de l'information au niveau des centres nerveux.

5 Stimulation d'un récepteur – Transmission de l'information *via* les nerfs sensitifs – Traitement de l'information au niveau des centres nerveux – Transmission de l'information *via* les nerfs moteurs – Réponse adaptée des organes effecteurs.

6

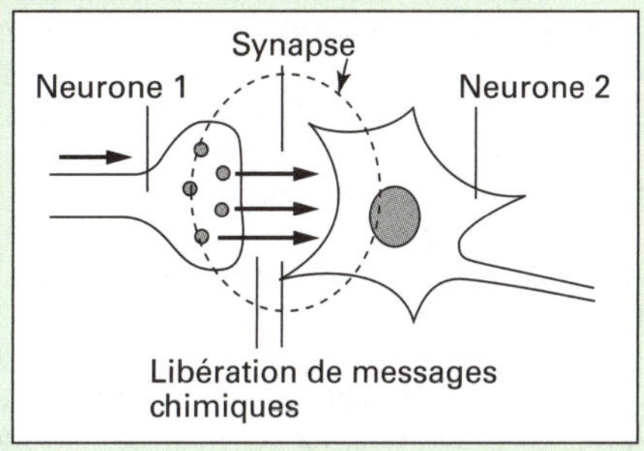

Une zone synaptique.

7 Les testicules produisent de la testostérone et les ovaires des œstrogènes et de la progestérone.

LA REPRODUCTION SEXUÉE

1 a. Faux. C'est dans l'organisme femelle que se fait la fécondation interne. – b. Faux. La puberté marque le début des règles. – c. Vrai.

2 Les cellules reproductrices mâles et femelles sont respectivement les spermatozoïdes et les ovules.

3 Pilule, stérilet, préservatifs masculin ou féminin.

4 a. Le préservatif est un moyen de contraception qui permet aussi de se protéger contre les IST. – b. En cas d'urgence, pour un oubli de contraception lors d'un rapport sexuel, on peut avoir recours à la pilule du lendemain. – c. L'homme peut agir sur la reproduction des espèces.

5

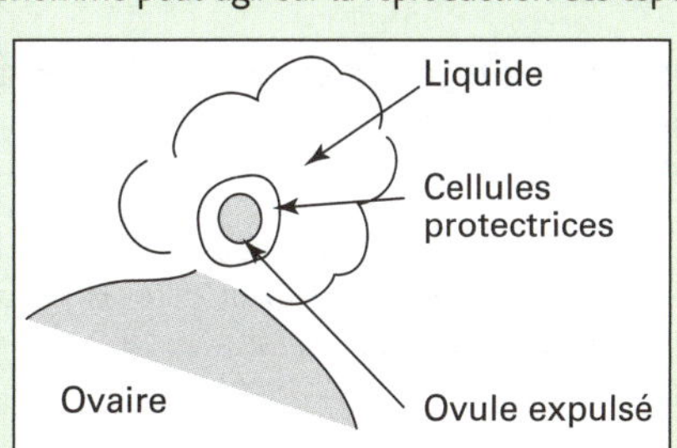

L'ovulation.

6 La biodiversité est le nombre d'espèces présentes dans le milieu.

Corrigés

ANGLAIS

1. Le nom et ses déterminants p. 235

1 a. Christmas is a festive period. – b. People give Ø presents to each other. – c. The presents I got last year were really nice. – d. I got a computer game. – e. The special effects were brilliant.

2 a. I will spend this Christmas with my grandparents. – b. Here, look at this photo of their house. – c. That is my grandad over there. – d. That dog belongs to him.

3 a. The most important meal on Christmas day is Christmas dinner. – b. Mum usually cooks a turkey. – c. We have Ø vegetables and Ø potatoes with Ø meat. – d. For dessert we always have a slice of pudding with cream.

4 a. I got presents from my mum and dad. – b. These computer games are really cool. – c. The Christmas trees looked very pretty. – d. Those lights are not working. – e. I read my book for hours.

5 a. Christmas is a happy time. – b. We spend Ø hours playing. – c. We walk for an hour after dinner. – d. Christmas is an eventful period.

MINI-CONTRÔLE

a. I like oranges. – b. Computer games are bad for your eyes. – c. My uncle is a delivery man. – d. People love Christmas. – e. I like writing Christmas cards.

2. Les quantificateurs p. 237

1 a. How many children are with you? – b. How much wine would you like? – c. How many people would like starters? – d. How much is the bill please?

2 a. Don't give me any salad please. – b. I'm not happy. There's not enough/too much butter on the potatoes. – c. Are there no glasses? No, there are none. – d. Would you like some turnips? Just a few please. – e. Yes, there's some sugar on the table.

3 a. Do you have/Have you got any wine? – b. How much is the bill? – c. How many are you? – d. Would you like some coffee?

4 a. No, I don't want any, thank you. – b. Yes, a little please. – c. We would like three main courses please. – d. I would like a lot of parmesan please. – e. No, there's too much milk.

MINI-CONTRÔLE

a. I'd like some water please. – b. I don't want any meat, thank you. – c. Could I have some bread, please? – d. How much is the bill?

3. Les comparatifs d'égalité, de supériorité et le superlatif p. 239

1 a. Jane is younger than Peter. – b. Peter is messier than Jane. – c. Peter's house is better than Jane's. – d. Jane is more talkative than Peter. – e. Peter is more athletic than Jane.

2 a. Mr Smith is the nicest teacher in Jane's school. – b. Jane is the prettiest girl in her class. – c. But Sandra is the most intelligent. – d. Of all Peter's friends, he likes Jane the best. – e. He doesn't like his maths teacher. He's the worst teacher he has.

3 a. My mum is as good as your mum. – b. No, my mum's better than yours. – c. Maybe, but my mum's more intelligent. – d. Yes, you're right – she's the most intelligent woman in town. – e. Thanks Jimmy. You're the nicest friend I have.

4 a. John is not as nice as Jimmy. – b. Spanish is not as good as English. – c. I'm not as intelligent as you. – d. But you are not as strong as me.

MINI-CONTRÔLE

a. Amy is not as tall as Fred. – b. Fred is as old as Garry. – c. Amy is the tidiest. – d. Garry is more intelligent than Fred. – e. Fred is the heaviest. – f. Amy is the weakest. / Amy is not as strong as Fred or Garry.

4. L'expression de la possession : *have (got)*, *'s*, déterminants et pronoms possessifs p. 241

1 a. Sarah has got two brothers. – b. Their names are Henry and Sam. – c. Has Sam got any sisters? – d. Yes, Sarah is his sister. – e. And Henry is his brother.

2 a. Whose dog is that? – b. That's Sarah's dog. – c. That dog is hers. – d. The dog's name is Rover. – e. And whose fish is that?

3 a. has – b. 's – c. is – d. has – e. is.

4 a. Harry is Henry's dad. – b. His mum's name is Jenny. – c. Whose cat is Tabby? – d. Tabby is Henry's cat.

5 a. That cat is mine. – b. That house is hers. – c. She is his sister. – d. Their parents are nice.

MINI-CONTRÔLE

a. Arthur is Henry's grandad. – b. Henry has got two brothers. – c. His father's name is Percy. – d. Henry has got one sister. – e. Has he got any cousins?

5. Les pronoms relatifs p. 243

1 a. which – b. when – c. who – d. where

2 a. The shoes Ø I bought come from Italy. – b. The lady that sold them to me said they were a bargain. – c. The taxi-driver that drove me home thought they were beautiful. – d. The pizza Ø we had at the restaurant was lovely.

3 a. The jeweler's where I bought my necklace is on Main Street. – b. It's beside the pub that does really good food. – c. The food Ø you get there is very filling. – d. This weekend, when I have time, we'll go and eat there.

4 a. The music store that has just opened sells guitars. – b. The CD I bought there is great. – c. The sports shop I went to yesterday has closed down.

MINI-CONTRÔLE

a. The shop was called *Henry's*. It closed down. – b. Henry's son was sad. He owned it.

6. Le présent simple, le présent en *be + V-ing* p. 245

1 a. has – b. get – c. goes – d. eat – e. walk.

2 a. Oh no! It's raining. – b. Go away! I'm doing my homework. – c. Help! I'm falling. – d. Listen! The bell's ringing. – e. Stop that noise! We're looking at TV.

3 a. Where is Patrick? – He is listening to music in his room. – b. Betty and Bob usually visit us in the summer. – c. I'm (am) very tired. It's time for bed. – d. Susan loves her mum very much. – e. It's very hot. The sun is shining.

4 a. I always/often/never tidy my room at the weekend. – b. Charlie always/often goes to the cinema on Sundays. – c. We are learning about Ireland at the moment. – d. They are not good boys. They never obey their mum. – e. My dad's busy. He's (is) working in his office.

MINI-CONTRÔLE

a. She's drinking a coke right now. – b. They usually/always get up at seven o'clock.

7. Le passé : prétérit simple, prétérit en *be + V-ing* et *present perfect* p. 247

1 a. Robinson Crusoe sailed on a boat to Africa. – b. He was swimming in the sea, when he saw an island. – c. While he was visiting the island, he discovered cannibals.

2 a. Did he make friends with the cannibals? – b. He was afraid of the cannibals. – c. He didn't like the cannibals. – d. He rescued a man from the cannibals. – e. His name was Man Friday.

3 a. He made a boat to escape from the island. – b. At night, he made a fire on the beach. – c. He was on the beach, when a ship came to the island. – d. He went to the ship to ask for help. – e. "I've spent enough time on the island. I want to go now."

4 a. When did you get here? – b. Where did you sleep? – c. What were you doing? – d. Were you lonely?

MINI-CONTRÔLE

a. Robinson Crusoe said goodbye to Man Friday. – b. He got married. – c. He had a baby. – d. He made a lot of money. – e. He went back to sea.

8. Les expressions de l'avenir, le futur p. 249

1 a. When will you come to see them? – b. I think I will take the train tomorrow. – c. Will you come to see me too? – d. No, I won't have time. – e. Why won't you have time?

2 a. Tim is going to Spain tomorrow. – b. I'm flying to Ireland next week. – c. We are going to a football match this afternoon. – d. What do you plan to do?

3 a. On Thursday, it will be hot and sunny. – b. On Friday, it will rain. – c. At the weekend, there will be sunny spells.

4 a. If the weather is nice, he will be able to see them. – b. John's parents will be happy if he comes to visit them. – c. If John decides to come, they will have a party. – d. If it doesn't rain they will go for a picnic.

MINI-CONTRÔLE

a. John will take the train at 5 o'clock. – b. He will arrive at 8:15 p.m. – c. He intends to call his parents from the train station. – d. They will collect him from the train station.

9. La modalité p. 251

1 a. Tom, you don't have to continue if you're tired. Abs.d'obligation. – b. You can't push your opponant. Interdiction. – c. I have to practice more often. Obligation. – d. Could you explain the rules please? Possibilité. – e. I'm not able to catch the ball. Incapacité.

2 a. Now boys, here are the rules. You mustn't lose the ball. – b. Could you pass me the ball please? – c. Don't argue. You must obey the referee. – d. Oh no! I can't reach the goal. – e. This is your last chance. You must win this match.

3 a. John can't swim very well but he's learning. – b. It's forbidden to hit your opponant. – c. Please, can we play in the next match? – d. Yes, I am able to cycle very well. – e. We don't have to come tomorrow. We've done enough training.

4 a. You don't have to bounce the ball so much. – b. You're not allowed to keep the ball. – c. Am I allowed to throw the ball with one hand? – d. You have to play with your team mates.

Corrigés

MINI-CONTRÔLE

a. You can't touch the ball. You're not allowed to... – b. Can you bounce the ball? Are you allowed to...? – c. You can catch the ball. You are allowed to... – d. You mustn't kick your opponent. It's forbidden to...

10. Le gout, le désir et la volonté p. 253

1 a. Patsy likes swimming in the sea. – b. Peggy doesn't like the sea. The water is too cold. – c. Benny is very fond of fast cars. – d. Willy's interested in collecting stamps.

2 a. Mike likes listening to pop music on the radio. – b. He doesn't like classical music. – c. Mike and Molly love dancing together. – d. However they hate ballet.

3 a. I would like to visit Spain. – b. We'd prefer to stay at home than go shopping. – c. He doesn't want to miss the match. – d. Would you like a cup of tea?

4 a. Steve is interested in playing tennis. – b. Mel can't stand looking at documentaries. – c. Are you interested in learning English?

5 a. John prefers car racing to horse racing. – b. He'd prefer to see a car race than a horse race. – c. Jane and Jack prefer listening to music to doing sport. – d. They'd prefer to listen to music than to go for a swim.

MINI-CONTRÔLE

a. They hate jogging. – b. He likes playing tennis. – c. She likes going to the cinema.

11. L'expression de l'ordre p. 255

1 a. Don't fall off your bike! – b. Turn off the TV please. – c. Let's make a cake! – d. Stop playing the computer!

2 a. Let's play outside! – b. Please, turn off the radio! – c. Don't mess it up again! – d. Please, stop making so much noise!

3 a. Brush your hair! – b. Don't mow the lawn! – c. Don't go outside!

4 a. Dad wants us to tidy the garden. – b. That man wants him to clean his windows. – c. John and Sally's parents want them to go to bed.

5 a. My mum wants me to stop eating so fast. – b. Their dad wants them to help (him) wash the car. – c. Our teacher wants us to do all of our homework. – d. His brother wants him to move over.

MINI-CONTRÔLE

a. Start mowing the lawn! – b. Stop playing the computer! – c. Stop looking at TV! – d. Start tidying your room!

12. La forme passive – La subordonnée de condition avec *if* p. 257

1 a. Paul Newman was born in 1925. – b. You were encouraged to act by your parents. – c. We were told he was a good actor. – d. Were they given advice? – e. I was chosen by my school teacher to star in a school play.

2 a. Paul was interviewed hundreds of times during his career. – b. He and his wife were selected in many films together. – c. He was asked to act in several films. – d. They were transported to Hollywood in a limousine. – e. A statue was made to honour him.

3 a. If I were allowed, I would become a pilot. – b. If he had time, he would drive racing cars. – c. He would have more children, if he wasn't so busy. – d. His parents would be very unhappy, if they couldn't see him. – e. Would you go to America if you had the chance?

4 a. He wasn't accepted as a pilot by the navy. – b. He was sent to a different camp. – c. He was ordered to train as a gunner by his superiors. – d. Was he treated properly?

5 a. If I was a teacher, I would give my pupils no work. – b. If he had a car, he would drive to the cinema. – c. My grandparents would be happy if I visited them. – d. If the weather was good, you would walk.

MINI-CONTRÔLE

a. Paul Newman was nominated for many Oscars during his career. – b. He died in 2008. – c. He was named the most generous celebrity in the same year. – d. Thousands of fans were shocked by his death. – e. He was one of the best actors of his generation.

Bilan Anglais p. 258

1 a. We put up the Christmas tree today. – b. It's an enormous tree. – c. We also put up the decorations. – d. We put a star on the top of it. – e. Mum doesn't like Ø Christmas. – f. It's such a busy time. g. And Ø everything is so expensive these days.

2 a. How many pizzas do you want? – b. There's too much cheese on this pizza. – c. Yes, and there's a lot of olives on it too. – d. I don't want any tomato on my pizza, please. – e. Can I have some water, please?

3 a. Joe is the saddest of the three. [v]/[f]
b. Jim is more elegant than Joe. [v]/[f]
c. Joe is happier than Bob. [v]/[f]

4 a. That dog is hers. – b. Her uncle gave it to her for her birthday. – c. Her uncle's name is Benny. – d. The dog's kennel is in the garden. – e. It's got a ball to play with in the garden.

MES OBJECTIFS POUR LA 4e

Avant de commencer votre année de 4e, réfléchissez à celle de 5e, ce qui a bien fonctionné, ce que vous avez moins réussi, là où vous aimeriez progresser.

Dans cette liste, cochez trois points que vous souhaitez améliorer.
Ils seront vos trois objectifs pour l'année de 4e.
Si d'autres idées vous viennent, n'hésitez pas à les noter en bas de la liste.

- ☐ Poser des questions en cours quand je ne comprends pas.
- ☐ Relire mes cours du jour le soir à la maison même si je n'ai pas cette matière le lendemain.
- ☐ Éteindre mon téléphone portable pendant que je travaille.
- ☐ Laisser mon téléphone portable à l'extérieur de ma chambre quand je me couche.
- ☐ Ne pas utiliser mon téléphone portable comme réveil.
- ☐ Prendre un petit-déjeuner plus consistant le matin.
- ☐ Penser à boire plus d'eau à la cantine ou à la maison.
- ☐ Prévoir plus de sport dans mon emploi du temps.
- ☐ Manger moins de sucre.
- ☐ Participer davantage au travail en groupe.
- ☐ Accepter les idées des autres dans un travail en groupe.
- ☐ Préparer à l'avance mes évaluations.
- ☐ Être moins stressé(e) quand je présente un exposé.
- ☐ Être plus attentif(ve) en cours.
- ☐ Préparer mon sac dès que j'ai terminé mes devoirs.
- ☐ Me mettre à mes devoirs sans tarder une fois ma pause terminée.
- ☐ Passer moins de temps sur les jeux vidéo.
- ☐ Partir 5 minutes plus tôt de la maison pour ne pas être en retard.
- ☐ Vider mon sac tous les soirs afin de ne pas me charger d'affaires inutiles.
- ☐ Ne pas me lever trop tard le samedi matin pour commencer mes devoirs.
- ☐ Écrire un planning de la semaine pour organiser mon travail.
- ☐ Faire des fiches pour mémoriser les cours.
- ☐ ....
- ☐ ....
- ☐ ....

Surlignez ce que vous maitrisez déjà.

Bravo, ce sont autant d'atouts pour la 4e !

INSTAURER UN RITUEL

> Il faut du temps pour mettre en place une habitude. Au départ, cela demande un effort.

> Par exemple, si vous avez coché « Relire mes cours du jour le soir à la maison… », il faut y penser tous les jours. Après, cela devient un automatisme. Et puis, vous allez vite sentir le bénéfice de cet effort. Constater qu'en relisant vos cours chaque jour, vous les mémorisez beaucoup plus rapidement et que vous passez moins de temps dessus quand vous avez une évaluation, c'est motivant !

QUELLE EST VOTRE MÉMOIRE DOMINANTE ?

La mémoire est un outil fabuleux. Elle est indispensable pour travailler et pour apprendre. On a chacun une manière différente de mémoriser. Savez-vous comment vous apprenez le plus facilement ?

Avez-vous une mémoire visuelle ?

Certains apprennent avec les yeux, en visualisant, en voyant des images dans leur tête. On dit qu'ils ont une mémoire visuelle. Cochez les réponses qui semblent vous correspondre.

Test Vous avez une mémoire visuelle si :

- ☐ Vous vous souvenez plutôt de ce que le professeur a écrit au tableau.
- ☐ Vous avez besoin d'écrire les deux orthographes d'un mot lorsque vous avez un doute : *montgolfière* ou *mongolphière* ?
- ☐ Vous vous souvenez bien de l'endroit où est inscrite la formule de maths dans votre cahier, oui en haut à droite.
- ☐ Vous avez besoin d'écrire pour mémoriser.
- ☐ Vous visualisez les chiffres du code d'une porte d'entrée dans votre tête pour le retenir.
- ☐ Les schémas vous parlent.

Les astuces à mettre en pratique :

- Mettre de la couleur : souligner, encadrer les mots-clés, les définitions de votre cours, pour que les éléments importants vous sautent aux yeux.
- Dessiner une carte mentale pour vous aider à mémoriser.
- Rédiger des fiches qui sont un résumé du cours avec les notions importantes et les définitions, en usant de couleurs, de pictos, de dessins, en écrivant en gros les titres du plan et certains mots pour qu'ils ressortent.
- Opter pour le *sketchnoting*, cette méthode entre la fiche et la carte mentale, pour apprendre vos cours.
- Mettre des Post-it au-dessus de votre bureau avec les formules à retenir.

Avez-vous une mémoire auditive ?

Certains retiennent mieux ce qu'ils entendent, les sons. On dit qu'ils ont une mémoire auditive. Cochez les réponses qui semblent vous correspondre.

Test Vous avez une mémoire auditive si :

- ☐ Vous retenez plutôt ce que le professeur dit.
- ☐ Vous apprenez plus facilement en lisant un cours à voix haute.
- ☐ Vous êtes gêné(e) quand il y a beaucoup de bruit.
- ☐ Vous avez bien retenu ce qu'a dit la conférencière lors de la visite du musée sans avoir écrit un mot.
- ☐ Vous vous souvenez plutôt des dialogues à la fin d'un film.

Astuce *brain gym*

Pour mieux écouter, placez votre pouce et votre index sur le haut de chacune de vos oreilles et tirez-les doucement vers l'arrière en descendant jusqu'aux lobes. Massez les lobes puis remontez le long de vos oreilles. Refaites trois fois l'exercice. Vos oreilles sont prêtes à tout bien entendre.

INFO CERVEAU

> Votre cerveau est une formidable machine qui réalise plusieurs actions réflexes en même temps comme parler et marcher. En revanche, il lui est impossible de bien faire en même temps deux actions qui demandent de l'attention. Notre cerveau ne fait qu'une tâche complexe à la fois même s'il peut très rapidement passer d'une tâche à l'autre.

> Si, pendant les cours, vous parlez en même temps avec un(e) ami(e) au lieu d'écouter, vous n'aurez qu'une partie de l'information. Imaginez un film qui serait interrompu toutes les 30 secondes. Vous n'arriveriez pas à comprendre l'histoire.

Être ordonné(e)

À quoi ressemblent vos cahiers, vos classeurs ?

- ☐ Les feuilles données par vos professeurs sont bien collées dans votre cahier ou rangées dans votre classeur.
- ☐ Vous pouvez vous relire facilement.
- ☐ Vous avez perdu les documents distribués.
- ☐ Vous pouvez repérer facilement les titres et les sous-titres des chapitres de vos cours.

➤ **C'est très important de bien noter le cours.** C'est à partir de votre prise de notes que vous allez réviser à la maison. En 4e, les professeurs écrivent encore le cours ou bien l'affichent sur leur ordinateur. Si vous n'avez pas eu le temps de terminer, demandez à un camarade de vous montrer son cahier le jour même, pas trois jours après, sinon vous risquez d'oublier.

➤ **Essayez aussi d'écrire le plus lisiblement et proprement possible.** Parce qu'en relisant un cahier bien écrit, les notions seront plus claires dans votre esprit et donc plus faciles à apprendre. Vous aurez aussi davantage de plaisir à relire votre cahier.

➤ Si votre professeur vous demande d'encadrer les définitions en rouge ou de souligner les titres en vert, cela signifie que ces éléments sont importants et qu'il faut pouvoir les repérer dans le cours.

ET VOTRE AGENDA ?

> À la fin du cours, n'oubliez pas d'inscrire les devoirs dans votre agenda.

> Assurez-vous qu'ils sont notés au bon jour et de manière lisible : la matière d'abord, puis le travail ou les exercices à réaliser sans rien oublier (page, numéro). Allez à la ligne pour chaque matière.

> Notez tout ce à quoi vous devez penser : apporter votre rapporteur en maths, prendre les affaires de sport. C'est votre pense-bête quotidien !

Participer

Est-ce que vous participez en classe ?

- ☐ Vous répondez aux questions du professeur.
- ☐ Vous réalisez les travaux demandés : recherche sur Internet, expérience en chimie.
- ☐ Vous êtes un élément moteur pour un travail en groupe.
- ☐ Vous n'aimez pas participer.
- ☐ Vous n'aimez pas travailler à plusieurs.
- ☐ Vous êtes plutôt timide.

➤ **En participant, vous êtes actif(ve).** Vos neurones sont en alerte. Et c'est essentiel pour enregistrer les informations. C'est aussi en faisant qu'on apprend. N'hésitez donc pas à participer aux expériences. S'investir rend le cours plus intéressant et plus vivant, vous mémorisez mieux et le temps passe plus vite !

➤ **C'est difficile de rester concentré(e) sur une longue période de temps.** Au bout d'un moment, votre cerveau commence à fatiguer. Vous relâchez votre attention. C'est normal. Votre cerveau a besoin de pauses. En étant actif(ve), vous lui donnez un peu d'air et vous relancez la machine ! Profitez des moments où votre attention est moins requise (si vous avez fini un exercice avant les autres par exemple) pour respirer et faire une mini-pause.

➤ **Participer, c'est aussi montrer que vous êtes bien présent(e)**, et que vous vous intéressez à ce qui se passe. Et bien sûr, les professeurs apprécient... Parfois, la participation orale est notée. Par exemple, en espagnol, vous aurez certainement une mauvaise note si le professeur n'entend jamais le son de votre voix. C'est une langue vivante donc parlée, ne l'oubliez pas.

Poser des questions

Comment agissez-vous si vous ne comprenez pas le cours ?

- ☐ Vous posez une question dès que vous ne comprenez pas.
- ☐ Vous êtes trop timide pour poser une question.
- ☐ Vous préférez demander à un camarade ou à vos parents le soir.
- ☐ Vous avez peur que les autres se moquent de vous si vous posez une question.

➤ Si vous n'avez pas compris l'explication du professeur, n'hésitez pas à vous manifester et à poser une question. **Parce qu'apprendre, c'est d'abord comprendre.** Si vous ne comprenez pas de quoi parle un cours, ou ce que dit le professeur, vous ne pourrez pas bien mémoriser.

➤ **Profitez aussi de la présence du professeur**, il est là pour ça. Vous n'aurez pas vraiment le temps d'aller lui demander des informations complémentaires en fin de cours, vous comme lui devez rejoindre rapidement le cours suivant.

➤ Le camarade auquel vous pensez pour un éclairage n'a peut-être pas compris lui non plus. Vos parents ne seront pas forcément disponibles le soir pour vous venir en aide et ils ne sont pas les mieux placés pour connaitre les exigences du professeur.

➤ Si vous êtes timide ou que vous avez peur de montrer que des éléments vous échappent, **pensez que vous n'êtes certainement pas le(la) seul(e)** et que vous allez rendre service à d'autres élèves dans la classe.

➤ **Écoutez aussi les questions de vos camarades.** Les réponses pourront certainement vous éclairer.

DEVENEZ UN(E) PRO DES DEVOIRS À LA MAISON

Votre objectif est de viser des devoirs efficaces qui vous permettent de réussir et d'avoir du temps pour faire d'autres activités. Voici comment devenir un(e) pro des devoirs en 4 étapes.

Souffler

C'est important de faire une pause quand vous rentrez du collège (maximum 30 minutes). Vous pouvez gouter, raconter votre journée, écouter de la musique… En revanche, ne vous lancez pas dans une activité que vous aurez du mal à interrompre : jeux vidéo, télévision, lecture de votre roman préféré…

Relire les cours de la journée

Ils sont encore frais dans votre esprit. C'est donc idéal de revenir dessus pour les inscrire dans votre mémoire. Cela ne demande pas un gros effort et c'est du temps de gagné pour la suite. Vous pouvez faire une fiche en notant le plan, les éléments importants, les définitions.

Anticiper les devoirs

Faites en priorité les devoirs pour le lendemain et si vous avez le temps, commencez à vous avancer pour la suite. Et le weekend, si c'est possible, avancez-vous pour le reste de la semaine.

LE B.A.-BA DES DEVOIRS

> **UN ESPACE DÉGAGÉ.** Que vous travailliez sur un bureau dans votre chambre, sur la table de la cuisine ou celle du salon, organisez-vous un espace clair et rangé. Si vous devez passer 10 minutes à débarrasser la table, votre motivation en prend un coup.

> **LE PORTABLE EN MODE OFF** pour ne pas céder à la tentation de répondre aux messages des ami(e)s. Vous ne serez pas efficace si votre attention est perturbée toutes les 30 secondes. Les devoirs prendront plus de temps et vous aurez l'impression de ne pas avancer. Très démotivant !

> **VIVE LE SILENCE !** Évitez de travailler en musique (même douce et sans paroles). Cela perturbe votre cerveau qui doit répondre en même temps à deux sollicitations (écouter de la musique et travailler). Si vous écoutez de la musique, vous passez au moins 15 % de temps en plus sur vos devoirs.

> **PLANIFIER LE TRAVAIL DU WEEKEND.** Prenez 10 minutes dès le vendredi soir pour planifier votre travail du weekend. Soit vous faites tout le samedi matin, soit vous commencez le vendredi soir jusqu'au dimanche.

Préparez votre sac dès que vous avez terminé

Cela signifie aussi retirer de votre sac tout ce dont vous n'avez pas besoin pour qu'il ne soit pas trop lourd.

Astuce motivation
Si vous avez du mal à vous concentrer sur une longue durée, faites des petites pauses (5 minutes). Buvez un verre d'eau, marchez un peu, ouvrez la fenêtre, demandez de l'aide... Ne restez pas en perdition, assis(e) à votre bureau. Mieux vaut 30 minutes efficaces que deux heures à rêvasser.

SAVEZ-VOUS TRAVAILLER EN GROUPE ?

Travailler à deux ou à plusieurs n'est pas toujours simple. Voici quelques idées pour profiter au mieux de l'expérience.

Quelques règles du travail en groupe

Comment réagissez-vous quand un professeur vous propose un travail en groupe ?

- ☐ Chouette, les autres vont faire le travail à ma place.
- ☐ Zut, je n'aime pas travailler avec les autres.
- ☐ Je n'aime pas travailler avec des élèves qui ne sont pas mes ami(e)s.
- ☐ C'est encore moi qui vais tout faire.
- ☐ Je suis le(la) seul(e) qui sais faire.
- ☐ Chouette, on va bien rigoler.
- ☐ J'aime bien discuter avec les autres.

➤ **Répartir le travail** pour être certain(e) que chaque participant a une responsabilité et une mission. Tout le monde doit avoir quelque chose à faire.

➤ **Tirer parti des qualités de chacun** : dans un groupe, il y a celui qui maitrise bien le Powerpoint, l'autre qui sait bien dessiner, faire les cartes, celui qui est plus à l'aise à l'oral... Chacun a des qualités à apporter au groupe. On est complémentaire quand on est différent.

➤ **S'organiser et faire un planning commun** du lancement du projet à la répétition de la présentation. Indispensable !

➤ **Faire un effort pour écouter** les idées de chacun.

➤ **Il faut travailler avec des personnes** qu'on ne connait pas ou qu'on n'apprécie pas forcément. Ce sera le cas plus tard dans la vie professionnelle. L'important est de s'en tenir aux idées, au contenu et de ne pas y mettre trop d'affectif ou d'émotion ! L'objectif est de présenter à la classe un travail construit et intéressant, pas d'allonger votre liste d'ami(e)s.

En cas de désaccord

Si vous voyez que votre mode de fonctionnement est en contradiction avec un de vos camarades, vous pouvez :
– constater avec lui que vous avez une façon de faire différente,
– lister ce qui peut vous déplaire dans le comportement de l'autre et proposer un autre comportement,
– trouver avec l'autre les points pour lesquels vous serez complémentaires.

Par exemple :
– Je fais tout à la dernière minute et toi tu aimes planifier.
– La dernière fois, je devais te donner mon document vendredi soir et je te l'ai envoyé samedi soir. Cela t'a obligé(e) à travailler le dimanche. Je te propose de prendre systématiquement une marge d'un ou deux jours pour te rendre mon travail.
– Est-ce que tu es d'accord avec ça ?
– Et s'il y a un travail à terminer à la dernière minute, ne t'en fais pas, je saurai parfaitement bien le faire car travailler en avance m'ennuie ou me stresse. J'ai l'impression que j'aurai toujours des choses à changer avant l'échéance.

PRÉPARER UNE ÉVALUATION

Le secret pour réussir une évaluation sans trop stresser, c'est de travailler régulièrement et d'anticiper.

Être prêt(e)

Quelques vérifications s'imposent...

- ☐ Avez-vous bien compris sur quoi porte l'évaluation ? En cas de doute, renseignez-vous.
- ☐ Votre cours est-il complet ?
- ☐ Votre cours est-il clair ?
- ☐ Avez-vous déjà constitué des fiches ? Si oui, c'est bien. Vous comprenez maintenant en quoi elles vous sont utiles. Il n'y aura plus qu'à les relire pour vous remettre le cours en mémoire. Sinon, au travail !

TRAVAILLER RÉGULIÈREMENT

> C'est la clé. En apprenant régulièrement vos cours, vous ne serez jamais pris de court lors d'un contrôle.

> En revanche, si vous devez tout apprendre en quelques jours car vous n'avez jamais ouvert un cahier à la maison, c'est plus périlleux !

Top chrono pour le contrôle !

On est lundi, le professeur de SVT a annoncé une évaluation pour dans 1 semaine.

1. Lundi soir : remplissez un mini-emploi du temps pour réviser ce contrôle en avance et être prêt(e) le jour J en prenant en compte les étapes suivantes.

2. Mardi : relisez attentivement votre cours : texte, schémas, documents. Vérifiez que rien ne manque et que vous comprenez bien de quoi il parle. Sinon, prévoyez de demander des explications à votre professeur.

3. Mercredi : vous avez plus de temps, apprenez les définitions, les schémas, la synthèse. Avez-vous besoin de faire une fiche, une carte mentale, d'expliquer le cycle de reproduction à quelqu'un ?

4. Jeudi ou vendredi : faites un premier bilan de vos connaissances. Testez-vous. Sans regarder votre cahier bien sûr. Pour cela, imaginez les questions que le professeur pourrait vous poser.

5. Le weekend : révisez ce qui ne vous semble pas encore clair ou pas encore maitrisé. Vous pouvez aussi demander de l'aide à un(e) ami(e) ou à vos parents si une notion vous échappe. Ne vous couchez pas trop tard pour être en forme le lundi !

Coup de pouce confiance en soi

Si vous ressentez du stress avant un contrôle :
- fermez les yeux et visualisez-vous en train de faire le contrôle : tout est fluide et se passe bien ;
- dites-vous aussi que vous avez bien révisé et que vous avez tous les moyens de réussir.

Ma check-list pour une évaluation

Avant chaque contrôle, prenez cette liste pour vérifier que vous êtes prêt(e).

- ☐ Je connais les définitions par cœur.
- ☐ Je sais écrire sans faute d'orthographe tous les noms propres.
- ☐ J'ai compris tous les éléments du cours.
- ☐ Je sais compléter une carte sans me tromper.
- ☐ J'ai refait les exercices où j'avais des erreurs.
- ☐ J'ai bien relu tous les documents en ma possession.
- ☐ J'ai refait les schémas et je suis capable de les expliquer.
- ☐ Mes outils sont prêts : cartouche pour le stylo, crayons taillés, compas, copies...

COMMENT RÉAGIR FACE À UNE MAUVAISE NOTE ?

Vous êtes déçu(e) ? Vous êtes en colère contre vous-même, contre le professeur ? Vous vous en moquez ? L'important, c'est de comprendre pourquoi vous avez eu cette mauvaise note.

Comprendre et agir

Vous pouvez vous aider des remarques du professeur sur votre copie et analyser ce que vous avez réussi ou raté en relisant votre devoir. Retravailler ce qui n'a pas été compris est bien plus efficace que de ranger sa copie sans la revoir. Une erreur ou une mauvaise note est une expérience qui vous apprend toujours quelque chose.

Aidez-vous de cette liste pour identifier la ou les raisons de vos résultats décevants et mettez en place les actions pour remédier à vos erreurs.

1. ☐ J'ai oublié de rendre mon devoir.
2. ☐ Je n'ai pas fait le devoir demandé.
3. ☐ Je n'ai pas compris la question, l'énoncé, le problème.
4. ☐ Je n'ai pas eu le temps de terminer.
5. ☐ Je ne connaissais pas les définitions.
6. ☐ Je ne savais pas répondre à la question.
7. ☐ J'ai paniqué.
8. ☐ J'ai fait des erreurs d'inattention.

1 Vous avez fait votre devoir mais vous l'avez laissé à la maison. Quel dommage, tant d'efforts pour rien !

Actions à mettre en œuvre :

– Préparez votre sac la veille avec votre agenda et votre emploi du temps et vérifiez que vous n'oubliez rien pour chaque matière.

– Si vous savez que vous êtes tête en l'air, collez un mémo au-dessus de votre bureau pour penser à ne pas oublier votre devoir.

2 Avez-vous oublié de faire ce devoir car vous ne l'avez pas noté dans l'agenda, parce que vous n'avez pas eu le temps ou parce que vous n'avez pas eu envie ? Il a sûrement été donné en avance. Vous avez eu un problème d'organisation. Ou peut-être de motivation.

Points à améliorer :

– La prise de devoirs dans l'agenda.

– L'écoute pendant les cours.

– L'organisation de votre travail à la maison. Un devoir à la maison, c'est comme une évaluation ou un exposé, ça se prépare à l'avance. Prévoyez un mini-planning dès que le professeur a donné le devoir.

– Trouvez les raisons de votre démotivation : vous n'aimez pas cette matière ? vous n'appréciez pas le professeur ? vous vous sentez fatigué(e) ? vous vous dites : à quoi ça sert, de toutes les façons, je vais avoir une mauvaise note…

❸ Qu'est-ce que vous n'avez pas compris dans la consigne ou la formulation ?

Actions à mettre en œuvre :

– Demandez au professeur, à un(e) ami(e), vos parents de vous expliquer ce qui était attendu et à quelle partie du cours cela fait référence.
– Regardez bien les verbes écrits dans la consigne : faut-il expliquer ? décrire ? souligner ? Vous avez peut-être répondu « à côté ».

❹ Toujours dommage des points qui s'envolent alors que vous connaissiez les réponses.

Actions à mettre en œuvre :

– Entrainez-vous à écrire plus vite et tant pis si vos lettres sont un peu moins bien formées.
– Vous devez gérer votre temps lors d'une évaluation. Si vous ne savez pas répondre à une question, ne restez pas bloqué(e) dessus, passez à la suivante. Si vous ne connaissez qu'une partie de la réponse, écrivez déjà ce que vous savez.

❺ Vous n'avez pas assez bien appris votre cours.
Action à mettre en œuvre : apprenez les définitions par cœur. En les écrivant plusieurs fois sur un cahier, en les enregistrant sur votre tablette et en les écoutant.

❻ Il faut revoir votre cours. Vous ne l'avez pas bien mémorisé.
Action à mettre en œuvre : reprenez vos fiches !

❼ Pourquoi stressez-vous pendant l'évaluation ? Est-ce parce que vous ne connaissez pas assez bien votre cours et que vous manquez de confiance en vous ?

Actions à mettre en œuvre :

– Vous devez réviser votre cours. Savoir que vous le savez vous donnera confiance en vous.
– Vous bloquez devant la matière ? Essayez de comprendre d'où vient ce blocage.
– Vous perdez vos moyens quand le temps est compté ? Arrivez 5 minutes en avance et commencez déjà à vous concentrer. Dès que le professeur entre, préparez vos affaires dans le silence pour être prêt(e).
– Pendant le contrôle, si vous paniquez, fermez les yeux et prenez une grande respiration pour vous calmer. Et dites-vous que vous avez toutes les capacités pour réussir.

❽ C'est dommage de laisser des erreurs d'inattention, d'oublier des mots dans les phrases.
Action à mettre en œuvre : gardez cinq minutes à la fin de l'évaluation pour bien vous relire. Corrigez aussi les fautes d'orthographe !

UN PEU DE BIENVEILLANCE

> **POUR ÉVACUER LE STRESS**, voici trois exercices pour relâcher votre cerveau en ébullition :
– Serrez très fort vos deux mains pendant quelques secondes.
– Fermez les yeux et imaginez que vous mettez tout votre stress à la poubelle.
– Concentrez-vous sur votre ventre en mettant vos deux mains dessus.

> Vous avez eu une mauvaise note et vous êtes démotivé(e), STOP ! Pour la prochaine évaluation, fixez-vous un **OBJECTIF ACCESSIBLE**. Par exemple, si vous avez eu un 8, commencez par viser un 11, puis augmentez votre objectif au fur et à mesure de vos succès.

MA MÉTHODE À SUCCÈS

De nombreux conseils pour réussir existent. Ils sont tous un peu vrais et un peu faux. Ils ont fonctionné pour la personne qui vous les conseille mais ils sont peut-être moins adaptés pour vous. L'essentiel est de comprendre ce qui vous permet de réussir. Cette méthode devrait vous aider à y voir plus clair.

Bonne nouvelle, vous avez déjà connu plusieurs succès dans votre vie !

Faire la liste de ses succès

Commencez par lister tous vos succès. Il en faut au moins trois. Cela doit être un projet qui a réussi. Par exemple : maitriser une recette de cuisine, organiser un anniversaire surprise, réussir une évaluation qui vous semblait difficile, passer un niveau dans un sport, remporter un match, changer la décoration de votre chambre…
Cet exercice peut vous prendre un peu de temps mais il vous permettra de vous souvenir de tous vos succès.

Mes succès sont :

1. ....
2. ....
3. ....

Comprendre ses succès

Sur une feuille à part, réalisez un tableau à partir du modèle ci-dessous. Commencez par donner un titre à chaque succès comme si c'était un film, puis répondez aux différentes questions pour chacun des trois succès.

Questions	Succès 1	Succès 2	Succès 3
A. Quel est le titre de votre succès ?			

B. Qu'est-ce qui vous a poussé(e) à réaliser ce projet ? Qu'est-ce qui vous a motivé(e) ?

C. Avez-vous pris la décision seul(e) ou parce que quelqu'un vous l'a demandé ?

D. Vous êtes-vous beaucoup renseigné(e) avant de commencer votre projet : dans les livres, sur Internet ou en demandant à des proches ?

E. Avez-vous agi seul(e) ou accompagné(e) ou en même temps que quelqu'un avec qui vous communiquiez ?

F. Avez-vous anticipé les problèmes éventuels ou avez-vous commencé sans un temps d'analyse ? Aviez-vous un « plan B » ?

G. Avez-vous organisé votre temps ? Avez-vous travaillé un peu tous les jours ou beaucoup par moment et plus du tout après ?

H. Aviez-vous en tête une idée, une image, un ressenti de ce qui se passerait une fois votre objectif atteint ?

I. Comment avez-vous géré les éventuels problèmes ou une baisse de motivation si vous en avez eu ?

J. Comment vous êtes-vous senti(e) une fois votre objectif atteint ?

K. Avez-vous prévenu quelqu'un après ce succès ?

L. Qu'avez-vous retiré de ces succès ? Quels ont été vos apprentissages ?

Tirer des conclusions de ses succès

Une fois le tableau complété, essayez de trouver, dans vos réponses et pour chaque étape, des similitudes entre les trois projets.

Voici quelques exemples de conclusions auxquelles vous pouvez arriver pour les différentes étapes.

Question B : **Qu'est-ce qui vous a poussé(e) à réaliser ce projet ? Qu'est-ce qui vous a motivé(e) ?**
Exemple 1 : Je me rends compte que dans tous les projets, j'ai été motivé(e) par l'idée de faire plaisir à quelqu'un.
Exemple 2 : À chaque fois, je voulais être le(la) meilleur(e).
Exemple 3 : J'ai compris que c'était le plaisir qui me motivait.

Question D : **Vous êtes-vous beaucoup renseigné(e) avant de commencer votre projet : dans les livres, sur Internet ou en demandant à des proches ?**
Exemple 1 : Oui, c'est important pour moi de savoir comment font les autres pour réussir. Je demande systématiquement l'avis de mes proches avant de commencer.
Exemple 2 : Non, si je réfléchis trop, je ne fais rien. Il faut que je me lance pour démarrer.

Question H : **Aviez-vous en tête une idée, une image, un ressenti de ce qui se passerait une fois votre objectif atteint ?**
Exemple 1 : Oui, dès le départ j'imagine le plaisir que je vais avoir au moment de mon succès. Je me vois sur la ligne d'arrivée, j'imagine le moment où le professeur me rendra ma copie, je rêve de ce qui va se passer quand je mangerai ce gâteau que je viens de cuisiner.
Exemple 2 : Non, je n'y pense pas du tout. Je fais les choses que j'ai prévues et je suis content(e) d'avancer au jour le jour.

À retenir : il existe autant de façons de réussir que de personnes. Nous sommes tous différents. Donc il est important d'écouter les conseils des autres, de les tester et de voir s'ils vous conviennent. Et si ce n'est pas le cas, de trouver ce qui fonctionne pour vous.

- ☐ Relativiser vos peurs : quand je serai adulte, est-ce que le résultat de cette évaluation sera si important ?
- ☐ Expliquer à un Martien votre problème : « Je suis inquiet(ète) parce que mes amis peuvent s'éloigner de moi, car je ne vais peut-être pas avoir le droit de mettre pendant quelques mois un bout de tissu marron autour de ma taille au judo. » Cela semble tout de suite moins grave, non ?
- ☐ Manger un fruit ou boire un verre d'eau : cela calme votre cerveau puisque, si vous avez le temps de boire un verre d'eau, c'est que le lion ne va pas attaquer immédiatement. On a rarement vu une gazelle prendre le temps de se désaltérer avant de fuir.
- ☐ ....
- ☐ ....
- ☐ ....
- ☐ ....
- ☐ ....
- ☐ ....
- ☐ ....
- ☐ ....

ET VOTRE SANTÉ ?

Pour être un(e) champion(ne) au collège, il faut aussi prendre soin de son corps et de son hygiène de vie.

À quoi ressemble votre petit-déjeuner ?

- ☐ Je ne mange pas, je n'ai pas faim.
- ☐ Je mange un biscuit.
- ☐ Je termine mon petit-déjeuner dans la rue ou dans la voiture.

Pour être en forme au collège et être attentif(ve) tout au long de la matinée, il faut prendre un petit-déjeuner consistant et équilibré avec :
– une boisson pour vous hydrater (chaude ou froide) ;
– des céréales ou du pain avec un peu de beurre et de la confiture. Les glucides permettent de tenir sur la durée. Évitez les viennoiseries trop grasses ;
– un produit laitier : du lait, un yaourt ou un morceau de fromage ;
– des vitamines : avec un fruit ou un jus d'orange (de préférence « sans sucre ajouté ») ou mieux, un fruit pressé.

Si vous avez l'habitude de sauter ce moment, mettez votre réveil à sonner un quart d'heure plus tôt.

Vous couchez-vous toujours à la même heure ?

Amusez-vous à noter pendant une semaine votre heure de coucher et de lever (sans tricher !).

	Je me lève à...	Je me couche à...
Lundi		
Mardi		
Mercredi		
Jeudi		
Vendredi		
Samedi		
Dimanche		

Combien de temps avez-vous dormi en moyenne par nuit ? ....

Est-ce que cela vous semble assez ? ....

Vous êtes-vous couché(e) à peu près à la même heure tous les jours ? ....

INFO SOMMEIL

> Dormir est essentiel pour votre croissance, pour avoir le moral, être de bonne humeur et pour mémoriser. Pendant la nuit, votre cerveau « rejoue » ce que vous avez appris dans la journée. Bien dormir et suffisamment vous permet de consolider vos apprentissages.

> Pour que votre corps fonctionne au mieux, c'est essentiel de vous coucher tous les soirs à la même heure (à peu près). Et même le weekend. Sinon votre rythme de la semaine se décale et vous serez moins efficace en classe car plus fatigué(e). Pendant les vacances, c'est bien de reprendre votre rythme habituel plusieurs jours avant la rentrée.

> Deux conseils : arrêtez de regarder les écrans (tablette, téléphone...) au moins 1 heure avant de vous coucher (la lumière bleue diffusée par les écrans excite votre cerveau et lui fait croire qu'on est en pleine journée). Et laissez votre téléphone portable hors de votre chambre pour éviter les tentations de dialoguer avec les ami(e)s jusque tard dans la nuit.

Avez-vous une activité sportive régulière ?

Le sport vous permet de bouger votre corps, de vous muscler, de vous dynamiser, d'extérioriser vos émotions et de vous amuser. Cela vous aide également à être moins stressé(e). Vous pouvez aussi rencontrer de nouveaux amis et renforcer votre esprit d'équipe ! Si vous vous êtes bien dépensé(e) dans la journée, vous trouverez aussi plus facilement le sommeil. Pensez à faire régulièrement du sport et ne ratez ce rendez-vous sous aucun prétexte.

5 a. When **were you given** this exercise? – b. I **studied** this chapter today. – c. I **took a break** when I finished. – d. He **was told** to help me. – e. The film **was directed** by Paul Newman.

6 a. I always **go** to school by bus. – b. The bus **arrives** at 8 o'clock. – c. He **is eating** his dinner right now. – d. Look, the film **is starting**. – e. I **feel** sick.

7 a. When did the boat go to sea? – b. His friend was Man Friday. – c. What was he doing when he saw the boat? – d. Was he happy to see the boat?

8 a. What does he intend to do? – b. They are going to the cinema this evening. – c. I'm going to Ireland next week. – d. My sister and I are going to see the doctor at 5 o'clock. – e. I'm doing an exam next week.

9 a. Must I play? – b. I can't play football. – c. You can't take a break. – d. You mustn't chew gum while playing. – e. Please, may I stop?

10 a. He's crazy about **cycling**. – b. He'd prefer **to have** a bike than a moped. – c. I prefer **jogging** myself. – d. I'd like **to get** a new track-suit for my birthday. – e. What do you want **to do** tomorrow?

11 a. Mum wants me **to wash** the dishes. – b. Let's **turn** on the TV! – c. **Go** outside to play, boys! – d. Stop **annoying** your dad. – e. **Don't** forget your coats!

Crédits photographiques

Livre : **133 g** BRIDGEMAN IMAGES / Peter Newark American Pictures ; **133 d** AKG-Images ; **134** RMN ; **135** BIS / Archives Larbor / J.-L. Charmet ; **136** BIS / Archives Nathan ; **137** BIS / Archives Larbor ; **138** BIS / Archives Larbor / H. Josse ; **139** BIS / Archives Larbor ; **140** AKG-Images ; **141** BIS / Archives Larbor / H. Josse ; **142** BIS / Archives Larbor ; **144** PHOTO12.COM / ALAMY ; **145 g** BNF ; **145 d** BNF ; **147** BIS / Archives Larbor / Hubert Josse ; **148** BIS / Archives Larbor / J. Bottet ; **149** RMN / Gérard Blot ; **150** BIS / Archives Larbor / H. Josse ; **151** BIS / Archives Larbor ; **152** BIS / Ph. © Deutsche Historisches Museum, Berlin ; **153** KHARBINE-TAPABOR / Coll. I. M. ; **154** KHARBINE-TAPABOR ; **155** BIS / Ph. © Archives Nathan ; **156** PHOTONONSTOP / Ian Murray / Loop Images ; **157 ht g** SHUTTERSTOCK / Agus.d.wahyudi ; **157 bas** REA / Lalo de Ameilda ; **157 ht** d ADOBE STOCK PHOTO / trekker-images llc ; **158** Financial Times, 2007 ; **159** AIRPANO / ONLYWORLD.NET ; **161** ANDIA / Tom ; **162** Chappatte, Le Temps, Suisse www.chappatte.com ; **165** LEEMAGE / Artedia ; **166** REA / Laurent GRANDGUILLOT ; **167** US Coast Guard ; **168** ISTOCK / 2018 Carsten Brandt ; **169** Flickr / Navymailman ; **171** HENRI TABARANT / ONLYWORLD.NET ; **172** www.rouen-histoire.com - Jacques Tanguy ; **174** Titom ; **175** AFP / Denis Charlet ; **176** REA / Michael Lumbroso ; **177 ht d** Droits Réservés ; **177 m bas** ADOBE STOCK PHOTO ; **177 bas d** SHUTTERSTOCK ; **177 g** Leemage ; **186** Henri Granjean ; **198 et 199** Christian Creutz ; **200 h** Henri Granjean ; **200 b** Frédéric Hanoteau ; **202** Henri Granjean ; **204** Henri Granjean ; **206 d** DR ; **213 hg** Mozaik Images ; **213 hd** BSIP / Photo Researchers / David Weintraub ; **213 bg** ISM / Hervé Conge ; **213 bd** Frédéric Hanoteau ; **216** ISM / Pascal Goetgheluck ; **217 g** Anne et Jacques Six ; **217 d** Hoa-Qui / NPL / Jane Burton ; **221** Wellcome Dpt of Cognitive Neurology / SPL / Cosmos ; **222 h** BSIP / Phototake / Kunkel ; **222 b** Institut Pasteur ; **223 h** Pascal Goetgheluck ; **223 b** Laboratoire de Neurobiologie, Université d'Orléans ; **225 g** COSMOS/SPL ; **225 d** BSIP / Cortier ; **229 g** COSMOS / International St / Chad Ehlers ; **229 d** Lennart Nilsson ; **231** Frédéric Hanoteau
Carnet coach : Shutterstock / GoodStudio ; p. 1 Shutterstock / Mironova Iuliia

Schémas : Laurent Blondel (pp. 160 163, 164, 165, 175, pp. 182 à 231) ; Renaud Scapin (p. 133, 139, 155, 173)
Cartographie : AFDEC (pp. 132, 167) ; Légendes cartographie / M.-S. Putfin (pp. 143, 146, 149, 159, 163, 165, 169, 170, 171)
Illustrations intérieures : Clod (pp. 234 à 257)
Illustration de couverture : Clod
Maquette conception intérieure : Véronique Lefebvre
Conception de couverture : Allright
Mise en page : Facompo

Achevé d'impression : 10264729 - Mai 2020